A oficina de
JESUS

Conhecendo os mistérios do
Reino de Deus através das
parábolas de um Carpinteiro

NEOLAN ROCHA

A oficina de JESUS

Conhecendo os mistérios do Reino de Deus através das parábolas de um Carpinteiro

Ágape

São Paulo, 2022

A oficina de Jesus: conhecendo os mistérios do Reino de Deus através das parábolas de um Carpinteiro

Copyright © 2022 by Neolan Rocha
Copyright © 2022 by Editora Ágape Ltda.

EDITOR: Luiz Vasconcelos
ASSISTENTE EDITORIAL: Amanda Moura
REVISÃO: Priscila Reis e Luísa Bérgami
CAPA: Dimitry Uziel
DIAGRAMAÇÃO: Rubervânio Lima

Texto de acordo com as normas do Novo Acordo Ortográfico da Língua Portuguesa (1990), em vigor desde 1º de janeiro de 2009.

Dados Internacionais de Catalogação na Publicação (CIP)
Angélica Ilacqua CRB-8/7057

Rocha, Neolan
A oficina de Jesus : Conhecendo os mistérios do Reino de Deus através das parábolas de um Carpinteiro / Neolan Rocha. -- Barueri, SP : Ágape, 2022.
368 p.

Bibliografia
ISBN 978-65-5724-054-0

1. Histórias bíblicas 2. Jesus Cristo–Parábolas I. Título

22-1055   CDD 230

Índice para catálogo sistemático:
1. Histórias bíblicas

EDITORA ÁGAPE LTDA.
Alameda Araguaia, 2190 – Bloco A – 11º andar – Conjunto 1112
CEP 06455-000 – Alphaville Industrial, Barueri – SP – Brasil
Tel.: (11) 3699-7107 | Fax: (11) 3699-7323
www.editoraagape.com.br | atendimento@agape.com.br

AGRADECIMENTOS

*Se você devolver um gesto de afeição,
um olhar de admiração, a simpatia e a bondade,
um bom-dia, todo o carinho que lhe dão,
e o amor, assim será grato.
Só não vale o rancor, uma palavra ríspida,
um desprezo e o ódio, e tudo aquilo que mata.*

*Como, então, não te ser grato, meu Deus?
Tu és meu amigo logo ao nascer do sol, meu protetor ao longo do dia,
e a minha paz durante as noites.*

*Aos meus pais, toda gratidão.
Como eu gostaria de vê-los com um exemplar deste livro!
A eles, Neolan e Géssie, deixo-lhes a minha homenagem.*

*Gratidão às minhas irmãs Geila e Keila,
à minha querida esposa Agnes, companheira de todas as horas,
e aos meus filhos Raquel e Levi, tesouros de minha vida.*

*Gratidão, também, ao amigo Geremias Bento,
que alegremente fez o prefácio deste livro.*

*Se palavras não bastarem,
deixo-lhes todo carinho e amor.*

Sumário

PREFÁCIO | 11

APRESENTAÇÃO | 13

MEU COMPROMISSO | 23

A OFICINA DE JESUS | 25

1. A PARÁBOLA DO TESOURO ESCONDIDO | 29
    Curiosidades, o campo e as joias, o dízimo, a salvação universal, o sacrifício de Jesus, o casamento, a ressurreição, a divindade de Jesus, o valor da Palavra de Deus.

2. A PARÁBOLA DOS DOIS FILHOS | 43
    Curiosidades, algumas nuances da linguagem, da comunicação e da interpretação, as faces do arrependimento, o chamado divino.

3. A PARÁBOLA DO TRIGO E DO JOIO | 60
    Curiosidades, os frutos bons e os frutos maus, os filhos do Reino e os filhos do maligno, a obra do diabo, a separação entre os justos e os ímpios, a punição dos ímpios e a glória dos justos.

4. A PARÁBOLA DA VIDEIRA | 77
    Curiosidades, a videira, suas partes e seu cultivo, a construção da parábola, os frutos da justiça, a alegoria da cruz de Cristo.

5. A PARÁBOLA DO SEMEADOR | 89
    Curiosidades, os evangelhos sinóticos, a inspiração das Escrituras, a garantia da salvação, a Palavra viva, a fé e os índices de produtividade.

6. A PARÁBOLA DO GRÃO DE MOSTARDA | 108
Curiosidades, as figuras de linguagem, a competência da igreja, o projeto da Trindade divina, a expansão do evangelho, a aparência externa do Reino de Deus.

7. A PARÁBOLA DO FERMENTO | 122
Curiosidades, a fermentação, as marcas do evangelho e os frutos de justiça, a aparência interna da igreja de Cristo.

8. A PARÁBOLA DO FILHO PRÓDIGO 1 | 135
Curiosidades, Jesus, o Filho unigênito e primogênito, a liberalidade do Pai, o livre-arbítrio do homem, a distância entre Deus e o pecador, a barreira do pecado.

9. A PARÁBOLA DO FILHO PRÓDIGO 2 | 149
Curiosidades, as cinco características de quem se distancia de Deus, as três condições para alguém se reaproximar de Deus, a atitude do pai e amor de Deus.

10. A PARÁBOLA DO FILHO PRÓDIGO 3 | 165
Curiosidades, o selo de Deus, a malignidade do pecado, a religiosidade falsa e o egoísmo, a compaixão de Deus, a transformação do pecador, a alegria do céu por um pecador redimido, o sacrifício redentor de Jesus.

11. A PARÁBOLA DO MORDOMO | 181
Curiosidades, o pão espiritual, a liderança religiosa, a nutrição espiritual, a diferença entre o castigo do justo e do ímpio.

12. A PARÁBOLA DA TORRE | 195
Curiosidades, o templo de Jerusalém, a verdadeira Casa de Deus e a sua glória, o custo da obra, o melhor projeto do homem, as construções inacabadas.

13. A PARÁBOLA DA CANDEIA | 213
Curiosidades, as fontes de luz espiritual, os seres luminosos e os iluminados, a decomposição da luz e a sua natureza, os três passos para iluminar o mundo.

14. A PARÁBOLA DO SERVO INÚTIL | 229
Curiosidades, a cultura escravagista e o pecado, o Pão da vida e o livre acesso, o sangue de Cristo, a primazia do Reino de Deus, a mesa do Senhor e o valor do serviço.

15. A PARÁBOLA DO CREDOR INCOMPASSIVO 1 | 244
Curiosidades, o denário e o talento, a magnitude do pecado e a grandiosidade do perdão, as perspectivas da dívida, o valor da intercessão.

16. A PARÁBOLA DO CREDOR INCOMPASSIVO 2 | 259
Curiosidades, uma dívida milionária, as duas faces da salvação, as óticas de quem perdeu, de quem ganhou e do valor do sangue de Jesus, as nove verdades da doutrina do perdão, a oração modelo de Jesus.

17. A PARÁBOLA DA FIGUEIRA ESTÉRIL | 274
Curiosidades, o amor de Deus por Israel e pela igreja de Cristo, a soberania de Deus, a intercessão eficaz, as quatro divisões, a terapêutica do antissemitismo.

18. A PARÁBOLA DA MOEDA PERDIDA | 290
Curiosidades, a casa hebraica e os objetos perdidos, a disciplina, o valor da vida humana, a simbologia dos números sete e dez, as setenta semanas do profeta Daniel.

19. A PARÁBOLA DA FIGUEIRA E DAS ÁRVORES | 308
Curiosidades, o sermão profético e os evangelhos sinóticos, o abominável da desolação, a grande tribulação e o fim do mundo, a primavera e o verão proféticos, as quatro estações da história de Israel, a volta de Cristo.

20. INTRODUÇÃO ÀS PARÁBOLA DOS TALENTOS E DAS MINAS | 324
Curiosidades, o siclo de prata, a mina e o talento, a natureza do Reino de Deus e sua representação na terra, as nomenclaturas do Reino de Deus e dos seus cidadãos, os dons espirituais.

21. A PARÁBOLA DOS TALENTOS | 338
Curiosidades, os servos bons e os servos maus, o esforço e o lucro, a negligência e o prejuízo, os dons espirituais, a simbologia do número sete e das sete festas judaicas.

22. A PARÁBOLA DAS MINAS | 351
Curiosidades, um tesouro chamado evangelho, a missão do filho do Reino, a prestação de contas, a coroação e a volta do Juiz e Rei Jesus, a recompensa do justo e do ímpio.

Prefácio

Geremias Bento da Silva[1]

Oficina é lugar de aprendizado, conserto, restauração, reparo, serviço, disciplina e, acima de tudo, prática. Em minha primeira viagem a Israel, o que mais desejei foi entender os ensinamentos de Jesus. O Mestre usou três formas distintas de ministrações: as parábolas, a citação direta da palavra e a redarguição, que é responder, perguntando. Não confundir com a forma socrática de ensino, que devolvia a pergunta ao discípulo, para que ele próprio encontrasse a resposta.

Jesus usava as parábolas para entrar no mundo do conhecimento do povo. Isso facilitava muito. Pude ver em Israel que a maioria das parábolas foram usadas em locais onde as pessoas sabiam do que Jesus estava falando. Confirmei o que suspeitava: as parábolas proferidas se ajustavam às localidades e costumes. Naquele tempo, as coisas eram diferentes e aconteciam em regiões restritas. Até culturas e costumes eram localizados. As coisas demoravam a ser conhecidas em outras regiões distantes, bem diferente da tecnologia e globalização instaladas no mundo de hoje, que nos fazem saber o que está acontecendo do outro lado do mundo e em tempo real.

Pois bem, não sou o autor do livro e sim seu amigo e admirador. Neolan Rocha é de uma perícia científica em sua análise, abordagem, discursão e material elaborado, que acaba facilitando, de forma clara e objetiva, o que uma parábola se propõe ensinar.

Gostaria que o leitor, pesquisador e discípulo atentassem para os objetivos de *A oficina de Jesus*. Indiscutivelmente, o propósito principal é fazer "profissionais" dessa oficina. Aqui se aprende de alguém que foi, e que é, e que será a figura central de toda a história da humanidade. O

---

1. Diretor-geral do Seminário Batista Teológico do Nordeste, presidente da OM Brasil desde 1996 (Operação Mobilização – Missão dos noivos Doulos, Logos e Logos Hope) e um dos ministros da Escola Bíblica do Ar, ex-pastor da Igreja Batista da Esperança, no coração do Rio de Janeiro, ex-pastor da Primeira Igreja Batista de Belo Horizonte, ex-coordenador da Junta de Missões Nacionais da Convenção Batista Brasileira.

autor cita que historicamente pouco há sobre Jesus. Aliás, Jesus veio para fazer a história, a qual é construída a preço de sua morte na cruz. Com sua história, ele dividiu a da humanidade em antes e depois Dele. Ele dividiu também a minha história em antes e depois de O conhecer.

Chamo a atenção para estas identificações de "Jesus Cristo e Cristo-Jesus". Nas versões mais antigas da Bíblia, colocavam um hífen entre os termos da segunda identificação: Cristo-Jesus. Somente vamos encontrar Cristo Jesus após sua morte e ressurreição. Não encontramos essa construção nos sinóticos. Vai aparecer sim, mas de Atos dos Apóstolos em diante. É aqui que o possível Cristo da história deixa de existir. Surge, então, o Cristo da minha salvação que divide a história da humanidade e a minha. Entre as poucas coisas que Flávio Josefo escreveu sobre Jesus, eu destaco: "[...] Ele fazia coisas que somente Deus pode fazer". *A oficina de Jesus* tem este objetivo, trazer à luz os ensinos do Senhor Jesus de forma prática, elaborada, dinâmica e facilitada.

Neolan, amigo, é de uma família tradicional no meio batista, especialmente em Alagoas, Minas Gerais e aqui na região de Paulo Afonso. Fui abençoado com o privilégio de ser pastor de um de seus tios no ministério da PIB de Belo Horizonte, meu irmão e amigo Coronel Isaías Amorim. Como exímio professor, o autor produziu uma obra irretocável que faz com que as parábolas de Jesus, além de facilitar a compreensão dos seus ensinamentos, discursem aos nossos corações com retórica e pedagogia dos céus. É, sem dúvidas, uma obra que nasceu no coração do Criador.

Recomendo a leitura do livro *A oficina de Jesus*. Certamente ela fará muito bem ao seu coração e mente. É na realidade uma obra acadêmica. Leia, estude, aprenda, apreenda e divirta-se. Você não irá se arrepender.

Apresentação

HISTÓRIA

Alguns pesquisadores da Universidade da Califórnia, EUA, a exemplo do neurocientista Charan Ranganath, descobriram que a curiosidade melhora a aprendizagem e a memória a longo prazo[2]. Eles faziam perguntas e incitavam a curiosidade. Entre as perguntas e as suas respectivas respostas, verificaram a ativação daquilo que chamam de circuito de recompensa. A observação foi confirmada por exames de ressonância magnética. Descobriram que, nesse intervalo, a memorização era intensificada, mesmo com relação à introdução de informações incidentais, como a apresentação de fotografias totalmente desvinculadas das perguntas. A curiosidade causou sensíveis mudanças nas estruturas cerebrais. O processo cognitivo e a memória foram estimulados. As atividades em certas regiões do mesencéfalo foram aumentadas. Essas alterações estavam associadas à dopamina, que está diretamente ligada à sensação de prazer e à recompensa. Além disso, houve maior atividade na estrutura do cérebro responsável pela transformação da memória, o hipocampo.

Os estudos das parábolas de Jesus, bem como a elaboração deste livro, não foram motivados por essas pesquisas. Apesar de o artigo ter sido publicado pela *Scientific American* no ano de dois mil e quatorze, o meu acesso e conhecimento só foi há pouco tempo. Entretanto, alegro-me de saber que este livro seguiu a direção certa, por haver usado a curiosidade como instrumento de aprendizagem. No livro, além dos exercícios em si, que despertarão curiosidade, haverá o interesse instigado pela relação entre as questões e a parábola, as interpretações das figuras de linguagem e os temas diversos introduzidos.

---

2. YUHAS, D. Curiosity prepares the brain for better learning. **Scientific American**, [on-line], 2 out. 2014. Disponível em: <https://www.scientificamerican.com/article/curiosity-prepares-the-brain-for-better-learning/>. Acesso em: 23 jan. 2022.

Em cada capítulo deste livro, você encontrará algumas perguntas e exercícios. Eles estimularão a sua curiosidade. Qual é a resposta correta? Qual é a ligação dos exercícios com a parábola? Haverá mudanças nas suas estruturas cerebrais. A curiosidade será suscitada, o circuito de recompensa do seu cérebro será ativado, preparando-o para o entusiasmo e a exultação. Porém, se não houver uma expectativa de resposta satisfatória, uma sensação de frustração será antecipada, não ativando o circuito de recompensa. É a conclusão da neurocientista Marieke Jepma da Universidade de Colorado, em Boulder. É primordial que haja uma perspectiva de curiosidade satisfeita. A minha esperança é que, ao longo de suas experiências com o livro, a sua expectativa seja de degustação sem má digestão. O meu desejo é que você descubra os mistérios das parábolas e da Palavra de Deus, encantando-se com eles. E que haja sucesso e satisfação. Se houver algum facilitador, líder, professor ou pastor para ajudá-lo a reduzir as dúvidas, adaptando o livro à sua realidade, o aproveitamento será melhor e proporcionar-lhe-á maior entusiasmo. É imperativo que haja uma expectativa positiva quanto aos acertos e à compreensão. Só assim, haverá uma sensação de alegria e recompensa.

As parábolas de Jesus são algumas dezenas. E muitas delas até passam despercebidas porque são desacompanhadas de títulos e não estão no formato tradicional. Ensinei quase quarenta parábolas no culto doutrinário, porém ainda assim não foram esgotadas. A obra missionária exige versatilidade e dinamismo. A princípio, não tinha a mínima ideia de como seria feito nem de quanto tempo levaria. Tudo era muito experimental. Estava consciente e preparado para abortar o projeto, se necessário. Os métodos devem ser modificados, se não causam mais efeitos benéficos e construtivos. Porém, o resultado foi surpreendente e altamente positivo. Percebi que houve maior interesse e atenção. A concentração foi melhorada. Senti que estavam estimulados, e transmitiam sensação de alegria e também de recompensa. A frequência nos cultos doutrinários às quartas-feiras até melhorou. Visitantes não crentes começaram a frequentá-los só por conta dos estudos. A experiência foi além das expectativas. Às vezes, ultrapassávamos o horário por causa do envolvimento dos irmãos. No início, alguns sentiram mais dificuldades. De fato, é preciso acostumar-se ao método e à lógica dos exercícios, mas é algo que logo acontecerá. Era muito gratificante vê-los participando e respondendo corretamente. Todos os irmãos eram provocados ao raciocínio, mesmo aqueles que não tinham leitura. A participação efetiva de todos é importante, para que se sintam úteis e capazes. Elogiava os acertos, e a alegria era notória ao sentirem-se capazes. Venciam a timidez e participavam ativamente dos seus grupos. Em certa ocasião, uma irmã chegou a mim e disse: "Pastor, nós somos inteligentes!", tendo em vista que respondia as questões e tinha um bom aproveitamento. Nunca esqueci seus olhos de alegria em sentir-se capaz. À primeira vista, alguns exercícios parecem dissociados da parábola, mas não são. As questões sempre serão diferentes, umas bem simples, outras mais provocadoras, seguindo uma linha de raciocínio. O facilitador deve observar a reação dos irmãos e amigos, as suas dificuldades, a fim de ajudá-los quando necessário. O objetivo dos exercícios não é criar embaraços e complicações, mas estimular o raciocínio. Se o nível estiver elevado, o ideal é facilitar com explicações e até dicas. Entretanto, sempre estimulá-los a respondê-los. E assim, apenas no desenvolvimento da parábola, dar as respostas e comentá-las.

Quais as orientações que eu poderia dar a partir das experiências obtidas? Uma delas é que preferi dividir os irmãos em grupos pequenos. Estrategicamente, escolhia os componentes de cada grupo a fim de equilibrá-los. O meu grupo era especial. Reunia aqueles sem ou com menos instrução, visitantes não crentes e uma irmã com deficiência visual. A minha função era de facilitador. Se a questão não fosse compreendida, então a reconstruía. Desdobrava-me para traduzi-la e me fazer entendido, tendo em vista a peculiaridade do grupo. Se ainda assim não entendiam, dava dicas até alguém responder corretamente. Era uma estratégia extremamente importante para criar sensação de satisfação e recompensa. A finalidade das questões não é dificultar, mas estimular e forçar o raciocínio. A figura de um facilitador preparado é relevante. O ideal é que cada grupo consiga responder acima de 60% das questões. Ao longo da atividade, as equipes traziam-me as suas respostas, a fim de saber se estavam corretas. Se erradas, pedia para que as refizessem. Inúmeras vezes utilizei a competição em grupo como estratégia para motivá-los ainda mais.

À época, as respostas dos exercícios e seus respectivos desenvolvimentos não estavam escritos. Após as atividades, fazia uma breve aplicação à parábola, algo bem mais simples do que o livro, utilizando-me das respostas das questões. Essa é a parte mais importante. Os exercícios não existem por si só, há uma finalidade bem definida, que é introduzir o estudo da parábola. Quase sempre, fazia tudo em um só dia, exercícios e aplicação, o que era o ideal, aproveitando as alterações cerebrais, favoráveis à assimilação. Entretanto, o tempo era insuficiente. Provavelmente, serão necessárias duas ocasiões no mínimo para a conclusão de cada capítulo do livro. Na realidade, cada grupo é uma experiência particular, e deve ajustar o tempo e métodos à sua capacidade de aprendizagem.

Quem é ou já foi estudante de matemática e física, matérias afins aos cursos de ciências exatas, e aprende, sabe que é preciso fazer muitos exercícios e usar exaustivamente os neurônios. Na verdade, não se aprende a partir de questões já resolvidas. Primeiro, é importante tentar, lutar para acertar. O raciocínio só é desenvolvido, se tentar. É necessário ter dúvidas, pensar em diferentes alternativas, ver caminhos diversos. É assim que se desenvolve o raciocínio. O intérprete da Bíblia também não pode querer tudo pronto. Ele precisa raciocinar. Após encontrar algum resultado, é hora de compará-lo com outras respostas. Se errado, recomeçar e tentar. Quando não há êxito após várias tentativas, então é hora de se buscar a resposta e a lógica corretas. Estudar sempre a partir de questões resolvidas é ilusão. O estudante tem a ilusão de que sabe, porém, quando lhe é aplicado um teste um pouco diferente, fica completamente perdido. Espero que você veja o livro como um desafio possível e seja vitorioso. A vitória não é acertar tudo ou entender tudo, mas sentir algum progresso na sua missão de intérprete da profecia bíblica.

TESTEMUNHO

Olhei o mindinho e me dei com uma mancha vertical, linear e estreita na unha da mão direita. Presumi ser algo simples, como um risco de caneta. Ao passar a lixa, descobri que era algo mais profundo. Algum machucado? Talvez.

Passaram-se algumas semanas, e lá estava sem descolar da base da unha. Muito estranho! Como sou curioso, digitei no meu laptop "mancha escura na unha". E que susto! Logo vi que poderia ser um tipo de câncer agressivo de pele, o melanoma. Ou mesmo, o "melanoma mais fatal", de acordo com um site sobre saúde.

Desde então, uma rotina de viagens, suspense, sustos, especialistas e muitos exames prolongou-se através de alguns meses. Um dos médicos olhou para a dermatoscopia digital e, friamente, falou: "99% de ser melanoma e 1% de ser benigno".

Era outono, prenúncio de um inverno rigoroso, e exatamente no início da pandemia do vírus SARS-CoV-2, ainda concluindo os últimos capítulos deste livro. "O inferno quer destruir a obra que Deus colocou no meu coração", logo pensei. Imediatamente, criei um vídeo explicando a minha luta, com o propósito de solicitar orações a meu favor, pois entendia que este projeto estava sendo golpeado. Era uma afronta do inferno! Contudo, a obra de Deus não seria jamais paralisada, e não foi.

Para surpresa de todos, a mancha não foi melanoma, mas também não foi benigna. Deram-lhe o nome de carcinoma onicocítico, um tipo de câncer ainda sem registros no Brasil, e que, graças a Deus, era *in situ*. Milagre? Sim, Deus faz milagres. Todos falaram em uma condição muito melhor, apesar de ser um câncer de comportamento desconhecido.

Se Deus não eliminou completamente o diagnóstico de câncer, mas prolongou a minha vida, é para eu viver na sua dependência. É Ele quem controla todas as coisas, inclusive o meu ser, e me usa como quer. O livro continuou e agora está em suas mãos. A primavera chegou. Leia, estude-o e veja que os espinhos da primavera são apenas um detalhe em meio às flores da sua vida. E que muitas experiências de bênçãos lhe sejam proporcionadas.

PROPÓSITOS DO LIVRO

O primeiro propósito deste livro é, primeiramente, fazer MISSÕES. O percentual de 100% da renda obtida com este projeto será dedicado à obra missionária. Agora, com relação a você, veja os outros propósitos:

1. Despertar a sua curiosidade e interesse pelas parábolas;
2. Ensinar a estudar a Bíblia;
3. Mostrar a beleza da profecia bíblica;
4. Estimular a usar a ferramenta do uso de textos correlatos;
5. Apresentar a importância de outros recursos para a interpretação da profecia bíblica;
6. Aprimorar a sua percepção espiritual;
7. Promover a sua concentração;
8. Provar que a Palavra é sobrenatural e é divina;
9. Forçar e estimular a leitura do texto bíblico;
10. Levar a valorizar o contexto imediato e geral da Bíblia;
11. Imergir naquilo que você está estudando;
12. Demonstrar que as metáforas não são de particular interpretação;
13. Evidenciar que existe uma lógica bíblica, perfeita, a qual deve ser seguida;
14. Fazer entender que a lógica foi criada por Deus e que Ele é a própria razão;
15. Atestar que as parábolas são coerentes entre si e se complementam;
16. Fazer ver que há harmonia em toda a Bíblia;
17. Encantar com as descobertas de um grande tesouro que é o texto sagrado.

DICAS E INFORMAÇÕES IMPORTANTES
<u>Você não pode deixar de ler</u>

1. Fale, pense e ore como Daniel: "Deus revela o profundo e o escondido e conhece o que está em trevas; e com ele mora a luz" (Daniel 2:22, ARC);
2. Estabeleça estratégias para estudar as parábolas de acordo com a sua realidade: grupos nos lares, EBD (Escola Bíblica Dominical), culto de

doutrina, competição entre os grupos, premiação etc. Haverá maior estímulo, sem sombra de dúvidas, se estudadas de forma dinâmica e em grupos;

3. Como não havia livro, as questões só eram disponibilizadas na hora do estudo. Quanto à sua realidade, há duas opções: ou alguém guarda os livros para usá-los na hora da reunião ou entrega-os com antecedência para que estudem como nas lições da EBD. A nossa experiência é que a resolução dos exercícios em grupo é mais estimulante por conta da ajuda mútua e interação entre os componentes. São estratégias que deverão ser definidas, experimentadas e mudadas, se necessário;

4. O estudo em pequenos grupos traz muitas vantagens: cooperação mútua, discussões entre os participantes, comparações de respostas, dinamismo, comunhão etc.;

5. Em determinadas condições, é essencial um facilitador – professor, pastor ou alguém designado – com conhecimento prévio da lição, a fim de coordenar os grupos e as atividades, sanar dúvidas e adaptar as questões, se necessário. Até porque há o desenvolvimento da parábola, que deverá ser estudado e explicado, a parte mais importante do livro;

6. A curiosidade é benéfica, se trouxer uma perspectiva de solução, bom aproveitamento e descoberta dos mistérios bíblicos. O facilitador terá a missão de acompanhar as atividades e de interferir, se necessário, por meio de explicações e dicas, a fim de que a expectativa dos grupos não seja frustrada. As respostas corretas devem ser estimuladas, pois o participante precisa sentir-se capaz, caso contrário, será desestimulado;

7. A sequência das questões deve ser obedecida. Só passe para a questão seguinte após ter resolvido a anterior ou, pelo menos, tentado;

8. Os capítulos devem ser estudados na sequência em que estão. Alguns serão melhor compreendidos se isso for obedecido;

9. As respostas estão disponibilizadas em itálico no início do desenvolvimento de cada questão da parábola. Logo após cada resposta, ela será desenvolvida e servirá de pretexto para a introdução de outros temas bíblicos de igual importância;

10. Como a consulta às respostas é de fácil acesso – basta virar a página –, é preciso assumir um compromisso consigo mesmo e com Deus, para não ceder à tentação de vê-las antes de tentar resolvê-las exaustivamente;

11. A autodisciplina em procurar resolver as questões é imprescindível para um maior aproveitamento e entendimento da

parábola, particularmente a segunda parte do capítulo. Ela é totalmente compreensível sem a resolução dos exercícios. Mas não ceda à tentação de ler só o desenvolvimento da parábola, pois você perderá muitas informações e diminuirá a sua assimilação;

12. Na folha seguinte, encontra-se uma declaração do seu compromisso em não olhar as respostas antes de tentar obtê-las através do seu esforço e raciocínio. Acredite que você será beneficiado com essa atitude;

13. Se optar por não fazer os exercícios, não deixe de ler os desenvolvimentos das parábolas. Eles foram cuidadosamente elaborados para ser também lidos como um livro comum;

14. Há diversidade de temas, curiosidades e exercícios a fim de prender a sua atenção e dinamizar o seu estudo e as reuniões;

15. As transliterações de termos gregos estão na língua inglesa. Quando houver alguma diferença na grafia em relação à língua portuguesa, ela será mínima, sem prejuízo à sua compreensão;

16. Por fim, espero que você tenha uma experiência gratificante e cresça na graça e no conhecimento da Palavra de Deus.

Neolan Rocha
Paulo Afonso, 2021

Meu Compromisso

~·~

Eu, _____ admirador do ensino de Jesus, comprometo-me diante de Deus a resolver os exercícios de cada capítulo ou, pelo menos, tentar antes de ler o desenvolvimento da respectiva parábola, pois reconheço a importância de cada questão para a melhor aprendizagem e assimilação do conteúdo do livro. Compreendo que o Espírito de Deus é quem revela o que está oculto e é secreto, utilizando-se também da razão. Por isso, não deixarei de dedicar-me à oração e não desistirei jamais de estudá-lo, porque a persistência é a arma da vitória.

_____
(Cidade/data)

_____
(Assinatura)

A OFICINA DE JESUS

Se você chegou até aqui é porque está à procura de algo exclusivo e especial. Você não se decepcionará, tudo aqui é feito sob medida e se encaixa perfeitamente à sua casa, ao seu lar e à sua vida. Então, entre e sinta-se à vontade que vou lhe apresentar a oficina de Jesus.

Como um bom judeu obediente aos pais, é provável que Jesus seguiu os passos e a profissão do seu pai José. Até por conta do que está registrado no Evangelho de Marcos[3]: "Não é este o carpinteiro, filho de Maria e irmão de Tiago, José, Judas e Simão?" Logo cedo, deve ter aprendido o ofício de carpintaria. A Bíblia não registrou a adolescência e a juventude de Jesus. Flávio Josefo, o historiador judaico-romano do primeiro século da era cristã, quase nada apontou acerca de sua história. Um cidadão comum, nascido de uma família pobre, não seria protagonista de narrativas ao lado de líderes religiosos e políticos. Muito pouco há fora dos Evangelhos[4]. Como exemplo, há registros de um homem sábio, chamado Jesus, que fez muitos discípulos, foi crucificado e apareceu depois de três dias.

É possível que José tenha sido um exímio artífice, hábil em travas e chaves, janelas e portas, mesas, bancos, cadeiras e baús. Já a tradição fala de Jesus como um feitor de arados e cangas. Além de madeira, o carpinteiro trabalhava com pedra, ferro e cobre[5]. Entretanto, na oficina de Jesus, Ele também usava palavras e figuras de linguagem. Era um especialista em fazer parábolas. Os seus artigos não eram de luxo. Ao contrário, eram coisas simples, comuns e úteis para o dia a dia. Ali em Nazaré, cidade onde José e Maria se estabeleceram, estava a carpintaria. Algumas ferramentas eram indispensáveis, uma mesa grande, linha, traçador, formões, martelo, serras, machado, um compasso e troncos de oliveiras. Porém, o instrumento mais útil de Jesus foi a voz. Ele encantou a todos com sua técnica e oratória. Usou a linguagem como ninguém, amou as metáforas e as histórias.

Durante o ministério de Jesus, não há referência a José. Maria aparece com os seus irmãos ou sozinha. Tudo indica que já havia partido

---

3. Marcos 6:3
4. JOSEPHUS and Jesus. **North American Mission Board**, 30 mar. 2016. Disponível em: <https://www.namb.net/apologetics/resource/josephus-and-jesus/>. Acesso em: 23 jan. 2022.
5. CARPENTER. **Bible Study Tools**, [on-line, s.d]. Disponível em: <https://www.biblestudytools.com/dictionary/carpenter/>. Acesso em: 30 jan. 2022.

para a glória do Pai. Então, Jesus construiu a sua própria oficina. Ele preferiu algo mais moderno e original, transformando-a em uma oficina ambulante. De cidade em cidade, através de suas mãos da imaginação, criou coisas espetaculares, até hoje admiradas por mestres, artistas e cientistas. A sua arte era oferecida de casa em casa ou mesmo às multidões. As parábolas de Jesus são verdadeiros mistérios, enigmas do Reino dos Céus. A sua produção era intensa, pois nada dizia sem parábolas. Para cada situação, uma história diferente. Uma arte desenvolvida com esmero e inteligência. Quem via um simples carpinteiro de família pobre e sem tradição, como imaginaria ser Ele um exímio contador de histórias?

A arqueologia arrancou do solo muitos objetos antigos, que hoje estão nos mais famosos museus, como o do Louvre, em Paris, e o Britânico, em Londres. Contudo, as obras de Jesus não poderiam ficar restritas a prédios suntuosos e imponentes. Tudo o que Ele fez e disse era tão fantástico que muitas réplicas foram feitas e distribuídas pelo mundo inteiro. E, de mão em mão, de boca em boca, foram passadas de geração a geração. Entre pobres e ricos e gente de todas as cores e raças, sua arte se espalhou. Todos merecem apreciar um tesouro milenar, construído pelo maior carpinteiro de todos os séculos.

Entre e passeie pelos corredores da oficina de Jesus, reproduzida agora para o seu encanto e deleite. Aprecie e contemple algumas de suas grandes obras, o que se tem de mais belo e espetacular: Suas parábolas. Elas foram preservadas e oferecidas ao público, pois merecem ser admiradas. O que você encontra aqui é muito mais do que uma visita e uma vista panorâmica. Analise cada detalhe de tudo o que foi selecionado para você. Guarde a arte de Jesus no peito, no coração e, sobretudo, na mente. Fique à vontade e seja bem-vindo à oficina de Jesus.

1.
A PARÁBOLA DO TESOURO ESCONDIDO (Mateus 13:44, ARC)

44 Também o Reino dos céus é semelhante a um tesouro escondido num campo que um homem achou e escondeu; e, pelo gozo dele, vai, vende tudo quanto tem e compra aquele campo.

CURIOSIDADES

Entre os anos 66 d.C. e 136 d.C., várias rebeliões dos judeus contra as forças romanas ocorreram na Judeia. Centenas de milhares de judeus foram mortos, e a região ficou desolada. A fome e as doenças mataram muitos dos que resistiram à espada. Por esse tempo, acredita-se que habitantes da região enterraram os seus tesouros, protegendo-os dos saques. Até hoje esses tesouros ainda são encontrados. No ano de 2012, próximo à cidade Qiryat Gat, a 56 km ao sul de Tel-Aviv, foram encontradas joias de ouro, como um brinco no formato de uma flor e um anel com uma pedra preciosa e 140 moedas de ouro e prata, que possuíam em um de seus lados as imagens do imperadores romanos do I e II séculos: Nero, Nerva e Trajano[6]. O tesouro encontrava-se envolto por um pano e enterrado. Isso era um costume antigo, pois o rei Salomão, que vivera 1.000 antes, já havia falado sobre os cobiçados tesouros escondidos (Provérbios 2:4). O ouro é um metal nobre e raro, não oxida e quase sempre é encontrado na natureza em estado puro[7]. Sua cor e o seu brilho lhe fornecem uma beleza incomparável, dando-lhe vantagem sobre a prata, outro metal precioso desde a antiguidade. Ainda mais antigo[8], e datado de 1100 a.C., um vaso cerâmico envolvido em panos e escondido na região nordeste de Israel foi localizado por arqueólogos em 2010. Após escavarem

---

6. BRYNER, J. Gold earring, precious stones among 2,000-year-old treasure. **Live Science**, [online], 5 jun. 2012. Disponível em: <https://www.livescience.com/20750-israel-antiquities-roman-jewish-war.html>. Acesso em: 23 jan. 2022.
7. DA SILVA, A. N. S. Por que o ouro é tão valioso? **Superinteressante**, Tabapuã, SP, 31 out. 2016. Disponível em: <https://super.abril.com.br/cultura/por-que-o-ouro-e-tao-valioso/>. Acesso em: 23 jan. 2022.
8. YA'AR, C. Ancient gold jewelry discovered at Megiddo. **Israel National News Arutz Sheva**, [online], 21 maio 2012. Disponível em: <https://www.israelnationalnews.com/news/156054>. Acesso em: 23 jan. 2022.

dentro de uma casa em Tel Megido, foram surpreendidos com um tesouro de ouro e prata: colares, brincos, alguns com o formato de lua e outro decorado com bodes selvagens, e um anel. Provavelmente, esse tesouro pertencia a uma mulher cananeia ou mesmo a egípcios que habitaram a região.

1. De acordo com a parábola, qual dessas figuras representa um campo, de onde se escava e retira pequenos e grandes tesouros escondidos? Por quê?

2. De acordo com o texto bíblico abaixo, quem era o vaso que estava enterrado durante todo o Antigo Testamento, mas foi descoberto? E quais as joias que estão guardadas nele?

"Esforço-me para que eles sejam fortalecidos em seus corações, estejam unidos em amor e alcancem toda a riqueza do pleno entendimento, a fim de conhecerem plenamente o mistério de Deus, a saber, Cristo. Nele estão escondidos todos os tesouros da sabedoria e do conhecimento." (Colossenses 2:2-3, NVI)

O vaso: _____
_____

As joias: _____
_____

3. Certo arqueologista renomado, em uma de suas expedições, escavou e descobriu 12 joias de ouro e prata, as quais estão representadas adiante através das figuras e das expressões da coluna do meio. Elas são 4 alianças, 4 pingentes e 4 correntes. Ajude-o a unir cada aliança com o seu respectivo par, e as correntes com os seus respectivos pingentes, sabendo que os pares respectivos das figuras que estão à direita e à esquerda estão na coluna do meio. Outro detalhe importante é que a primeira figura é de ouro (aliança), a segunda e terceira são de prata (aliança e corrente), e as três figuras à direita são de ouro (os pingentes).

A doutrina do dízimo

A doutrina da salvação universal

A doutrina do sacrifício de Jesus

A doutrina do casamento monogâmico

A doutrina da ressurreição

A doutrina da divindade de Jesus

4. Na parábola, o homem achou um tesouro e o escondeu. Depois de achado o tesouro, onde ele deve ser escondido de acordo com as Escrituras? Unindo duas linhas curvas, você encontrará a resposta no formato de uma figura.

5. Leia a parábola novamente e responda as questões abaixo:
Quem é o campo? _____
Quem é o tesouro? _____
Quanto vale o campo? _____
Quanto vale o tesouro? _____
Quanto você pagou pelo campo? _____
O que você adquiriu com o campo? _____
Se a única alternativa para adquirir o campo fosse vender tudo o que você tem, valeria a pena? Por quê? _____
_____

A PARÁBOLA DO TESOURO ESCONDIDO
(Mateus 13:44, ARC)

1. A Bíblia representa um campo de onde se escava e retira pequenos e grandes tesouros escondidos.

A mensagem de Deus revelada à humanidade através dos profetas é incontestavelmente o mais precioso tesouro de todos os tempos. Não é de esmeraldas nem de rubis e brilhantes, mas brilha e encanta. Outrora, escondido no coração de Deus, é, de longe, o mais procurado do mundo. Uns estão no fundo dos oceanos. Outras relíquias, nas profundidades da terra. Mas a Palavra de Deus está preservada na Bíblia.

O livro Bíblia ou, como no passado, os manuscritos, é o campo que contém a santa Palavra de Deus, a mensagem profética, o Evangelho da glória de Cristo, como afirmou o apóstolo Paulo (2 Coríntios 4:6-7). É o livro denominado de Bíblia que esconde todas as doutrinas espirituais, as quais têm o objetivo de transformar, santificar e salvar a vida da pessoa. É nas Escrituras que se encontra a vida abundante e eterna, um tesouro ímpar, que não pode ser apreçado nem comprado, ainda que se queira pagar com o mundo inteiro.

As Escrituras, a Bíblia ou os manuscritos são o campo, e a mensagem que nelas está contida é o magnífico e rico tesouro. Assim, a partir de agora, lapide a Palavra de Deus e verá que brilha mais do que ouro, diamantes e safiras (Salmos 119:72).

2. Ao ler Colossenses 2:2-3, conclui-se que o vaso que estava enterrado durante todo o Antigo Testamento é Cristo, mas foi descoberto, e as joias que estão guardadas nele são a sabedoria e o conhecimento – não os manuscritos, mas o conteúdo deles.

As joias também podem ser a Palavra de Deus. O apóstolo Paulo falou que o próprio Cristo[9] foi um mistério durante as gerações passadas (Efésios 3:4-12; Colossenses 2:2-3). Se estavam ocultos e foram um mistério e enigma, ambos estavam escondidos como os tesouros de ouro e prata nos campos da Palestina.

---

9. EPHESIANS 3:4. **Bible Hub**: search, read, study the Bible in many languages, [on-line, s.d.]. Disponível em: <https://biblehub.com/commentaries/ephesians/3-4.htm>. Acesso em: 23 jan. 2022.

As doutrinas bíblicas hoje bem compreendidas e claras, a exemplo da doutrina da salvação pela fé, estavam inseridas nas profecias e manuscritos do Antigo Testamento (Romanos 4:3). Porém, os doutores da época estavam com seus olhos entreabertos, se não fechados, e, com a visão borrada, não as entediam. O próprio Filho de Deus, Jesus Cristo, citado amplamente no texto sagrado, também se constituía em mistério e enigma (Lucas 24:27). Ambos, Cristo e as doutrinas neotestamentárias, estavam enterrados e entranhados nos campos dos manuscritos hebraicos. Cristo era o vaso de barro. A sabedoria e o conhecimento, as joias de grande e imenso valor.

De fato, o Filho de Deus tomou a forma de homem, de um vaso de barro frágil. Ele foi desenterrado, ferido e quebrado, manifestando toda a verdade. E a sabedoria e o conhecimento de Deus, que nele estavam contidos, foram entregues aos homens. Desde então, as joias têm sido meticulosamente lapidadas, tratadas, clareadas ou intensificadas a sua cor, a fim de brilharem, encantando toda a humanidade.

3. Certo arqueologista renomado, em uma de suas expedições, escavou e descobriu 12 joias de ouro e prata, as quais são 4 alianças, 4 pingentes e 4 correntes. Unindo cada aliança com o seu respectivo par e as correntes com os seus respectivos pingentes, os pares ficariam assim: a aliança de ouro e "a doutrina do sacrifício de Jesus", a aliança de prata e "a doutrina do casamento", a corrente de prata e "a doutrina do dízimo", o pingente de ouro na forma da letra grega ômega e "a doutrina da divindade de Jesus", o pingente de ouro na forma de uma árvore e "a doutrina da ressurreição", o pingente de ouro na forma do globo terrestre e "a doutrina da salvação universal".

Todas essas doutrinas são joias de ouro e de prata que estavam encravadas no solo das Escrituras. As peças de ouro são mais nobres e valiosas do que as de prata. Assim, as joias de prata deverão representar as doutrinas de menor valor e significado do ponto de vista do plano de salvação.

A doutrina da salvação é a alma e a essência da mensagem profética que está revelada de Gênesis a Apocalipse e é o tesouro de ouro que está em Cristo Jesus. As doutrinas do dízimo e do casamento monogâmico são importantes, mas não frustram a salvação. Alguns servos de Deus do Antigo Testamento, como Abraão, Jacó e Elcana foram poligâmicos ou tiveram relacionamentos extraconjugais, e não perderam a sua salvação (Gênesis 16:4; Gênesis 29:23,30; 30:4.9; 1 Samuel 1:1-2). Entretanto, as instruções do Criador não devem ser desprezadas, sob pena de afetar e prejudicar a qualidade de vida aqui na terra. Como não se liga diretamente à salvação, a aliança de prata tem como seu par inseparável a doutrina do casamento monogâmico.

A primeira joia é o casamento monogâmico, representado pela aliança de prata. Aliança é um termo sinônimo de pacto e tem sido utilizada como símbolo do matrimônio. Esse costume vem do antigo Egito, de acordo com as recentes descobertas arqueológicas[10]. O casamento monogâmico é relevante para a saúde emocional e espiritual da família, mas não é requisito e obrigação para a salvação dos seus membros. Abraão, Jacó e Davi relacionaram-se com mais de uma mulher, dentre outros casos. Eles foram servos benquistos e amados de Deus, apesar de contrariarem o princípio da monogamia estabelecido no Éden. Eram amados, escolhidos e salvos, mas não deixaram de pagar o preço do erro.

O pecado é nocivo, ainda que praticado na ignorância. Ao ser questionado sobre o divórcio, Jesus claramente afirmou que o homem e a mulher, quando se dão em casamento, tornam-se uma só carne. E se são uma só carne, o ente formado a partir da relação sexual entre um homem e uma mulher se torna indivisível. A ideia vem da unidade, que é um número indivisível. Sem levar em conta os conceitos da Matemática[11], no senso comum, a unidade é indivisível. Essa realidade pode ser muito bem exemplificada através da união do ovócito com o espermatozoide. Quando eles se unem, suas proteínas se encaixam e formam uma unidade denominada célula-ovo. Assim, uma nova vida é formada. Não há mais como fracionar. Qualquer tentativa de separação resultará em ruptura, dilaceramento e destruição.

Segundo os princípios e leis da Criação, o rompimento de um matrimônio resultará em perdas, sofrimento e esfacelamento. Os cônjuges sofrem e, particularmente, os filhos. As cicatrizes são profundas e dolorosas, com queloides pelo corpo e fibroses na alma. A prática do sexo deve ser observada como parte integrante do próprio casamento. O sexo é a aliança natural que sela a união. Portanto, a iniciação sexual fora do casamento já se constitui em transgressão da própria lei do matrimônio. Se quiserem

---

10. MELINA, R. Why do men wear wedding rings? (and why some don't). **Live Science**, [on-line], 22 abr. 2011. Disponível em: <https://www.livescience.com/33226-why-do-men-wear-wedding-rings-and-why-some-dont.html>. Acesso em: 23 jan. 2022.
11. Na Matemática, todo número natural não nulo é divisível pelo menos por si mesmo.

obedecer ao Senhor Deus, os jovens deverão guardar-se da prostituição, reservando-se para o tempo certo, que é a união matrimonial.

Quanto ao divórcio, as exceções colocadas por Moisés e Jesus não são remédios, mas remendos. Erros não vivem em ilhas e são solitários, mas provocam deslizes em cadeia. Se quiser evitar que se amontoem como uma avalanche, ouça a voz de Deus. A ruptura e separação não foram instituídas no Éden. Elas são consequência do pecado. E é o pecado, e somente o pecado, que tem o poder de destruir o ente formado da união entre um homem e sua mulher. Ninguém poderá atribuir ao acaso o casamento fracassado e dilacerado, como se fosse uma loteria, nem culpar um ao outro. Ambos os cônjuges deverão assumir a culpa pelo fracasso, considerando que princípios e leis estabelecidos pelo Criador não foram observados.

A segunda joia de prata é a doutrina do dízimo. Ela é o pingente de prata que complementa e abrilhanta a corrente. É a décima parte – se você foi um bom observador, viu que há nove elos no colar. A lei do dízimo realmente aparece estabelecida explicitamente no código de Moisés. Era um preceito e imposição clara para os judeus até a revogação de toda a Lei. A Lei de Moisés era transitória e perdeu a sua eficácia com o novo Pacto selado através do sangue de Cristo (Hebreus 7:18; 8:13; 10:9). Assim, os judeus não estariam mais obrigados a dar dízimos, e muito menos os cristãos. Entretanto, a joia exuberante e valiosa de prata que estava entranhada nos manuscritos não era o dízimo da Lei de Moisés. Esse dízimo de Moisés estava aparente, limpo, brilhava e adornava os judeus dos tempos do Antigo Testamento, mas era frágil e passou. A doutrina do dízimo a que se refere o enunciado da questão estava encravada, ainda bruta e escondida no subsolo dos manuscritos antigos, e não brilhava.

A doutrina do dízimo foi encontrada sem brilho e oxidada pelo escritor aos Hebreus. Escura e fosca, de difícil visualização, ele esmerou-se em devolver-lhe o brilho, pois internamente estava intacta. Ele provou que a doutrina do dízimo é parte da lei maior, que chamaremos de Lei de Cristo, pois é a expressão utilizada pelo apóstolo Paulo (1 Coríntios 9:21; Gálatas 6:2). A joia estava ocultada e entranhada no livro de Gênesis, enterrada nas profundidades das Escrituras. Nenhum texto foi tão preciso quanto a narrativa que tratou da aparição abortiva de um personagem real, peça-chave da argumentação, chamado de Melquisedeque. Deus levantou o sacerdote Melquisedeque nos tempos anteriores à Lei de Moisés para mostrar a superioridade da Lei de Cristo sobre tudo e todos, o seu caráter atemporal, por não ter começo nem fim, e eterno.

A eternidade da Lei de Cristo é oposta à transitoriedade da Lei de Moisés. A lógica encontrada pelo escritor foi delineada ao analisar as semelhanças entre o rei Melquisedeque e o próprio rei Jesus. Eles, os dois personagens e seus ministérios, são coincidentes e idênticos. Portanto, originam-se de uma mesma lei. Melquisedeque é o sacerdote do Deus Altíssimo (Gênesis 14:18). E Jesus, o sumo sacerdote eterno (Hebreus 3:1; 4:14; 5:10; 6:20).

Melquisedeque é a representação de Cristo no Antigo Testamento (Hebreus 7:3), enquanto Ele, o Filho do Homem, não havia sido revelado ao mundo. A finalidade é demonstrar o caráter atemporal e eterno da Lei de Cristo. Se o sacerdócio de Jesus é eterno, a Lei de Cristo é eterna (Hebreus 7:17). Como participam de uma mesma lei, os ministérios de Melquisedeque e Jesus coincidem. E não pode haver uma única exceção. Ambos eram reis de Justiça, e depois reis de Paz, por interpretação do nome da cidade de Salém, antigo nome de Jerusalém[12]. Um e outro eram reis de Jerusalém. Por não haver registro dos pais de Melquisedeque, ele assemelhou-se a Jesus, cuja origem também não pode ser determinada. Jesus fez-se igual a Deus, sem começo de dias nem fim, eterno. Sem genealogia, nem princípio e fim de dias, os sacerdócios de Melquisedeque e Jesus permanecem e são eternos. Como Jesus, Melquisedeque apresentou os elementos da ceia do Senhor, pão e vinho, e celebrou o sacrifício do Filho do Homem (Gênesis 14:18).

Por outro lado, Melquisedeque e Jesus não descendiam da tribo de Levi, e muito menos de Arão, exigência da lei do sacerdócio araônico. Porém, o texto sagrado afirma que ambos eram sacerdotes do Deus Altíssimo (Salmos 110:4 e Hebreus 5:6), e isso sob juramento. Claramente, os ministérios de Melquisedeque e Jesus eram autorizados por outra lei em vigor. Os sacerdócios de Jesus e Melquisedeque têm a mesma causa[13] (Hebreus 7:12), a Lei de Cristo. É ela que faz de Melquisedeque e Jesus sacerdotes do Deus Todo-Poderoso. A vigência da Lei alcança Abraão, todos os patriarcas, os profetas, Jesus e a igreja de Cristo. A Lei de Cristo é atemporal e eterna.

---

12. SALÉM. **Bible Hub**: search, read, study the Bible in many languages, [on-line, s.d.]. Disponível em: <https://biblehub.com/greek/4532.htm>. Acesso em: 23 jan. 2022.
13. Do hebraico dibrah, que significa "uma causa". DIBRAH. **Bible Hub**: search, read, study the Bible in many languages, [on-line, s.d.]. Disponível em: <https://biblehub.com/hebrew/1700.htm>. Acesso em: 23 jan. 2022.

A doutrina do dízimo entre os cristãos não está relacionada à Lei de Moisés, mas sim à Lei de Cristo. O sumo sacerdote Jesus ressuscitou e penetrou os Céus e é ministro eterno de um santuário celeste. Ele retornou ao seu lugar de origem, onde exerce um sacerdócio sem fim, segundo a Lei de Cristo. Se o sacerdote Melquisedeque recebeu dízimos de Abraão, que representa todos os filhos de Deus – Abraão é pai de todos os que creem –, certamente Jesus recebe ainda hoje os dízimos da sua igreja (Gálatas 3:7). Em Abraão, os que são da fé pagaram dízimos a Melquisedeque. E, hoje, os genuínos filhos de Abraão entendem e entregam os seus dízimos ao ministro maior da Lei de Cristo, Jesus.

O dízimo deve ser entregue no altar e administrado pela igreja, que é o corpo de Cristo. A doutrina do dízimo relaciona-se à doutrina da mordomia, à obediência do crente, à sua missão e ao seu desprendimento dos bens materiais. Quando o crente entrega o dízimo do que recebe, ele reconhece que todas as coisas pertencem a Deus. É um teste de fé e fidelidade. Pela analogia da Lei de Moisés, deixar de entregar os dízimos ao Senhor Jesus é roubá-lo. Por outro lado, há promessas de efusivas bênçãos àqueles que são fiéis e honestos. É verdade que alguns ministros do Evangelho defendem a doutrina do dízimo por usura e ganância. Outros por conveniência. Mas isso não invalida nem oxida a lei do dízimo.

A terceira joia, agora de ouro, é a doutrina da ressurreição. Ela é a corrente de ouro que sustenta, revela e exibe o pingente da árvore da vida. Quem lavar as suas vestiduras no sangue do Cordeiro terá direito à árvore da vida (Apocalipse 22:14). Quem come da árvore da vida vence o pecado e a morte, então ressuscitará e viverá eternamente com o Pai. Se os mortos não ressuscitam é inútil e frustrada a nossa fé, segundo o apóstolo Paulo (1 Coríntios 15:16-17).

Certa vez, ao ser confrontado, Jesus disse que Deus não é Deus de mortos, mas de vivos, porque para Ele todos vivem, referindo-se primeiramente a Abraão, Isaque e Jacó (Lucas 20:38). A lembrança dos nomes dos santos e grandes patriarcas sugeriu a conservação de suas identidades, as quais se estenderão à vida no lar celestial. Em seu discurso em Atenas, Paulo disse que em Deus vivemos, nos movemos e existimos. Ele é o princípio e a fonte de vida. Deus criou o homem para fazer-lhe companhia nos Céus, para servi-lo, amá-lo e glorificá-lo. Por isso, os santos e eleitos serão arrebatados no dia do juízo (Marcos 13:27).

Em outro local, Jesus esclareceu que seremos como os anjos. Não é possível perscrutar e imaginar a vida do além, pois se trata de uma realidade invisível, metafísica e infinitamente distante. Contudo, aprouve a Deus tornar o invisível em visivo, enviando o seu Filho à semelhança dos homens, de carne e osso, nascido de mulher, a fim de que vencesse a morte, ressuscitando-o. Assim, Jesus foi feito as primícias[14] dos que dormem (1 Coríntios 15:20; Apocalipse 1:5), o primeiro a ressuscitar e ser glorificado. Ele é o novo e último Adão (1 Coríntios 15:45), a origem e a causa da nova geração de pessoas regeneradas (Hebreus 5:9).

Como de Adão nasceu toda a raça humana, a partir de Jesus todos os santos e eleitos são gerados. De fato, ninguém ressuscitou à semelhança de Jesus em toda a história da humanidade. Não há registros nem provas científicas. A natureza e as características da ressurreição de Jesus darão as diretrizes de como será a ressurreição dos santos. Alguma coisa é possível conceber e imaginar. O corpo após a ressurreição não será mais reduzido e limitado às leis físicas (Lucas 24:31, 44-46). Jesus desapareceu de forma súbita, tornou-se invisível, à semelhança das aparições curtas dos anjos. Ele entrou no cômodo de uma casa cujas portas estavam trancadas (João 20:19). Também conservou a memória, não lhe fugindo o seu passado, e a sua história não se perdeu (Lucas 24:25-27,39,44). O corpo, a voz e a cor dos olhos e da pele não mais identificarão o filho de Deus. A identidade será a sua história.

Do lado de cá, e ainda usando a razão, a perda da identidade no mundo futuro parece não fazer sentido. Jesus amou particularmente você a fim de que a sua vida fosse purificada e conservada para a sua glória. Ele amou cada uma de suas ovelhas e deu a sua vida por todas elas para que no Céu todos estejam juntos, celebrando a grande vitória. Ele amou e morreu por pessoas, e não por robôs. Que dia será esse quando, na presença do Senhor, vestidos de branco e com trajes de gala, os filhos de Deus receberão a cidadania da Jerusalém celestial! No Céu, ganharão novos irmãos, e serão todos irmãos. Não haverá falhas, mal-entendidos, decepções, o amor arderá nos corações e a amizade será perfeita e eterna.

A quarta joia, que também é de ouro, é a doutrina da divindade de Jesus. Ela é a corrente de ouro onde se firma e resplandece o pingente

---

14. Do termo grego *prototokos*, aquele que "nasceu primeiro" ou que "primeiro experimentou a glorificação", com relação a Jesus. PROTOTOKOS. **Bible Hub**: search, read, study the Bible in many languages, [on-line, s.d.]. Disponível em: <https://biblehub.com/greek/4416.htm>. Acesso em: 23 jan. 2022.

da letra grega ômega. Jesus disse que era o Alfa e o Ômega, o Princípio e o Fim, o Primeiro e o Derradeiro (Apocalipse 22:13). Todas essas metáforas representam a eternidade de Jesus, igualando-o a Deus. Jesus é divino, Ele é o próprio Deus.

O apóstolo João disse que qualquer que confessasse Jesus como o Filho de Deus, Deus estaria nele e ele em Deus (1 João 4:15). E quem cresse que Jesus é o Filho de Deus venceria o mundo (1 João 5:5). A expressão Filho de Deus ocorre 45 vezes no Novo Testamento e refere-se à divindade de Jesus. A expressão oposta é Filho do Homem, também aplicada a Jesus, mas para referir-se a sua natureza humana. Jesus era homem e Deus. Jesus é o Filho único de Deus (João 1:18; 3:16; 1 João 4:9), Aquele que tem a natureza de Deus e é igual a Deus. Jesus não nasceu de Deus, Ele é exatamente Deus (Filipenses 2:5-7). O Filho de Deus assumiu a forma humana, a quem foi dado o nome Jesus. A ideia de que Jesus nasceu ou foi gerado de Deus não tem amparo profético. Ele é a própria divindade, conforme atesta o apóstolo João nas primeiras letras do seu Evangelho (João 1:1-14; Colossenses 2:9-10).

A quinta joia, dentre tantas que foram garimpadas do texto sagrado, é a doutrina do sacrifício de Jesus, amplamente apontada de Gênesis a Apocalipse. Ela é merecidamente o outro par da aliança de ouro. A aliança entregue no Sinai é de prata. Mas a aliança estabelecida no Calvário é de ouro. O sacrifício de Jesus é celebrado através de um memorial, a ceia instituída pelo Senhor: "Jesus tomou o pão [...] Tomem e comam; isto é o meu corpo [...] Isto é o meu sangue da aliança, que é derramado em favor de muitos para perdão dos pecados" (Mateus 26:26,28, NVI). Quem bebe o sangue do Cordeiro é lavado por dentro, purificado e recebe a verdadeira vida. Quem lava as suas vestes no sangue do Cordeiro e come do pão da aliança tem direito à árvore da vida, e entra no paraíso (Apocalipse 22:14). O sacrifício de Jesus é a alma e o centro do plano de salvação.

O plano de salvação é um mistério de Deus, concebido e firmado de acordo com os seus desígnios. Não é passível de discussão e argumentação. Quem entendeu a razão e os juízos de Deus? Quem conheceu a mente do Senhor? Os pensamentos de Deus são insondáveis (Romanos 11:33) e infinitamente profundos. O enredo das Escrituras Sagradas é lógico, extraordinário e perfeito. O plano de salvação foi estabelecido e desenvolvido ao longo de 1600 anos de forma excepcional e inconsciente pelos escritores bíblicos. A coerência e a perfeição das profecias são atribuídas à inspiração divina (2 Pedro 1:21). O Espírito Santo é o coautor do texto sagrado, dando-lhe coesão e um caráter sobrenatural e perfeito. A pessoa não deve duvidar, negar, contender ou discutir, mas simplesmente aceitar o sacrifício do Filho de Deus como o único e suficiente meio de alcançar a vida eterna.

A sexta e última joia, também de ouro, é a doutrina da salvação universal. Ela é a corrente de ouro que expõe o pingente das nações. A salvação é para todos (Atos 10:42-43; Romanos 1:16), para judeus e gregos, brancos e negros, livres e servos, todos são elegíveis para a salvação. Em qualquer época, todos foram chamados e são convidados para a salvação. Por exemplo, Noé é a representação da salvação universal, pois todas as nações estavam nele, quando foram salvos das águas do dilúvio ele e sua família. As raças do mundo vêm de Noé. Portanto, ele representou todas as nações. Ele achou graça e misericórdia diante de Deus e foi salvo. A graça de Deus foi derramada sobre todas as nações. Noé foi batizado, ressurgiu das águas e entrou nos Céus (1 Pedro 3:20-21). Cananeus e egípcios, mesopotâmios e assírios, europeus e americanos, todos os povos foram representados por Noé e são convidados para o grande banquete no Céu.

A cultura exclusivista dos judeus deixou marcas de intolerância na igreja primitiva. A inclusão de gentios no plano de salvação foi controversa, causou divisões e muitos conflitos. Mas Deus justifica tanto os circuncisos como os incircuncisos (Romanos 3:29-30). Ele ama o mundo e não simplesmente Israel (João 3:16). A eleição de Israel foi para abençoar o mundo, a fim de que a salvação chegasse aos confins da terra, e jamais para torná-lo povo exclusivo dele (Gênesis 12:3).

A partir de Jesus, que é a semente de Abraão, a pregação do Evangelho foi intensificada e tem alcançado os confins da terra (Mateus 28:19-20; Atos 1:8; 13:47; 24:5; Romanos 1:8; 10:18). O Espírito Santo impôs aos salvos falar da salvação em todas e a todas as línguas. Primeiro foram os apóstolos no Pentecostes (Atos 2:4), depois os cristãos não judeus[15], e agora já somam mais de 2.000 traduções e versões da Bíblia[16] falando da

---

15. Os EUA são o país que mais tem enviado missionários, conforme estatística de 2010, seguido pelo Brasil. STEFFAN, M. The surprising countries most missionaries are sent from and go to. **New & Reporting**, [on-line], 25 jul. 2013. Disponível em: <https://www.christianitytoday.com/news/2013/july/missionaries-countries-sent-received-csgc-gordon-conwell.html>. Acesso em: 23 jan. 2022.

16. BIBLE VERSIONS. **YouVersion**, [on-line, s.d.]. Disponível em: <https://www.bible.com/versions>. Acesso em: 23 jan. 2022.

salvação. O Evangelho tem se propagado para apresentar o sacrifício de Cristo como a solução para o pecado e a morte. Cristo é a razão de todas as coisas. Hoje a identidade de Deus que mais fala é Cristo, o Filho de Deus e do homem. É o ser humano Jesus. O que de Deus se conhece, nada é tão palpável como Jesus. E o que de Deus se ouve, nada fala tão alto quanto a cruz de Cristo, os seus braços abertos, a declaração de perdão e o amor imenso de Deus anunciado no Calvário.

4. *Na parábola, o homem achou um tesouro e o escondeu. Depois de achado o tesouro, que são as palavras de Deus, ele deve ser guardado no coração.*
    A figura do coração é composta de duas linhas curvas. Não há local melhor e mais acolhedor do que o coração para se esconder a lei e os ensinamentos de Deus. Dali, ele bombeia, pulveriza o corpo e dá saúde. Quem guarda a lei de Deus em seu coração alimenta o corpo e a alma com a justiça e a verdade.
    O sucesso e a retidão dos passos de alguém dependem do carinho e do amor que se desenvolve pelos preceitos divinos. O salmista declara o seu ardor e afeto pela Palavra de Deus: "Escondi a tua palavra no meu coração, para eu não pecar contra ti" (Salmos 119:11, ARC). Esse é um dos textos bíblicos mais gravados e declamados pelos santos. Entretanto, deve sair do coração e não simplesmente da memória. Quando sai do coração, manifesta alguns sintomas, como um vínculo resistente e uma lembrança constante. É assim também que pensa o salmista: "Oh! Como eu amo a tua Lei! Medito nela o dia inteiro" (Salmos 119:97, NVI).
    A pessoa que ama a Palavra não a larga, mas a cumpre, chova pau ou pedra. As adversidades da vida não conseguem afastá-la da lei de Deus. A Palavra é como a luz do sol, que, durante o dia, dá força, energia e alegria, e, nas noites, traz descanso e paz. A lei de Deus está dentro do coração do justo. Por essa razão, a sua boca fala da sabedoria, e a sua língua do que é reto (Salmos 37:31; 40:8). Ela é amiga constante, sempre presente e lembrada. O coração é símbolo de sentimento, de amor. Quando o coração bate forte por Deus, a sua graça o protege, a sua misericórdia o acolhe e o seu amor o salva.

5. *O campo são as tábuas de pedra. Os rolos do texto profético, as páginas da Bíblia sagrada, os softwares das Escrituras. O tesouro são as verdades da Bíblia, o seu conteúdo, as suas informações, a lei e os preceitos de Deus. O campo de*

papel, apenas o campo, vale muito pouco. O preço do tesouro é impagável, nem o universo transformado em moedas poderia comprá-lo. Eu paguei alguns reais pelo campo, não muito. Adquiri sabedoria, conhecimento, discernimento, paz, alegria e o principal, a vida eterna. Valeria a pena se desfazer de todas as coisas para conhecer a Cristo, a sua misericórdia e o seu amor.

Nada substitui a vida eterna. Na parábola, o tesouro agregou valor ao campo. Por causa disso, ele foi comprado por um preço exorbitante. A riqueza dos magnatas e do mundo inteiro não se compara ao valor do tesouro que é a Palavra de Deus. O seu valor é sobrenatural, porque ilumina não só por fora, mas especialmente por dentro do homem. O justo é iluminado por dentro, não há trevas nenhuma e discerne bem tudo (Salmos 119:105).

A Palavra de Deus é mais que uma afiada espada, pois penetra até a divisão entre alma e espírito, separa e nomeia particularmente cada pensamento e intenções do coração (Hebreus 4:12). Não há segredos para Deus. Ainda que os pensamentos se formem no mais profundo da alma, a Palavra de Deus os alcança, revela, admoesta, condena e perdoa. Ela é mais valiosa do que montanhas de ouro, porque alimenta o espírito. O pão alimenta o corpo, que definha e morre. A Palavra alimenta o espírito, que se fortalece e vive eternamente (Mateus 4:4). Ela é sobrenatural, e o seu valor não pode ser medido porque purifica mais do que o fogo. Limpa o coração da inveja, do ódio, da cobiça, da mentira e de todo e qualquer pecado. Nenhum mal resiste ao seu poder. Ela purifica e santifica por dentro da alma (João 17:17).

Sim, vale a pena desfazer-se de tudo que se tem para comprar o tesouro de Deus. A vida da pessoa com tudo o que ela tem aqui no mundo passa como a sombra, se dispersa como a neblina e seca como a erva. A alegria do mundo é passageira e traz as suas armadilhas. A pessoa é facilmente presa pelo diabo e pelo pecado, é iludida e maltratada. O diabo é um padrasto insolente, mau e impiedoso, é um ladrão e assassino, é enganador e ama a mentira. Ele se alimenta do horror e do ódio. Não queira ser adotado por ele. Ao contrário, Deus é um Pai amoroso e justo, e todas as bênçãos dos Céus foram reservadas para você (Efésios 1:3). Afaste-se do mundo e guarde o tesouro de Deus no seu coração. Não é fácil abandonar os prazeres do mundo, mas é possível. Jesus afirmou que todo aquele que deixar alguma coisa por amor do seu nome, receberá muito mais e herdará a vida eterna (Mateus 19:29).

2.
A PARÁBOLA DOS DOIS FILHOS
(MATEUS 21:28-32, ACF)

28 Mas, que vos parece? Um homem tinha dois filhos, e, dirigindo-se ao primeiro, disse: Filho, vai trabalhar hoje na minha vinha. 29 Ele, porém, respondendo, disse: Não quero. Mas depois, arrependendo-se, foi. 30 E, dirigindo-se ao segundo, falou-lhe de igual modo; e, respondendo ele, disse: Eu vou, senhor; e não foi. 31 Qual dos dois fez a vontade do pai? Disseram-lhe eles: O primeiro. Disse-lhes Jesus: Em verdade vos digo que os publicanos e as meretrizes entram adiante de vós no reino de Deus. 32 Porque João veio a vós no caminho da justiça, e não o crestes, mas os publicanos e as meretrizes o creram; vós, porém, vendo isto, nem depois vos arrependestes para o crer.

CURIOSIDADES

Os líderes religiosos dos judeus, príncipes dos sacerdotes, escribas e anciãos não aceitaram João Batista como um profeta da parte de Deus. Isso fica evidente nos versículos anteriores à parábola (Mateus 21:25-26). A rejeição a João Batista significava uma rejeição ao próprio Jesus, já que esse profeta o apontou como o Messias e o Cordeiro de Deus, o qual haveria de salvar o mundo. A princípio, a parábola foi criada para condená-los de forma indireta, em razão de sua incredulidade em relação à missão de João Batista. Quanto aos publicanos, eram eles cobradores de impostos para o Império Romano. O custo de manutenção do império era suportado pelas províncias. Geralmente as coletorias eram estabelecidas nas estradas, nas pontes e nas entradas das cidades. No tempo de Jesus, a Judeia fazia parte da província da Síria. Os impostos eram destinados às estradas, segurança, liberdade religiosa etc. Havia o imposto de renda sobre a receita anual (1%), sobre a colheita de grãos (1/10), sobre o vinho, frutas e azeite (1/5), sobre vendas e propriedades[17], dentre outros. Os publicanos eram odiados e considerados pecadores, à semelhança das prostitutas, porque representavam o Império Romano e extorquiam os seus irmãos judeus. Os Rabis diziam que um

---

17. ANCIENT Sketches. **Bible History**, [on-line, s.d.]. Disponível em: <https://www.bible-history.com/sketches/ancient/publican.html>. Acesso em: 30 jan. 2022.

publicano desgraçava a sua família inteira[18] da mesma forma que um ladrão, e os tinham como traidores. As prostitutas do Novo Testamento mantinham relações sexuais ilícitas, tanto por dinheiro como por simples prazer[19].

1. Palavras transmitem ideias e despertam sentimentos. Por outro lado, palavras diferentes podem ter um mesmo significado ou significado aproximado, a depender do contexto em que estão inseridas. Observe os exemplos abaixo e diga se as palavras *gostar* e *amar* transmitem ideias diferentes ou iguais para você, ou seja, se elas têm o mesmo significado ou não:

Maria *gosta* de João (= ou ≠) Maria *ama* João.
Eu *gosto muito* de chocolate (= ou ≠) Eu *amo* chocolate.
Maria *gosta muito* de João (= ou ≠) Maria *ama* João.

2. Como você expressaria seus sentimentos por um ente querido (filho, mãe ou pai)? Por quê?
Eu *gosto* de...   Eu *gosto muito* de...   Eu *amo*...

3. As duas palavras gregas *metamelomai* e *metanoeó* têm significados semelhantes com ligeira diferença entre elas[20]. Porém, quando foram traduzidas para o português, não aparentaram diferença e foram traduzidas e escritas da mesma forma: *arrepender-se*. Compare as palavras gregas nos textos abaixo, traduzidas como arrepender-se, e ligue-as aos seus reais significados à direita:

Mateus 27:3 ☐ (*metamelomai*)	☐ É uma simples mudança emocional. É voltar atrás na sua decisão ou atitude.
Lucas 15:10 ☐ (*metanoeó*)	☐ É uma mudança mais racional, que envolve preceitos morais, a exemplo dos cristãos. É mais nobre e significativa.

---

18. FAUSSETS'S Bible Dictionary. **Bible History**, [on-line, s.d.]. Disponível em: <https://bible-history.com/faussets/>. Acesso em: 30 jan. 2022.
19. PORNÉ. **Bible Hub**: search, read, study the Bible in many languages, [on-line, s.d.]. Disponível em: <https://biblehub.com/greek/4204.htm>. Acesso em: 23 jan. 2022.
20. METAMELOMAI. **Bible Hub**: search, read, study the Bible in many languages, [on-line, s.d.]. Disponível em: <https://biblehub.com/thayers/3338.htm>. Acesso em: 23 jan. 2022.

4. Agora que você conhece o significado das palavras *metamelomai* e *metanoeó*, indique qual a palavra grega original de cada texto bíblico, se 1-*metamelomai* ou 2-*metanoeó*:

( ) Apocalipse 2:5   ( ) 2 Coríntios 7:8   ( ) Marcos 6:12
( ) Lucas 17:3 ( ) Hebreus 7:21

5. Leia Mateus 21:29,32. As duas palavras traduzidas como arrepender-se é originariamente a palavra grega *metamelomai*. Reveja o significado dessa palavra e escolha a melhor interpretação do versículo 32.

a) Vocês, líderes religiosos, mesmo vendo a mudança das meretrizes e publicanos, não querem fazer a vontade de Deus;
b) Vocês, líderes religiosos, mesmo vendo a transformação das meretrizes e publicanos, não mudaram o seu conceito em relação a João Batista.
c) Vocês, líderes religiosos, deveriam seguir o exemplo das meretrizes e publicanos, crendo em Deus e mudando as suas atitudes.
d) Vocês, líderes religiosos, são pecadores e serão lançados no inferno.

6. Escolha dentre as opções a seguir as expressões que melhor representam as respostas dos dois filhos ao pai e as escreva nos respectivos espaços em branco (apenas uma para cada filho):

"Está certo, não tem outro jeito." "Eu vou, mas não posso demorar." "Que pena, não poderei ir agora." "Eu irei sim, com o maior prazer." "Hoje eu não poderei ir." "Gostaria de ir, mas infelizmente já tenho um compromisso." "Desculpe-me, irei outro dia." "Nem que me peça de joelhos." "Eu irei sim, mas só esta vez."

Primeiro filho: _____
Segundo filho: _____

7. Relacione as figuras da parábola à esquerda com os seus respectivos significados à direita:

Pai ♦

Primeiro Filho (que foi trabalhar) ♦

Segundo Filho (que não foi trabalhar) ♦

Vinha ♦

♦ Publicanos

♦ Anciãos

♦ Meretrizes

♦ Deus

♦ Príncipes dos sacerdotes

♦ Reino de Deus

8. Hoje, quem são os trabalhadores da vinha? Como exercem o seu trabalho?

A PARÁBOLA DOS DOIS FILHOS (MATEUS 21:28-32, ACF)

1. *Palavras transmitem ideias e despertam sentimentos. Por outro lado, palavras diferentes podem ter um mesmo significado ou significado aproximado, a depender do contexto em que estão inseridas e de quem fala ou ouve o que sente. Observe como as palavras gostar e amar transmitem ideias ora diferentes, ora semelhantes. Amar alguém é um sentimento mais profundo e significativo do que simplesmente gostar ou gostar muito de alguém. Porém, quando aplicado a coisas, a exemplo de chocolate, pode expressar sentimentos equivalentes. Nesse caso, "gostar muito de" equivale a "amar". Logo, as respostas mais próximas do senso comum seriam: gostar ou gostar muito de alguém é diferente de amar, e gostar muito de algo é equivalente a amar.*

A linguagem é dinâmica, e seus códigos reproduzem imagens e sentimentos com significados às vezes múltiplos. É um desafio conectar perfeitamente emissor e receptor, transmitir a ideia que se forma na mente e entendê-la. A comunicação não é tão simples, ela ganha vida própria nos ouvidos e olhos de quem ouve e vê. Ainda mais, a significação e sua intensidade dependem do conhecimento adquirido através das experiências e observações pessoais. A ideia é formada na mente e sai através de códigos, que podem ser a palavra escrita ou oral e até gestos e expressões corporais. A arte está na habilidade de expressar exatamente aquilo que se pensa de forma clara e compreensível. Para os mais habilidosos comunicadores, isso também não é tão fácil nem acontece sempre com excelência. Chega-se aos limites das palavras e, ainda que se multipliquem adjetivos e advérbios, a ideia poderá ser mutilada.

A experiência diária de quem atende ao público é marcada pelo esforço de entender quem fala. Quando se tem pouca ou nenhuma escolaridade, a comunicação é mais difícil e até um desafio. O vocabulário pobre e o desconhecimento de regras gramaticais impõem limites de compreensão entre os personagens. Emissor e receptor duelam muitas vezes até chegarem a uma declaração de paz.

O diálogo geralmente é a melhor forma de melhorar a comunicação. Com a multiplicação das palavras e de informações, é possível chegar a um denominador comum. Se o emissor fala uma mesma ideia através de múltiplos e diferentes caminhos, o receptor poderá, então, compará-la, chegando-se a uma conclusão mais precisa. A mesma coisa acontece à Bíblia, com informações que se cruzam de Gênesis a Apocalipse. Deus fala os seus pensamentos por múltiplas e diferentes formas. Por conta da vasta informação, comparando-se os textos, você chegará a uma interpretação mais precisa. Por isso, a interpretação de versículos isolados leva a desvios doutrinários.

Os autores bíblicos, os quais foram inspirados pelo Espírito Santo, são os emissores da mensagem bíblica, sem erros de comunicação (2 Timóteo 3:16). Quem lê e estuda a Palavra de Deus é o receptor, também chamado de intérprete. Como ele precisa decodificar o pensamento divino, o conhecimento linguístico em que o texto está escrito é essencial. A sua capacidade de usá-lo definirá a qualidade da sua interpretação. Mas isso não dispensa a ajuda do Espírito de Deus. Ele operou na vida do escritor e age na vida do receptor. Como não há vícios e barbarismos no texto sagrado, quem se prepara e ouve o Espírito Santo fará uma interpretação sadia, pura e equilibrada. Contudo, não se preocupe, se uma letra faltar e a máquina não digitar, o Espírito de Deus dará um jeito e compensará a ausência no seu entendimento.

As palavras até mudam de sentido ao longo do tempo e ganham significados extras. As diferenças podem ser mínimas, tão próximas que a sua percepção é dificultada, como no exemplo da questão. Por essas e tantas outras razões, a interpretação de um texto não é nada fácil. E se é traduzido de uma língua para outra, como é o caso das Escrituras Sagradas, a interpretação fica mais complicada. Não raras vezes, algumas nuances se perdem com a tradução por limitação da língua.

O Antigo Testamento foi escrito majoritariamente em hebraico e o Novo Testamento, em grego. Além do que, são línguas mortas, embalsamadas, requerendo muito esforço para entender os seus mistérios. Observe que há uma expressiva distância entre o emissor e receptor do texto bíblico. Há uma diferença enorme de tempo e de cultura, especialmente a linguística. A fim de diminuir a distância entre os escritores sagrados e o intérprete, alguns instrumentos e ferramentas deverão ser utilizados. A comparação de textos correlatos é essencial, particularmente nas línguas originais do texto, já que a tradução pode enfraquecer o sentido das palavras. Felizmente, o Senhor Deus tem levantado servos que se dedicam às línguas originais. Eles nos dão informações precisas através da semântica e da etimologia, por exemplo.

Com esses cuidados, a interpretação estará mais próxima de sua fonte, que é a imaginação do autor. Ainda bem que o Espírito Santo é o mesmo ontem e hoje. Ilumina os olhos do intérprete bem-intencionado e capacita-o para ver nas entrelinhas. É o mesmo Espírito que moveu e influenciou[21] os escritores das Escrituras Sagradas (2 Pedro 1:20-21). Sem Ele, o intérprete vê mas não enxerga, entende mas não compreende. E se conhece todas as regras gramaticais, e sabe quem é o objeto e o sujeito, até faz bem a interpretação. Contudo, ela é vazia e morta, se não opera a transformação. O verdadeiro entendimento é quando a Palavra produz vida e mudança.

2. Provavelmente, essa seria a forma como você expressaria seus sentimentos por um ente querido: Eu amo a minha esposa e meus filhos.

A palavra "amor" é revestida de mistérios. Ainda que se utilizassem e se multiplicassem os advérbios de intensidade, o significado do verbo "gostar" jamais alcançaria o que é amar. Há quem não acredite no amor, encolhendo o seu significado. Mas o senso comum admite que não há concorrência para o amor. Na verdade, esta questão reforça o entendimento da anterior. A palavra "amar", quando aplicada a pessoas, pode exprimir sentimentos profundos sem paralelo na língua portuguesa. Ainda que você reforce a voz e mude o seu tom, dizer que gosta muito de alguém jamais será o mesmo que amar. A linguagem é mesmo dinâmica. A pontuação ou entonação da voz poderá até mudar o sentido da mensagem, mas nenhuma palavra alcançará os pés de amar.

A comparação entre gostar e amar evidencia as nuances da linguagem, os desafios na produção textual e, consequentemente, o problema da interpretação. Por isso, o intérprete deve ser cauteloso, humilde e estudioso, valendo-se de ferramentas úteis e eficazes, sérias e confiáveis, comparando as suas conclusões.

Uma regra básica e mãe de todas é que a Bíblia se explica através da própria Bíblia. Evidentemente, a comparação entre os textos em suas línguas originais é a mais eficaz. Mas nada é tão precioso e eficiente como a oração sincera e a dependência do Espírito Santo. A não observância desses critérios provoca interpretações duvidosas e até heresias. Como se multiplicam teologias vazias, igrejas estranhas e doutrinas de demônios! É preciso reconhecer cada um as suas próprias limitações e só dar um passo de cada vez.

---

21. 2 PETER 1:21. **Bible Hub:** search, read, study the Bible in many languages, [on-line, s.d.]. Disponível em: <https://biblehub.com/commentaries/2_peter/1-21.htm>. Acesso em: 23 jan. 2022.

3. As duas palavras gregas *metamelomai* e *metanoeó* têm significados semelhantes, com ligeira diferença entre elas[22]. Porém, quando ambas foram traduzidas para o português, não aparentaram diferença, e foram traduzidas e escritas da mesma forma: arrepender-se. Em Mateus 27:3 e Lucas 15:10, as palavras gregas usadas foram *metamelomai* e *metanoeó*, respectivamente. "Então Judas, que havia traído Jesus, vendo que ele fora condenado, trouxe, arrependido, as trinta moedas de prata aos príncipes dos sacerdotes e aos anciãos" (Mateus 27:3). O evangelista Mateus usou a palavra grega *metamelomai*. Mas o evangelista Lucas diz assim: "Assim vos digo que há alegria diante dos anjos de Deus por um pecador que se arrepende" (Lucas 15:10). A palavra usada por Lucas é *metanoeó*.

As duas palavras gregas *metamelomai* e *metanoeó* têm escritas diferentes e significados muito próximos. Elas foram traduzidas para a língua portuguesa como arrepender-se. Assim, a diferença da grafia simplesmente desapareceu. Sem o devido cuidado, o intérprete não percebe quaisquer diferenças de sentido entre elas, até porque são muito sutis.

O uso de uma e outra é bem particular no Novo Testamento[23], notando-se as diferenças através da comparação e da minuciosa investigação do emprego de cada palavra. A primeira, *metamelomai*, aparece apenas 6 vezes. Enquanto a segunda, *metanoeó*, é usada 34 vezes. Comparando-se entre si os textos correlatos, aqueles que possuem a mesma palavra grega, verificam-se algumas particularidades comuns. Então, confrontando-se os achados referentes a cada palavra, determinam-se as divergências. É dessa forma que se define com precisão o sentido original de cada termo grego.

As palavras *metamelomai* e *metanoeó* guardam entre si ligeira diferença. A primeira, *metamelomai*, é uma simples mudança emocional, sem implicações morais e espirituais. Ela pode ser definida como o simples desejo ou ato de voltar atrás, de desfazer o que foi pensado, dito ou feito. É o caso de: "[...] disse: Não quero. Mas depois, arrependendo-se, foi". O primeiro filho, então, pensou diferente, desfez o que foi dito e agiu ao contrário, indo trabalhar. Aqui não houve mudança de caráter nem envolveu valores morais, que são juízos e conceitos sobre o que é certo e errado. É também o caso de: "vós, porém, vendo isto, nem depois

---

22. METAMELOMAI. **Bible Hub:** search, read, study the Bible in many languages, [on-line, s.d.]. Disponível em: <https://biblehub.com/thayers/3338.htm>. Acesso em: 23 jan. 2022.
23. Escrito originalmente no grego comum, helênico ou koiné, que era uma das línguas faladas na Palestina à época de Jesus e dos apóstolos.

vos arrependestes para o crer", cuja análise é um pouco mais complexa e merece uma observação particular.

De acordo com Jesus, publicanos e meretrizes creram que João Batista era um profeta de Deus. Eles aceitaram a sua mensagem, foram transformados e entraram no Reino de Deus. Os publicanos e meretrizes eram moralmente pervertidos. Eles eram traidores da pátria, exploradores do povo e também ladrões. Elas já eram mulheres vulgares, que faziam sexo em troca de dinheiro ou por simples prazer. Ambos eram pecadores, rejeitados pela religião e marginalizados pela sociedade. Eram, portanto, cegos espirituais, mas foram capazes de enxergar a luz divina refletida por João Batista. Como uma pequena lagarta, estiveram longe da luz. No entanto, à semelhança das asas da borboleta, com formas e cores simétricas, espelharam o amor e a justiça divina. O maior milagre de fato aconteceu.

Moisés foi um grande profeta, trouxe as pragas do Egito e também abriu o Mar Vermelho. Elias trouxe fogo do céu, e Eliseu multiplicou o azeite (2 Reis 1:10; 4:1-6). Contudo, de todos os profetas enviados por Deus, João Batista foi o maior (Mateus 11:11). Segundo Jesus, ele foi muito mais do que um profeta (Lucas 7:26). Ele não separou as águas do Jordão em duas bandas, mas ressuscitou publicanos e meretrizes, pecadores sem valor e irrecuperáveis. Em Betânia, deitou-os nas águas do rio Jordão e os levantou para uma vida de intimidade com Deus. Isso foi o grande milagre de João Batista, maior do que a chuva de maná no deserto e a queda dos muros de Jericó.

Então, Jesus afirmou: "Vocês, príncipes dos sacerdotes e anciãos do povo, estão vendo os grandes milagres de João Batista e ainda assim não mudam de ideia para crer que ele é profeta de Deus!"

Aqui também não implica em mudança de caráter e reflexão sobre valores morais e espirituais. O milagre da conversão de pecadores era suficiente para apontar João Batista como ungido e porta-voz de Deus. O arrependimento que Jesus esperava era apenas uma mudança de conceito a respeito de João Batista.

Algumas versões inglesas traduzem a fala de Jesus da seguinte forma: "Pois João veio a vocês no caminho da retidão e vocês não o acreditaram; mas os coletores de impostos e prostitutas o acreditavam; e vocês, vendo isso, nem sentiram remorso depois para o acreditar" (Mateus 21:32, NASB). A palavra remorso é outro sentido admissível e legítimo do termo grego *metamelomai*. É o mesmo caso da narrativa de Judas quando se matou. Judas entregou Jesus por trinta moedas de prata, e, logo em seguida, foi enforcar-se (Mateus 27:3-5). Como entregou alguém inocente, quis voltar atrás e desfazer o que foi feito. Mas já era tarde, então se matou.

O uso de *metamelomai* para explicar o caso de Judas indicou que o seu sentimento não envolveu a apreciação de valores morais. É como se alguém se dirigisse a uma loja e comprasse um bem como um automóvel e se arrependesse mais tarde por conta do endividamento. E quisesse, então, desfazer o que foi feito, mas sem sucesso, levando para a mente e para o coração uma dor de consciência. Em outras palavras, é o que se chama de remorso. Judas endividou-se com o pecado e não tinha como pagar. Ele sabia que às vezes errava, mas não reconhecia a si mesmo como pecador. Apesar de ter convivido com Jesus, não enxergou Jesus como seu Senhor e Salvador. Se houvesse lembrado das palavras de Jesus, do sermão do monte e das parábolas, se houvesse usado a razão e lembrado das bem-aventuranças, do amor e do perdão de Deus, teria corrido aos pés de Jesus. Haveria regado os seus pés com lágrimas e suplicado e implorado o seu perdão. O perdão de Jesus é imenso e disponível para o maior dos pecadores. No entanto, não havia no coração de Judas a real vontade de seguir a Cristo e fazer a vontade do Pai. Ele apenas quis anular a comercialização do Mestre, talvez por reconhecê-lo justo, inocente e não merecedor de uma traição.

A palavra *metanoeó* é utilizada por diversos escritores, tanto os evangelistas, como o apóstolo Paulo. Quando se compara os textos, o que se vê em comum é a citação à mudança de atitude como consequência de reflexão profunda e conversão. O resultado de *metanoeó* é mais profundo e de longo alcance, com alteração de valores e conceitos morais e espirituais. Há uma genuína mudança da mente com o reconhecimento do erro e do pecado. A transformação causada por *metanoeó* não estaciona no domínio mental e emocional, e deve implicar em novas e permanentes atitudes.

No texto sagrado, a palavra é particularmente aplicada à transformação interior e exterior que conduz ao Reino de Deus[24]. As obras de quem vivencia esse arrependimento são de fato transformadas. Aquele que se arrepende de acordo com a ideia de *metanoeó* é nova criatura, tanto por dentro como por fora e alcança a salvação. Ele é adotado como filho

---

24. METANOEÓ. **Bible Hub**: search, read, study the Bible in many languages, [on-line, s.d.]. Disponível em: <https://biblehub.com/greek/3340.htm>. Acesso em: 23 jan. 2022.

de Deus e procura fazer a vontade do Pai. É usado especialmente nos casos em que há a consciência do pecado com evidente desejo de fazer a vontade de Deus O arrependimento pregado por João Batista e Jesus é *metanoeó*, condição fundamental para receber a coroa da vida, que é a vida eterna.

4. Agora que você conhece o significado das palavras metamelomai e metanoeó, veja a palavra grega original de outros textos bíblicos. "*Lembra-te, pois, de onde caíste, e te arrependes, e pratica as primeiras obras; quando não, brevemente a ti virei, e tirarei do seu lugar o teu castiçal, se não te arrependeres*" *(Apocalipse 2:5, ACF),* "*E, saindo eles, pregavam que se arrependessem*" *(Marcos 6:12, ACF) e* "*Olhai por vós mesmos. E, se teu irmão pecar contra ti, repreende-o e, se ele se arrepender, perdoa-lhe*" *(Lucas 17:3, ACF), todos esses escritores, João, Marcos e Lucas usaram a palavra grega metanoeó, a qual foi traduzida como arrepender-se. Já os textos* "*Porquanto, ainda que vos contristei com a minha carta, não me arrependo, embora já me tivesse arrependido por ver que aquela carta vos contristou, ainda que por pouco tempo*" *(2 Coríntios 7:8, ACF) e* "*Mas este com juramento por aquele que lhe disse: Jurou o Senhor, e não se arrependerá; Tu és sacerdote eternamente, Segundo a ordem de Melquisedeque*" *(Hebreus 7:21), tanto o apóstolo Paulo como o escritor de Hebreus usaram a palavra grega metamelomai.*

A ação que vem de *metanoeó* anela pelo reconhecimento do pecado e do amor esquecido. Aspira e aguarda uma transformação espiritual intensa e viva a partir da obediência a Deus e da ação do Espírito Santo. A vida cristã deve ser uma constante, sempre orando, sempre se avivando, sempre pregando o Evangelho e sempre amando o próximo. No entanto, se houver algum intervalo de fraqueza, com tristeza e mudança de hábitos, se tropeçar e cair, é hora de arrepender-se e de se levantar. Quem experimenta o arrependimento genuíno, íntimo e profundo merece sempre o perdão.

O sentido de *metamelomai* é o simples desejo de desfazer ou não o que foi feito, com características mais emocionais. Quanto ao próprio Deus, Ele não falha, não muda o seu interior e não voltará atrás nos seus juramentos. Em vez de afirmar diretamente que as decisões divinas são imutáveis, o escritor utilizou-se de sentimento próprio da natureza humana para indicar a inalterabilidade do juramento. Com certeza, Deus não desfará o seu juramento, e Jesus é, e sempre será, sacerdote de Deus eternamente. Utilizar-se do termo arrependimento[25], aplicando-o

---

25. Alguns exemplos são: Gênesis 6:6; 2 Samuel 24:16; Jonas 3:10.

a Deus, é uma figura de linguagem[26], quando sentimentos humanos são emprestados a Ele. A Bíblia usa esses recursos porque a natureza de Deus é insondável, faltando-lhe palavras ideais e perfeitas (Salmos 145:3).

Ao dizer que Deus não se arrepende, isso expressa a imutabilidade divina. Deus é certo, completo, íntegro e impecável. Ele é a pura expressão de bondade, justiça e amor. Nada é passível de alteração, pois Ele é a própria perfeição, além de conhecer todas as coisas. Dentre os dois termos gregos, a palavra que mais se adéqua ao arrependimento ou não divino é *metamelomai*, porque não implica em conversão e alteração de conceitos morais.

5. As duas palavras traduzidas como arrepender-se em Mateus 21:29,32 é originariamente a palavra grega metamelomai. Revendo o significado dessa palavra, a melhor interpretação do versículo 32 é: "Os líderes religiosos, mesmo vendo a transformação das meretrizes e publicanos, não mudaram o seu conceito em relação a João Batista".

Como usou o termo da língua grega *metamelomai*, fica evidente que Jesus criticou os príncipes dos sacerdotes, os escribas e os anciãos por oporem-se a João Batista como profeta. Nesse momento, o que Jesus queria não era uma transformação íntima e duradoura. Mudança de valores morais e espirituais era uma outra história, algo para uma segunda conversa. Agora, a crítica era porque negavam a justiça e a missão do profeta.

A pregação de João Batista era tão genuína e poderosa que pecadores reconheciam os seus erros e se convertiam. Prostitutas e publicanos choravam os seus pecados e eram transformados. Contudo, nem a demonstração de poder sobre o pecado conseguiu alterar o conceito da liderança religiosa em relação a João Batista. Os fariseus e os doutores da lei rejeitaram-no e não aceitaram o seu batismo (Lucas 7:30). Em vez de reconhecê-lo como profeta de Deus, diziam que possuía demônio (Lucas 7:33). Mas João Batista não se intimidava e dizia: "Raça de víboras, quem lhes ensinou a fugir e desdenhar da ira divina? Arrependam-se dos seus ensinos falsos, sejam autênticos e não brinquem com a verdade. Deixem a vaidade, abandonem a simples religiosidade e amem a Deus de coração. A foice já brilha diante do sol da verdade e da justiça e podará toda árvore que não der fruto. Arrancará pela raiz as árvores inúteis, as quais serão lançadas na grande fornalha da eternidade", uma paráfrase de Lucas 3:7-9.

---

26. Antropopatia, termo de origem grega, anthropos e pathos, cujo significado é definido como a atribuição de sentimentos humanos a Deus.

O profeta de Deus não pode se calar. E se calar, até a natureza gritará. Quando a igreja dorme, e não corre, e não fala, e não prega a justiça divina, Deus envia a chuva e os ventos, a fim de que a sua Palavra seja espalhada na face da terra: "E, eis que cedo venho, e o meu galardão está comigo, para dar a cada um segundo a sua obra" (Apocalipse 22:12, ACF).

6. Outras expressões poderiam representar as respostas dos dois filhos ao pai. Assim, os versículos poderiam ser reescritos da seguinte forma: "Ele, porém, respondendo, disse: 'Nem que me peça de joelhos'. Mas depois, arrependendo-se, foi", e "e, respondendo ele, disse: 'eu irei sim, com o maior prazer; e não foi'".

Há divergência de traduções, em que os dois filhos são trocados de posição. Não há problema, é só inverter as respostas. Claramente, Jesus criou dois personagens que se identificaram com os dois tipos de pecadores. O primeiro, que não escondia sua conduta imoral, era, à primeira vista, resistente e rude perante a verdade do Evangelho, representado pela resposta seca e grosseira[27]. Esses eram os publicanos e meretrizes. O segundo, que mantinha uma aparência de santidade, obediência e sensibilidade ao Evangelho, representado pela resposta educada e honrosa[28]. Esses eram os líderes religiosos, fariseus, saduceus, príncipes dos sacerdotes, anciãos e escribas.

Ao utilizar dois filhos de um mesmo pai, Jesus associou os religiosos aos pecadores. Ambos, religiosos e pecadores, seriam filhos de um mesmo pai e, portanto, seriam irmãos. Ao interpretar as metáforas[29] da parábola, todo cuidado é pouco. A lógica da história é a primeira linha de explicação, mas não se esqueça que ela é submissa à doutrina bíblica. A ideia não era afirmar que eram filhos de Deus – e não podiam ser –, mas equipará-los a filhos de Abraão[30]. As personalidades eram diferentes, e suas condutas eram opostas. Certamente, Jesus não agradou os religiosos e os feriu em cheio por igualá-los a pecadores. Os dois filhos tinham atitudes contrárias entre

---

27. MATTHEW 21:29. **Bible Hub**: search, read, study the Bible in many languages, [on-line, s.d.]. Disponível em: <https://biblehub.com/commentaries/matthew/21-29.htm>. Acesso em: 23 jan. 2022.
28. MATTHEW 21:30. **Bible Hub**: search, read, study the Bible in many languages, [on-line, s.d.]. Disponível em: <https://biblehub.com/commentaries/matthew/21-30.htm>. Acesso em: 23 jan. 2022.
29. Metáfora é "quando uma palavra está sendo empregada fora de seu sentido concreto, real, literal. Trata-se de uma comparação implícita, subentendida no texto", sem o uso de termos comparativos (como, tal qual ou à semelhança de, por exemplo). METÁFORA. **Figuras de Linguagem**, [on-line, s.d.]. Disponível em: <https://www.figuradelinguagem.com/metafora/>. Acesso em: 23 jan. 2022.
30. Ambos eram filhos do Reino de Deus aqui na terra, conforme o pacto do Sinai.

si, e prevaleceu a conduta final do filho que decidiu trabalhar. Com isso, os religiosos foram humilhados. E os pecadores, exaltados. Confirmou-se o que Jesus disse, que os humildes seriam exaltados, e os que se exaltam seriam humilhados (Mateus 23:12). Os religiosos foram diminuídos por conta de seu orgulho, prepotência e falsa religiosidade.

As prostitutas e os ladrões arrependiam-se ao serem confrontados com a verdade do Evangelho e entravam no Reino dos Céus. Os escribas, fariseus e sacerdotes eram vaidosos, resistentes ao Evangelho e aparentemente piedosos. Eles nem sequer eram influenciados pela transformação profunda e genuína de pecadores marginalizados. Desdenhavam do Evangelho e apenas cumpriam os rituais externos da religião. Assim, estavam destinados ao inferno, como no exemplo a seguir:

Havia um certo prédio com térreo e primeiro andar. A meretriz morava no andar de baixo, e o sacerdote no andar de cima. Ainda de madrugada, ao passar pelo prédio, o vigilante sentiu algum cheiro forte e estranho. Olhou para cima e para os lados e avistou fumaça saindo de uma das janelas. Assustado, meio sem saber o que fazer, se gritava, se chamava alguém, resolveu subir no muro. E ainda confuso, gritou:

– Seu José! D. Maria!... – e gritava mais forte, mas ninguém ouvia.

A meretriz, que morava embaixo, ouviu a voz e logo pensou: É tão cedo, e alguém gritando. Deve ser algum zé-ninguém, um maluco perdido na rua e vagueando. E não lhe deu atenção. O sacerdote, que morava na cobertura do prédio, ouviu a voz e até se levantou, mas não viu nada estranho, e voltou para a cama. Olhos pesados, querendo dormir, levantou-se novamente e gritou para fora:

– Você não tem o que fazer? É ridículo, esquizofrênico e lunático, a essa hora perturbando! Eu quero dormir! – e foi tragado pelo sono.

Entretanto, o vigilante insistia e dizia:

– Seu José! D. Maria!... É fogo!

A meretriz esbugalhou os olhos, acendeu os ouvidos e, assim, ouviu nitidamente:

– Fogo!

Então, pulou da cama e notou que era incêndio. Vestiu-se rapidamente e saiu. Agora, o sacerdote, cego e com os ouvidos tapados, nada ouviu e coisa alguma viu, permanecendo em berço esplêndido. E se quisesse sair, agora era tarde, o caminho era longo e as escadas estavam pegando fogo. E o fogo tomou conta do prédio, ele virou cinzas e sucumbiu nas chamas do inferno.

O atalaia de Deus nem sempre é querido, benquisto, ouvido e compreendido. Chamam-lhe de estranho, alienado e louco porque fala do inferno e mostra o perigo. Alguns poucos prestam atenção, e muitos o desprezam. Mas seria loucura falar das ameaças, da ira divina e da gravidade da situação? Como calar-se e nada falar, se o mundo e o universo acabarão? Cristo voltará e não tardará, pois as promessas não mudam e as profecias são fielmente cumpridas (Mateus 24:29-31). Com tanta violência e maldade, progresso e tecnologia, não falta muito para completar os critérios da volta do Juiz e Rei dos reis. Uns irão para a Casa celeste. E outros, para o lugar de fogo e tormento eterno. Como, então, não gritar?

7. *As metáforas da parábola devem ser assim interpretadas: o dono da vinha e pai de família é Deus; o primeiro filho, que mudou de ideia e obedeceu, são as meretrizes e os publicanos; o segundo filho são os anciãos e os príncipes dos sacerdotes; e a vinha, o Reino de Deus.*

João Batista foi introduzido na explicação da parábola como sendo a própria voz do Pai (Isaías 40:3-9). Ele não compõe diretamente a sua estrutura, mas é a voz do Pai falando com os dois filhos, já que o profeta é quem fala no lugar de Deus.

No passado, o Senhor Deus falou através dos profetas e do Filho (Hebreus 1:1). Hoje, fala através das Escrituras. Quando a Bíblia é fechada, a voz de Deus é calada. E se lê sem entendimento, é como entrar por um ouvido e sair pelo outro. C. H. Spurgeon[31] disse certa vez: "muitos amam o trigo, mas não o trilham". A semente de linhaça é muito utilizada atualmente. É alimentação saudável e nutritiva. Mas sua casca é muito dura para ser quebrada pelas enzimas do trato digestivo. Ela deve ser triturada, antes de ser ingerida. A Palavra de Deus precisa ser moída pela mente, bem mastigada pelo coração, digerida e absorvida pela alma e espírito, a fim de nutrir os ossos da fé que sustentam o crente. Porém, muitos a engolem sem moer. E do jeito que entra, sai.

Muitos são débeis e doentes porque não se alimentam bem. Eles camuflam suas vidas espirituais com máscaras e trajes de gala, como se o

---

31. CHARLES HADDON SPURGEON: quotes. **Goodreads**, [on-line, s.d.]. Disponível em: <https://www.goodreads.com/author/quotes/2876959.Charles_Haddon_Spurgeon>. Acesso em: 23 jan. 2022.

interior ficasse oculto. A vida não é brincadeira de esconde-esconde, o Pai é onisciente e retribuirá cada um de acordo com os seus pensamentos. Se ama a Deus de verdade, será premiado com a coroa da vida.

Embora Jesus tenha usado a figura do filho, aqui não há o sentido de filho de Deus. Poderia tê-los chamado de servos ou mesmo trabalhadores, mas não foi assim. Jesus quis mostrar-lhes que todos vinham de Abraão e estavam no mesmo barco. Ninguém é maior do que ninguém, todos são iguais. Eram todos filhos de Abraão, mas não do Pai da fé.

A interpretação da parábola não pode ultrapassar os limites da doutrina bíblica. Só quem crê genuinamente em Deus é seu filho de verdade. É transformado, o coração de pedra é mudado, e obedece ao seu Senhor, e é adotado. Aqui as meretrizes e publicanos, os sacerdotes e anciãos, ninguém era filho de Deus, a princípio. Os primeiros eram declaradamente rebeldes. Os últimos, hipócritas. Os líderes judaicos até cumpriam os rituais da lei, oravam como ninguém e davam esmolas, mas não passava disso. Quando ouviram o Evangelho, só os publicanos e as meretrizes levaram a sério, confiaram e foram adotados como filhos de Deus.

A hipocrisia não compensa, engana os outros e até a si mesmo. Contudo, o dono da vinha é onipresente e onisciente, nada escapa aos seus ouvidos e visão. É melhor ser sincero, submisso e respeitoso, que bênçãos dos Céus cairão sobre todos.

8. Hoje, quem são os trabalhadores da vinha? Como exercem o seu trabalho? Atualmente, nós somos os trabalhadores. A ordem é para todos, e é mais que um simples convite. É requerido de cada um que sirva ao Rei, com presteza e boa vontade. Há muita coisa a fazer no Reino de Deus, a lista é enorme: louvar e glorificar o Senhor dos senhores, orar sempre sem desanimar, pregar as boas novas do Reino e ajudar ao próximo.

Há muitos que são chamados, mas poucos são os escolhidos (Mateus 22:14). O Reino de Deus é como uma grande seleção, cujas exigências devem ser preenchidas. A primeira e fundamental pergunta é: você crê em Deus? Só que é muito comum, e realmente acontece, alguém dizer que tem muita fé em Deus, uma fé inabalável. O próprio Filho de Deus avisou que não adianta chamá-lo de Senhor se de fato não O obedece (Mateus 7:21). A fé que não obedece é morta, parece existir, mas nada é.

Quantas pessoas enchem a boca e dizem orgulhosas e vaidosas que creem em Deus! Contudo esquecem que Ele é santo e exerce a sua justiça com rigor. Ele ceifa onde não semeou e junta onde não espalhou (Mateus 25:26). Até os demônios creem em Deus e estremecem porque sabem que um dia serão presos e não poderão mais importunar os filhos de Deus (Tiago 2:19). Abraão creu em Deus, e a sua fé o justificou. Ele agora é justo e cidadão dos Céus. A fé de Abraão é abstrata e intangível, ninguém a vê nem a toca, mas de verdade ela existe. E quando chegar aos Céus, será o seu token, digital, chave ou assinatura, é só apresentá-la que a porta se abrirá. O sangue do Cordeiro de Deus autenticou a sua fé.

Quem se inscreve para a maratona, prepara-se e se abstém de tudo. Aquilo que faz mal ao seu corpo, sua alma e seu espírito é colocado de lado, rejeitado e ignorado. Concentra-se no que é bom a fim de conseguir o prêmio. Se não se cuida, faz estragos e exagera em tudo, na maldade e na perversão, cometendo todo tipo de pecado, na verdade já tem o seu prêmio e será desclassificado (1 Coríntios 9:24-27).

Alguns nascem na ignorância do pecado e entregam as suas vidas à devassidão. Quando ouvem a Palavra de boas novas, rendem-se aos pés de Jesus e logo testemunham do grande amor e poder transformador do Espírito Santo. Outros, privilegiados em ouvir o Evangelho desde a infância, cultivam uma aparência de fervor e piedade religiosa, mas não há autenticidade e sinceridade. Desprezam as orientações bíblicas, resistem à voz do Espírito Santo e amam mais o mundo do que ao próprio Deus.

Por que fazer de conta que tudo está bem, que Deus é tudo e tudo tem, quando, na verdade, é tudo mentira e armação? Esquece que a Deus ninguém engana. Às vezes crê que tudo é fantasia e que ninguém prestará contas ao Juiz, Rei e Senhor dos Céus. Porém, o dia chegará em que todos se ajoelharão diante do Juiz e pagarão por seus atos praticados, seus desatinos e insanidade (Romanos 14:11). Mas os salvos herdarão o Reino preparado desde a fundação do mundo (Mateus 25:34).

3.
A PARÁBOLA DO TRIGO E DO JOIO (Mateus 13:24-30, ACF)

24 Propôs-lhes outra parábola, dizendo: O reino dos céus é semelhante ao homem que semeia a boa semente no seu campo; 25 Mas, dormindo os homens, veio o seu inimigo, e semeou joio no meio do trigo, e retirou-se. 26 E, quando a erva cresceu e frutificou, apareceu também o joio. 27 E os servos do pai de família, indo ter com ele, disseram-lhe: Senhor, não semeaste tu, no teu campo, boa semente? Por que tem, então, joio? 28 E ele lhes disse: Um inimigo é quem fez isso. E os servos lhe disseram: Queres pois que vamos arrancá-lo? 29 Ele, porém, lhes disse: Não; para que, ao colher o joio, não arranqueis também o trigo com ele. 30 Deixai crescer ambos juntos até à ceifa; e, por ocasião da ceifa, direi aos ceifeiros: Colhei primeiro o joio, e atai-o em molhos para o queimar; mas, o trigo, ajuntai-o no meu celeiro.

CURIOSIDADES

O trigo é o segundo cereal mais cultivado no mundo após o arroz. Ele já era conhecido nos tempos bíblicos e muito apreciado. Na Palestina, a região da Galileia era onde mais se produzia, segundo o historiador Josefo. E, conforme o profeta Ezequiel, era exportado para a cidade de Tiro (Ezequiel 27:17). Com o trigo, produziam-se pães e bolos, alimentos básicos de qualquer família naquela época. Outro cereal era a cevada. Com seus grãos, faziam-se também pães, mas provavelmente era o alimento dos mais pobres[32] (Rute 2:23; 2 Reis 7:18; Apocalipse 6:6). Havia igualmente o falso trigo, conhecido como joio, que na realidade era uma erva daninha. Ele era uma planta parecida com o trigo, mas não era comestível. Através da parábola contada por Jesus, isto ficou bastante claro, que a diferença entre o trigo e o joio somente seria percebida na inflorescência[33], a qual está demonstrada nas figuras a seguir:

---

32. HIRSCH, E. G.; BENZINGER, I. Wheat. **Jewish Encyclopedia**, [on-line, s.d.]. Disponível em: <https://www.jewishencyclopedia.com/articles/14886-wheat>. Acesso em: 23 jan. 2022.
33. Conjunto de flores dispostas ordenadamente na haste ou pedúnculo de uma planta; cacho, espiga. INFLORESCÊNCIA. **Dicio**, dicionário online de português, [on-line, s.d.]. Disponível em: <https://www.dicio.com.br/inflorescencia/>. Acesso em: 23 jan. 2022.

Joio[36]   Trigo[37]

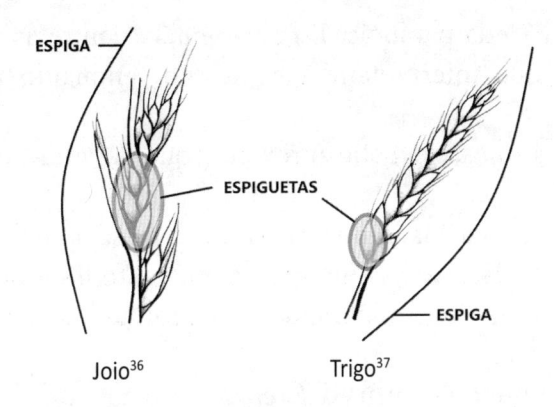

1. Olhando as figuras acima, quais são as diferenças entre os frutos do trigo e do joio?

Trigo:

Joio:

2. A parábola do trigo e do joio foi explicada por Jesus mais adiante nos versículos de 36 a 43. Leia a parábola e a sua explicação. Então, indique o significado dos elementos da parábola:

Semeador:
Trigo:
Joio:
Campo:
Inimigo:
Colheita:
Ceifadores:
Molhos:
Fornalha de fogo:
Celeiro:

---

34. LOLIUM. **Assiut University**, [on-line, s.d.]. Disponível em: <http://www.aun.edu.eg/distance/pharmacy/poison/lolium.htm>. Acesso em: 23 jan. 2022.
35. FIGURE 10. **ResearchGate**, [on-line, s.d.]. Disponível em: <https://www.researchgate.net/figure/a-A-spike-of-wheat-showing-the-spikelet-numbering-convention-used-in-this-paper-with_fig5_322212268>. Acesso em: 23 jan. 2022.

3. Leia o versículo 25 da parábola. Escolha, então, dentre as alternativas a seguir, aquelas que interpretam a expressão "enquanto os homens dormiam":

a) os homens são os anjos, e o diabo aproveitou que eles estavam ocupados nos Céus;

b) os homens são os religiosos como fariseus e escribas; satanás é o inimigo, que semeou os filhos da perdição no mundo enquanto Jesus dormia;

c) a ação de satanás é muito sutil, fingida, de tal forma que não se percebe quando e o que ele faz;

d) Satanás age no mundo de forma discreta e inesperada;

e) os filhos do diabo vivem no meio dos crentes;

f) o diabo ataca de forma dissimulada, enganosa, esperta, trapaceira;

g) quando o crente se distrai espiritualmente, o diabo ataca através dos seus filhos;

h) o joio representa o pecado que mata espiritualmente o homem.

4. Leia agora Gênesis 18:23-25. Agora concentre-se na pergunta de Abraão: "Destruirás também o justo com o ímpio?" Qual o versículo da parábola que melhor responderia à pergunta de Abraão: 24, 25, 26, 27, 28, 29, ou 30?

5. Escolha a figura que melhor corresponde a Mateus 13:30.

6. Leia Mateus 24:21-22. O sermão profético de Jesus fala da grande tribulação nos últimos dias e encontra-se registrado nos três Evangelhos. O que Deus fará durante a grande tribulação, de acordo com a narrativa de Mateus 24:21-22, para cumprir as suas próprias palavras proferidas em Mateus 13:29? Responda com suas palavras e depois represente-as com uma das 3 fileiras de relógios adiante:

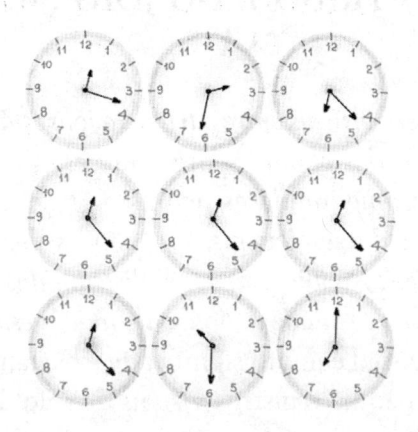

7. Leia Mateus 13:30 e 24:31. Agora marque as respostas corretas de acordo com a explicação da parábola no cap. 13:40-42:
a) os ímpios irão primeiro para o inferno, e depois os justos irão para os Céus;
b) os justos irão primeiro para os Céus, e depois os ímpios irão para o inferno;
c) justos e ímpios irão ao mesmo tempo para os Céus e para o inferno, respectivamente;
d) a palavra primeiro não indica exatamente a ideia de que os ímpios precederão os justos na colheita do juízo final;
e) se os ímpios serão expulsos do Reino de Deus, então, toda a terra faz parte do seu Reino;
f) os ímpios serão excluídos das bênçãos divinas, e os justos serão excluídos da influência do mal.

A PARÁBOLA DO TRIGO E DO JOIO (Mateus 13:24-30, ACF)

1. Uma das diferenças bem visíveis entre o trigo e o joio está na inflorescência. Na extremidade superior das plantas, nasce uma espiga, a qual é formada de várias espiguetas[36]*. Comparando as figuras do trigo e do joio, há clara diferença na morfologia das espiguetas, que são as partes da espiga que contém as flores e os grãos. No joio, elas estão distribuídas em zigue-zague*[37]*. No trigo, estão em maior densidade ao longo de toda a espiga.*

Essa diferença visual é muito significativa, bastante nítida e servirá de exemplo. Contudo, não há registros visuais do joio da época de Jesus. Uma imagem da planta dos dias atuais foi escolhida para elucidar os mistérios da parábola. Como já faz dois mil anos, é bastante provável que suas características tenham sido alteradas. Além do que, as plantas em geral têm diversidade de espécies, dificultando ainda mais a definição de suas características. Assim, uma comparação mais precisa, clara e detalhada fica impossibilitada. Entretanto, uma coisa é certa, que o estágio final do joio era quem fazia a diferença.

Através da dinâmica da história, ficou evidente que o tempo de distinguir as plantas é na inflorescência e frutificação. Além de permanecer ereto[38], o joio também é tóxico. Ele pode causar náuseas, vômitos, distúrbios neurológicos (cefaleia, tontura, vertigem, sonolência, convulsões e distúrbios visuais)[39]. É provável que a sabotagem do joio semeado entre a plantação de trigo tenha sido uma prática comum entre os contemporâneos de Jesus. Seriam pessoas rivais, oponentes, invejosas ou simplesmente maldosas. As parábolas sempre usam situações reais e aspectos da cultura local, a fim de produzir uma compreensão mais profunda através da comparação.

---

36. SCHEEREN, P. L.; CASTRO, R. L.; CAIERÃO, E. Botânica, morfologia e descrição fenotípica. In: BORÉM, A.; SCHEEREN, P. L. (Ed.). **Trigo**: do plantio à colheita. Viçosa, MG: Ed. UFV, 2015. Cap. 2, p. 35-55. Disponível em: <https://www.embrapa.br/busca-de-publicacoes/-/publicacao/1022686/botanica-morfologia-e-descricao-fenotipica>. Acesso em: 24 jan. 2022.
37. LOLIUM TEMULENTUM. **CABI**: Centre for Agriculture and Bioscience International, [on-line, s.d.]. Disponível em: <https://www.cabi.org/isc/datasheet/31169>. Acesso em: 24 jan. 2022.
38. MATTHEW 13:25, COMMENT. **Bible Hub**: search, read, study the Bible in many languages, [on-line, s.d.]. Disponível em: <https://biblehub.com/matthew/13-25.htm#commentary>. Acesso em: 24 jan. 2022.
39. DARNEL, B. Lolium temulentum Linnaeus. **Doctorlib**, [on-line, s.d.]. Disponível em: <https://doctorlib.info/herbal/encyclopedia-psychoactive-plants-ethnopharmacology/66.html>. Acesso em: 24 jan. 2022.

Retirando-se do contexto, mas preservando a ideia, são os frutos que determinam o que é alguém (Mateus 7:16-18). Jesus foi claro ao dizer que uma árvore boa não pode dar maus frutos, nem uma árvore má bons frutos. Quando se fala em tamarindos, vem logo à mente a lembrança de uma fruta muito azeda. No entanto, há exceções. Se você se dirigir a Águas Compridas, periferia da cidade de Olinda, encontrará um pé de tamarindo doce. Seria uma experiência inesquecível! Parece algo impossível, mas não é. Na época da safra de umbu, deve-se chegar cedo à banca do Juá, em Paulo Afonso. Com certeza, encontrará a bacia de umbu doce, uma raridade. Todos os anos, com muita ou pouca chuva, a qualidade da fruta não é alterada. É sempre a mesma coisa, é doce em qualquer tempo. A árvore boa sempre dá bons frutos, ainda em tempos de provações. Assim é a pessoa que lança de si as virtudes do Espírito Santo.

Um ótimo exemplo é o bom garoto e rei Josias. A árvore de onde veio expelia abominações, feitiçarias e idolatria. Mas foi um fruto doce e árvore boa. Seu avô era Manassés. Ele fez o que era mal aos olhos de Deus (2 Crônicas 33:2). A sua história confundiu-se com todo tipo de sortilégios e costumes pagãos. Prostrou-se e adorou todo o exército do céu, além de sacrificar os seus próprios filhos aos deuses. A insolência e loucura foi tão grande que levantou altares e pôs uma imagem de escultura, um ídolo, dentro da Casa do Senhor Deus (2 Crônicas 33:3-7). Que abominação! O pai de Josias, o rei Amom, não ficou atrás. Ele expeliu a mesma seiva e maldade de Manassés. Na verdade, Amom achou pouco o que seu pai fizera e multiplicou as suas obras más e repugnantes. Mas Josias, ainda um garoto de dezesseis anos, já dava frutos bons e agradáveis ao paladar. Parecia até impossível, como do azedo e acidulado poderia sair algo doce? Ele rejeitou os atos dos seus antepassados, purificou Judá e Jerusalém e retirou todas as abominações das terras de Israel. Com um coração contrito e humilde, comprometeu-se diante do Senhor a servi-lo e amá-lo com toda a sua alma (2 Crônicas 34:30-33).

Milagres acontecem, e o que é acre e amargo até pode tornar-se adoçado e prazeroso. O rei Manassés, avô de Josias, era cruel, vil e execrável. Fez muito mal a si e ao povo de Israel. Debaixo do seu poder, autoridade e governo, levou o povo a pecar. A apostasia foi tão grande que fizeram pior do que as nações pagãs ao seu redor. Porém, exceções de fato existem. Manassés foi punido com cadeias e levado preso para a

Babilônia. Ele angustiou-se muito e orou humildemente a Deus. O Senhor ouviu a sua oração e aplacou a sua ira (2 Crônicas 33:11-13). Arrancou o seu coração de pedra, enxertou um coração de carne cheio de vida e o plantou em terras férteis de amor, bondade e misericórdia, alterando a qualidade dos seus frutos.

Maravilhas e prodígios não são impossíveis, os mais terríveis dos homens, arrependendo-se como Manassés, transformam-se em árvore boa e dão frutos bons, doces e apetitosos para o Reino de Deus. Quando Deus age, quem impedirá? A lógica de Deus excede às regras e à mente humana.

Quem se liga a Jesus e às suas palavras dá muito e bom fruto (João 15:4-5). Como a seiva e a vida são o Espírito Santo, a frutificação é amor, alegria, paz, paciência, amabilidade, bondade, fidelidade, mansidão e domínio próprio (Gálatas 5:22-23). Quem se une a Jesus e ao seu Evangelho tem o Espírito de Cristo. O Espírito aflora e brota através de atitudes dignas de louvor e aplausos dos Céus. No dia já predeterminado, ouvirá: "Servo bom e fiel, porque produziu frutos dignos de justiça, entre no gozo celeste" (Mateus 25:21,34).

2. A parábola do trigo e do joio foi explicada por Jesus mais adiante nos versículos de 36 a 43. Leia a parábola e a sua explicação e, então, compreenderá o significado dos elementos da parábola. O Semeador é o Filho do Homem. O trigo são os filhos do Reino. O joio são os filhos do maligno. O campo é o mundo. O inimigo é diabo ou satanás. A colheita é o fim do mundo. Os ceifadores são os anjos. Os molhos são o ajuntamento de filhos do maligno, de ímpios. Para ser queimado ou ser lançado na fornalha de fogo ardente é uma representação do inferno. O celeiro são os Céus ou Casa de Deus.

O significado das metáforas de uma parábola está limitado à ideia do seu autor. É ele que impõe os limites à sua interpretação. Como a Palavra é o próprio Jesus e toda revelação lhe pertence, as parábolas também são limitadas ao contexto geral das Escrituras Sagradas. É preciso entender que não se pode ultrapassar os seus limites, por conta da sua harmonia.

Interessante é que nessa parábola, o joio representa claramente os filhos do diabo. Conforme 1 João 3:10, ninguém é sem paternidade, ou é filho de Deus ou é do diabo. Quem não pratica a justiça e não ama a seu irmão é filho do diabo. O joio não pode aqui representar os infortúnios, as desgraças, as doenças, ou toda sorte de maldade. O joio são os filhos do diabo. Eles são usados estrategicamente pelo maligno de nossas almas. Com essa explicação, Jesus deixou claro que os filhos do maligno são introduzidos no meio dos filhos de Deus, com o propósito de prejudicar o seu crescimento e a sua vida espiritual.

Na agricultura, as plantas indesejadas, que nascem espontaneamente ou não, concorrem com a plantação na captação de água, nutrientes, luz, oxigênio e CO_2, prejudicando-lhes o crescimento e a frutificação[40]. Algumas delas são muito bem conhecidas pelos brasileiros, como o carrapicho e o capim amargoso. Os filhos do maligno procuram sugar a força, a esperança, a Palavra de Deus, a fé e o amor dos filhos de Deus. É uma verdadeira guerra. Mas os filhos de Deus certamente resistirão à presença maléfica do joio, que são os filhos do maligno, até que chegue o dia do juízo. Nesse dia, eles serão finalmente derrotados pela presença afiada da foice de Cristo. A volta de Jesus será gloriosa e redentora para os seus filhos. E os ímpios serão queimados. A ideia de serem destruídos no fogo que não se apaga não significa a sua completa eliminação. De acordo com o contexto bíblico, os ímpios serão aprisionados com sofrimento eterno.

Na infecção pelo SARS-CoV-2, nome do vírus que causa a doença Covid-19, todos ficaram assombrados e perplexos diante de um mal que se alastrava exponencialmente. O coronavírus espalhava-se, e o medo e a angústia consumia a paz de grande parte da população mundial. Escondiam-se em suas casas daquele que derramava a morte sobre os mais frágeis e débeis.

Um artigo publicado em 17 de março de 2020 no *New England Journal of Medicine*[41] advertiu sobre a resistência desse vírus devastador, particularmente por causar sérios problemas de respiração. O pesquisador Neeltje van Doremalen, virologista do *US National Institutes of Health* (NIH), mais seus colegas do *Rocky Mountain Laboratories em Hamilton, Montana*[42], demonstraram que os vírus poderiam ser

---

40. NOSSO CAMPO, TV TEM. Agrônomo explica o que são plantas daninhas e como combatê-las. **g1**, Sorocaba e Jundiaí, 30 jul. 2017. Disponível em: <https://g1.globo.com/sao-paulo/sorocaba-jundiai/nosso-campo/noticia/agronomo-explica-o-que-sao-plantas-daninhas-e-como-combate-las.ghtml>. Acesso em: 24 jan. 2022.
41. GRAY, R. Covid-19: how long does the coronavirus last on surfaces? **BBC**, [on-line], 17 mar. 2020. Disponível em: <https://www.bbc.com/future/article/20200317-covid-19-how-long-does-the-coronavirus-last-on-surfaces>. Acesso em: 24 jan. 2022.
42. VAN DOREMALEN, N.; BUSHMAKER, T.; MORRIS, D. H. Aerosol and surface stability of SARS-CoV-2 as compared with SARS-CoV-1. **NEJM.org**., [on-line], 17 mar. 2020. Disponível em: <https://www.nejm.org/doi/full/10.1056/NEJMc2004973?query=featured_home>. Acesso em: 24 jan. 2022.

tossidos e lançados no ar, permanecendo vivos até 3 horas. Apenas uma tosse poderia liberar cerca de 3.000 gotículas, a mesma quantidade de quem fala durante 5 minutos. E cada gotícula, 30 vezes menores do que a largura de um fio de cabelo. Amostras do que é expelido poderiam abrigar muitas dezenas de milhares de cópias do vírus. É uma estimativa feita a partir do vírus influenza, e até poderia ser pior[43]. Agora faça as contas e imagine a quantidade de vírus no ar. Milhares de milhares ou milhões. Impressionante ou não é? Eles são invisíveis e potencialmente maléficos, esperando uma oportunidade para entrar e matar.

Demônios são imperceptíveis e intangíveis e mais devastadores do que o coronavírus. Não estão exatamente no ar, mas estão sim ao nosso derredor, invisíveis, querendo nos tragar (1 Pedro 5:8). Muitos são céticos, apesar das evidências. A Itália, um dos países mais afetados no início da pandemia, chorou seus mortos que lotavam os cemitérios e as igrejas. O cortejo fúnebre de caminhões em Bérgamo fez o mundo chorar e entender a letalidade do vírus[44]. Corpos seguiram para o seu destino final: os crematórios de cidades próximas. Muitos precisam ver para crer, e chorar para se arrepender. E por isso não creem nas forças do mal, ainda que roubem, matem e superlotem os cemitérios do inferno.

Havia certo homem de Gadara que tinha um espírito imundo e vivia como louco. As correntes não o seguravam, e feria-se com pedras, clamando pelos montes e sepulcros (Marcos 5:2-5). Quando indagado pelo Senhor, o espírito disse que se chamava Legião, porque, na verdade, eram muitos[45]. Tanto é que, ao serem expulsos por Jesus, entraram em quase 2.000 porcos. E, loucos, mergulharam em um despenhadeiro e morreram afogados. No exército romano, Legião era um termo que designava uma tropa de 6.000 soldados. Mas poderia referir-se a uma quantidade ainda maior, um número indefinido. Demônios são

---

43. MILTON, D. K., FABIAN, M. P., COWLING, B. J., GRANTHAM, M. L.; MCDEVITT, J. J. Influenza virus aerosols in human exhaled breath: particle size, culturability, and effect of surgical masks. **PLOS Pathogens**, [on-line], v. 9, n. 3, 7 mar. 2013. Disponível em: <https://doi.org/10.1371/journal.ppat.1003205>. Acesso em: 24 jan. 2022.
44. PACHO, L. A dilacerante situação de Bergamo, a cidade italiana que não tem como cremar seus mortos. **El País**, Roma, 20 mar. 2020. Disponível em: <https://brasil.elpais.com/internacional/2020-03-19/bergamo-nao-consegue-enterrar-seus-mortos-e-exercito-leva-corpos-para-cremacao-em-outras-cidades.html>. Acesso em: 24 jan. 2022.
45. LEGIÓN. **Bible Hub**: search, read, study the Bible in many languages, [on-line, s.d.]. Disponível em: <https://biblehub.com/greek/3003.htm>. Acesso em: 24 jan. 2022.

como vírus, invisíveis, traiçoeiros e vorazes. São milhares de milhares ou milhões e milhões, rodeando a terra e passeando por ela (Jó 1:7; Apocalipse 12:3-4).

Felizmente, os demônios não são livres para atuar. Só agem com permissão divina a fim de cumprir os seus propósitos. Muitos são incrédulos e não acreditam no mundo espiritual. Entretanto, os filhos do maligno existem, são expertos e estrategistas. O apóstolo Paulo afirmou que a nossa luta é contra os poderes das trevas e as hostes espirituais da maldade nos lugares celestiais (Efésios 6:12). Se há milhões e milhões de demônios, milhões de milhões de anjos cercam os filhos de Deus (Apocalipse 5:11; 12:4)[46].

O profeta Eliseu já passou, mas se estivesse aqui e orasse, você veria um exército de anjos cheio de cavalos e carros de fogo ao seu redor (2 Reis 6:17). É o exército de Deus em seu benefício. Se você é filho de Deus, creia que Deus o protege e que os anjos de Deus são enviados a seu favor. "Mil cairão ao seu lado, e dez mil, à sua direita, mas você não será atingido", nem peste nem demônios o alcançará (Salmos 91:6-7).

3. *No versículo 25, é usada a expressão "enquanto os homens dormiam". Ela significa que a ação de satanás é muito sutil, fingida, de tal forma que não se percebe quando e o que ele faz. Ele age no mundo de forma discreta e inesperada, ataca de forma dissimulada, enganosa, esperta, trapaceira. Quando o crente se distrai espiritualmente, ele ataca através dos seus filhos.*

Satanás tem o seu próprio reino (Lucas 11:15). Ele é chamado de príncipe das potestades do ar (Efésios 2:2) talvez por não reinar nos Céus nem exatamente na terra[47] (Jó 1:7). Ele foi expulso dos Céus e é o chefe dos anjos decaídos (Apocalipse 12:7-8). Quem não acredita na existência dos filhos do diabo ou acha que são inofensivos é vencido pelo sono e não vê nem ouve, tudo passa desapercebido. O salteador e invasor entra, vasculha e bagunça a casa e, em seguida, faz a festa.

Jesus utilizou-se do período do sono para exemplificar a ação de satanás, que ocorre de forma sutil, inesperada, dissimulada e traiçoeira. Ele age entre os filhos de Deus sem ser percebido, vestindo-se de justo e

---

46. Um terço das estrelas refere-se aos anjos decaídos, e, logo, dois terços referem-se aos anjos santos de Deus.
47. BIBLE COMMENTARIES. **Bible Hub**: search, read, study the Bible in many languages, [on-line, s.d.]. Disponível em: <https://biblehub.com/commentaries/>. Acesso em: 24 jan. 2022.

santo, de anjo de luz, com aparência de piedade. Se o próprio satanás se transfigura em anjo de luz, quanto mais os seus filhos, que são enviados para desfazer as obras de Deus. Quando põem o disfarce, não são conhecidos, e enganam até os mais avisados.

Entretanto, o mérito não é apenas do diabo. Muitos andam indolentes e sonolentos e tiram a toda hora uma boa soneca. Acham que trabalham muito, fazem hora extra em casa e no emprego. O tempo é ouro e realmente escasso, quando aparece uma folga, já tem compromisso marcado. É o jogo de futebol, a praia, o clube, o filme e o churrasco, tudo já bem programado. Tempo para Deus, orar e ler a sua Palavra, é coisa supérflua e desnecessária. A verdade é que nunca houve tanta distração como nos tempos modernos. Uma vida espiritual sonolenta, em coma ou morta é medíocre e impede que o filho de Deus perceba as armadilhas de satanás. Os filhos do diabo estão em todo lugar e exigem dos filhos de Deus vigilância constante e olhos bem abertos.

4. *Leia agora Gênesis 18:23-25. Agora concentre-se na pergunta de Abraão: "Destruirás também o justo com o ímpio?" O versículo da parábola que melhor responderia à pergunta de Abraão é "Ele, porém, lhes disse: Não; para que, ao colher o joio, não arranqueis também o trigo com ele" (Mateus 13:29).*

Essa é a resposta direta e clara: Não! O justo não pode ser arrancado com o ímpio. A ira divina jamais destruiria o filho de Deus com o pecador. Como o Senhor Deus destruiria o seu próprio filho a quem ama (Romanos 8:32,37)?

O Senhor revelou a Abraão a sua intenção de destruir os habitantes de Sodoma e Gomorra por conta do agravamento do seu pecado. O diálogo entre Abraão e Deus ocorreu em razão do seu sobrinho Ló, que habitava em Sodoma. Seria Ló também destruído com os ímpios dessas cidades? Seria razoável matar o justo Ló com os ímpios?

A parábola do trigo e do joio ilustra muito bem a condição de Ló em meio às ameaças de destruição das cidades de Sodoma e Gomorra. A resposta de Deus é perfeita para assegurar que o justo não é punido por causa dos pecadores. A punição dos que insistem em praticar o mal não alcança aquele que é justificado. Essa ideia é tão verdade que a cidade de

Zoar foi poupada por causa do amor e misericórdia de Deus a Ló. Como Ló desejou escapar da chuva de enxofre e fogo refugiando-se entre os habitantes de Zoar, Deus os poupou e a cidade não foi derribada. Aquela pequena cidade avistou o fenômeno só de longe, e a alma de Ló foi salva (Gênesis 19:19-23). O Senhor Deus é cuidadoso para separar o joio do trigo. Nenhum grão se perde, pois não há erros, o justo é separado dos ímpios antes da ira divina ser derramada.

5. A arca de Noé é a figura que melhor corresponde ao versículo 30 da parábola, pois representa a separação entre justos e injustos na ira divina: "Deixai crescer ambos juntos até à ceifa; e, por ocasião da ceifa, direi aos ceifeiros: Colhei primeiro o joio, e atai-o em molhos para o queimar; mas, o trigo, ajuntai-o no meu celeiro".

A mensagem fundamental do texto é a separação entre os ímpios e os justos a fim de punir todos os que praticam e amam o mal. Os ímpios serão queimados, e os justos colocados no celeiro de Deus. Noé foi separado de uma sociedade corrupta que se distraía com os prazeres do mundo. Ele foi protegido, arrebatado das águas do dilúvio e guardado no celeiro construído por Deus (Gênesis 7:6-7,21).

Jesus afirmou que os ímpios seriam colhidos primeiro e atados em molhos. É provável que signifique e reforce a ideia de que pecadores estarão no lugar certo e na hora certa para serem dizimados. Eles serão reunidos para a destruição. Não há disfarce nem fuga para aqueles que já estão destinados ao fogo da ira divina. O rei de Israel, Acabe, recebeu a Palavra de Deus através do profeta Elias. A sentença foi de morte e pavor. O seu sangue seria lambido pelos cães porque era mau aos olhos do Senhor. Homem mau, inimigo dos servos de Deus, achou-se inteligente e esperto. E pensou que um simples disfarce enganaria o Deus que tudo vê. Mas nada adiantou, a flecha lançada ao acaso encontrou a brecha certa e o matou (1 Reis 21:19; 22:30,34-35). No epílogo da história da humanidade, os maus serão reunidos a fim de serem destruídos. Ajuntados em batalha, descerá fogo do céu e os consumirá (Apocalipse 16:14.16; 19:17-19; 20:8-9). Eles serão reunidos como feixes de joio e serão queimados. Contudo, isso não significa que os ímpios deixarão de existir. O contexto bíblico reforça a ideia de que a destruição do ímpio é existência com sofrimento eterno. As palavras destruição e morte, quando aplicadas aos ímpios no julgamento final, são apenas hipérboles que intensificam a ideia do sofrimento eterno.

6. Leia Mateus 24:21-22. O sermão profético de Jesus fala da grande tribulação nos últimos dias e encontra-se registrado nos três Evangelhos. De acordo com a narrativa de Mateus 24:21-22, a fim de cumprir as palavras proferidas em Mateus 13:29, Deus abreviará o tempo para que os justos não sofram as consequências da ira divina, a qual será derramada sobre os ímpios. A abreviação do tempo pode ser representada por uma fileira de relógios com marcação de horas iguais, indicando tempo parado ou interrompido.

    A palavra grega traduzida como abreviar é *koloboó*. A sua tradução de modo literal é o mesmo que mutilar, cortar e diminuir o tamanho. Aplicando-a ao sermão profético de Jesus, é como se Deus tivesse estabelecido um certo tempo para a vida do homem na terra e o mutilasse, reduzisse-o de tamanho ou cortasse parte do seu tempo. O Senhor Deus interromperá o tempo por causa do agravamento do pecado e para proteção e livramento dos seus escolhidos.

    No tempo do fim, já foi preanunciado que os homens escarnecerão do Salvador Jesus, desacreditando do seu retorno com poder e glória e andando segundo as suas próprias paixões (2 Pedro 3:3-4). Os tempos serão difíceis, pois os habitantes da terra serão "egoístas, avarentos, presunçosos, arrogantes, blasfemos, desobedientes aos pais, ingratos, ímpios, sem amor pela família, irreconciliáveis, caluniadores, sem domínio próprio, cruéis, inimigos do bem, traidores, precipitados, soberbos, mais amantes dos prazeres do que amigos de Deus, tendo aparência de piedade, mas negando o seu poder" (2 Timóteo 3:2-5a, NVI). Eles estarão secos e desidratados de amor, compaixão, misericórdia e fé, tão ressequidos que facilmente arderão no fogo da ira do Senhor.

    A lista é muito grande, mas certamente você é uma exceção. Não se distraia, e se encontrar algum defeito, trate de se limpar. Elimine tudo aquilo que desonra o nome de Deus, pois você foi criado para glorificá-lo. Entretanto, é bom saber que você tem um advogado e defensor no Céu. Ele irá ajudá-lo e defendê-lo. Qualquer mácula porventura esquecida ou difícil de eliminar será perdoada e extirpada para sempre (1 João 2:1-2).

Ao falar da abreviação do tempo, Jesus quis mostrar a intensidade da maldade nos últimos dias. Será insuportável viver neste mundo com tanto ódio e depravação. Nem o próprio Deus suportará, ainda que transborde de amor e compaixão. A terra será purificada da perversão, da sensualidade, da libidinagem e toda sorte de impureza. Mas o Senhor é cuidadoso e não arrancará o justo com o ímpio, nem um grão se perderá. Ele em breve voltará e não atrasará. No tempo certo e programado pelo Pai, chegará com todos os seus anjos, os quais recolherão todos os santos para levá-los aos Céus (2 Pedro 3:9; Mateus 24:31).

Na segunda vinda de Jesus, com a destruição do mundo e do universo, eliminar-se-á também o tempo. Não é segredo para a ciência que o tempo foi criado com o universo. E como não haverá mais universo, e tudo será desfeito, o tempo também morrerá e acabará. Não haverá mais relógio, nem tempo, nem oportunidade de arrependimento (Hebreus 9:27; Apocalipse 20:12-14). O que será estabelecida é a eternidade, ou a vida ou a morte. Nos Céus, o salvo será livre. No inferno, haverá prisão eterna, onde o fogo não se apaga nem o bicho morre.

7. Leia Mateus 13:30,41-42 e 24:31. De acordo com a explicação da parábola no cap. 13, a palavra primeiro não indica exatamente a ideia de que os ímpios precederão os justos na colheita do juízo final. E se os ímpios serão expulsos do Reino de Deus, logo toda a terra faz parte do seu Reino, os ímpios serão excluídos das bênçãos divinas, e os justos serão excluídos da influência do mal.

Jesus nada falou sem que usasse as parábolas (Marcos 4:34). Elas sempre foram as suas companheiras inseparáveis, subindo e descendo as estradas da Palestina. A parábola é mesmo uma comparação[48] com muitos elementos que são metáforas, um verdadeiro quebra-cabeça de ideias. Ele andou, na contramão dos fraudadores e mercenários, com palavras duras e muitas vezes enigmáticas. Os ladrões e aproveitadores geralmente gostam de palavras doces e agradáveis. Nenhuma isca é encoberta, lacrada ou revestida. Tudo tem que ser muito à vista, belo, atraente, delicioso e aprazível. É assim que enganam e dominam as suas presas. As mensagens

---

48. "Metaforicamente, uma comparação de uma coisa com outra." Ou "especificamente, uma narrativa fictícia, mas compatível com as leis e usos da vida humana, através da qual […] as coisas de Deus, particularmente a natureza e a história do Reino de Deus, são figurativamente retratadas". PARABOLE. **Bible Hub**: search, read, study the Bible in many languages, [on-line, s.d.]. Disponível em: <https://biblehub.com/thayers/3850.htm>. Acesso em: 24 jan. 2022.

de Jesus, ao contrário, eram muitas vezes encobertas e cheias de segredos. Muito trabalhosas, até hoje requerem muita dedicação, análise e comparação. Era comum seus discípulos não compreenderem, e pediam-lhe explicações (João 10:6). Tudo lhes explicava particularmente, deixava-lhes curiosos e atentos, sedentos para ouvir-lhe novamente.

A parábola é sim uma narrativa que emprega termos fora do sentido literal e é concebida para ilustração. Quando se entende, tudo fica mais claro, penetra o coração e fixa-se nos ouvidos. As metáforas estão sob o controle do seu criador, que lhes dá o sentido como quer. Mas há de haver uma lógica, não é livre e sem regras. Obedece às regras da natureza e o contexto bíblico. É preciso haver coerência com o texto sagrado, contexto imediato e geral da Bíblia. Jesus era e é Deus, o mesmo que iluminou os profetas do passado. Tudo vem de uma fonte só, por isso é conexo e harmonioso. Se o autor não explica a lógica, é só estar atento às limitações impostas pela composição do texto sagrado.

Quanto ao termo primeiro, sua ausência não alteraria a interpretação se fosse apenas um acessório. Com efeito, se extraí-lo da oração, a mensagem continua viva e compreensível, e até parece que nada muda. Entretanto, aparenta sim ser intencional, necessário e com função específica. Claramente, percebe-se que Jesus dele se utilizou de forma deliberada, querendo transmitir alguma verdade. Não parece razoável que figure apenas por conta da prática natural da colheita de trigo, sem utilidade específica na interpretação.

À primeira vista, quem lê apressadamente imagina e vê os anjos descendo e recolhendo em primeiro lugar os ímpios. O Filho do Homem ordena, e os anjos descem dos Céus, ceifam e colhem os ímpios e os jogam na fornalha de fogo ardente. Só então, resgatam os justos e os colocam no celeiro de Deus. Essa ideia tem nexo, porém foge a lógica do contexto bíblico, e isso não pode acontecer. Provavelmente, o que Jesus quis dizer é que os iníquos serão juntados como se faz ao joio a fim de serem destruídos. Eles estarão na hora e lugar certos, reunidos para a destruição. Quem lê o Apocalipse, é isso mesmo que acontecerá (Apocalipse 16:14).

Agora veja os exemplos de Noé e Ló. Noé e sua família foram recolhidos para dentro da arca e, só então, veio o dilúvio sobre a terra, destruindo todos os que praticavam o mal (Gênesis 7:6-10). Ló e sua família foram recolhidos para fora de Sodoma quando, então, veio a destruição sobre as cidades e região (Gênesis 19:15-16,24). Com certeza, aqueles que receberam a sentença do Senhor e Juiz e foram condenados, todos foram reunidos e, debaixo de chuva e fogo e enxofre, morreram. No sermão profético de Jesus, só os justos são recolhidos e arrebatados, e ninguém mais, antes da destruição de todas as coisas (Mateus 13:27).

A interpretação de Jesus à sua parábola deixa claro que primeiro não se refere à primazia de quem será ceifado, se primeiramente os justos ou os ímpios. Ele, na verdade, evidenciou a expulsão dos que praticam o mal do seu Reino. Então, é introduzida uma nova concepção acerca do Reino de Deus. Ele não mais se limita à nação de Israel, mas refere-se ao mundo inteiro. O território do Reino é o mundo, e os discípulos sinceros de Jesus, que foram semeados em toda a terra, são os filhos do Reino. Quanto aos ímpios, eles são intrusos e foram plantados pelo diabo. No tempo do fim, serão eliminados à semelhança do que aconteceu no dilúvio.

Mas aqui não se revela os detalhes da destruição da terra e do cosmo, ou como será o arrebatamento, e quem será levado em primeiro ou em segundo lugar. Essas coisas não são referidas nem explicadas. Não há sombra dos eventos escatológicos do sermão profético, como os sinais no Sol, na Lua e nas estrelas (Mateus 24:29). Não importou falar da destruição dos elementos físicos do universo, que se derreterão no fogo, conforme o apóstolo Pedro avisou (2 Pedro 3:10). A mensagem de Jesus limitou-se a dar destaque à expulsão dos ímpios, os quais não mais permanecerão no seu Reino.

Os justos permanecerão no Reino de Deus, mas os ímpios serão aprisionados. Quem é do maligno deixará de receber as bênçãos dos Céus, e o sol não mais lhes iluminará. A partir da vinda de Jesus, apenas trevas lhe serão reservadas com muita dor, aflição e sofrimento.

O agrupamento do joio em molhos não parece ser acidental ou decorativo. Alguns textos bíblicos revelam que os pecadores serão reunidos para a destruição (Joel 3:2; Apocalipse 16:14,21; 19:19; 20:8-9). Ao longo da história bíblica, pecadores têm sido agrupados a fim de que a ira de Deus seja derramada. É o caso da região de Sodoma e Gomorra, os habitantes de Jericó e de Ai, amorreus, cananeus, filisteus, a Babilônia (Jeremias 51:45) e os próprios israelitas, que extrapolaram a tolerância e misericórdia divina. A guerra e os fenômenos naturais são usados por Deus como instrumento de juízo e punição. Por ocasião do retorno visível de Jesus, grupos ou agrupamentos específicos deverão ser o alvo do furor divino, livrando-se deles os justos. Uma coisa é certa, os justos jamais serão punidos com os ímpios (Ezequiel 14:13-14). O castigo dos ímpios nada tem a ver com a provação do justo e até o seu martírio. No diálogo entre Deus e seu amigo Abraão, ficou claro que o justo jamais seria destruído por causa do iníquo (Gênesis 18:23-26). Até pode sentir o balanço da arca, o desconforto do aperto e o mau cheiro dos excrementos, contudo nunca será aniquilado (Gênesis 7:7-9). Ló fugiu com a roupa do corpo, abandonou casa, bens e pertences, mas não foi alcançado pela saraiva de fogo e enxofre (Gênesis 19:16). Daniel e seus companheiros perderam parentes e amigos, deixaram as suas casas e as suas cidades, as quais sucumbiram no fogo. Eles foram arrastados como escravos, perseguidos e vituperados, entretanto não foram dizimados.

Os justos são propriedades particulares de Deus, desejados e amados, eles continuarão no Reino de Deus. Agora em condição melhor, sem dor e sofrimento, sem injúrias e perseguições, descansando na mansão celestial, já preparada de antemão. Eles dormirão no ocaso e acordarão em uma manhã de céu azul e sol intenso. Conforme as revelações bíblicas, a exemplo das palavras de Jesus, estaremos sempre juntos em um dia eterno de gozo (João 14:2-3).

4.
A PARÁBOLA DA VIDEIRA
(João 15: 1-8, ARC)

1 Eu sou a videira verdadeira, e meu Pai é o lavrador. 2 Toda a vara em mim, que não dá fruto, a tira; e limpa toda aquela que dá fruto, para que dê mais fruto. 3 Vós já estais limpos, pela palavra que vos tenho falado. 4 Estai em mim, e eu em vós; como a vara de si mesma não pode dar fruto, se não estiver na videira, assim também vós, se não estiverdes em mim. 5 Eu sou a videira, vós as varas; quem está em mim, e eu nele, esse dá muito fruto; porque sem mim nada podeis fazer. 6 Se alguém não estiver em mim, será lançado fora, como a vara, e secará; e os colhem e lançam no fogo, e ardem. 7 Se vós estiverdes em mim, e as minhas palavras estiverem em vós, pedireis tudo o que quiserdes, e vos será feito. 8 Nisto é glorificado meu Pai, que deis muito fruto; e assim sereis meus discípulos.

CURIOSIDADES

As videiras precisam de muito sol, de 6 a 8 horas por dia. Caso contrário, a produção e a qualidade das uvas poderão ser reduzidas, facilitando, inclusive, a ação maléfica de organismos diversos. Outros fatores importantes são um solo profundo, solto, bem drenado e livre de ervas daninhas (Provérbios 24:30-31). A circulação de ar deve ser ampla para evitar o ataque de fungos. Nos primeiros anos, a frutificação deverá ser impedida para que seu sistema de raízes e caules[49] fiquem mais fortes. As gemas são as saliências das varas onde nascem as folhas, as flores e os cachos de uvas. A poda dos ramos é também um meio de eliminar as gemas inférteis a fim de produzir frutos com

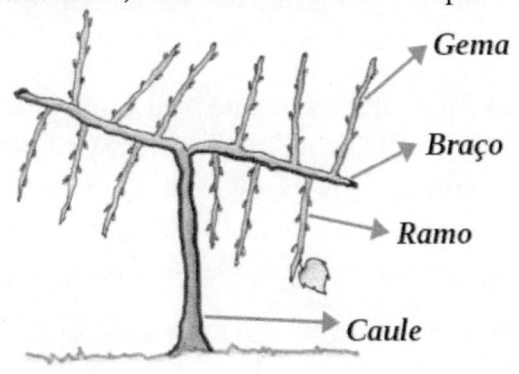

---

49. THE EDITORS. Grapes. **Almanac**, [on-line, s.d.]. Disponível em: <https://www.almanac.com/plant/grapes>. Acesso em: 24 jan. 2022.

melhor qualidade[50]. Ela deve ser feita no final do inverno ou no início da primavera. No primeiro ano, a poda deve deixar no máximo 6 gemas nos ramos ou varas. Nas plantas fracas, apenas duas gemas. No segundo ano, são eliminados os ramos mal localizados ou fracos. No terceiro ano, cada braço deverá ficar com 3 a 4 varas, cada uma com 6 ou 7 gemas. Para melhorar a radiação solar e a circulação de ar na região dos cachos de uvas, deve-se arrancar algumas folhas, diminuindo a sua concentração[51]. Todos esses procedimentos aumentarão a produtividade e a qualidade das uvas.

1. Videira e Reino de Deus guardam semelhanças entre si. As características da videira assemelham-se a realidades do Reino de Deus, quanto às suas partes, ao seu plantio e ao seu desenvolvimento. Por isso, Jesus deu um sentido figurado à videira e ao seu produto, o vinho, transformando-os em metáforas[52]. O vinho é uma metáfora que representa o sangue de Jesus que foi derramado na cruz. A relação de semelhança entre o vinho e o sangue é a tonalidade vermelho-púrpura e o método agressivo de produção. O vinho era produzido através de esmagamento com os pés. O sangue de Cristo foi derramado através de tortura e espancamento.

a) Agora que você entendeu o que é metáfora, sublinhe as seis que se encontram na parábola da videira (João 15:1-8). Elas representam verdades espirituais do Reino de Deus. Com a dica da quantidade de letras, escreva-as na sequência em que se encontram no texto:

a.1 _ _ _ _ _ _ _ (7)

a.2 _ _ _ _ _ _ _ _ (8)

a.3 _ _ _ _ (4)

a.4 _ _ _ _ _ (5)

---

50. SANTOS, H. P.; SILVA, L. C. É época de podar as videiras? **Rural Pecuária**, [on-line, s.d.]. Disponível em: <http://ruralpecuaria.com.br/tecnologia-e-manejo/fruticultura/artigo-embrapa-e-epoca-de-podar-as-videiras.html>. Acesso em: 24 jan. 2022.
51. MOREIRA, L. Guia completo de como plantar uva em casa. **Vittis**, o mundo das uvas, [on-line], 28 ago. 2017. Disponível em: <https://www.vittis.com.br/2017/08/28/guia-completo-de-como-plantar-uva-em-casa/>. Acesso em: 24 jan. 2022.
52. Metáfora "é um tipo de comparação implícita, sem termo comparativo, estabelecendo uma relação de semelhança, usando termos com significados diferentes do habitual". PIMENTEL, C. Comparação e metáfora. **globo.com**, educação, [on-line, s.d.]. Disponível em: <http://educacao.globo.com/portugues/assunto/figuras-de-linguagem/comparacao-e-metafora.html>. Acesso em: 24 jan. 2022.

a.5 _ _ _ _ _ _ _ _ (4/4)

a.6 _ _ _ _ (4)

b) Preencha o quadro abaixo com as metáforas encontradas no item "a", os seus elementos correspondentes de caráter espiritual e a relação de semelhança que mantêm entre si na perspectiva de Jesus, conforme o exemplo dado:

	METÁFORA	RELAÇÃO DE SEMELHANÇA ENTRE METÁFORA E REINO DE DEUS
	ELEMENTO SUBSTITUÍDO PELA METÁFORA	
EXEMPLO	Vinho	Vermelho / através de esmagamento
	Sangue de Jesus	Vermelho / através de espancamento
1		
2		
3		
4		
5		
6		

2. Suponha que Jesus contou a parábola da videira, mas ela não foi registrada nos Evangelhos. Se considerar o texto de João 15:1-8 como a explicação da parábola, você poderia imaginá-la? Usando as metáforas encontradas na questão anterior, construa a parábola supostamente criada por Jesus. Ela deve harmonizar-se com a explicação registrada por João. Comece assim: O REINO DE DEUS É SEMELHANTE A...

3. Na introdução deste capítulo, você conheceu alguns detalhes sobre o cultivo da videira. Verifique que há outros elementos que poderiam

compor a simbologia do Reino de Deus. Associe cada palavra da coluna que está à esquerda com a sua respectiva imagem:

SOL
AR
GEMA
PODA

4. Vá para a introdução e observe mais uma vez a figura da videira com seu caule, braços, varas e gemas. Qual é a alternativa que melhor corresponde à figura da videira? Por quê?

a) A videira verdadeira é Jesus;
b) A videira verdadeira é Jesus, o Filho de Deus;
c) A videira verdadeira é o ser humano Jesus;
d) A videira verdadeira é Jesus crucificado;
e) A videira verdadeira é Jesus, o Eu Sou.

A PARÁBOLA DA VIDEIRA (João 15: 1-8, ARC)

1. Videira e Reino de Deus guardam semelhanças entre si. As características da videira assemelham-se a realidades do Reino de Deus, quanto às suas partes, ao seu plantio e ao seu desenvolvimento. Por isso, Jesus deu um sentido figurado à videira e ao seu produto, o vinho, transformando-os em metáforas. O vinho é uma metáfora que representa o sangue de Jesus que foi derramado na cruz. A relação de semelhança entre o vinho e o sangue é a tonalidade vermelho-púrpura e o método agressivo de produção. O vinho era produzido através de esmagamento com os pés. O sangue de Cristo foi derramado através de tortura e espancamento. As seis metáforas encontradas na parábola da videira são: videira, lavrador, vara ou ramo, fruto, vara seca e fogo. O quadro abaixo elenca todas as metáforas com os seus respectivos significados, explicando a semelhança entre a metáfora e o Reino de Deus:

	METÁFORA ELEMENTO SUBSTITUÍDO PELA METÁFORA	RELAÇÃO DE SEMELHANÇA ENTRE METÁFORA E REINO DE DEUS
EXEMPLO	Vinho	Vermelho / através de esmagamento
	Sangue de Jesus	Vermelho / através de espancamento
1	Videira	É quem sustenta as varas, alimenta e dá vida
	Jesus	É quem sustenta os seus discípulos, alimenta e dá vida.
2	Lavrador	Cuida da videira, poda e limpa
	Pai	Cuida da igreja, elimina e limpa
3	Vara (verde)	Está ligada ao caule da videira Produz fruto, pois recebe a seiva da videira
	Discípulo de Jesus	Está ligado a Jesus Produz fruto, pois recebe a vida de Jesus
4	Fruto	Identifica a qualidade da vara e da planta
	Fruto do Espírito	Identifica a qualidade do discípulo

5	Vara (seca)	Não tem brilho, não tem vida, é morta e é lançada no fogo ardente
	Ímpio e falso discípulo	Não tem brilho, não tem vida, é morto e será lançado no inferno que arde
6	Fogo	Local para destruição física completa
	Inferno	Local para destruição espiritual completa

Todas essas palavras são metáforas usadas para explicar verdades espirituais. E não há indicação nem sugestão de que a explicação de Jesus foi originada de uma parábola. Na narrativa de João, Ele introduziu as metáforas e, ao mesmo tempo, as explicou. Com as informações fornecidas, é possível construir uma parábola hipotética bem interessante.

A alegoria[53] da videira é perfeita como representação da relação que existe entre Jesus e os seus discípulos. Assim como as varas devem estar ligadas ao caule da videira, ou à própria videira, como falou Jesus, os discípulos devem ligar-se a Jesus. Essa é a condição para a produção de bons frutos. A vida que está na planta só pode ser transferida para as varas se houver ligação e união entre as varas e a planta. O resultado dessa junção e comunhão é a geração de frutos. Se o discípulo estiver perfeitamente ligado a Cristo, a vida de Cristo será transferida para ele. O efeito será inevitável, e o discípulo de Jesus, então, produzirá muitos frutos.

A frutificação do filho de Deus é denominada de fruto do Espírito (Gálatas 5:22), da luz[54] (Efésios 5:9) ou frutos da justiça (Filipenses 1:11). Ele é comparável aos vasos condutores por onde a Vida passa e eclode como botões de amor, alegria, paz, paciência, amabilidade, bondade, fidelidade, mansidão e domínio próprio. Essa união entre o filho de Deus e Jesus se dá através da fé, uma relação sólida, firme e eterna. É a doutrina do novo nascimento ou da regeneração (João 3:3). Quando o discípulo verdadeiramente aceita a Jesus como o seu Salvador e Senhor, ele recebe a vida que está em Jesus. E a vida é o seu Espírito. O Espírito Santo é também conhecido nas Escrituras como simplesmente Espírito, ou Espírito de Deus e Espírito de Cristo (Romanos 8:9). Aquele que se

---

53. Alegoria é "figura de retórica que consiste no uso de várias metáforas consecutivas, exprimindo ideia diferente daquela que se enuncia". ALEGORIA. **Michaelis**, [on-line, s.d.]. Disponível em: <https://michaelis.uol.com.br/moderno-portugues/busca/portugues-brasileiro/alegoria>. Acesso em: 24 jan. 2022.
54. Do grego *photos*. EPHESIANS 5:9. **Bible Hub**: search, read, study the Bible in many languages, [on-line, s.d.]. Disponível em: <https://biblehub.com/lexicon/ephesians/5-9.htm>. Acesso em: 24 jan. 2022.

junta com o Senhor é um mesmo espírito, com mesmos pensamentos, vontades e inclinações (1 Coríntios 6:17).

Ao ler a narrativa de João, verificam-se algumas metáforas, dentre elas a vara verde e a vara seca[55]. A vara que foi arrancada e lançada fora secará. Depois, as varas secas serão colhidas, unidas e jogadas no fogo. Na alegoria da videira, o discípulo pode se ligar a Jesus sem Jesus se ligar a ele. O falso discípulo é, portanto, a única situação que se encaixa perfeitamente na comparação.

Há uma figura muito emblemática na história de Jesus: o caso de Judas, o discípulo traidor. Ele será sempre lembrado ao falar-se de falso discípulo. Ele representa a hipocrisia e a traição. Judas Iscariotes andou com Jesus, viu o seu exemplo e as suas obras. Ele recebeu as ordens do Mestre, suas instruções e uma missão. O seu corpo foi até lavado por fora, mas o seu interior continuou sórdido, imoral e vil (João 13:5,27). A união entre Judas e Jesus era só aparente.

Em certa ocasião, Jesus chamou os seus doze discípulos e deu-lhes poder sobre demônios e todo tipo de enfermidade. Como fica, então, a situação de Judas, que fazia parte do grupo e era falso? Será que também manifestou o poder de Deus? Não há elementos na narrativa para uma interpretação clara e exata. Entretanto, o evangelista Marcos deu uma dica: os discípulos foram divididos de dois em dois (Mateus 10:1; Marcos 6:7). É possível imaginar, e isso é uma hipótese, que Judas saiu com a sua dupla e foi o seu apoio moral. Comportou-se como aqueles discípulos educados e simpáticos que abrem mão de tudo. Abrem mão de falar, de ensinar, pregar e curar os doentes e feridos. Utilizam-se de frases prontas como "você é melhor do que eu", "você sabe mais do que eu", "eu não sei fazer como você faz", "eu não tenho esse dom que você tem", "eu serei a sua companhia e apoio moral" e "ficarei só olhando". Como muitos irmãos, ele absteve-se de fazer a obra de Deus porque não era verdadeiramente filho de Deus. Assim são muitos irmãos, nunca podem ou nunca sabem, são apenas e sempre expectadores.

Jesus afirmou que é possível alguém estar nele sem dar fruto. Nesse caso, seria removido e lançado fora. Mais adiante, acrescentou que todo aquele que está Nele, e Ele nele, dá muito fruto. A condição, então, para produzir frutos é dobrada. A vara precisa ligar-se à videira e receber em contrapartida a sua seiva. O discípulo verdadeiro é aquele que se liga ao Reino de Deus e à igreja de Cristo, e o Espírito de Cristo, então, se liga a

---

[55]. A "vara seca" é uma expressão implícita no texto bíblico, incluída no texto da Nova tradução na Linguagem de Hoje através da expressão "ramos secos" (João 15:6).

ele. A declaração de fé sem a regeneração é pura falsidade. O discípulo deve ligar-se a Jesus, e é necessário que Jesus esteja no discípulo. É preciso haver uma ligação de corpo, alma e espírito.

A verdade é que muitos discípulos se ligam aparentemente a Jesus. Há uma ligação tão somente física e jamais espiritual. Unem-se as varas com o caule, mas a seiva é interrompida. Muitos discípulos andam com Jesus, experimentaram o seu batismo, comem do seu pão e bebem do seu vinho, mas as suas vidas não lhe pertencem (Mateus 23:25-27; 2 Coríntios 11:13). Eles não têm o Espírito de Cristo e estão mortos. Foram batizados e não ressuscitaram. A insinuação do Mestre é que algumas varas podem estar enganosamente ligadas à videira. Externamente com aparência de vida, contudo internamente paralisadas, secas e mortas. Elas não recebem a seiva da Vida. Existe um encontro físico, mas a Vida da videira não transpassa para as varas.

Jesus andou e se relacionou com muitos religiosos de aparência piedosa (Mateus 23). Um deles foi o seu próprio discípulo íntimo Judas, aquele que meteu a mão no prato e é símbolo de traição (Mateus 26:23). Mas a carapuça não só foi dirigida a ele. Na realidade, a palavra de Jesus foi endereçada a todos que exalam piedade e religiosidade sem fé e obediência a Deus. Os religiosos do Judaísmo, como escribas, fariseus e saduceus, eram membros da sinagoga e orgulhavam-se de serem filhos de Abraão (João 8:39). Porém, eram falsos. Outros já dizem que são cristãos, discípulos de Cristo, que foram batizados e encontram-se alistados como membros de uma igreja cristã. Contudo, negam a sua fé com suas atitudes mesquinhas, libidinosas, imorais e traiçoeiras. São traidores da fé, da misericórdia e do amor.

Jesus evidenciou que todo aquele que está ligado a Ele, e Ele nele, dá muito fruto. Não é pouco fruto e sem expressão. Ao contrário, é muito fruto, aprazível aos olhos críticos e judiciosos do Juiz e Senhor de todas as coisas. Mas quem é vara improdutiva será cortada e secará. Ela perderá a sua cor, o brilho da vida e permanecerá morta. E, depois, as varas secas serão reunidas e lançadas no fogo que não se apaga. Por uma ótica[56] bíblica, o discípulo verdadeiro e fiel a Cristo jamais secará. Ele nunca estará morto, mas apenas dormindo (1 Coríntios 15:51-52; 1 Tessalonicenses 4:13-15), enquanto aguarda ser revestido de um novo corpo e uma nova vida (2 Coríntios 5:4). A denominação morto[57] é aplicada aos que serão juntados e queimados no lago de fogo.

---

56. As diferentes óticas, ainda que opostas, deverão ser somadas, para se ter uma ideia mais próxima da realidade que não pode ser explorada pelo homem. Após a morte, a realidade é metafísica, fugindo ao conhecimento e à lógica humana.
57. Se quem morre em Cristo apenas dorme, logo quem morre sem Cristo permanece morto (Apocalipse 20:12-15).

Outro detalhe a ser considerado é a metáfora do fogo, que inúmeras vezes representa o inferno e o castigo eterno. As varas secas, improdutivas e mortas serão lançadas no fogo do inferno (Salmos 9:17; Apocalipse 20:14). Aquele que não produzir os frutos de justiça, como paz, alegria, compaixão, humildade, bondade e fé, e, por isso, está morto espiritualmente, perecerá de sede e fome no inferno, onde o seu verme não morre e o seu fogo não se apaga. Ele morrerá de sede e fome de justiça, paz e amor. Como é triste ganhar o mundo e perder a vida! O inferno pertence a uma dimensão metafísica e, portanto, é inexplicável pela inteligência humana. O que se sabe e foi revelado, e a mente alcança, é que ali é uma prisão de malfeitores, onde reina o ódio, a maldade e o sofrimento. A destruição completa do ímpio não significa inexistência do espírito, mas privação e completa ausência da essência de Deus, o amor. "E muitos dos que dormem no pó da terra ressuscitarão, uns para vida eterna, e outros para vergonha e desprezo eterno" (Daniel 12:2).

2. Suponha que Jesus contou a parábola da videira, mas ela não foi registrada nos Evangelhos. Se considerar o texto de João 15:1-8 como a explicação da parábola, você poderia imaginá-la? Usando as metáforas encontradas na questão anterior, é possível construir a parábola supostamente criada por Jesus, conforme o exemplo a seguir, com as informações opcionais entre parênteses: "O Reino de Deus é semelhante a um lavrador que plantou uma videira. (Ao fim do inverno,) O lavrador (viticultor) podou a videira e cortou as suas varas (ramos) que não deram fruto. (Ele arrancou as folhas que diminuíam a incidência da luz do sol e a circulação do ar.) As varas (ramos) cortadas da videira (caule ou braços da videira) foram lançadas fora e secaram. E, logo depois, todas elas foram colhidas e lançadas no fogo".

Se a explicação de Jesus se originou de uma parábola, é impossível saber. Porém, a estrutura da explicação é bem peculiar a seu método de ensino: as parábolas. De acordo com os evangelistas (Mateus 13:44; Marcos 4:33-34), nada era ensinado por Jesus sem parábolas. Ao fazer o inverso, construindo-se a parábola em vez de sua explicação, você exercitará a sua criatividade e desenvolverá a sua compreensão acerca do estilo de ensino de Jesus. A sua intimidade com as metáforas será aprofundada, e as suas interpretações aperfeiçoadas. Você deve evitar o uso de metáforas que não fazem parte da explicação à semelhança das parábolas do semeador e do trigo e do joio cujas metáforas foram quase todas explicadas. Elementos meramente decorativos e desnecessários podem desviar a atenção do intérprete quanto à mensagem essencial. As informações da introdução são úteis para compor a criação, mas devem ser usadas com cautela. As parábolas de Jesus são geralmente simples, concisas e diretas.

3. *Na introdução deste capítulo, você conheceu alguns detalhes sobre o cultivo da videira. Verifique que há outros elementos que poderiam compor a representação do Reino de Deus. Eles são o sol, o ar, a gema e a poda. O sol, como metáfora de Deus. O ar, como metáfora do Espírito Santo. A gema, como o coração do homem. E a poda, como a disciplina exercida por Deus.*

A videira é um elemento de ricas e oportunas comparações. As curiosidades faladas na introdução poderão ser usadas como metáforas adicionais da parábola. Apesar de não serem citadas na explicação, são bem sugestivas e apropriadas, enriquecendo a comparação entre a videira e o Reino de Deus.

Considere o sol e perceba o quanto ele pode e deve representar o próprio Deus. O Senhor Deus é o sol (Salmos 84:11). O sol é essencial para a vida da videira, pois fornece energia e vida. Sem ele, a videira não frutificaria e desistiria de viver. Assim como o sol, Deus é imprescindível para a vida humana. Sem o sol e não havendo Deus, a vida deixa de existir. O salmista declarou: "Pois em ti está a fonte de vida; graças à tua luz, vemos a luz" (Salmos 36:9, NVI). Só há vida através de Deus e na sua presença. É também o sol que acolhe e protege a videira da ação nociva dos fungos, assim como o Senhor Deus e Criador nos livra do reino das potestades do mal.

Agora aspire e sinta o ar, como ele pode ser comparado ao Espírito Santo. O Filho do Homem, após ressurgir dos mortos, assoprou nas narinas[58] dos seus discípulos e disse: "Recebei o Espírito Santo" (João 20:22, ARC). Assim como o ar deve preencher a videira, o Espírito Santo deve possuir, completar e encher o filho de Deus a fim de que produza abundante e melhores frutos. O apóstolo Paulo disse: "Não se embriaguem com vinho, que leva à libertinagem, mas deixem-se encher pelo Espírito, falando entre si com salmos, hinos e cânticos espirituais, cantando e louvando de coração ao Senhor, dando graças constantemente a Deus Pai por todas as coisas, em nome de nosso Senhor Jesus Cristo" (Efésios 5:18-20, NVI). O Espírito Santo é como o vento, que domina e preenche todo o lugar, muito embora não se possa dizer de onde vem nem para onde vai (João 3:8; Atos 2:1-2), impedindo a entrada de invasores indesejados. Quem crê no Salvador e Senhor Jesus tem o Espírito de Deus.

As gemas da vara representam o coração do homem. O coração é fonte do bem ou do mal (Gênesis 6:5; Lucas 6:45; Tiago 3:14). Gemas

---

58. Originalmente, "sobre eles", do termo grego emphusaó, com ocorrência singular no Novo Testamento. O acréscimo "narinas" é para reportar-se ao texto paralelo da criação do homem em Gênesis 2:7.

férteis produzirão bons frutos. Corações bem tratados, bons e generosos produzirão frutos dignos do Reino de Deus. Ele pode ser íntegro e puro (Jó 33:3; Salmos 24:4; Mateus 5:8) e também alegre (1 Samuel 2:1; Salmos 4:7). Em determinado lugar, Jesus afirmou: "Pois do coração saem os maus pensamentos, os homicídios, os adultérios, as imoralidades sexuais, os roubos, os falsos testemunhos e as calúnias" (Mateus 15:19, NVI). Assim, do coração do homem também saem os maus frutos.

    O coração é o cofre mais protegido do ser humano onde guarda com sete chaves o seu grande tesouro, quer seja bom ou mal (Mateus 6:21). Nem os ladrões mais tarimbados e qualificados ousam violar. Nem os hackers mais hábeis conseguem penetrar. É também através do coração que se confessa Jesus como Salvador e Senhor (Lucas 8:15; Marcos 7:7; Romanos 10:10).

    Outro detalhe de visível importância é a da poda, a disciplina exercida pelo Pai. A época ideal de se fazer a poda é na despedida do inverno, pois a planta está em estado de dormência, poupando energia[59]. Ela, portanto, está mais resistente a fim de receber um tratamento mais enérgico e doloroso. A videira literalmente chora[60], e a água acumulada é drenada pela poda. Deus limpa os seus filhos e usa métodos muitas vezes dolorosos. A dor e o choro são, às vezes, necessários. Entretanto, Ele sabe o tempo e a hora certa, o momento de maior sensibilidade e resistência. A disciplina do Agricultor é sempre de uma forma que o filho de Deus possa suportar (1 Coríntios 10:13; Hebreus 12:10-11). Ele usa métodos eficientes e leva à reflexão e transformação, mas nunca à destruição.

    O castigo do Pai é sim para a frutificação. Ele vem, e o filho de Deus soluça e derrama lágrimas de arrependimento. E o seu pranto, então, drena as impurezas, rega as emoções, limpa o coração e traz a verdadeira alegria (Mateus 5:4). Mas há o outro lado triste da poda, que é o banimento de varas inteiras. Elas são os ímpios. Ainda que Deus não se alegre com a "morte do ímpio, mas em que o ímpio se converta do seu caminho, e viva" (Ezequiel 33:11, ACF), eles serão arrancados, separados e destinados ao fogo do inferno.

4. Vá para a introdução e observe mais uma vez a figura da videira com seu caule, braços, varas e gemas. A alternativa que melhor corresponde à videira verdadeira é Jesus crucificado.

---

59. MUNDO HUSQVARNA. http://www.mundohusqvarna.com.br/coluna/a-importancia-de-se-podar-as-plantas-no-inverno/

60. SANTOS, H. P.; SILVA, L. C. É época de podar as videiras? **Rural Pecuária**, [on-line, s.d.]. Disponível em: <http://ruralpecuaria.com.br/tecnologia-e-manejo/fruticultura/artigo-embrapa-e-epoca-de-podar-as-videiras.html>. Acesso em: 24 jan. 2022.

Todas as alternativas compartilham da mesma pessoa, a segunda pessoa da trindade. A primeira é o filho de Maria, que recebeu o nome Jesus, por revelação do anjo Gabriel (Lucas 1:26,31). A segunda é a referência direta ao Filho de Deus que desceu ao mundo, indicando a sua divindade (1 João 4:15). A terceira é o ser humano Jesus, o Filho do Homem, igual aos seus irmãos, como eu e você (Mateus 17:22; Hebreus 2:17). A quarta é o Jesus que estendeu os seus braços por amor e foi crucificado, derramando o seu precioso sangue (1 Coríntios 2:2). E a última, Jesus é o próprio Deus que se revelou aos antepassados (João 8:58).

A disposição do caule e dos braços da videira sugere a imagem do Cristo de braços abertos e pregado na cruz. Portanto, a melhor e mais convincente interpretação da imagem é Jesus crucificado. Os brotos ao longo do caule da videira são retirados, ficando apenas os dois últimos, para a formação dos braços[61], lembrando de fato uma cruz.

Por outro lado, a videira é quem produz o vinho, símbolo do valioso sangue de Jesus. O sacrifício de Jesus é o cerne do plano de salvação. De Gênesis a Apocalipse, a morte do Filho do Homem na cruz é que une as revelações proféticas de diferentes épocas e autores. No caminho de Emaús, Jesus explicou tudo o que dele se falava em todas as Escrituras. Na aparição aos seus discípulos, disse que necessário era que se cumprisse o que dele estava escrito na Lei, nos Salmos e nos Profetas (Lucas 24:27,44). No texto sagrado, nenhuma metáfora é tão mencionada como a do cordeiro sacrificado, que é Jesus. Até hoje o sangue e o corpo do Cordeiro Jesus são comemorados através da ceia do Senhor. Quem bebe do seu sangue é purificado. Quem come do seu corpo vive eternamente. A cruz de Cristo não pode ser esquecida e desvalorizada. Por isso, o apóstolo Paulo disse que a sua pregação era estabelecida no Cristo crucificado (1 Coríntios 1:23;2:20).

Além do mais, as varas estão ligadas aos braços da cruz. Uma ótima representação do filho de Deus que se uniu a Jesus e foi crucificado com Ele e morreu com Cristo: "Já estou crucificado com Cristo; e vivo, não mais eu, mas Cristo vive em mim" (Gálatas 2:20, ACF). Quem disse nele crer tem de ser crucificado a fim de matar a carne e renascer dentre os mortos, trajar vestes brancas, cantar um novo cântico e estar diante do trono de Deus (Apocalipse 7:9).

---

61. PROTAS, J. F. S. Cultivo da videira Niágara Rosada em regiões tropicais do Brasil. **Embrapa Uva e Vinho**, [on-line], nov. 2003. Disponível em: <https://sistemasdeproducao.cnptia.embrapa.br/FontesHTML/Uva/UvaNiagaraRosadaRegioesTropicais/>. Acesso em: 24 jan. 2022.

5.
A PARÁBOLA DO SEMEADOR
(Mateus 13:3-9, NVI; Marcos 4:3-9, NVI; Lucas 8:5-8, NVI)

	Mateus 13:3-8	Marcos 4:3-8	Lucas 8:5-8
I	3 O semeador saiu a semear.	3 O semeador saiu a semear.	5 O semeador saiu a semear.
II	4 Enquanto lançava a semente, parte dela caiu à beira do caminho, e as aves vieram e a comeram.	4 Enquanto lançava a semente, parte dela caiu à beira do caminho, e as aves vieram e a comeram.	Enquanto lançava a semente, parte dela caiu à beira do caminho; foi pisada, e as aves do céu a comeram.
III	5 Parte dela caiu em terreno pedregoso, onde não havia muita terra; e logo brotou, porque a terra não era profunda. 6 Mas quando saiu o sol, as plantas se queimaram e se secaram, porque não tinham raiz.	5 Parte dela caiu em terreno pedregoso, onde não havia muita terra; e logo brotou, porque a terra não era profunda. 6 Mas quando saiu o sol, as plantas se queimaram e secaram, porque não tinham raiz.	6 Parte dela caiu sobre pedras e, quando germinou, as plantas secaram, porque não havia umidade.
IV	7 Outra parte caiu entre espinhos, que cresceram e sufocaram as plantas.	7 Outra parte caiu entre espinhos, que cresceram e sufocaram as plantas, de forma que ela não deu fruto.	7 Outra parte caiu entre espinhos, que cresceram com ela e sufocaram as plantas.
V	8 Outra ainda caiu em boa terra, deu boa colheita, a cem, sessenta e trinta por um.	8 Outra ainda caiu em boa terra, germinou, cresceu e deu boa colheita, a trinta, sessenta e até cem por um.	8 Outra ainda caiu em boa terra. Cresceu e deu boa colheita, a cem por um.

CURIOSIDADES

Semente é a parte do fruto que contém o embrião em estado de vida latente[62]. É, portanto, um ser vivo, mas que não apresenta nenhuma manifestação de vida. Está pronta e só aguardando o momento certo para despertar, animar-se e transformar o mundo. Então, o que a semente precisa para acordar e germinar? Ela necessita, principalmente, de água, gás oxigênio e temperatura adequada[63]. O primeiro passo da germinação é a absorção de água pela semente. À medida que se enche, a sua cobertura protetora é rompida, permitindo a entrada de oxigênio. Quando as células do embrião recebem o oxigênio, a água e a temperatura certa, começam a se desenvolver, dando origem à radícula, que é a primeira estrutura que sai da semente. Ela nada mais é do que a futura raiz da planta, a qual começa a se desenvolver dentro do solo. Depois, obtém minerais e água necessários para dar continuidade ao desenvolvimento da planta. Assim, a semente nasce, cresce e produz outras sementes, que retomarão o ciclo da vida vegetal.

1. Compare as narrativas de Mateus, Marcos e Lucas. Conseguiu ver as diferenças básicas entre elas? Não considere como diferença as palavras e expressões sinônimas. Preencha os espaços vazios da tabela abaixo com as diferenças significativas entre as narrativas dos evangelistas, sendo **A** de acréscimo e **F** de falta. Siga o exemplo:

	Mateus 13:3-9	Marcos 4:3-9	Lucas 8:5-8
I			
II			(A.1) (A.2)

---

62. NUNES, J. L. S. Tecnologia de sementes – conceitos. **Agrolink**, [on-line, s.d.]. Disponível em: <https://www.agrolink.com.br/sementes/tecnologia-sementes/conceitos_361334.html>. Acesso em: 24 jan. 2022.
63. PETRIN, N. **Germinação da semente: entenda o processo.** Estudo Kids, [on-line], 3 ago. 2015. Disponível em: <https://www.estudokids.com.br/germinacao-da-semente-entenda-o-processo/>. Acesso em: 24 jan. 2022.

			(F.3)	
III			(F.4) a terra não era profunda	
			(F.5)	
			(A.6)	
			(F.7)	
IV		(A.8)		
V			(F.9)	
			(F.10)	

2. Cada resposta da primeira questão foi classificada de 1 a 10. Relacione as diferenças encontradas na questão anterior com as afirmações abaixo, escrevendo os números correspondentes entre os parênteses:

( ) TERRA IMPRODUTIVA
( ) É FORTE, DESTRUIU, MAS TAMBÉM FORTALECE
( ) BASTANTE PRODUTIVA
( ) INIMIGOS TERRESTRES

( ) NÃO CONSEGUIU ENTRANHAR-SE NA TERRA
( ) MUITO FÁCIL E RÁPIDO
( ) O SOLO NÃO PERMITIU A ABSORÇÃO DA ÁGUA
( ) INIMIGOS CELESTES
( ) SEM ÁGUA, NÃO ROMPEU A CASCA
( ) ENTRANHOU-SE NA TERRA

3. Jesus explicou a parábola, facilitando a compreensão. Leia Mateus 13:18-23, Marcos 4:14-20 e Lucas 8:11-15 e encontre o significado da alegoria[64] usada por Jesus, unindo as partes da parábola aos seus respectivos significados que estão nas figuras ovaladas:

- Palavra de Deus
- Frutificam
- CAIU ENTRE PEDRAS
- Entra por um ouvido e sai pelo outro
- SEMENTE
- Tentações
- AVES DO CÉU
- Prazeres
- Creem verdadeiramente
- Recebem a Palavra com alegria, mas dura pouco
- CAIU EM BOA TERRA
- Não suportam a perseguição
- Nascem espiritualmente
- CAIU NO CAMINHO
- ESPINHOS
- Pura emoção
- Demônios
- ANIMAIS
- Ouvem, mas não pensam, não meditam
- CAIU ENTRE ESPINHOS
- Até entendem, mas os prazeres do mundo falam mais alto
- PEDRAS
- Ação direta do homem

4. A semente é de ótima qualidade, mas a terra não era boa. Ela não era ideal para plantar e frutificar. Como você já leu a parábola e sua explicação, agora verifique alguns possíveis significados das características dos solos. Ligue as três colunas entre si:

Arado, limpo e adubado	A Palavra parece loucura	Romanos 10:9
Muito duro	Fé salvadora	Efésios 1:13
Com espinhos	Aceita, mas logo abandona a fé	1 Coríntios 2:14
Com pedras	Aceita a Palavra, mas não nega os prazeres da vida	Mateus 19:22
Tem umidade	Crê, obedece, vence a provação e rejeita as ofertas do mundo	João 6:60,66

---

64. Conjunto de metáforas e comparações que representam ideias, pensamentos e qualidades, de modo, portanto, figurado. ALEGORIA. **Dicio**, dicionário online de português, [on-line, s.d.]. Disponível em: <https://www.dicio.com.br/alegoria/>. Acesso em: 24 jan. 2022.

5. Agora responda as questões a seguir:

a) Tudo o que existe na natureza chamamos de seres, que são as coisas que a compõem. Existem os seres vivos e os não vivos. Coloque abaixo das figuras **V** nos seres vivos e **NV** nos seres não vivos:

b) Qual a diferença entre seres vivos e não vivos?
c) Agora leia Hebreus 4:12 e 1 Pedro 1:23. Qual é a característica da Palavra de Deus que é comum aos dois textos?

6. Responda as questões a seguir:

a) João, Ricardo e José semearam 1 saca de milho, 2 sacas de milho e 3 sacas de milho, respectivamente. Quantas sacas colheram os três fazendeiros juntos, se a produtividade de Ricardo foi 4 vezes mais do que a de José, e a produtividade de José foi 2 vezes menos do que a de João, sabendo-se que João colheu 100 sacas de milho?

( ) 6   ( ) 200   ( ) 350   ( ) 650   ( ) 750   ( ) 900

b) Em Marcos 4:8, Jesus informou que havia três índices de produtividade, de acordo com a fertilidade de três campos. Se o semeador da parábola comprou três sacas de trigo e semeou uma em cada um dos seus campos, quantas sacas colheu ao todo?

A PARÁBOLA DO SEMEADOR (Mateus 13:3-9, NVI; Marcos 4:3-9, NVI; Lucas 8:5-8, NVI)

1. *Compare as narrativas de Mateus, Marcos e Lucas. Conseguiu ver as diferenças básicas entre elas? Não considere como diferença as palavras e expressões sinônimas. As diferenças significativas entre as narrativas dos evangelistas são: a semente foi <u>pisada</u>, as aves <u>do céu</u> a comeram, <u>logo</u> brotou, <u>a terra não era profunda</u>, o <u>sol a queimou</u>, <u>não tinha raiz</u>, <u>não havia umidade</u>, <u>não deu frutos</u>, <u>germinou</u> e deu frutos <u>a trinta e sessenta</u> por um, respectivamente de 1 a 10.*

Esse é um bom exercício para estimular a comparação de textos paralelos. Se quiser aprimorar e treinar a sua percepção, ele será muito útil. Então, sigamos em frente e mãos à obra, há muita coisa a aprender.

Alguém logo perguntaria por que três Evangelhos contando os mesmos fatos e parábolas. Você não está errado, são quase as mesmas informações e narrativas. Mas há diferenças expressivas que são decididamente importantes. As desigualdades entre as narrativas são complementações e arremates, e jamais devem ser vistas como erros. Algum detalhe ou mistério está por trás de uma palavra a mais ou a menos. Não as considere que são erros ou contradições. Até porque é a voz de Deus, e Deus é cuidadoso e perfeito. Ele pode até transformar uma drácula símia[65] em uma rosa e desertos em mananciais, como faz à lagarta Morfo azul, pondo-lhe duas belas asas simétricas de cor azul-metálico, conquistando os olhares mais críticos. Por que, então, não transformaria um ponto em uma vírgula ou uma vírgula em um ponto? É possível que Deus trate o intérprete, fazendo-o enxergar o que Ele quer. Então, não se preocupe com falhas humanas, apenas exerça a sua fé. Qualquer dúvida, algo que não se encaixou e o confunde, pergunte ao Espírito Santo, Ele é o produtor e o revisor das Escrituras Sagradas, e é também quem abre e fecha os olhos. Ademais, o primor, o domínio e o milagre estão em suas mãos, e tudo será resolvido se a fé morar em você.

A profecia não foi produzida pela vontade e decisão humana, pois os homens de Deus falaram e escreveram inspirados pelo Espírito Santo (2 Pedro 1:21). Se a dúvida persistir, não se apresse a tirar as suas

---

65. Uma espécie exótica de flor, basicamente com três pontas, formando uma figura triangular. No centro, é possível imaginar a figura de um macaco. É rara, encontrada a mais de dois mil metros de altitude.

próprias conclusões. Guarde toda incerteza no seu coração, como fez Jacó e também Maria, a mãe de Jesus (Gênesis 37:11; Lucas 2:51). É melhor saber de menos do que inovar, inventar, fabulizar e apostar que está certo, e errar. Todo cuidado é ainda pouco. Não invente moda, não acrescente coisa alguma à profecia e não suprima nada. Se acrescentar, Deus fará vir sobre você as pragas da profecia que estão registradas no Livro. E se, por outro lado, tirar alguma coisa, a sua parte na árvore da vida ser-lhe-á arrancada (Apocalipse 22:18-19).

Não tire conclusões precipitadas, a responsabilidade será toda sua. Com humildade e paciência, chegará lá onde reina a sabedoria e o conhecimento. No Céu, o Autor estará ao lado do crente, e também todos os profetas e seus amanuenses[66] (Jeremias 36:4; Romanos 16:22). Assim, poderá conversar. Será a hora de perguntas e respostas, quando todo e qualquer mistério não resistirá à força e ao conhecimento de Cristo.

As diferenças entre os textos enriquecem a interpretação e dão um ar de mistério. Por isso, é importante encontrar os textos paralelos, aqueles que usam as mesmas palavras ou que relatam as mesmas histórias. É o caso, por exemplo, do julgamento, da crucificação, morte e ressurreição de Cristo, que foram narrados pelos Evangelhos, inclusive o de João. As diferentes traduções e versões deverão ser utilizadas e comparadas, contudo as mais literais serão sempre indispensáveis. Até as paráfrases serão úteis, mas todo cuidado é pouco, já que são quase uma interpretação. Se forem acessíveis, as versões hebraica e grega não poderão ser menosprezadas. Com seus léxicos e concordâncias, elas serão a última palavra.

Os três Evangelhos Mateus, Marcos e Lucas possuem uma estrutura muito semelhante. Eles trazem um resumo mais completo da história de Jesus. Por isso, são denominados de sinóticos. A comparação entre os três Evangelhos permite uma análise mais cuidadosa das diferenças. Ela contribui com informações adicionais que geralmente não são percebidas com a simples leitura.

2. As diferenças encontradas na questão anterior podem ser explicadas como a seguir: "TERRA IMPRODUTIVA" é porque não deu fruto; "É FORTE, DESTRUIU, MAS TAMBÉM FORTALECE" é o sol que queimou as plantas; "BASTANTE PRODUTIVA" é porque deu fruto a trinta e a sessenta por

---

66. Saphar, uma classe de homens eruditos, particularmente na Lei de Moisés, escribas, hábeis na leitura e escrita.

um; "INIMIGOS TERRESTRES" é porque foi pisada; "NÃO CONSEGUIU ENTRANHAR-SE NA TERRA" é porque não tinha raiz; "MUITO FÁCIL E RÁPIDO" é porque logo brotou; "O SOLO NÃO PERMITIU A ABSORÇÃO DA ÁGUA" é porque a terra não era profunda; "INIMIGOS CELESTES" são as aves do céu; "SEM ÁGUA, NÃO ROMPEU A CASCA" é porque não havia umidade; e "ENTRANHOU-SE NA TERRA" é porque germinou.

A parábola de Jesus conta a história de algumas sementes que representam a Palavra de Deus. Elas foram lançadas em quatro solos diferentes. A primeira parte caiu no solo duro e não germinou. Foi pisada pelos homens e animais e comida pelas aves. A segunda, até germinou, mas caiu entre pedras. Como não havia terra e umidade, não entranhou as suas raízes no solo e logo morreu. Portanto, não deu fruto. A terceira também nasceu, e concorria com os espinhos. Na luta pela água, oxigênio, sol e nutrientes, foi derrotada, e sufocada, não frutificou. A quarta germinou e entranhou suas raízes na terra. Como havia água, oxigênio, luz e nutrientes a contento, desenvolveu-se e cresceu. De longe era vistosa, cheia de frutos de boa qualidade.

Algo que chama atenção são as sementes da segunda parte e terceira. Elas nasceram, mas ficaram infrutíferas, e até alguma morreu. O intérprete descuidado ligaria a semente que nasceu e morreu à perda da salvação. Isso não é verdade. Alguém não pode aceitar a Cristo, receber o Espírito Santo, nascer e perder a salvação. Quando alguém nasce espiritualmente, é impossível morrer e perder o Espírito Santo.

A interpretação da parábola não exclui o contexto bíblico, como os discursos de Jesus que falam sobre o assunto. Se o intérprete não for diligente, porque se esqueceu do contexto bíblico, ficará confuso e desorientado. Até pensará que as sementes que nasceram, mas que não deram frutos, é o crente que foi lavado pelo sangue de Cristo e nasceu, mas era relapso e carnal ou perdeu a salvação. Não há aqui relação entre a germinação e o nascimento do cristão. Só quem dá fruto é que nasceu de novo e é filho de Deus. A semente que nasceu, mas foi queimada pelo sol e morreu, é o incrédulo que recebeu a Palavra e não foi transformado. Ou aquela que também nasceu, e sendo sufocada pelos espinhos, não deu frutos, é o ímpio que recebeu o Evangelho, mas não o guardou no coração. É o cristão de nome e de aparência, sem uma intimidade verdadeira com Cristo. Está na igreja, participa dos cultos, lê a Bíblia, ora, mas não frutifica. Quem nasce realmente do Espírito Santo desenvolve-se, cresce e não fica sem frutos.

É impossível nascer do próprio Deus e morrer, segundo as Escrituras. Há diversas óticas claras, visíveis, sem neblina ou nuvens. Algumas delas são muito simples e compreensíveis. Quem nasce do Espírito não perde a salvação. O apóstolo João, experiente pescador, é homem simples e objetivo. Sem rodeios e direto, ele registra as palavras de Jesus: "e de modo nenhum jogarei fora aqueles que vierem a mim" (João 6:37, NTLH).

É a vontade do Pai que ninguém se perca, mas viva eternamente. É Ele quem dá a salvação, a qual é uma condição adquirida no ato da fé. É inalterável porque é guardada por sete chaves que estão com Deus. Se a fé em Deus está em seu coração, e você a confessa com a sua boca, a vida eterna lhe é dada imediatamente. O contrato é assinado e selado com o Espírito de Deus. É uma condição tão segura que você jamais morrerá, e ninguém será capaz de arrancá-lo das mãos de Deus (João 10:28-29). Ele exerce todo controle no Céu e na terra e guarda-o com todo poder e soberania (Isaías 27:3).

O apóstolo Paulo era douto e instruído na lei, homem eloquente e persuasivo (Atos 22:3; 26:28). Disputava com filósofos epicureus e estoicos e também com doutores judeus (Atos 17:17-18). Ele tinha a arte das palavras. Embora não falasse simples, seus argumentos eram indiscutíveis e inatacáveis. Quando o nexo é compreendido, tudo fica claro, e o intérprete dobra-se perante a Palavra revelada. Paulo construiu a lógica da salvação a partir da doutrina do Espírito Santo. Quem verdadeiramente nasce de novo tem o Espírito e nunca mais viverá sozinho. O seu corpo é transformado na casa do Espírito de Deus. Essa casa não está mais à venda nem disponível para locação. A casa foi comprada e muito bem paga. Quem a comprou foi o próprio Deus com escritura e registro no cartório dos Céus. As chaves estão na sua posse, e não há meios de expulsá-lo. Agora que a casa foi comprada e o Espírito habita nela, a salvação está garantida. Não haverá mudança de dono, porém sucederá uma grande reforma. Ainda com o Espírito dentro de casa e coordenando tudo, a base permanecerá intacta, e tudo mais será transformado. Ele não poderá ser despejado porque é dono legítimo, todo poder é dele e para Ele.

O apóstolo Paulo disse que o Espírito Santo é a garantia da nova vida, da transformação e da ressurreição. Como um penhor, ele antecipa e substitui provisoriamente a vida eterna. Assim, a salvação é imediata, aqui e agora, porque ela é certa e não falhará. A ressurreição e a redenção do corpo são futuras, prometidas por quem não mente e não se engana. Ninguém se engane, quem foi encontrado por Deus e vive com Ele, esse jamais se perderá. A salvação está garantida, é só aguardar Cristo voltar para o levar. Aquele que é salvo não morrerá, mas se não der frutos é fraude, intromissão e ele não é verdadeiro.

3. Jesus explicou a parábola, facilitando a compreensão. Leia Mateus 13:18-23, Marcos 4:14-20 e Lucas 8:11-15. O significado da alegoria usada por Jesus pode ser assim explicado: a Palavra de Deus é a semente, a que caiu no caminho entra por um ouvido e sai pelo outro, ouve, mas não pensa nem medita; as aves do céu são satanás e também os demônios; os animais que pisam é a ação direta do homem, como os amigos e parentes, eles agem para que os ouvintes não sigam o Caminho; a que caiu entre pedras recebe a Palavra com alegria, mas dura pouco, também não suporta a perseguição, é pura emoção, as pedras são as tentações; a que caiu entre os espinhos até entende, mas os prazeres do mundo falam mais alto, os espinhos são os prazeres; a que caiu em boa terra crê verdadeiramente, nasce espiritualmente e frutifica.

Não há dúvidas de que a semente é selecionada e de qualidade. Ela é incorruptível e viva (1 Pedro 1:23). Se encontra um solo bom e fértil, é certo que dará muitos frutos e encherá o celeiro. A dificuldade na germinação, crescimento e frutificação é por conta da má qualidade do solo, que é o coração do ser humano.

Há corações de todo tipo, duros e resistentes, macios e complacentes. Outros, medrosos, inseguros, teimosos e até amargos. Porém, existem os simpáticos, amorosos e persistentes. Uns corações desprezam a Palavra, são incrédulos e muito distraídos. Logo dizem que é mentira, é obra de homens, é fábula e meio de engano. É o ópio do povo, fraude e caminho para o enriquecimento ilícito. Outros não suportam as tentações e perseguições. Se o desemprego bate à porta e a doença não pede licença, questionam o amor e a bondade de Deus. Ao ver homens maus e bem de vida, perguntam logo onde estão a justiça e a ira divina. Não aceitam a pobreza, as dificuldades e os infortúnios da vida. Outros são envolvidos e consumidos pela ambição, avareza, o amor ao dinheiro e os prazeres do mundo. Entre a vida eterna, que não veem e não tocam, e a vida terrena, que é palpável, preferem a diversão, alegria e os deleites do mundo, ainda que sejam passageiros.

Quando a Palavra é superficial e não penetra no coração, é mirada e atacada, pois está desprotegida dos seus potenciais predadores. Seres espirituais do mal olham, elaboram seu plano, apontam sua arma e não perdem tempo, logo assaltam. A sua ação é planejada e proposital. Existem algumas dezenas de aves que não voam dentre as milhares de espécies voadoras. As aves que voam contrastam com os animais da terra. Elas são do céu e indicam as hostes espirituais da maldade nos lugares celestiais (Efésios 6:12). Quanto aos animais, eles pisam a semente e não sabem. Entretanto, como são maus, agem espontânea e naturalmente. Eles são os amigos e aqueles que estão dentro de casa. Em vez de elogiarem quem recebe a Palavra, desestimulam, perseguem com palavras odiosas, criticam e até proíbem o louvor a Deus.

Se o coração é duro, ou mesmo cheio de pedras, a água viva evapora. O homem do campo geralmente diz que a chuva foi boa quando cava o solo e vê que a umidade atingiu camadas mais profundas da terra. Só assim o solo e o coração suportarão longos tempos de estiagem. Como é o seu coração? O seu coração está úmido de fé ou seco de esperança?

4. A semente é de ótima qualidade, mas a terra não era boa. Ela não era ideal para plantar e frutificar. Como você já leu a parábola e a sua explicação, agora verifique adiante alguns possíveis significados das características dos solos: a terra arada, limpa e adubada é aquele que crê, obedece, vence a provação e rejeita as ofertas do mundo (Efésios 1:13); a terra muito dura é aquele que não aceita a Palavra porque lhe parece loucura (1 Coríntios 2:14); a terra com espinhos é aquele que aceita a Palavra, mas não nega os prazeres do mundo (Mateus 19:22); a terra com pedras é aquele que aceita, mas logo abandona a fé (João 6:60,66); a terra que tem umidade é aquele que demonstra a fé que salva (Romanos 10:9).

A melhor definição de fé encontra-se em Hebreus 11:1. Toda certeza se forma no interior humano, mas há aquelas que se constroem a partir de uma prova física e externa. No caso da fé, tanto a certeza como a prova estão dentro do homem. A prova da fé não é palpável nem está do lado de fora do próprio espírito.

No dia da ressurreição, Jesus juntou-se aos seus discípulos, que, com medo dos judeus, reuniam-se a portas trancadas. Ele mostrou-lhes as cicatrizes nas mãos e no seu lado (João 20:19-24). Entretanto, Tomé não se encontrava. Sendo-lhe dito essas coisas, expressou a sua incredulidade da seguinte forma: "Se eu não vir o sinal dos cravos em suas mãos, e não puser o dedo no lugar dos cravos, e não puser a minha mão no seu lado, de maneira nenhuma o crerei" (João 20:25, ARC). Oito dias mais tarde, apresentou-se Jesus no meio dos seus discípulos e disse a Tomé: "Põe aqui o teu dedo e vê as minhas mãos; chega a tua mão e põe-na no meu lado" (João 20:27, ARC). A certeza de Tomé acerca da ressurreição do Senhor Jesus teve como prova o corpo físico de Jesus. Ele o viu com os seus próprios olhos e tocou o seu corpo com as suas próprias mãos. A prova era externa. Quanto à fé, ela não se estabelece no espírito através do que se vê, toca ou sente. É um mistério. Por trás da fé está a lógica, a evidência, a coerência, mas a partir de uma percepção espiritual, e não exatamente de algo concreto e tangível.

Sem o discernimento espiritual, a lógica cristã é pura loucura, a evidência é fantasia e a coerência não existe (1 Coríntios 2:14-15). Mesmo sem ver ou tocar em Deus, a grandeza da criação leva à percepção espiritual de que existe um Deus, o ser Criador. Forma-se uma lógica, uma evidência e coerência de um ser inteligente, com a força e o poder de criação (Romanos 1:19-20). O homem não admite que objetos complexos, e até simples, como um relógio ou uma tesoura, sejam creditados ao acaso. E por que, então, opor-se à existência de Deus? Por trás da complexidade do universo está a Inteligência, a qual não pode ser negada.

Por outro lado, falar que crê é muito fácil. Muitos dizem crer na existência de um Deus, que a Bíblia é a sua Palavra, e o Céu é verdade, e que há vida eterna. Porém, abrir a boca é simples e não compromete ninguém. Após a multiplicação dos pães, os discípulos de Jesus adentraram o mar da Galileia em direção à terra de Genesaré. Alta madrugada, o Mestre apresentou-se diante deles andando por sobre as águas. Quando descobriram que não se tratava de um fantasma, mas que era o próprio Senhor, Pedro achou o máximo e logo disse-lhe: "Senhor, se és tu, manda-me ir ter contigo por cima das águas" (Mateus 14:28, ARC). Jesus, então, chamou-o. O discípulo intrépido, destemido e afoito, colocou seus pés nas águas como se estivesse em terra firme. Até andou. No entanto, ao sentir o vento, e cair em si, que embaixo dos seus pés era apenas água, estremeceu e sentiu calafrios. É provável que pensou: "O que foi que eu fiz? Que loucura é essa?" E começou a afundar. O apóstolo Pedro agia sem pensar, sempre à frente dos outros, era a primeira palavra e o primeiro lugar. Ele pensou como se ali fosse um parque de diversão, um Insano ou Arrepius do Beach Park em Fortaleza. Andar por sobre as águas seria pura adrenalina. Os jovens mais afoitos sempre gostam de aventuras, de desafiar a natureza e arriscar a própria vida. É o prazer insano através do perigo. A busca alucinada pelo prazer, e o prazer através de desafios, é hoje moda e vício. Não há sentido em sentar-se, ler a Bíblia, orar e cultuar a Deus. Isso é fora de moda, penoso e muito enfadonho. É que a mente está em ebulição e já presa e dependente do prazer pelas coisas do mundo. Até que o Evangelho é belo e interessante, mas não está à altura da diversão e do passatempo. Na realidade, o entretenimento está tão em voga hoje em dia que muitos fazem da vida religiosa um parque de diversão. Com cinema, teatro e shows, a Palavra, a oração e a verdadeira adoração são desprezadas.

A diversão de Pedro não deu certo, e começou a afundar. Não lhe restou alternativa, a não ser pedir socorro e gritar: "Senhor, salva-me" (Mateus 14:30, ARC). Falar é fácil, porém é na hora decisiva que se prova a fé. A segurança de Pedro não estava no Mestre. Mas se a iniciativa fosse de Jesus, chamando a Pedro e a quem quisesse arriscar? O final seria diferente? Não, com certeza não. A história seria construída de outra forma, mas chegaria ao mesmo lugar. É como se Jesus houvesse dito:

– Pedro, você gostaria de vir até mim andando sobre as águas? Tem plena certeza mesmo? Você tem fé e crê que não afundará e vencerá a natureza?

– Ah sim, Senhor, com toda certeza! A minha fé é enorme, grande demais. Eu tenho uma fé inabalável! Deus é tudo para mim, e eu sei que Ele me ajuda em tudo.

– Então venha cá.

Abrir a boca e dizer que tem fé é muito simples e descomplicado. Mas quem tem fé não faz propaganda, é humilde e comedido. Exageros geralmente não refletem a realidade. Assim, é perigoso não ser testado, vivendo de aparência e iludindo-se consigo mesmo. Jesus pensou e planejou não se juntar a eles e subir no barco, mas deixá-los a sós por um momento. Tudo foi programado a fim de testá-los. Ele poderia ir no barco ou mesmo acalmar a ventania antes de alcançá-los. A provação é importante, só ela determina e mensura a fé, indicando se está estagnada ou crescendo, e digna de elogios. Quanto ao aventureiro Pedro, a experiência foi diferente do que pensou, e, incrédulo, afundou. Por conta de sua incredulidade, recebeu uma advertência do Mestre: "Homem de pequena fé, por que duvidaste?" (Mateus 14:31, ARC). Que experiência edificante! O homem Pedro guardou tudo no coração e nunca mais a esqueceu. Ele depois aprendeu que a vida cristã não é diversão, ao contrário, é compromisso e missão.

Falar é fácil, mas viver a fé é outra coisa. As coisas espirituais, como Céu e inferno, os milagres do passado, o Pai, o Espírito Santo e Jesus, tudo é abstrato. Não dá para pegar, ouvir e ver. Contudo, a partir das profecias reveladas, havendo percepção espiritual, as histórias são coerentes, a teologia é totalmente lógica e Deus é mesmo presente. Já a quem é cético, prova nenhuma é válida, tudo é um combinado de incertezas e falcatruas.

A fé que salva é como a umidade, ela rompe a semente e deixa a vida nascer, desenvolver-se e crescer. E quando se fortalece e expande-se, os frutos são incontáveis, a fim de exaltar e glorificar o Reino dos Céus. Quem crê em Jesus Cristo como Salvador e Senhor vê o invisível e ouve o inaudível. A prova da vida eterna penetra a sua mente. E a paz, o seu coração. A fé é tão verdadeira e a certeza tão concreta que nem os leões a destroem nem o fogo a consome. Muitos "experimentaram escárnios e açoites, e até cadeias e prisões. Foram apedrejados, serrados, tentados, mortos a fio de espada;[...] desamparados, aflitos e maltratados, errantes pelos desertos, e montes, e pelas covas e cavernas da terra" (Hebreus 11:36-38, ARC). Contudo, a fé continuou viva e resistente. Os que confiam no Senhor permanecerão inabaláveis como o monte de Sião (Salmos 125:1).

5. Tudo o que existe na natureza chamamos de seres, que são as coisas que a compõem. Existem os seres vivos e os não vivos. O cervo, o cogumelo a joaninha, o girassol, o peixe e a árvore são seres vivos. As pedras e o automóvel são seres não vivos. A diferença básica e característica entre o ser vivo e o não vivo é que o ser vivo se reproduz. A característica da Palavra de Deus que é comum a Hebreus 4:12 e 1 Pedro 1:23 é ser viva.

A vida é um mistério. Já são milênios procurando uma definição que satisfaça a inteligência humana, mas não se encontra. A questão é que a ideia do que é vida foge entre os dedos da razão. Não há como amarrá-la e prendê-la no mundo visível e palpável. Ao dizer que Ele mesmo é o caminho, a verdade e a vida, Jesus até introduziu alguns conceitos, embora ainda complexos e insondáveis (João 14:6). O caminho é o sacrifício do Cordeiro de Deus, que tira o pecado do mundo e leva aos Céus. É único, certo, exato e garantido, mas não é uma fórmula matemática. Sem a cruz de Cristo, ninguém caminha ao encontro do Pai. A gente entende, crê, e não explica. E por isso é loucura para os que se perdem. Ele é a verdade, já que tem a resposta para toda e qualquer pergunta. E não adianta contestar, pois o entendimento de Deus é perfeito e absoluto. Como um copo não contém um barril, já que logo transborda, assim é o homem, pequeno demais para encher-se da ciência de Deus. Jesus é também a própria vida, a imortalidade e a eternidade.

A fórmula da Coca-Cola está muito bem guardada dentro de um imenso cofre de aço na cidade de Atlanta, Estados Unidos. O museu é conhecido como o Mundo da Coca-Cola cuja temática é a história da marca. Com seguranças e muitas câmeras, nenhum intruso ousa entrar e se apoderar do maior mistério da terra. A sua fórmula é um grande enigma, e ninguém consegue imitá-la. Qualquer tentativa de reprodução é pura falsificação. E se for denunciada, porque foi ardilosamente replicada, haverá digna recompensa.

Assim é a vida que vem de Deus, o grande mistério que ninguém consegue reproduzir. A sua fórmula é um segredo da eternidade, perseguida por filósofos, poetas, biólogos, químicos e teólogos. E está muito bem guardada no jardim do Éden, longe do homem ludibriador e mortal. Todos querendo explicá-la e reproduzi-la, mas tudo não passa de uma tímida imitação. Nem uma pétala de uma rosa criada em laboratório é tão bela e perfeita quanto a que Deus criou. Por mais que se tente, ainda que milhares de anos se passem, o homem jamais saberá o segredo da vida. Quem sabe no Céu, ou então adentrando o Éden, a fim de colher o seu fruto e matar a curiosidade. Porém, quem se arriscaria a invadir aquele jardim, entrar pelo portão ou pelo muro, driblando os querubins e uma espada inflamada (Gênesis 3:24)?

A vida é um segredo de Deus. Não perca tempo nem esforços, Jesus nasceu de uma virgem e ressuscitou ao terceiro dia. Ele provou que tem o segredo do grande mistério da vida, o qual incomoda a humanidade. Por isso, Ele disse: "E dou-lhes a vida eterna, e nunca hão de perecer" (João 10:28, ARC).

Apesar das controvérsias em torno de suas propriedades, pode-se falar que é próprio do ser vivo a reprodução. Se alguém se sentar embaixo de uma palmeira, e contemplar a vida, descobrirá que ela é bela e fascinante. Olhará uma plantinha crescendo, movendo-se e se agigantando. Apreciará um botão que se abre e transforma-se em uma rosa. Vibrará com um cavalo que corre, reclama e empaca. Ouvirá e se encantará com um pássaro que voa e canta melodias de louvor. Será como uma criança que salta e dá gargalhadas, cresce e se torna um adulto. Entretanto, como qualificar uma semente que cresce como árvore e uma célula-ovo que se transforma em gente? Que mistério é a reprodução e como é magnífica!

A Palavra de Deus é uma semente, e assim acontece. Vem a fé e rompe o seu invólucro. Então ela enraíza no coração e absorve os seus bons nutrientes. Cresce, desenvolve-se e dá muitos frutos: "amor, alegria, paz, paciência, amabilidade, bondade, fidelidade, mansidão e domínio próprio" (Gálatas 5:22, NVI). E com os frutos, outras sementes vêm, cumprindo o ciclo de novas vidas. Assim como o primeiro homem, Adão, que carregava dentro de si a semente humana, é Cristo, o segundo homem. Jesus possuía no seu interior a semente espiritual. Adão gerou dezenas de bilhões de seres humanos, a Palavra, que é Cristo, gerou milhões de seres espirituais (1 Coríntios 15:45-47).

A Palavra de Deus é viva. Como a semente, é revestida de preto, branco ou é mesmo colorida e tem o seu próprio DNA. Lá dentro, não é apenas tinta e papel ou simplesmente códigos linguísticos. Ela é muito mais do que coisas inanimadas, estáticas e mortas. Ao invés disso, é vida e é dinâmica, alonga suas raízes e entranha-se no coração, engrossa o caule, fortifica-se, multiplica as suas folhas e cura o corpo, a alma e o espírito. Na estação própria, produz muitos frutos e outras sementes. Os frutos alimentam o espírito, e as sementes geram novas vidas. Ela penetra o mais profundo do ser, até o ponto de separação entre alma e espírito, juntas e medulas. Como a voz de Cristo, ela revela segredos, incomoda, pronuncia juízo, perdoa, derruba, levanta, santifica e ilumina, salva, dá vida e ressuscita, mata e lança no inferno. É como o fogo que consome e o martelo que esmiúça a pedra (Jeremias 23:29). Quem a suportará? Por isso, muitos tapam os ouvidos e fecham os olhos e não querem dar glória ao Deus Todo-Poderoso. Acreditam que se livrarão da sua voz que troveja e é cheia de majestade, que separa as labaredas de fogo e faz tremer o deserto. Deus abençoará com paz aqueles que ouvirem e obedecerem a sua voz (Salmos 24).

6. João, Ricardo e José semearam 1 saca de milho, 2 sacas de milho e 3 sacas de milho, respectivamente. Quantas sacas colheram os três fazendeiros juntos, se a produtividade de Ricardo foi 4 vezes mais do que a de José, e a produtividade de José foi 2 vezes menos do que a de João, sabendo-se que João colheu 100 sacas de milho? Se João com 1 saca produziu 100 sacas, logo José com uma saca produziu 50 sacas – duas vezes menos do que a produtividade de João refere-se a uma divisão por dois (100/2 = 50). Como José semeou 3 sacas, e cada saca rendeu outras 50, logo o total que José alcançou foi 150 sacas (3X50 = 150). Ricardo, por outro lado, com 1 saca produziu 200 sacas – quatro vezes mais do que a produtividade de José refere-se a uma multiplicação por quatro (4X50 = 200). Como Ricardo semeou 2 sacas, e cada saca rendeu 200, logo o total que Ricardo alcançou foi 400 sacas (2X200 = 400). João + Ricardo + José = 100 + 150 + 400 = 650 sacas de milho. Quanto à parábola de Jesus, cada saca de trigo rendeu da seguinte forma: a primeira rendeu 30 sacas, a segunda rendeu 60 sacas e a terceira rendeu 100 sacas. Logo, o total alcançado pelo semeador da parábola foi 190 sacas de trigo (30+60+100 = 190).

Nas terras palestinas, quando muito se colhia, a produtividade era sessenta medidas para cada medida semeada[67]. Entretanto, cem medidas era um caso possível e extraordinário. Há uma ocorrência bíblica, ainda que em tempos remotos e na época dos patriarcas, que alcançou essa façanha. Isaque habitou nas terras dos filisteus, em Gerar, "fez plantações ali e colheu cem vezes mais do que semeou" (Gênesis 26:12, NTLH). A produtividade foi extraordinária, sendo atribuída às bênçãos do Senhor. Isaque então cresceu e foi engrandecido nas terras que seriam dos seus descendentes.

A referência de Jesus a três índices de produtividade é porque existem muitos solos bons com qualidades diferentes. Deus não exige que se produza além da capacidade. Uns são mais férteis, outros menos.

---

67. MATTHEW 13:8, COMMENT. **Bible Hub**: search, read, study the Bible in many languages, [on-line, s.d.]. Disponível em: <https://biblehub.com/matthew/13-8.htm#commentary>. Acesso em: 24 jan. 2022.

Contudo, todos são bons e produtivos de acordo com o seu potencial e competência. Os três exemplos de Jesus podem representar o bom, o ótimo ou muito bom, e o extraordinário. Entretanto, as probabilidades são inúmeras. Se multiplicar uma medida para duas, pode parecer que é pouco, mas não é. Deus aceita e recompensa. O que não pode é perder o que plantou ou colher exatamente o que semeou. É preciso multiplicar sempre aquilo que recebeu.

Ao longo da história bíblica, muitos solos receberam a Palavra de Deus. Uns foram duros e infrutíferos, resistente à Palavra, como Janes e Jambres (2 Timóteo 3:8). Outros, extremamente produtivos, como Enoque (Hebreus 11:5). Mentes brilhantes e produtivas são procuradas por empresas estrangeiras. São elas potenciais cientistas, os quais são atraídos através de ofertas tentadoras, como estrutura de trabalho, salário e condição de vida. Assim, muitos alçam voo e partem para uma nova experiência e um novo mundo. No Reino de Deus, também é assim. Enoque era um jovem de trezentos e sessenta e cinco anos, uma vida brilhante e pura, com um coração macio e cheio de amor e misericórdia. Como andava com Deus, absorveu o seu caráter. Ele produziu tantos bons frutos que Deus o chamou e o tomou para si. Com produtividade alta, o Reino dos Céus o atraiu antes de completar os seus dias aqui na terra. Lá, Enoque seria mais útil, a estrutura do trabalho ainda melhor, e as condições de vida incomparáveis.

Há muitos como o justo Enoque, a exemplo de Elias. Sua produtividade também foi extraordinária. Ele recebeu a Palavra de Deus e produziu muita coragem e força, determinação, justiça, fidelidade e zelo pelo Senhor, obediência e santidade (1 Reis 17-19). Então, o Senhor o atraiu e deu-lhe uma função no seu Reino dos Céus. Lá nos Céus há vagas para servos piedosos, dedicados e honestos que amam a Deus e lhe obedecem. Eles são raros e passam por um funil rigoroso. O Senhor não perdeu tempo e logo enviou um carro de fogo, com cavalos de fogo, com motorista e comitiva para levá-lo depressa. E em um redemoinho, Elias desapareceu (2 Reis 2:11).

Enoque e Elias produziram além da conta, e outros, aparentemente, muito pouco. É o caso do malfeitor da cruz. Ali com mãos e pés presos, sem poder sair da cruz, fazer os caminhos de Jesus e pregar o Evangelho. Mas engana-se quem pensa que nada fez. A sua boca não estava presa, nem seus pensamentos roubados. Com poucas palavras testemunhou o que um sincero arrependimento pode fazer (Lucas 23:40-42). Há muitos evangelistas famosos, homens de Deus, como Moody e Billy Graham, mas nenhum deles foi como o malfeitor sem nome. Com apenas uma frase evangelizou milhões e milhões ao longo da história do cristianismo. Quem multiplica sementes, saiba que o vento as leva além do tempo e da imaginação.

6. A PARÁBOLA DO GRÃO DE MOSTARDA (Lucas 13:18-19, NVI)

18 Então Jesus perguntou: "Com que se parece o Reino de Deus? Com que o compararei? 19 É como um grão de mostarda que um homem semeou em sua horta. Ele cresceu e se tornou uma árvore, e as aves do céu fizeram ninhos em seus ramos".

CURIOSIDADES

A mostarda era uma planta cultivada no campo e também nas hortas. Dentre as três espécies existentes na Palestina, Jesus provavelmente citou a mostarda preta[68]. Ela era usada como condimento[69] e produzia uma semente muito pequena. De acordo com Jesus, era a menor das sementes cultivadas na região. Entretanto, isso pode referir-se a um ditado popular entre os orientais e não a valores absolutos[70]. Se comparada às ervas da época e às plantas de um jardim, transformava-se em uma árvore. Há relatos em países orientais de que era alta a ponto de alguém subir em seu tronco ou mesmo cavalgar por debaixo de seus galhos[71]. A sua altura chegava a três metros, talvez por conta do solo e clima favoráveis. Através do contraste entre a pequeneza da semente e a grandeza da planta, Jesus mostrou o que acontece ao Reino de Deus: uma origem modesta, mas com final magnificente e grandioso (Mateus 16:18; Apocalipse 19:6).

1. Os judeus estavam familiarizados com a linguagem e artifícios literários do Antigo Testamento. O uso de comparações, a exemplo das parábolas, não foi uma inovação da parte de Jesus. Elas também são encontradas na voz dos profetas antigos. Leia os textos proféticos abaixo e marque a alternativa cujo texto assemelha-se ao da parábola do grão de mostarda. Justifique.

---

68. THE LIFE od Jesus in harmony single. **Bible History**. [on-line, s.d.]. Disponível em: <[on-line, s.d.]. Disponível em: <https://biblehub.com/commentaries/matthew/13-32.htm>. Acesso em: 30 jan. 2022.
69. DAVIS, J. D. **Dicionário da Bíblia**. 14. ed. Rio de Janeiro: Editora Juerp, 1987, p. 406.
70. MATTHEW 13:32, COMMENTARIES. **Bible Hub**: search, read, study the Bible in many languages, [on-line, s.d.]. Disponível em: <https://biblehub.com/commentaries/matthew/13-32.htm>. Acesso em: 24 jan. 2022.
71. LUKE 13:19. **Bible Hub**: search, read, study the Bible in many languages, [on-line, s.d.]. Disponível em: <https://biblehub.com/commentaries/luke/13-19.htm>. Acesso em: 24 jan. 2022.

a) Levítico 26:4
b) Daniel 4:20-22
c) Salmos 1:3
d) 1 Reis 14:23
e) Ezequiel 24:3-5

2. A parábola afirma que o Reino de Deus é comparado a uma semente de mostarda que cresce e se destaca dentre as hortaliças. Assinale a alternativa incorreta:

a) O Reino que foi plantado por Deus é a igreja de Jesus, que nasceu de forma bem humilde e discreta;
b) A semente que cresceu e ficou alta representa o domínio político da igreja de Jesus, que se estendeu ao mundo inteiro;
c) Os pássaros que se abrigam nos galhos da árvore representam os povos, que são abençoados e beneficiados pelo domínio da igreja de Jesus;
d) A árvore que cresceu e esparramou os seus galhos com suas folhas, flores e os seus frutos representa a expansão visível da igreja de Jesus.

3. Observe as figuras abaixo e as associe aos itens corretos da questão anterior:

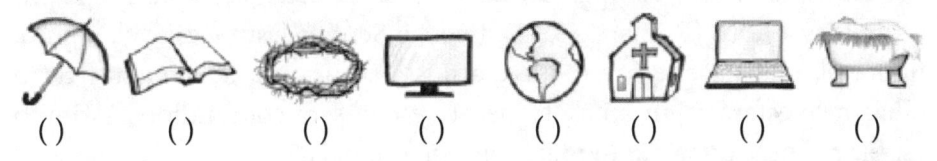

( )   ( )   ( )   ( )   ( )   ( )   ( )   ( )

4. Leia Ezequiel 31:3-6. Os assírios foram um povo grandioso na terra. Escolha o versículo que melhor retrata o domínio do reino da Assíria sobre os povos ao seu redor, dando-lhes proteção, prosperidade e paz debaixo do seu governo:

a) 3   b) 4   c) 5   d) 6

5. Agora que você já interpretou a parábola, crie um desenho que apresente a sua interpretação. O valor da sua criação não estará na qualidade artística, como beleza, equilíbrio e combinação perfeita dos traços e cores. O que importará é se você conseguiu passar a mensagem da história contada por Jesus e se há harmonia entre a representação e o seu significado.

A PARÁBOLA DO GRÃO DE MOSTARDA (Lucas 13:18-19, NVI)

1. *"A árvore que viste, que cresceu, e se fez forte, cuja altura chegava até ao céu, e que foi vista por toda a terra; cujas folhas eram formosas, e o seu fruto abundante, e em que para todos havia sustento, debaixo da qual moravam os animais do campo, e em cujos ramos habitavam as aves do céu; és tu, ó rei, que cresceste, e te fizeste forte; a tua grandeza cresceu, e chegou até ao céu, e o teu domínio até à extremidade da terra" (Daniel 4:20-22). Os judeus estavam familiarizados com a linguagem e artifícios literários do Antigo Testamento. O uso de comparações, a exemplo das parábolas, não foi uma inovação da parte de Jesus. Elas também são encontradas na voz dos profetas antigos. O sonho do rei Nabucodonosor acima é o que mais se assemelha à parábola da mostarda por tratar-se de uma comparação com histórias e metáforas bem parecidas.*

As metáforas são próprias da linguagem teológica e são muito usadas nos escritos da língua hebraica. Particularmente, elas são frequentes nos sonhos, visões e parábolas e ampliam as informações e as fixam na mente. Por exemplo, ao ser comparado à rocha, as características da rocha são atribuídas a Jesus (Romanos 9:33). Logo, o Senhor Jesus é estável, seguro, imutável, inabalável e firme. Ele é a nossa segurança. Se alguém fixar o olhar nele estará seguro, não tropeçará e não será confundido. Assim, o escritor falou e disse muito mais com uma só palavra.

É natural que o intérprete divague nos pensamentos, mas ele não está livre. A interpretação deve enquadrar-se nos ensinamentos das Escrituras. Por conta das metáforas, muitos acham que toda interpretação está correta ou que tudo está errado. Porém, a interpretação da metáfora está presa à própria Bíblia. Há uma lógica que não pode ser desobedecida, e é tudo muito bem amarrado.

As ideias e declarações mais simples, objetivas e explícitas não podem ser desprezadas ou anuladas. Ao contrário, elas devem ser o ponto de partida de qualquer interpretação e não a cauda. Jesus, ao ser interrogado por Pilatos, disse que o seu Reino não era deste mundo (João 18:36). Essa declaração simples e clara de Jesus tem sido muito desprezada e até anulada pelos intérpretes.

Outro exemplo é o caso de Céu e inferno. O Céu é um lugar acima dos olhos, em direção ao cosmos, onde moram as estrelas. Do lado oposto, está o inferno, embaixo dos pés, nas profundezas da terra, onde tudo borbulha. Contudo, nada disso reflete a realidade. Céu e inferno são verdades transcendentais que precisam ser materializadas a fim de serem apreendidas pelos sentidos humanos. Há necessidade de representar aquilo que não pode ser investigado, visto, tocado e compreendida a sua essência. Céu e inferno de fato existem, mas são realidades intangíveis e imateriais.

Efetivamente, as metáforas apresentadas, ainda que não digam exatamente a realidade das coisas, conseguem instigar a mente, multiplicando as ideias através de analogias. Através das metáforas, a realidade espiritual e transcendente ganha forma e corpo. Assim, o Céu é onde reina a luz, é onde o conhecimento é pleno e absoluto, inacessível e infinito. É de lá que o Senhor Deus olha a terra, trata a impiedade e abençoa os justos. Já o inferno é sinônimo de profundezas e trevas, e de fogo, terror e sofrimento, onde a morte estabeleceu o seu reino.

Através de metáforas, Deus revelou os seus segredos aos homens. Eles eram transmitidos através de sonhos e visões. Os sonhos de José e Nabucodonosor não foram uma simples atividade cerebral, mas o recado do Senhor Deus. Profetas como Moisés, Isaías, Daniel e João conheceram a mente de Deus através de visões. No início dos seus escritos, logo é dito que se tratava da Palavra do Senhor. A origem era divina, com certeza. Não era a opinião ou criação do próprio profeta, mas a revelação do Espírito de Deus. O sonho de Nabucodonosor harmoniza-se com a parábola da mostarda. As metáforas são similares. Até compreensível, já que as Escrituras são inspiradas pelo Espírito Santo e não são produção meramente humana (2 Pedro 1:21). O estilo literário é do próprio escritor, mas a mensagem é revelação divina.

Hoje em dia, há uma praga de falsos profetas. Eles procuram iludir a igreja de Jesus com falsas revelações, querendo mostrar uma espiritualidade que não têm. Alguém, diante de uma multidão, relatou a visão que teve de satanás. Então, disse que viu satanás com um par de chifres enormes, o qual lhe ofereceu poder, riqueza e fama. Ao final, soltou fumaça pelas narinas. Usou de emoção e comoção e, aos gritos, era ovacionado. A descrição da visão não se harmoniza com as revelações bíblicas. Portanto, é uma farsa. Essa representação de satanás não é bíblica, mas provavelmente vem da mitologia pagã. Aliás, fumaça do nariz e fogo da boca é uma representação da ira de Deus e não de satanás (Salmos 18:8).

As visões de Gênesis a Apocalipse harmonizam-se entre si, pois têm a origem na revelação do Espírito de Deus. Se Deus, por acaso, achar de dar visões a alguém, seguirá o mesmo estilo bíblico e usará representações similares. A revelação bíblica reforça essa ideia. O que se passou naquela noite foi um embuste e um atentado à santidade de Deus.

O sonho de Nabucodonosor e a parábola da mostarda são classificados como alegorias, figuras de linguagem que usam analogias atraentes a fim de captar a atenção do ouvinte[72]. Eles possuem uma estrutura e metáforas bastante semelhantes. As ideias principais são uma árvore que cresceu e abrigou aves e animais, protegendo-os e sustentando-os. A diferença fundamental está na interpretação da árvore. Com relação ao sonho, ela é o rei ou o próprio reino de Nabucodonosor. Já na parábola, a árvore é o Reino de nosso Senhor Jesus Cristo. As interpretações são diferentes, mas elas são de mesma natureza. A partir desse exemplo, a relevância de fazer comparação entre os textos correlatos é assinalada.

A interpretação não é livre, pois as metáforas estão ligadas e presas a outro lugar das Escrituras Sagradas. A Bíblia se explica pela própria Bíblia e é a fonte primária para o conhecimento dos mistérios de Deus. Qualquer aparente divergência, atribua-se à má interpretação e não a erros das Escrituras.

Outra importante informação é que as doutrinas do Novo Testamento são fundamentadas nas profecias do Antigo Testamento. A igreja primitiva, a princípio, lançou mão das revelações dos profetas antigos, sendo os apóstolos os seus intérpretes autorizados (Atos 2:42). Geoffrey Grogan[73] (1925-2011), cristão conservador britânico, falou de cátedra sobre o assunto e deixou a célebre frase[74]: "o Novo está no Antigo selado; o Antigo está no Novo revelado"[75]. Ou seja, Novo e Antigo Testamentos sempre andaram juntos e de mãos dadas. A verdade é que qualquer tese ventilada

---

72. PARABOLE. **Bible Hub**: search, read, study the Bible in many languages, [on-line, s.d.]. Disponível em: <https://biblehub.com/thayers/3850.htm>. Acesso em: 24 jan. 2022.
73. Catedrático, dedicou-se ao ensino acadêmico teológico entre Inglaterra e Escócia em renomadas Instituições. **GEOFF GROGAN MEMORIAL SITE**. Página inicial. Disponível em: <http://geoffgrogan.weebly.com/index.html>. Acesso em: 24 jan. 2022.
74. THE EXPERIENCE of salvation in the Old and New Testaments. **Biblical Studies**. [on-line, s.d.]. Disponível em: <[on-line, s.d.]. Disponível em: <https://biblehub.com/thayers/3850.htm>. Acesso em: 24 jan. 2022>. Acesso em: 30 jan. 2022.
75. "The New is in The Old concealed; The Old is in The New revealed."

nas páginas do Novo Testamento tem como base as Escrituras do primeiro tratado, outrora sem a devida compreensão. De Jesus ao apóstolo João, a argumentação é produto de uma lógica veterotestamentária, com centenas de citações.

2. A semente que cresceu e ficou alta não representa o domínio político da igreja verdadeira de Jesus, pois ela não deve exercer nenhum poder político, sob pena de incorrer em conflito de interesses.

A exclusividade no emprego de ações coercitivas da parte do Estado é uma das faces do poder politico[76]. Jesus era judeu, profeta e mestre. Cumpria rigorosamente a lei mosaica e era seu fiel defensor. Esteve com Deus no monte Horebe ou Sinai[77] e era o próprio Deus (João 8:58). Subscreveu a sua Lei e entregou-a a Moisés. Contudo, não usou de sua autoridade em questões terrenas. No meio de uma multidão, certo homem interrompeu Jesus e pediu-lhe a sua intervenção. Havia uma disputa de herança entre dois irmãos. A resposta de Jesus foi rápida, decisiva e esclarecedora: "Homem, quem me pôs a mim por juiz ou repartidor entre vós?" (Lucas 12:13-14, ARC). A lei mosaica disciplinava o direito de herança, mas Jesus absteve-se completamente da questão (Números 27:1-11; Deuteronômio 21:17). A função de Jesus não era intrometer-se em rivalidades terrenas. Havia juízes da terra, que eles resolvessem o litígio.

O coração de Jesus e as suas ações estavam voltados para a proclamação do Evangelho e a salvação do pecador. A sua missão não poderia ser desvirtuada e desfigurada. Era urgente anunciar a vida eterna. O próprio Jesus disse que a sua comida era realizar a obra de Deus: ceifar e juntar frutos para a vida eterna (João 4:34-36). Não havia tempo a perder. Ao Estado, competia mediar os conflitos da sociedade. À igreja, anunciar a vida eterna e avançar na evangelização do mundo.

Outra ocasião esclarecedora é o interrogatório de Jesus. Ele havia sido preso e estava diante do governador da província romana da Judeia, Pilatos. Ao ser perguntado se era o rei dos judeus, disse que o seu Reino não era deste mundo (João 18:36). Jesus era e é Deus, e é autoridade máxima tanto nos Céus como na terra. Tudo a Ele pertence e nada foge

---

76. RODRIGUES, Lucas de Oliveira. Poder político. Brasil Escola. Disponível em: https://brasilescola.uol.com.br/sociologia/poder-politico.htm.
77. EXODUS 3:1, COMMENTARIES. **Bible Hub:** search, read, study the Bible in many languages, [on-line, s.d.]. Disponível em: <https://biblehub.com/commentaries/exodus/3-1.htm>. Acesso em: 24 jan. 2022.

ao seu controle (Salmos 24:1). Então por que o seu Reino não é daqui? A administração de conflitos terrenos e o governo das nações foram transmitidos aos homens, mas não à sua igreja. Eles devem exercer o poder outorgado por Deus (Romanos 13:1). Agora, saibam que prestarão contas ao Senhor e Rei dos reis pela responsabilidade delegada. Ao longo da história, Deus levantou e abateu reis e derrubou reinos.

Como cidadão de Israel, Jesus submeteu-se às leis judaicas e ao governo romano. Ele foi exemplo de submissão às autoridades. Ensinou que o filho de Deus é estrangeiro na terra e está de passagem neste mundo. O Rei Jesus organizou a sua igreja e a constituiu embaixadora do Reino celeste. Os interesses do Reino de Cristo não são ouro e prata, administração de cidades, saúde e educação, causas trabalhistas, emprego e moradia. Tudo isso é importante, mas foi outorgado aos poderes constituídos pela autoridade dos Céus e não é objeto da igreja de Jesus.

A igreja não deve se envolver em conflitos de interesses. É competência da igreja de Jesus Cristo firmar-se na doutrina dos apóstolos, orar e entregar as autoridades a Deus, cultuar ao Senhor e expandir-se como Reino de Deus na terra. Como expressão de misericórdia e amor, deve fazer o bem e ajudar o próximo, particularmente os domésticos da fé (Gálatas 6:10).

O justo alivia a aflição e a necessidade do próximo por causa de sua empatia. A exemplo de Jesus, deve sentir a dor e a miséria do povo. Porém, as ações de caridade não podem anular a finalidade primária da igreja de Cristo, que é a cura da alma e do espírito, a proclamação do Evangelho do Reino. Ele não curou todas as enfermidades e saciou todos os famintos, apesar de ser onisciente, onipresente e onipotente. O Filho de Deus não desceu dos Céus para solucionar todos os problemas físicos do homem. Contudo, morreu para resolver todas as imperfeições espirituais e ensinou que o próximo é a oportunidade, a qual não deverá ser desperdiçada.

Jesus é o cabeça da igreja e exerce o seu domínio através do Espírito Santo. Ele está dentro de nós, governa e guia as nossas vidas até alcançarmos a glória dos Céus. Certa ocasião, perguntaram a Jesus se era lícito pagar tributo a César, tentando-o. O sábio Mestre logo respondeu: "Dai, pois, a César o que é de César e a Deus, o que é de Deus" (Mateus 22:21, ARC). Ao longo da história cristã, a declaração de Jesus foi a referência da separação entre Estado e igreja. São duas entidades constituídas por Deus, mas com propósitos diferentes (Mateus 16:18; Romanos 13:1).

A igreja verdadeira é constituída de pessoas regeneradas pelo Espírito Santo, tanto brancos como negros e pardos de todas as nações. Não há discriminação de classe social ou raça. O que é requerido dos homens é a santidade cujas diretrizes encontram-se nos princípios bíblicos. A igreja que se diz cristã e une-se ao Estado está claramente destinada ao fracasso. A história é a fiel testemunha da ruína da igreja que se contaminou com os reis da terra. Ela exerceu o domínio sobre povos e nações à semelhança dos poderes terrenos constituídos. Porém, não foi orientada e guiada pelo Espírito Santo e não é a igreja de Cristo, fiel e verdadeira. Na revelação de Jesus, ela se embriagou com o sangue dos santos e é chamada de a grande prostituta, pois se prostituiu com os reis da terra (Apocalipse 17:1-18).

A igreja cresceu e estendeu os seus galhos além das fronteiras da Palestina, da Ásia, da África e da Europa. A parábola de Jesus compara o crescimento da mostarda ao domínio que a igreja exerce sobre o mundo. O seu poder é espiritual e tem revolucionado as vidas de homens e mulheres de todas as raças. O seu domínio vai muito além da força física. De acordo com o texto sagrado, a igreja tem poder sobre demônios, serpentes, coisa mortífera e doenças (Marcos 16:17-18). Ela alcançaria os confins da terra (Mateus 24:14; Mateus 28:19-20).

Antes da fundação do mundo, o Pai decretou que todos os povos e nações seriam convocados à salvação (Salmos 67:2; Romanos 8:28). Antes de ascender aos Céus, no monte da Galileia, o Filho e Rei Jesus ordenou aos seus discípulos que fossem *martyres*[78] até os confins da terra (Atos 1:8). Não deveriam renunciar a fé nem ceder às pressões do mundo e das forças do Estado (Atos 5:28-29). Muitos seriam perseguidos e mortos por causa do nome de Jesus (Atos 7:59-60; 12:2; Apocalipse 6:9), mas importava antes anunciar a sua morte e ressurreição, ainda que isso custasse a própria vida. O Espírito Santo também ordenou que o Evangelho da salvação fosse anunciado a todas as línguas, povos e nações da terra.

O projeto da Trindade divina foi muito bem elaborado e executado. O Pai estabeleceu o dia e lugar certos. O Filho ordenou que os seus discípulos aguardassem a promessa do Pai, não se ausentando de Jerusalém (Lucas 24:49). No dia e hora exata, quando era a festa do Pentecostes, multidões

---

78. O termo grego martus significa aquele que viu, ouviu ou sabe, uma testemunha, e também aquele que prova através do seu exemplo, fé e violenta morte, um mártir, que o Evangelho de Cristo é a verdade. MARTUS. **Bible Hub**: search, read, study the Bible in many languages, [on-line, s.d.]. Disponível em: <https://biblehub.com/thayers/3144.htm>. Acesso em: 24 jan. 2022.

aglomeravam-se de todas línguas e nações. Então, o Espírito Santo falou pela boca dos apóstolos das maravilhas de Deus para as diferentes línguas da terra, ordenando que a igreja se espalhasse em todas as direções (Atos 2:4, 9-11). A voz do Espírito Santo determinou que a igreja não se calasse e falasse a todas as línguas, mesmo diante da perseguição do mundo. A igreja aos poucos entendeu a sua missão e encheu o planeta Terra da glória do Senhor Deus.

3. Outros objetos poderiam representar certos aspectos do Reino de Deus. As metáforas são interessantes porque estimulam a imaginação. A seguir, veja alguns exemplos: O Reino que foi plantado por Deus de forma bem humilde e discreta através da igreja de Jesus poderia ser representado por uma coroa de espinhos, uma igrejinha e uma manjedoura. Já os pássaros que se abrigam nos galhos de uma árvore poderiam representar todos os povos do mundo, os quais são abençoados e beneficiados pelo domínio da igreja de Jesus. Um guarda-chuva é semelhante à copa da árvore que dá abrigo e proteção aos pássaros. E, portanto, ambos seriam uma representação do refúgio para os povos do mundo. O globo terrestre deveria representar os povos do mundo. E a igrejinha, a própria igreja de Jesus. A árvore que cresceu e esparramou os seus galhos com suas folhas, flores e os seus frutos é uma representação ideal do crescimento externo e visível da igreja de Jesus. O crescimento da árvore estaria associado à expansão da igreja. A mensagem da Bíblia que tem sido levada às extremidades da terra através da mídia poderia ser representada pela Bíblia impressa, por uma TV e um computador. O globo terrestre traduziria a extensão do alcance do Evangelho de Jesus.

As doutrinas dos apóstolos são renovos das raízes dos profetas antigos. Por exemplo, é o profeta Daniel quem falou pela primeira vez do Reino dos Céus. Ele referiu-se ao Reino do Filho do Homem cujo domínio seria eterno e jamais destruído (Daniel 7:13-14). A expressão Reino dos Céus é própria do evangelista Mateus e aparece 30 vezes (Mateus 3:2). Já a expressão Reino de Deus é comum aos outros escritores (Lucas 10:11; Romanos 14:17). A expressão Reino de Cristo também é usada, embora pouquíssimas vezes (Efésios 5:5). Todas elas são a mesma coisa e representam o domínio exercido pela justiça divina.

Ao ser interrogado por Pilatos, Jesus afirmou que o seu Reino não era deste mundo. Entretanto, isso não quer dizer que Deus não exerça o controle do universo e das vidas humanas. A erva que seca, um pássaro que morre, algum vento que passa e uma peste que assola, qualquer coisa está debaixo do seu domínio e só acontece com sua autorização (Mateus 10:29-30). Tudo é Dele e depende da sua vontade e poder. Ao falar do Reino de Deus, o Senhor Jesus expressou o domínio da paz, do amor e da justiça (1 Coríntios 4:20). No Reino de Deus lá dos Céus, o pecado não habita e tudo é perfeito (1 Coríntios 15:50). A santidade de Deus e todas as virtudes espirituais constituem o Reino dos Céus. Apesar de estar na terra, Jesus era de cima (João 8:23). A igreja verdadeira está no mundo, mas é dos Céus.

O profeta João Batista, aquele que preparou o caminho do Mestre, dizia: "É chegado o Reino dos Céus" (Mateus 3:2). Portanto, o Reino dos Céus é revelado na presença de Cristo e do Espírito Santo. Ele é o domínio e a influência do Espírito de Deus nos corações dos filhos de Deus. Ele estava no meio do povo e está dentro de nós (Lucas 17:21).

O Rei Jesus viveu entre os homens, era humilde e simples, sem a ostentação dos reis da terra. A igreja, como o corpo de Cristo, é a representação do seu Reino neste mundo. Ela é a sombra do Reino de Deus que existe fora deste universo. Como o Reino de Deus não é caracterizado por ouro, esmeraldas e safiras, o Rei Jesus nasceu em um berço de palha e a sua coroa foi de espinhos. Os retratos da manjedoura e da cruz expressam a simplicidade e a discrição do seu governo. Não são as riquezas deste mundo que glorificam e engrandecem o Reino dos Céus, mas as virtudes espirituais. São elas que vestem de honra e glória todos os justos e fazem do Reino de Deus uma realidade invencível. Ouro, prata e pedras preciosas são perecíveis. A paz, a bondade, a justiça e o amor são bens imutáveis e eternos.

Deus prometeu que todas as famílias e povos da terra seriam abençoados em Cristo Jesus. É um projeto ousado, grandioso, ordenado e de proporções milenares. Anunciado no Éden, fê-lo conhecido ao patriarca Abraão. Deus o tirou do meio da idolatria e avisou que as nações da terra seriam abençoadas através de sua semente (Gênesis 12:3; 22:18).

A interpretação exata foi dada pelo apóstolo Paulo. Ele seguiu a mesma linha de visão do apóstolo João na ilha de Patmos. Ele viu homens de toda tribo, e língua, e povo, e nação na glória dos Céus, os quais foram comprados com o sangue do Cordeiro de Deus (Apocalipse

5:9). A semente de Abraão seria Cristo, Aquele que abençoaria todas as nações da terra. O plano de Deus era a proclamação do Evangelho a toda criatura (Gálatas 3:8-9). E aconteceu. Hoje, já estamos experimentando a conclusão do projeto de Deus. Com um amor incondicional, Cristo estendeu os seus braços e envolveu o mundo. Como os ventos que sopram de norte ao sul e de leste a oeste, o Evangelho de Jesus Cristo tem alcançado os quatro cantos do planeta Terra. Os povos têm sido abençoados pela igreja de Jesus.

Os princípios cristãos transformaram o mundo, sendo decisivos para o desenvolvimento da ciência, da ética, dos direitos humanos, das relações humanas, como a extinção da escravidão e da poligamia, que são apenas alguns exemplos. Porém, nada se compara à esperança que depositou nos corações de homens e mulheres ao longo da história da humanidade. E a esperança é a ressurreição e a vida eterna.

A ressurreição de Jesus explodiu a igreja primitiva e esparramou os seus ramos aos quatro pontos cardeais à semelhança da gigante amazônica Sumaúma, conhecida como a árvore da vida[79]. Ela é majestosa e remédio para os nativos da floresta desde as suas cascas, folhas e raízes e pode muito bem ilustrar a igreja de Cristo, a qual tem sido um instrumento de cura para as nações.

A vida eterna não é sonho nem fantasia, mas a esperança verdadeira dos que sofrem e aguardam a manifestação dos filhos de Deus, a redenção dos seus corpos. Por causa dos filhos de Deus, os ímpios são poupados e abençoados. Eles vivem à sombra dos justos, como fazem os pássaros e animais ao encontrar um Jequitibá-rosa, o rei da Mata Atlântica, que é uma árvore igualmente gigante e impressiona pelo seu porte e beleza. A sua altura pode até chegar aos 50 metros[80] e a sua copa é no formato de um guarda-chuva.

Toda a cidade de Nínive foi livre da destruição por causa dos ninivitas que se arrependeram. Os maus vivem à sombra dos justos. Apenas dez justos aplacam a ira de Deus (Jonas 3:4,10; Gênesis 18:23-33), disse o Senhor a Abraão. Com certeza, o mundo ainda subsiste em razão da presença da igreja de Jesus, guardiã dos valores cristãos. Com a apostasia

---

79. IGUI ECOLOGIA. Samaúma. **iGUi Worldwide**, [on-line], 16 ago. 2017. Disponível em: <https://www.iguiecologia.com/samauma/>. Acesso em: 24 jan. 2022.
80. JEQUITIBÁ ROSA. **GlobalTree**, [on-line, s.d.]. Disponível em: <https://www.globaltree.com.br/jequitiba-rosa.html>. Acesso em: 24 jan. 2022.

da igreja, a fé e o amor desaparecerão, a maldade será multiplicada (Mateus 24:12, Lucas 18:8), Cristo voltará e o universo entrará em colapso.

No sertão nordestino, a copa de uma árvore é a esperança de pássaros, bichos, gado e de gente também. Ao longe, os ramos espessos e sem falhas chamam a atenção de quem passa. As suas folhas, flores e os seus frutos são a esperança de descanso, alimento e cura. As cores vivas e fortes e a imponência da planta levam o hóspede a contemplar o seu desenvolvimento de longe. É assim o Reino de Deus, que começou em um berço de palha, entre bois e ovelhas. Através de um homem só, que não tinha parecer nem formosura, e era o mais indigno de todos os homens, a igreja floresceu e a sua copa cobriu o mundo (Isaías 53:2-3). A igreja irrompeu e expandiu-se através Daquele que se fez maldição por nós (Gálatas 3:13).

A parábola do grão de mostarda é a representação do progresso exterior da igreja de Jesus, algo bem visível logo no primeiro século. A expansão do Reino de Deus pode ser representada pelos povos citados em Atos 2:9-11: "Partos e medos, elamitas e os que habitam na Mesopotâmia, e Judeia e Capadócia, e Ponto, e Ásia, e Frígia, e Panfília, Egito e partes da Líbia, junto a Cirene, e forasteiros romanos". Todos ouviram falar do Evangelho do Reino. Nações do oriente e do ocidente, do norte e do sul dos continentes asiático, europeu e africano, todos ouviram o discurso do apóstolo Pedro (Atos 2:14-41), agregando-se quase três mil almas à igreja de nosso Senhor Jesus Cristo. Foram três anos regando e adubando a raiz, até que doze pequenas raízes transformaram-se em uma árvore frondosa, alimentando as nações (Efésios 2:20).

É a aparência externa da igreja de Jesus que impressiona e maravilha o mundo. O Evangelho tem alcançado lugares inóspitos e fechados para o cristianismo. Ele tem atravessado as frestas de janelas e portas de países que se trancaram para o mundo democrático. É através da distribuição de Bíblias, do uso da tecnologia, como rádio, televisão e internet, que a mensagem de esperança tem chegado aos povos. As igrejas cristãs reproduziram-se como as flores e os frutos da árvore, trazendo alegria para o mundo. Apesar de invernos e outonos rigorosos ao longo da história, as primaveras e os verões não deixaram morrer a esperança. Quem pode dizer que jamais ouviu e viu o Evangelho de Jesus? Aqui está a diferença básica entre a parábola do grão de mostarda e a parábola do fermento.

4. *"Todas as aves do céu se aninhavam nos seus ramos, e todos os animais do campo geravam debaixo dos seus ramos, e todas as grandes nações habitavam à sua sombra"* (Ezequiel 31:6). *Esse versículo é o melhor que retrata o domínio do reino da Assíria sobre os povos ao seu redor, dando-lhes proteção, prosperidade, descanso e paz debaixo do seu governo.*

A estrutura da parábola do profeta Ezequiel é similar ao sonho de Nabucodonosor e à parábola de Jesus. As principais figuras de linguagem são quase as mesmas: árvore que cresce, as aves e os animais que são protegidos por sua folhagem. A essência da interpretação é a expansão e o domínio de um reino. Assim como os impérios assírio e babilônico estenderam a sua força e poder às extremidades da terra, o Reino de Cristo avançaria através das nações.

A igreja e o seu Evangelho têm sido uma grande sombra, alimento e cura para todos os povos. Deus está presente no mundo através de sua igreja, corpo de Cristo e templo do Espírito Santo. O Espírito de Deus é coautor do texto sagrado, fornecendo-lhe coesão doutrinária e metafórica. É interessante como as figuras de linguagem do Apocalipse estão em harmonia com as que estão nos livros proféticos do Antigo Testamento. O Espírito Santo esteve à frente da elaboração da profecia bíblica a fim de organizar um enorme *puzzle*[81]. O desafio do intérprete é juntar as peças. E assim como no *puzzle*, unem-se as peças mais fáceis e em partes. E, quando as partes se vão encontrando e a imagem vai se formando, a alegria toma conta do intérprete.

Verdadeiramente, a Bíblia se explica pela própria Bíblia, o que nos leva a garimpar e comparar os textos correlatos. A interpretação do Novo Testamento, e não só de suas parábolas, não prescinde da comparação com o Antigo Testamento. A comparação dos textos entre si é a ferramenta mais simples, útil e disponível para todos os estudantes da Bíblia. Contudo, se quiser aprimorar os seus conhecimentos, outros instrumentos serão imprescindíveis, como o estudo do texto bíblico em suas línguas originais, a comparação de versões e traduções, a análise de paráfrases hebraicas do Antigo Testamento, a interpretação de cristãos piedosos dos primeiros séculos – os pais apostólicos –, a arqueologia e os conhecimentos geográfico e histórico das terras bíblicas.

---

81. Jogo que contém muitas peças pequenas de formatos desiguais, para serem ajustadas umas às outras e, assim, formar uma imagem coerente e perfeita; quebra-cabeça.

Os comentários bíblicos são muito importantes, até indispensáveis, úteis e ótimas fontes de pesquisa e comparação, mas devem ser usados com cautela. Eles não eliminam o estudo exaustivo da Bíblia através da própria Bíblia. Poderão abrir ou fechar os seus olhos, além do que não são infalíveis nem têm a palavra final. Sem sombra de dúvidas, o estudo da Bíblia é um grande desafio e uma experiência fascinante.

5. *Então você representou a parábola? A partir de sua interpretação da parábola, o desenho é livre, desde que não reproduza a parábola em si. O que deve ser representado é a sua interpretação. Os elementos da parábola, como a semente, a árvore, os ramos, os ninhos e os pássaros, são as metáforas que foram interpretadas e, portanto, não deverão ser incluídas na sua criação. Use a sua criatividade e fixe melhor a aprendizagem. Não importa a graça e a perfeição da sua arte, mas o significado da sua ilustração. Ela deve obrigatoriamente relacionar-se à interpretação da história criada por Jesus. Muitos exemplos poderiam ser dados, como o globo terrestre com uma cruz que o envolve, ilustrando a expansão do cristianismo em todo o mundo.*

7.
A PARÁBOLA DO FERMENTO
(Lucas 13:20-21, NAA)

20 Disse mais: – A que compararei o Reino de Deus? 21 É semelhante ao fermento que uma mulher pegou e misturou em três medidas de farinha, até ficar tudo levedado.

CURIOSIDADES

Hierógrafos e micro-organismos encontrados em antigos potes de cerâmica sugerem que o fermento foi descoberto pelos egípcios[82]. Eles estavam adormecidos há mais de 5.000 anos. A capacidade de permanecerem dormentes já era conhecida, pois são criaturas muito resistentes. Como o fermento estava associado à cultura da antiga civilização egípcia e à escravidão, ele deveria ser banido dos alimentos e das casas dos hebreus em certas ocasiões (Êxodo 23:18). A sua ausência representava a libertação dos hebreus e o banimento da cultura egípcia. Os pães asmos eram chamados, então, de o pão da aflição (Deuteronômio 16:3). A tradição dos rabinos[83] era muito rígida, e nenhum vestígio de fermento deveria ser encontrado nas casas nos dias da Páscoa. Havia um rigor com relação ao uso de utensílios que tiveram contato com fermento. Eles deveriam passar por um processo de purificação, e só, então, ser usados durante a festa. Os potes de barro que guardavam fermento deveriam ser novamente queimados no forno. Panelas deveriam ser fervidas em água. E prato e talheres, purificados com água quente. Já mesas, esfregadas com água quente ou cobertas com um pano mais encorpado. Alguns mergulhavam copos em água, trocando-a durante três dias consecutivos. Outra opção mais segura era guardar utensílios para uso exclusivo na Páscoa.

1. A fermentação produz minúsculas bolhas de gás carbônico no interior da massa, aumentando-a de tamanho. Por isso, Jesus comparou o Reino de Deus ao fermento. Qual é a figura que melhor representa essa comparação? Por quê?

---

82. KROEGER, A. The ancient Egyptian yeasts being used to bake modern bread. **BBC News**, [on-line], 7 ago. 2019. Disponível em: <https://www.bbc.com/news/world-us-canada-49262255>. Acesso em: 24 jan. 2022.
83. SCHECHTER, S.; GREENSTONE, J. H. Leaven. **Jewish Encyclopedia**, [on-line, s.d.]. Disponível em: <https://www.jewishencyclopedia.com/articles/9694-leaven>. Acesso em: 24 jan. 2022.

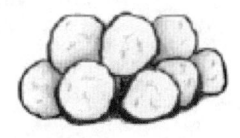

2. Escolha a alternativa correta com relação à parábola do fermento:

a) O foco de Jesus estava no exterior da massa por conta da crosta resistente que se formava;
b) O foco de Jesus estava no interior da massa, pois havia uma transformação interna, com a liberação de gás carbônico, fazendo-a crescer;
c) O foco de Jesus estava no crescimento exterior da massa, tendo em vista o tamanho da massa após a fermentação;
d) O foco de Jesus estava no interior da massa, já que a farinha assada adquiria um novo sabor;
e) O foco de Jesus estava no exterior da massa por conta de sua cor característica.

3. Leia novamente a parábola e observe que o fermento foi colocado em três medidas de farinha. O que representam as três medidas onde o fermento foi escondido? Cada medida está indicada nos textos a seguir. Indique-as:

1 Tessalonicenses 5:23 e Hebreus 4:12
   a) _____
   b) _____
   c) _____

4. Observe as figuras, analise a lógica e substitua as letras A e B por duas expressões da coluna à direita. Justifique.

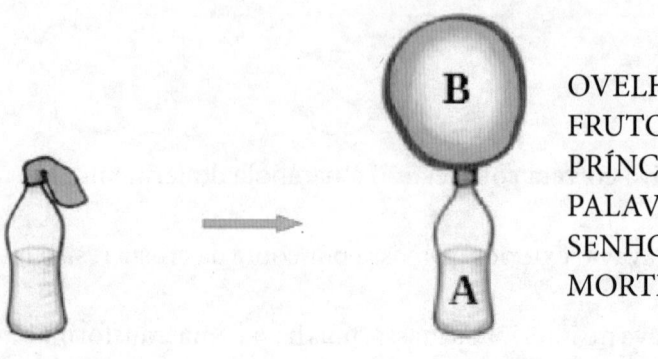

OVELHA PERDIDA
FRUTOS DE JUSTIÇA
PRÍNCIPE DA PAZ
PALAVRA DE DEUS
SENHOR DA VIDA
MORTE ETERNA

5. Suponha que você encontrou Lucas 13:21 com duas partes recortadas, exatamente onde se encontravam as palavras "ao fermento" e "levedado". Ao lado, existiam alguns recortes de papel com outras palavras. Sabendo-se que 5 deles se encaixariam perfeitamente no versículo, quais você escolheria para completá-lo?

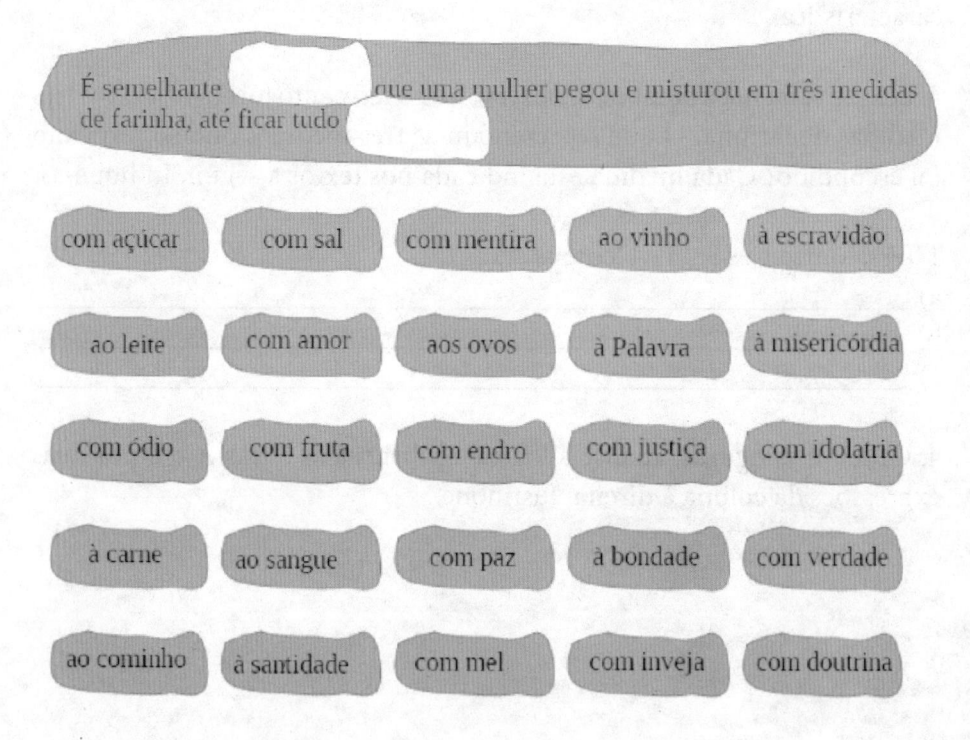

É semelhante _____ que uma mulher pegou e misturou em três medidas de farinha, até ficar tudo _____.

- com açúcar
- com sal
- com mentira
- ao vinho
- à escravidão
- ao leite
- com amor
- aos ovos
- à Palavra
- à misericórdia
- com ódio
- com fruta
- com endro
- com justiça
- com idolatria
- à carne
- ao sangue
- com paz
- à bondade
- com verdade
- ao cominho
- à santidade
- com mel
- com inveja
- com doutrina

A PARÁBOLA DO FERMENTO (Lucas 13:20-21, NAA)

1. A fermentação produz minúsculas bolhas de gás carbônico no interior da massa, aumentando-a de tamanho. Por isso, Jesus comparou o Reino de Deus ao fermento. O pão partido ao meio identifica melhor o processo de fermentação por conta dos orifícios da massa que estão visíveis.

Quem nunca se deliciou com um pedaço de pão? Ele é um alimento muito básico e a sua arte é milenar. E não requer muitos ingredientes. Apesar de sua simplicidade, já que não ostentava graça e beleza, sempre atraiu muitos admiradores e é, de fato, saboroso. Hoje, é coroado com muito brilho e cores, tornando-se irresistível. Mas, nos primórdios, não era assim.

A primeira referência bíblica encontra-se na narrativa do patriarca Abraão (Gênesis 18:1-6). Então, YHWH[84] é recepcionado por Abraão com um bocado de pão, o qual fora amassado por Sara a partir de três medidas de flor de farinha. Na realidade, além de YHWH, mais dois varões apareceram nos carvalhais de Manre. Assim, três[85] mensageiros celestiais eram os ilustres hóspedes. Haveria uma referência à Trindade divina? Ou seria apenas uma coincidência?

A revelação profética é como um quebra-cabeça cujas peças precisam ser encaixadas. Há muitos segredos e enigmas no texto sagrado à semelhança do que acontece com o próprio pão. No passado, o pão inchava e deslumbrava, mas ninguém penetrava a sua intimidade nem imaginava os seus mistérios. A não ser Jesus, o Filho de Deus, onisciente e onipotente, conhecedor de todos os mistérios da ciência. Hoje, com a ciência esbravejando, o que estava oculto e era selado veio à tona e manifestou a sua natureza aos homens.

O inchaço ainda acontece, e o pão transborda, mas não é exatamente o que Jesus imaginou nem aquilo que o conquistou. O

---

84. O Tetragrama YHWH é a transliteração do nome do Deus de Israel. Acrescentando as vogais, é conhecido como Yahweh. Na narrativa de Gênesis, é o Senhor quem fala com Abraão. E, também, é o mesmo que se revelou a Moisés (Êxodo 3).

85. As três medidas de farinha é para alinhar-se a três mensageiros celestiais? Haveria aqui uma referência à Trindade? A aparição súbita dos três varões pode ser uma teofania, ainda que Jesus tenha falado que ninguém jamais vira a Deus (João 1:18). De fato, a natureza divina, quer seja o Pai, ou o Filho, ou o Espírito Santo, nunca poderia ser captada pelos sentidos humanos. GENESIS 18:2, COMMENTARIES. **Bible Hub**: search, read, study the Bible in many languages, [on-line, s.d.]. Disponível em: <https://biblehub.com/commentaries/genesis/18-2.htm>. Acesso em: 24 jan. 2022.

crescimento da massa é apenas um detalhe que ficará em segundo plano. Quem leva a primazia e a atenção de Jesus é a fermentação. Quando se mistura o fermento à massa, a imagem desejada e que prevalecerá é o crescimento do pão. Porém, o que acontece lá dentro dele é o que mais interessa. Dão-lhe o nome de fermentação. Então ocorre a formação de bolhas de gás carbônico, que deixam simples orifícios e, portanto, inúmeras marcas. Esse processo químico não é mais segredo nem mistério. Com a ciência evoluindo, tudo fica esclarecido. São esses orifícios que deixam o pão com aquele jeito bem macio, agradam os mais exigentes admiradores e provam que houve uma mudança interna.

Essa mistura elástica de farinha com fermento adquire várias formas e agrada a todos os gostos. Quando bem preparada, logo intumesce, cresce e impressiona. Entretanto, o aumento do volume não é parte da comparação. Aqui é outra coisa, proporções e medidas não são levadas em conta. O volume não fascinou Jesus e não foi por Ele citado. Notadamente, a expansão da pasta de cereais misturada com fermento não é o foco da parábola.

O fermento biológico é composto de micro-organismos vivos, o que já chama atenção. Eles alimentam-se da glicose presente na farinha, reproduzem-se e multiplicam-se, produzindo o gás carbônico. É um processo químico bastante interessante, que é chamado de levedação. As bolhas de gás que se formam não conseguem escapar e deixam marcas no pão. Ao exercer pressão sobre a massa, expande-a uniformemente. Então a sua dilatação ocorre graças à transformação interna.

Na verdade, Jesus falou do processo de fermentação que ocorre em toda a massa. De todas as figuras, o pedaço de pão que revela muitos orifícios é o único que explica a razão de sua transformação. Eles ficam à mostra e denunciam a levedação e os motivos do crescimento da massa.

Você já sabe, então, que o fermento biológico é formado por micro-organismos vivos. Eles são chamados de leveduras. A característica mais notável e significativa da vida é a capacidade de produzir outra vida, de reproduzir-se. Igualmente às leveduras, a Palavra de Deus não está morta, ela é vida e, portanto, vive (Hebreus 4:12). Ela opera dentro do crente, multiplica-se e causa profunda transformação.

Na verdade, a Palavra revolucionou a vida dos discípulos de Jesus, à exceção de Judas e de todo aquele que era incrédulo. Apesar de verem com os próprios olhos as virtudes e os sinais do Mestre, os seus corações eram desidratados e insípidos. Outro exemplo é o apóstolo Paulo, que não conviveu com Jesus, mas teve acesso aos seus ensinos. Não demorou, e a Palavra dentro dele se multiplicou. O resultado foram marcas deixadas pelo amor ao Evangelho a partir de um arrependimento sincero e uma fé inabalável (Filipenses 1:21; 3:7-8, 12-14). Por toda parte, os sinais da transformação de Paulo ficaram visíveis. Eram cicatrizes em seu corpo e no seu coração, atestando o seu amor e devoção às Escrituras Sagradas (Gálatas 6:17). Muitos foram os vestígios de um encontro verdadeiro com o Mestre, como a geração de filhos espirituais. Além do que, são muitas as impressões deixadas em tinta e papel, altamente resistentes ao tempo, as quais foram espalhadas e têm sido admiradas pelo mundo inteiro.

2. O olhar de Jesus voltou-se para dentro da massa, por causa da transformação interna, com a liberação de gás carbônico, fazendo-a crescer.

A cor, a crocância e o sabor da massa, adquiridos após a assadura, não foram levados em conta por Jesus. Além do mais, o aumento da massa não é citado na parábola, nem sequer é sugerido. A massa cresce, mas não consegue a mesma glória de uma semente, que se transforma em uma bela e grande árvore. Ela é realmente adornada com folhas vivas, flores alegres e ainda frutos sedutores. Mas o pão, embora o seu exterior aumente e cause certa impressão, a sua aparência é bem mais singela. O seu enfeite é uma casca pálida e, às vezes, resistente. É sem parecer e formosura, como o próprio Cristo (Isaías 53:2; João 6:48). Ele cresce, entretanto, é a transformação interna que será comparada ao Reino de Deus.

Nos textos mais literais, em vez de "misturar", o verbo utilizado é esconder. De fato, o sentido da palavra *kruptó*[86] é "esconder". O fermento é escondido e colocado dentro da massa e, portanto, está fora da vista. Ele não é visto, mas contamina toda a massa. E provoca uma mudança radical no seu interior, que somente é insinuada pela aparência avolumada.

A finalidade da parábola está diretamente ligada ao fermento e ao processo de levedação, que não podem ser observados internamente, ainda que operem grandes transformações. A Palavra de Deus é assim, trabalha no silêncio e na escuridão. Quando inserida e escondida nos

---

86. KRUPTÓ. **Bible Hub:** search, read, study the Bible in many languages, [on-line, s.d.]. **Disponível em:** <https://biblehub.com/greek/2928.htm>. Acesso em: 24 jan. 2022.

corações, ela se mexe por dentro da alma, do corpo e do espírito e opera grandes e eternas mudanças (Hebreus 4:12). Ela muda pessoas, transforma a igreja e faz o Reino de Deus crescer aqui na terra.

Simão, a quem Jesus pôs o nome de Pedro, é um dos personagens bíblicos mais intrigantes e emblemáticos da igreja primitiva. Até porque falava demais. Quem fala pelos cotovelos e não pesa as palavras acaba por trair-se a si mesmo, expondo seus pensamentos e sentimentos mais secretos. Ele não usou máscaras como os líderes judaicos. Ao contrário, demonstrou a sua ingenuidade pueril. Como não media suas palavras, dentre os discípulos de Cristo, foi quem mais se expôs. Assim, permitiu que se descrevesse a evolução do seu caráter. As suas entranhas foram abertas, e o seu interior ficou completamente exposto.

Inicialmente, Pedro estava inchado, mas não era da Palavra de Deus. Ao contrário, estava cheio de bolhas de presunção e altivez. Sim, o pecado também deixa marcas, como o próprio orgulho. O orgulho de Pedro se evaporou, e o que sobrou foi um homem cheio de orifícios vazios (Lucas 22:33; 1 Coríntios 5:6). Felizmente, como se aproximou de Jesus, absorveu as suas virtudes e foi preenchido do bem. A intimidade de Pedro não só evidenciou a vaidade e o orgulho, mas também a transformação do seu caráter. É o milagre da regeneração. De fato, as manchas do pecado foram convertidas e transformadas em marcas de justiça, que ficaram à mostra e inspiram a igreja cristã de todas as épocas.

As páginas do Novo Testamento registraram a sua transformação. Pedro era levado por suas próprias paixões, impulsivo e precipitado (Mateus 14:28; Lucas 9:33). Como criança travessa, logo encheu os olhos e quis aventurar-se nas águas do mar. Ao cair em si, voltando-se para a realidade, começou a afundar. Mas conseguiu aprender a ter maturidade e equilíbrio. Seus discursos após a descida do Espírito Santo chamam atenção pela coerência, autoridade e moderação (Atos 2:14-36). Egocêntrico e individualista, queria ser mais importante do que podia e deveria ser (Marcos 9:33-35). Contudo, aprendeu o que é amar e a suprir as necessidades uns dos outros (Atos 4:34-35). Soberbo e presunçoso (Mateus 26:33), aprendeu a creditar seus feitos e realizações àquele que galardoa a fé (Atos 3:12,16).

Certa vez, Pedro chamou Jesus à parte e passou-lhe um sermão (Mateus 16:21-23). Em outras palavras disse-lhe: "Você não sabe, não entende, está errado e não será crucificado". A sua ousadia ultrapassou os limites do bom senso. Era o seu orgulho e a sua vaidade que impediam a visão da divindade de Jesus. Como encarar o próprio Deus e falar-lhe assim?

Ao negar Jesus, o apóstolo Pedro sentiu o peso da sua imaturidade. As lágrimas vieram e lavaram-lhe a alma e o coração. Quando o mestre e amigo Jesus perguntou-lhe três vezes se o amava, Pedro, outrora infantil e precipitado, pensou, refletiu, reviveu o seu passado e respondeu com equilíbrio e maturidade: "Você sabe todas as coisas". Ele lembrou-se das três vezes em que o negou e, definitivamente, rompeu com o seu passado. Aprendeu que Jesus era Deus e que, por isso, conhecia tudo, inclusive o seu coração.

Ninguém consegue enganar a Deus. Pedro lembrou-se de suas fraquezas e assimilou o quanto ele havia errado. Em poucos dias reorganizou o seu caráter, transformando-se em um dos maiores ícones e pilares da igreja cristã. Ele fora inconstante, medroso e de pequena fé (Mateus 14:31; João 18:17,25,27), entretanto enfrentou as ameaças das autoridades judaicas com sobriedade, coragem e resiliência (Atos 4:13,18-20; 5:29). Escondeu as palavras de Jesus em seu coração e recebeu as suas cicatrizes com satisfação e alegria (Atos 5:41). O seu corpo foi marcado pela santidade; as suas emoções, controladas; e o seu espírito, vivificado.

O melhor lugar para se guardar a Palavra de Deus é dentro da pessoa, no mais profundo do seu coração. Quem é expert e sábio dela extrai mel, diz o salmista (Salmos 119:103, ARC). O próprio rei Salomão aconselha que se guarde e esconda as palavras e os mandamentos e a sabedoria dentro de nós, como se fosse a menina dos olhos (Provérbios 7:1-2, ARC). Ela deve ser ocultada, conservada e protegida como sendo extremamente valorosa e delicada.

O termo hebraico *tsaphan*[87], utilizado por Salomão, além do sentido esconder, também pode ser traduzido por entesourar, preferência de muitas versões e traduções na língua inglesa. A Palavra de Deus é verdadeiramente o maior tesouro em mãos humanas. Assim, Ela deve ser mantida como um tesouro precioso, algo de imenso valor, longe de saqueio, assalto e pilhagem. E quem a esconde e entesoura no coração

---

87. PROVERBS 7:1. **Bible Hub**: search, read, study the Bible in many languages, [on-line, s.d.]. Disponível em: <https://biblehub.com/proverbs/7-1.htm>. Acesso em: 24 jan. 2022.

da alma, o ladrão não a vê nem lha rouba. Esse transpira e emana de si vida, a vida abundante que flui eternamente (Provérbios 4:4,10).

3. Leia novamente a parábola e os textos bíblicos de 1 Tessalonicenses 5:23 e Hebreus 4:12. Observe que o fermento foi colocado em três medidas de farinha. As três medidas onde o fermento foi escondido são o corpo, a alma e o espírito.

A tríade corpo, alma e espírito forma a integralidade do ser humano. Se todas as mentes mais brilhantes e geniais do mundo fossem reunidas em uma só pessoa, ainda assim não superaria a genialidade de Jesus. Se as inteligências de Aristóteles, Isaac Newton, Albert Einstein e Stephen Hawking estivessem em um só cérebro, nem assim alcançaria a inteligência do mestre e sábio Jesus.

O homem Jesus era o próprio Deus, criador do mundo e da própria razão. Ele dominava todo e qualquer conhecimento e sabia todos os mistérios do universo. Mas sua pregação e ensino não continham fórmulas, teoremas e leis físicas. Suas palavras falavam das coisas práticas da vida. Utilizava-se de parábolas, enchia-as de metáforas e muitas vezes não era compreendido. Explicava o Reino dos Céus através das experiências cotidianas. Ainda que falasse de mistérios e coisas elevadas, o seu ensino e pregação transformavam o mais rude dos seres humanos. Ele era a verdadeira luz enviada para dissipar as trevas e iluminar as mentes humanas. Apesar da simplicidade de sua pregação, por trás estava a maior inteligência do universo. Os seus olhos penetravam partículas invisíveis e reduziam distâncias infinitas, nada lhe era obscuro. Atrás de cada palavra e entonação, uma vírgula ou pausa que fosse, tudo era muito bem arquitetado e pensado.

Ao referir-se a três quantidades de medidas de farinha, não falou sem intenção. Por que ser tão descritivo e usar exatamente o número três? Se não pensou em construir uma lógica, não precisava ser específico e preciso. Bastava a farinha e tudo seria entendido. O caminho para desvendar o mistério é a procura de uma tríade bíblica. Pesquisando na Bíblia, acham-se algumas interessantes. As mais relevantes são cinco, as quais serão adiante referidas. Três são as pessoas citadas que deram origem à humanidade pós-dilúvio: Sem, Cão e Jafé, que são os filhos de Noé (Gênesis 9:18-19). Três são os que testificam no Céu: o Pai, a

Palavra e o Espírito Santo, referindo-se à Trindade (1 João 5:7). Três são os que testificam na terra: o Espírito, a água e o sangue. O Espírito testifica que Jesus é o Filho de Deus. A água reporta-se ao batismo. E o sangue, ao sacrifício de Jesus (1 João 5:8). Três são as partes de Cristo: o próprio Cristo, a igreja e o Espírito. Cristo é a cabeça do corpo. A igreja ou os crentes, os membros do corpo ou o corpo de Cristo. E o Espírito Santo, o Espírito do corpo (Efésios 1:22,23; 1 Coríntios 12:13,27). E três são as partes referidas do ser humano: corpo, alma e espírito (1 Tessalonicenses 5:23; Hebreus 4:12).

As três primeiras tríades são impróprias e fogem completamente à lógica da parábola. E a quarta também não é apropriada. Assim, todas não serão consideradas. A quinta tríade é a mais coerente com as três medidas de farinha. A Palavra de Deus é introduzida na pessoa, e se reproduz, toma conta do corpo, da alma e do espírito e gera frutos, que são as virtudes de Deus, deixando-lhe permanentes e eternas marcas.

E quem é o ser humano? Segundo a Bíblia, ele é definido como corpo, alma e espírito. E se não há diferença entre alma e espírito, que importa? A verdade é que uma tríade foi criada nas Escrituras e identifica o homem. A discussão aqui entre dicotomistas e tricotomistas[88] não será válida e é desnecessária. O que interessa será dito, é que a Palavra de Deus opera e age na integralidade da dimensão humana.

As três medidas de farinha, corpo, alma e espírito, onde o fermento foi escondido, levedou. E toda a massa cresceu. Se a pessoa recebe a Palavra, ouve-a e há mistura com arrependimento e fé, o corpo sara, a alma sossega e o espírito vive. A Palavra de Deus, quando opera na pessoa, transforma-a de modo integral. A mudança é completa, é visível e contagia, com a produção de muitos frutos e impressões perenes e eternas.

Um dos exemplos de transformações mais contagiantes é Maria Madalena. Mulher dominada por espíritos maus, endemoniada, foi curada pela Palavra (Lucas 8:2; Marcos 16:9). Outrora sofrida, moribunda e perturbada, encontrou-se com a Palavra, arrependida e com fé, creu no Senhor Jesus. A Palavra reproduziu-se dentro dela e operou grande transformação. A sua vida foi selada com o Espírito Santo. Então o seu rosto foi transformado, sua alma foi aliviada e o seu

---

88. Teorias que explicam a natureza do homem como possuindo duas ou três partes, corpo e espírito ou corpo, alma e espírito, respectivamente.

espírito foi vivificado. Aos pés do Mestre sempre ficou e o seguiu como discípula fiel. Não o abandonou na solidão do túmulo e foi abençoada com a visão do Cristo ressurreto (João 20:1,11-18). Se pudesse, não o largaria nem um só instante. Mas Jesus haveria de subir, e ela recebera a sua missão de proclamar a ressurreição de Cristo.

Quem recebe a Palavra, e ela se multiplica, não pode se calar. Maria Madalena compreendeu a ordem de Jesus e lhe obedeceu. Repartiu o fermento e espalhou as boas novas da sua ressurreição. Como discípulos de Jesus, devemos obedecê-lo, proclamando o Evangelho, compartilhando a vida e anunciando a salvação.

Assim, como os orifícios do pão comprovam a reprodução das leveduras, as marcas deixadas pelos frutos de justiça atestam a multiplicação do Evangelho de Cristo. E como a massa não volta à sua condição inicial, o crente jamais retornará ao seu estado de perdição. Então, você tem produzido os frutos de justiça? Está visivelmente cheio deles? Eles são a paz, o amor, a bondade, a misericórdia, a benignidade, a esperança e a paciência e tudo o que é gerado pela Palavra de Deus. Como o apóstolo Paulo encheu-se das marcas de Jesus, deve o crente estar cheio do amor e da graça de Cristo (Gálatas 6:17).

4. A Palavra de Deus (A) produz os frutos de justiça (B).

Nas figuras apresentadas, imagina-se um ambiente aquoso e açucarado. Então, as leveduras, em contato com a glicose, multiplicam-se, produzem gás carbônico e enchem o balão. Assim ocorre com o fermento biológico, composto de leveduras, que são micro-organismos vivos. Quando colocado em ambiente úmido, com açúcar e temperatura adequada, as suas leveduras rapidamente se reproduzem. Logo, se forem escondidas em massa boa, as leveduras se multiplicarão e produzirão gás carbônico. Como consequência, a massa será expandida e ficará com uma textura macia e agradável ao paladar.

Na formação da igreja cristã, a Palavra foi escondida em corações glicosados com fé e saturados de arrependimento. Os cristãos generosos e sinceros da igreja primitiva foram muito produtivos. Eles não travaram as suas línguas e não andaram desordenadamente. Ao contrário, compartilharam o fermento, mexeram os seus lábios e não se calaram, mesmo diante de situações muito adversas. Quando os apóstolos Pedro e João foram ameaçados e proibidos de falar e ensinar no nome de Jesus, corajosamente disseram: "porque não podemos deixar de falar do que temos visto e ouvido" (Atos 4:20, ARC).

Atualmente, é comum um amontado de supostos crentes que são pobres em nutrientes, além de aguados e insípidos. Portanto, imprestáveis ao Reino de Deus. Como não têm sabor e são áridos e inférteis, a Palavra não se reproduz e deixa de frutificar. O interior deles é estéril e o bolor do comodismo muda a sua aparência externa. Roedores famosos, apelidados de ativismo, maus costumes, entretenimento e prazeres do mundo ameaçam devorar o que ainda possuem. São vidas indiferentes – se não mortas –, farinha seca e sem gosto, solos sem fertilidade, corações sem fé e arrogantes, os quais não geram frutos, impróprios para a multiplicação da Palavra de Deus.

5. Suponha que você encontrou Lucas 13:21 com uma parte recortada, exatamente onde se encontravam as palavras "ao fermento" e "levedado". Outras palavras poderiam substituí-las e se encaixariam perfeitamente no versículo, conforme a seguir: "É semelhante à Palavra que a mulher pegou e misturou, até ficar tudo com amor, justiça, paz e verdade".

Em outras partes da Bíblia, o fermento é relacionado à escravidão dos hebreus e comparado a ingredientes negativos, como a cultura egípcia, a hipocrisia, a doutrina dos fariseus, dos saduceus e de Herodes, a maldade e os frutos do pecado (Êxodo 12:15-19; Mateus 16:6; Marcos 8:15; Lucas 12:1; 1 Coríntios 5:6-8). A razão é a rápida contaminação e propagação indiscriminada entre pessoas de um grupo inteiro, como se dá à levedação, com a expansão uniforme de toda a massa.

Apesar da pouca técnica e das dificuldades da era antiga, o pecado se espalhou de forma nefasta no início da história do mundo. Deus foi pressionado e não houve alternativa, a não ser a destruição da humanidade. Só Noé e sua família foram poupados. Hoje existem mil e uma facilidades para disseminar o mal, como a mídia de um modo geral. O intercâmbio de informações e pessoas é rápido como a velocidade da luz. Ele trouxe o crescimento da ciência e muitos benefícios, mas o mal também se alastrou. O pecado se espalhou de tal forma que pode ser comparado a uma pandemia avassaladora.

Entretanto, em direção contrária, o fermento pode ser comparado à Palavra de Deus, a qual proporciona valores positivos. Em oposição à vaidade, aos frutos do pecado e à doutrina dos fariseus, o fermento é relacionado às virtudes da natureza divina. Os frutos da justiça são o amor, a justiça, a paz e a verdade. E também são a misericórdia, a bondade e a santidade. Assim como a Palavra, eles se multiplicam e deixam marcas no crente. Essas virtudes são a própria natureza e essência do Senhor Deus. Se existem e estão no crente, provam que verdadeiramente Deus está nele e a vida foi gerada e se multiplicou.

Aos gálatas, o apóstolo Paulo fala do fruto do Espírito Santo (Gálatas 5:23). Quem nasce de novo e tem o Espírito de Deus, frutifica. Dele brota toda e qualquer virtude divina, como botões de flores coloridas e perfumadas que alegram o jardim de Deus e proporcionam real prazer.

O ambiente ideal para que as leveduras divinas se reproduzam e se multipliquem é um coração umidificado e glicosado com arrependimento e fé. Quando elas são inseridas em pessoas arrependidas dos seus pecados e crentes no Senhor Jesus, proliferam-se e produzem obras dignas do Reino dos Céus (2 Coríntios 9:8). Por isso, o fermento deve ser compartilhado, e os discípulos, então, serão replicados. Sim, os discípulos também são multiplicados, a igreja cresce, as virtudes do Reino superabundam e as obras de justiça glorificam o Senhor Deus.

A igreja deve ser alegre, saudável, pacífica, bela e atraente, ao produzir os frutos da justiça. Caso contrário, está doente, com fungos intrusos e células mortas. Será preciso medicação e até intervenção cirúrgica. Como está a sua igreja? Poderia identificá-la com alguma virtude divina? Quais? A perspectiva do Filho de Deus ao criar a parábola do fermento é falar da força propulsora da igreja a partir da Palavra de Deus, que é viva e eficaz. É uma verdadeira explosão dentro do crente e *Big Bang*[89] das virtudes divinas, até que todos sejamos verdadeiramente um só corpo e alma com Ele (João 17:21; Apocalipse 22:13).

---

89. Ou Grande Expansão, é a teoria da formação do universo a partir de um ponto muito denso e concentrado.

8.
A PARÁBOLA DO FILHO PRÓDIGO 1
(Lucas 15:11-32, ACF)

11 E disse: Um certo homem tinha dois filhos; 12 E o mais moço deles disse ao pai: Pai, dá-me a parte dos bens que me pertence. E ele repartiu por eles a fazenda. 13 E, poucos dias depois, o filho mais novo, ajuntando tudo, partiu para uma terra longínqua, e ali desperdiçou os seus bens, vivendo dissolutamente. 14 E, havendo ele gastado tudo, houve naquela terra uma grande fome, e começou a padecer necessidades. 15 E foi, e chegou-se a um dos cidadãos daquela terra, o qual o mandou para os seus campos, a apascentar porcos. 16 E desejava encher o seu estômago com as bolotas que os porcos comiam, e ninguém lhe dava nada. 17 E, tornando em si, disse: Quantos jornaleiros de meu pai têm abundância de pão, e eu aqui pereço de fome! 18 Levantar-me-ei, e irei ter com meu pai, e dir-lhe-ei: Pai, pequei contra o céu e perante ti; 19 Já não sou digno de ser chamado teu filho; faze-me como um dos teus jornaleiros. 20 E, levantando-se, foi para seu pai; e, quando ainda estava longe, viu-o seu pai, e se moveu de íntima compaixão e, correndo, lançou-se-lhe ao pescoço e o beijou. 21 E o filho lhe disse: Pai, pequei contra o céu e perante ti, e já não sou digno de ser chamado teu filho. 22 Mas o pai disse aos seus servos: Trazei depressa a melhor roupa; e vesti-lho, e ponde-lhe um anel na mão, e alparcas nos pés; 23 E trazei o bezerro cevado, e matai-o; e comamos, e alegremo-nos; 24 Porque este meu filho estava morto, e reviveu, tinha-se perdido, e foi achado. E começaram a alegrar-se. 25 E o seu filho mais velho estava no campo; e quando veio, e chegou perto de casa, ouviu a música e as danças. 26 E, chamando um dos servos, perguntou-lhe que era aquilo. 27 E ele lhe disse: Veio teu irmão; e teu pai matou o bezerro cevado, porque o recebeu são e salvo. 28 Mas ele se indignou, e não queria entrar. 29 E saindo o pai, instava com ele. Mas, respondendo ele, disse ao pai: Eis que te sirvo há tantos anos, sem nunca transgredir o teu mandamento, e nunca me deste um cabrito para alegrar-me com os meus amigos; 30 Vindo, porém, este teu filho, que desperdiçou os teus bens com as meretrizes, mataste-lhe o bezerro cevado. 31 E ele lhe disse: Filho, tu sempre estás comigo, e todas as minhas coisas são tuas; 32 Mas era justo alegrarmo-nos e folgarmos, porque este teu irmão estava morto, e reviveu; e tinha-se perdido, e achou-se.

CURIOSIDADES

Nas leis rabínicas[90], os graus de hereditariedade divergiam das leis mosaicas e foram estabelecidos da seguinte forma: primeiro, filhos e seus descendentes; depois, filhas e seus descendentes; pai, irmãos e seus descendentes; irmãs e seus descendentes; avô, tios e seus descendentes, tias e seus descendentes e bisavô. Os filhos de escravas e de mulheres não judias eram excluídos da partilha. Já nas leis mosaicas (Num. 27:8-11; 36:6,7; Deut. 21:17), há quatro graus de hereditariedade bem definidos: primeiro, herdavam os filhos homens; depois, herdavam as filhas, seguindo-se os irmãos; e, posteriormente, os tios; por último, o parente mais próximo. Ao herdar os bens paternos, a filha deveria casar-se dentro da própria tribo de seu pai. Contudo, isso não era aceito pelos rabinos ou mestres, que eram os líderes espirituais dos israelitas. O primogênito herdava o dobro do que recebia cada irmão. Era possível até transferir em vida toda a herança para um estranho em detrimento dos herdeiros legais, mas somente através de livre doação. Não havia lei hebraica que disciplinasse a transferência de bens aos filhos com o pai ainda em vida. O caso do filho pródigo[91] deve ser entendido como um favor ou livre doação exercida pelo pai.

1. Na parábola do filho pródigo, o pai repartiu os seus bens entre os seus dois filhos. Assinale abaixo a parte da herança que coube a cada filho (Lucas 15:11-12):

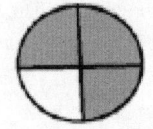

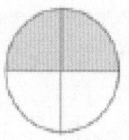

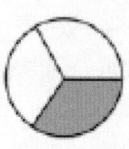

2. Considerando que o pai não tinha obrigação legal de dar a parte da herança que cabia a seu filho mais novo, assinale a única alternativa correta (Marcos 11:24; 14:36; Lucas 15:12; Tiago 4:3):

a) Às vezes Deus dá o que insistentemente pedimos, ainda que não seja para o nosso bem;
b) Deus sempre dá o que insistentemente pedimos, mesmo que não seja para o nosso bem;

---

90. JACOBS, J.; GREENSTONE, J. H. Inheritance. **Jewish Encyclopedia**, [on-line, s.d.]. Disponível em: <https://www.jewishencyclopedia.com/articles/8114-inheritance>. Acesso em: 24 jan. 2022.
91. LUKE 15:12. **Bible Hub**: search, read, study the Bible in many languages, [on-line, s.d.]. Disponível em: <https://biblehub.com/commentaries/luke/15-12.htm>. Acesso em: 24 jan. 2022.

c) Deus jamais ouve pedidos irresponsáveis, pois trazem consequências negativas;
d) Deus se agrada da insistência, pois isso demonstra fé, mesmo no caso de maus pedidos;
e) Deus nos dá tudo que pedimos, pois quem pede recebe.

3. A sua resposta da questão anterior representa:

a) a perseverança de Deus e a maldade do homem;
b) a santidade de Deus e o pecado do homem;
c) a liberalidade de Deus e o livre-arbítrio do homem;
d) a liberdade de Deus e a liberalidade do homem;
e) a bondade de Deus e a coragem do homem.

4. No versículo 13, o filho mais novo partiu para "uma terra bem distante". Considerando que a parábola é uma comparação, o que representa a distância física criada por Jesus?

a) Um outro país
b) O outro lado do mundo
c) A separação entre Deus e o pecador
d) A decadência do homem
e) O mundo espiritual
f) A distância entre o Céu e o inferno

5. Leia o texto de Isaías 59:1-2. Agora, escolha três figuras dentre as indicadas abaixo e forme um trio de modo que o conjunto de figuras transmita a mensagem essencial do texto bíblico. Explique.
"Eis que a mão do SENHOR não está encolhida, para que não possa salvar; nem agravado o seu ouvido, para não poder ouvir. Mas as vossas iniquidades fazem separação entre vós e o vosso Deus; e os vossos pecados encobrem o seu rosto de vós, para que não vos ouça." (Isaías 59:1-2, ACF)

A PARÁBOLA DO FILHO PRÓDIGO 1 (Lucas 15:11-32, ACF)

1. Na parábola do filho pródigo, o pai repartiu os seus bens entre os seus filhos. A herança foi provavelmente assim dividida: um terço para o mais novo, que corresponde à quinta figura, e dois terços para o mais velho, que corresponde à segunda figura. O filho mais velho, chamado de primogênito, recebeu dois terços da herança, exatamente o dobro do filho mais novo, que recebeu apenas um terço.

O direito de primogenitura está disciplinado em Deuteronômio 21:17: "Mas ao filho da desprezada reconhecerá por primogênito, dando-lhe dobrada porção de tudo quanto tiver; porquanto aquele é o princípio da sua força, o direito da primogenitura é dele". O filho mais velho, chamado de primogênito, tinha a supremacia e certas vantagens. Além da porção dobrada dos bens em relação a cada irmão, ele assumia a posição e o encargo do pai. Assim, transformava-se no sacerdote do lar e no líder da família[92]. A sua primazia econômica não deveria ser considerada um prêmio do acaso. À vantagem na herança, acrescentavam-se responsabilidades. Cabia-lhe o dever e o compromisso de presidir com dignidade a sua família, sendo o provedor dos entes que permaneciam no lar.

Na história criada por Jesus, a partilha ocorreu antes do falecimento do pai. Há um caso similar e real em Gênesis, que é a história de Isaque. Porém, quanto às leis hebraicas, elas não disciplinavam a divisão dos bens ainda em vida. A partilha antecipada deve ser vista como expressão de livre concessão, bondade e amor. É uma ilustração do caráter de Deus, que é generoso, compassivo e bondoso. A sua graça excede qualquer lógica e entendimento porque está firmada e solidificada no amor. A cada filho, Ele dá antecipadamente aquilo que a Ele só pertence. Segundo o apóstolo Paulo, quem se torna filho de Deus recebe através da graça de Cristo o Espírito Santo. Você foi agraciado antecipadamente com o Espírito Santo e com os dons espirituais. Ele é o penhor dos bens celestiais que já foram separados e estão endereçados a você. O Espírito Santo substitui a herança que já é sua e está reservada até que você a receba nos Céus (Efésios 1:3-5,11-14). Portanto, não seja pródigo, desperdiçando os dons que Deus lhe deu, mas use-os para o louvor da sua glória.

---

92. HIRSCH, E. G.; CASANOWICZ, I. M. Primogeniture. **Jewish Encyclopedia**, [on-line, s.d.]. Disponível em: <https://www.jewishencyclopedia.com/articles/6137-first-born>. Acesso em: 24 jan. 2022.

A história de Isaque ilustra alguns aspectos da vida de Jesus a partir das gravidezes sobrenaturais de suas mães. Sara era estéril e já estava em idade avançada quando gerou Isaque. Apesar de desposada com José, Maria ainda não se havia unido maritalmente. Ela concebeu Jesus pela ação do Espírito Santo. Isaque, portanto, é um tipo de Cristo, ao mesmo tempo filho único e primogênito.

De acordo com as palavras do próprio Deus, Isaque era o filho único de Abraão a partir de um relacionamento legítimo com Sara (Gênesis 22:2.12,16). Ele era o filho segundo o propósito e a vontade divina e foi o único herdeiro de Abraão (Gênesis 21:10-14; 25:5-6). Ao chamar Isaque de filho único, certamente Deus influenciou a atitude de Abraão que, ainda em vida, deu-lhe tudo o que tinha. Aos filhos das concubinas, deu-lhes apenas presentes. À semelhança de Jesus, Isaque era o filho unigênito de Abraão.

Isaque e Jesus também são primogênitos, ao considerar os seus irmãos por adoção. O texto sagrado afirma que aqueles que são da fé como Abraão, eles também são filhos de Deus (Romanos 9:8). Aqueles que creem como Abraão, portanto, são filhos de Deus por adoção (João 1:12-13). Se os que creem são filhos por adoção, logo Jesus tem outros irmãos. Por isso, o próprio Jesus, o primogênito, chamou de irmãos os seus discípulos (Marcos 3:34). Diz assim Romanos 8:9, ACF: "[...] os predestinou para serem conformes à imagem de seu Filho, a fim de que ele seja o primogênito entre muitos irmãos".

Por outro lado, Abraão tem outros filhos[93], aqueles que são da fé. Diz assim Gálatas 3:7, ACF: "Sabei, pois, que os que são da fé são filhos de Abraão". Se os que são da fé como Abraão são filhos por adoção, Isaque também tem outros irmãos. Assim, Isaque e Jesus têm irmãos gerados pela fé e são igualmente unigênitos e primogênitos. Isaque é um tipo do próprio Filho de Deus, Jesus, que é unigênito e primogênito do Pai (João 3:16; Hebreus 1:6).

Nas terras de Moriá, Isaque, o filho único e primogênito de Abraão, foi oferecido como oferta de holocausto. Igualmente a Jesus, a lenha foi colocada nos seus ombros, carregando-a até o lugar do seu sacrifício. A tradição judaica vê o monte Moriá como o mesmo lugar onde o templo de Jerusalém

---

93. Do termo grego huios, igualmente usado na expressão filho de Deus (Rom. 8:14; Gál. 3:26;4:6). HUIOS. **Bible Hub**: search, read, study the Bible in many languages, [on-line, s.d.]. Disponível em: <https://biblehub.com/greek/5207.htm>. Acesso em: 24 jan. 2022.

foi construído[94] (2 Crônicas 3:1). São muitas as coincidências entre Isaque e Jesus. Assim como Abraão não negou o seu único filho, mas o ofereceu como sacrifício, Deus não negou o seu Filho único e primogênito. Jesus foi entregue à morte de cruz como oferta agradável e suave a Deus. Isaque, o filho de Abraão, é um tipo de Cristo. Pacificamente, e sem haver resistência, ele entregou-se a si mesmo como oferta ao Senhor (Gênesis 22:8-9; Mateus 26:63; Lucas 23:26.28; João 19:17). Entretanto, antes de ser imolado e morto, Deus enviou um cordeiro a fim de tomar o seu lugar. Quem, à semelhança de Abraão, renuncia a tudo por amor e obediência, encontra o Cordeiro de Deus. Para aquele que se submete à vontade do Pai, o Cordeiro é morto em seu lugar. O cordeiro que substituiu Isaque é também o próprio Jesus Cristo (Apocalipse 5:6; 7:9-10; 17:14).

O filho único e primogênito de Abraão, Isaque, é também um tipo do filho verdadeiro de Deus. Ele foi obediente, pacífico e negou a si mesmo. No relato do holocausto, não há referência à idade de Isaque. Entretanto, não há dúvidas de que era robusto e forte. Isaque levou a sua cruz e seguiu a via dolorosa até o calvário preparado por Deus (Gênesis 22:4-6). Ele não resistiu à determinação divina nem lutou contra seu pai, e morreria como um cordeiro. Da mesma forma, o filho de Deus precisa negar a sua própria vida e ser obediente até a morte de cruz (Lucas 9:23). A ordem de Jesus é que cada um tome a sua própria cruz e suba até o calvário. Faça como Isaque, ponha o lenho nas costas e suba até o lugar determinado por Deus. Não ofereça resistência e suba a montanha. Coloque-se no altar e ofereça a si mesmo em sacrifício vivo (Romanos 12:1). Contudo, ao chegar ao alto do monte, verá que ali estará o Cordeiro santo de Deus, pronto para substituí-lo. Não se preocupe, o Cordeiro já fora providenciado pelo Pai desde a fundação do mundo (1 Pedro 1:20; Apocalipse 13:8). De certeza, o Filho de Deus, Jesus, levou sobre si o seu pecado e foi crucificado em seu lugar (Isaías 53:5; João 1:29,36). O que Deus realmente quer é a sua prontidão e disposição para oferecer-se em sacrifício.

Você quer agradar a Deus? Então, ofereça a si mesmo como holocausto vivo. E destrua a carne e o pecado. Não seja pródigo, usando o corpo que tem com atitudes indecorosas, sensuais e imorais, com orgias e meretrizes. Você não precisa destruir de fato o seu corpo, mas deve viver como se ele

---

94. 2 CHRONICLES 3:1, COMMENTARIES. **Bible Hub**: search, read, study the Bible in many languages, [on-line, s.d.]. Disponível em: <https://biblehub.com/commentaries/2_chronicles/3-1.htm>. Acesso em: 24 jan. 2022.

não existisse. De acordo com a revelação bíblica, o filho de Deus está livre do fogo do altar e não será sacrificado, pois o Cordeiro Jesus foi imolado em seu lugar. Contudo, Deus exige que você apresente o seu corpo em sacrifício vivo. Ainda vivo, porém morto para os desejos da carne. Como o mundo não mais o ilude e o conquista, você deve morrer para o mundo, e o mundo para você (Romanos 6:6-13; Gálatas 2:20; Colossenses 3:3). O crente deve se revestir de santidade. Os seus pensamentos, os desejos e as atitudes devem ser dignos, limpos e santos, dedicados ao louvor de Deus. De fato, o holocausto racional é a obediência sincera e espontânea ao Senhor Deus, uma adoração em espírito e em verdade (João 4:23). Adore a Deus com o melhor de você e o mais importante da sua vida. Use os dons naturais e espirituais para a glória de Deus. Culture ao Senhor com os primeiros frutos, a primeira parte de sua renda, com o melhor tempo e a primeira hora do seu dia.

À semelhança de Isaque e Jesus, todo primogênito dentre os hebreus era propriedade de Deus e a Ele deveria ser consagrado (Êxodo 13:12-15; Números 3:12-13). Eles não eram sacrificados, mas substituídos e resgatados através de um cordeiro (Levítico 12:8; Lucas 2:22-24). Então, pela lei, os primogênitos são de Deus. Eles representam todos os crentes, os quais estão inscritos nos Céus e são chamados de a igreja dos primogênitos (Hebreus 12:23). Como todo primogênito, aquele que creu em Jesus como Salvador e Senhor é propriedade de Deus. Ele é integralmente consagrado ao Senhor e oferecido em holocausto. No entanto, é substituído pelo Cordeiro, que a si mesmo se ofereceu para ser morto em seu lugar. Tudo isso é reflexo da liberalidade, compaixão e amor de Deus. Portanto, a Deus seja toda honra e glória. Ele é Senhor e soberano e merece o primeiro lugar, o melhor de tudo, do tempo, dos bens, dos pensamentos e da vida. Você tem consciência de que é propriedade de Deus? Consagrou de fato a sua vida a Ele? O que você oferece a Deus é o melhor de sua vida?

2. Considerando que o pai não tinha obrigação legal de dar a parte da herança que cabia a seu filho mais novo, conclui-se que às vezes Deus dá o que insistentemente pedimos, ainda que não seja para o nosso bem (Marcos 11:24; 14:36; Lucas 15:12; Tiago 4:3).

A história criada e contada por Jesus é bem clara quanto à resposta do pai ao pedido mau e leviano do filho. Ele disse sim ao filho mais novo. Não era obrigado, mas abdicou do seu direito de dizer não. O filho mais novo pediu ao pai a parte da herança que lhe cabia e foi atendido. Essa atitude do pai não era segundo a lei dos hebreus e demonstrou a liberalidade do pai. Com certeza, o pai conhecia muito bem o seu filho, a sua personalidade e o seu caráter execrável. Ele sabia que não havia motivos justificáveis para a partilha antes de sua morte. Sim, o filho mais novo não estava pronto para administrar a sua própria vida. A prova se consolidou quando saiu da casa do pai e gastou tudo de forma irresponsável, louca e fútil. Sentiu-se livre para desperdiçar a sua própria vida.

Se a parábola não fosse uma história, um enredo estruturado e criado por Jesus, mas fosse uma experiência real, poderíamos imaginar o pai aconselhando seu filho a mudar de ideia. Ele admoestá-lo-ia sobre os perigos da juventude, a efemeridade da vida, a ilusão do prazer, as falsas amizades e o engodo das riquezas. A advertência haveria sido inútil diante da autossuficiência da juventude.

O jovem Israel pediu um rei e pediu mal (1 Samuel 8:1-17). Ainda era moço, sem experiência e vivia debaixo dos cuidados da lei (Gálatas 4:2-3). A visão era curta, embaçada e, na verdade, não sabia o que pedia. Iludiu-se com a pompa e a magia de outras nações. Encantou-se com as vestes reais, seus cavalos e cavaleiros, seus palácios e suas histórias mirabolantes. Sem sombra de dúvidas, a beleza e os valores do mundo despertam o interesse, deslumbram e atraem como isca no anzol.

Sem ouvir conselhos, o jovem Israel insistiu em ter um rei (1 Samuel 8:6,19). Não era uma boa ideia, era uma decisão precipitada e enganada. Entretanto, o Senhor Deus disse sim. Ao profeta Samuel disse: "Atenda a tudo o que o povo está lhe pedindo" (1 Samuel 8:7, NVI). Advertiu-o, mostrou a verdade por trás do encanto e antecipou as consequências daquele pecado. Ele seria explorado e escravizado pelo rei. À frente dos carros de guerra, ficaria vulnerável. Serviria à casa do rei como cozinheiro particular, padeiro e perfumista. E daquilo que produzisse com suas próprias mãos e suor, do melhor e mais excelente, a casa do rei tomaria para o sustento da sua ganância e poder. Mas os cuidados do Pai eram dispensáveis, e o jovem os rejeitou (1 Samuel 8:7-8). Ele queria ser livre, andar com as próprias pernas e tomar suas próprias decisões.

O que parece liberdade, muitas vezes é prisão e tortura. Deus atendeu ao seu pedido, até que, moribundo, quase desapareceu. O início foi encantador, cheio de glória, majestade e luz (2 Samuel 7:8-12; 2 Crônica 1:1). Mas, aos poucos, os amigos se tornaram inimigos, a sedução das mulheres perverteu o seu coração, as riquezas foram roubadas e, quase desfalecendo de fome, mendigou em terras estranhas. Então, o jovem Israel voltou para a sua casa, envergonhado e moribundo. O Pai o recebeu de braços abertos. Apesar de já crescido, continua rebelde, cego e digno de compaixão. Como o amor de Pai é eterno e não desiste, essa história ainda terá um final feliz (Romanos 11:25-26).

  O apóstolo Pedro também pediu mal. Na verdade, a natureza do pedido em si não era cheia de mácula, com impurezas e vícios. Simão, aquele que seria como uma rocha, firme e perseverante, estável e resistente, pediu para andar sobre as águas do mar da Galileia. Após entender que não se tratava de um fantasma, pediu a Jesus: "Senhor, se és tu, manda-me ir ter contigo por cima das águas" (Mateus 14:28, ARC). Contudo, Pedro ainda era fraco, inseguro e de pequena fé. O mestre Jesus conhecia-o bem, a sua personalidade impulsiva e o seu caráter volúvel. Ele sabia o quanto era precipitado e levado pelo impulso e pelas emoções. Mas disse sim. Pedro desceu do barco, até que andou em direção a Jesus. De repente, caiu em si, acordou do sonho que ele mesmo criara. Quando sentiu o vento, percebeu onde estava. Sobre as águas e sem chão, esqueceu que o Filho de Deus estava no comando da sua vida. Desesperou-se e, afundando, clamou: "Senhor, salva-me" (Mateus 14:30, ARC). Na verdade, o apóstolo Pedro não estava pronto para o desafio. Faltava-lhe maturidade e experiência. Entretanto, as derrotas também ensinam e preparam para batalhas ainda maiores, mais árduas e tentadoras. O Mestre poderia ter dito não, e uma lição teria sido subtraída da formação do seu caráter.

  Segundo o apóstolo Paulo, "todas as coisas contribuem juntamente para o bem daqueles que amam a Deus" (Romanos 8:28, ARC). Isso é a pura verdade! E Pedro até que amava Jesus, mas não conhecia a si mesmo. Para chegar à perfeição e estatura de Cristo, é preciso virar-se pelo avesso. Ao longo dos três anos de discipulado, Pedro aprendeu o quanto era impetuoso, apressado, temerário, medroso e inseguro. Ninguém consegue mudar se não vir a si mesmo por dentro. Felizmente, Jesus tem um espelho que reflete o interior do seu discípulo. Ele é a oportunidade que o Mestre cria a fim de que olhe para dentro de si mesmo e veja as suas imperfeições. Pedro viu um caráter frágil e vulnerável. E só depois que as lágrimas lavaram-lhe a alma e o seu caráter, é que se tornou um homem transformado (Lucas 22:62; João 21:17).

A parábola é uma ilustração e representa a relação do homem com Deus. A exigência do que não lhe é de direito pode representar a atitude ousada do homem ao exigir de Deus a sua liberdade de ação. Dizer "a vida é minha e faço dela o que quiser", ou "não devo satisfação a ninguém", ou mesmo a simples exclusão de Deus nas suas decisões, assemelha o homem ao jovem irresponsável, vulnerável e imaturo da parábola. Por outro lado, a insistência perante Deus em situações que estão fora da lei cristã, claramente reprováveis, poderá ser atendida para a sua própria desgraça. Foi o que aconteceu com o filho mais novo, com o povo de Israel, e aconteceria com Simão Pedro, se não fosse a intervenção do próprio Jesus.

Realmente, o pai atendeu à solicitação do filho mais novo, ainda que para a sua própria tragédia. A oração humilde deverá ser sempre seguida de "seja feita a tua vontade" ou "a minha vontade não seja feita, se não for a melhor, se não estiver dentro dos teus planos e da tua Lei" (Mateus 6:10; Lucas 22:42; Tiago 4:15). Do contrário, você poderá ter surpresas desagradáveis. Você tem acesso direto ao Pai e pode lhe pedir o que quiser. Porém, seja cauteloso. Lembre-se de que não tem o futuro em suas mãos. Peça e insista, mas diga-lhe humildemente e de coração que seja feita a sua vontade.

3. Se Deus às vezes dá o que insistentemente pedimos, ainda que não seja para o nosso bem, isso demonstra a liberalidade divina e o livre-arbítrio do homem.

A compaixão e generosidade de Deus são imensuráveis. Quantas coisas Ele nos dá sem merecermos! Ele está com suas mãos estendidas querendo repartir a sua herança. O que Ele tem e tudo que é dele está aguardando a adoção de seus filhos (Romanos 8:23). No Brasil, as maiores dificuldades para a adoção não é a burocracia. Os grandes obstáculos não é o Judiciário nem são as exigências legais. Os próprios pretendentes à adoção é que são muito exigentes e inflexíveis, particularmente com relação à idade[95]. Se o mundo todo fosse um orfanato, e o Senhor Deus o pretendente à adoção, a criança órfã e abandonada é que escolheria o seu pai. Os polos seriam invertidos. Deus não escolhe a cor da pele ou dos olhos, o tipo de cabelo, ou mesmo a idade. Ele não faz acepção de pessoas

---

95. **EM DISCUSSÃO!** Revista de audiências públicas do Senado Federal. [on-line], ano 4, n. 15, maio 2013. Disponível em: <https://www12.senado.leg.br/noticias/acervo-historico/em-discussao/arquivos/15/@@download>. Acesso em: 24 jan. 2022.

(Atos 10:34; Romanos 2:11). Os antecedentes dos pais não contariam. Quem foram e o que fizeram não importaria, nem mesmo a sua raça. Não levaria em conta também o histórico familiar de saúde, se a criança seria saudável ou não. O direito de escolher é ofertado por Deus. O Senhor Deus chegaria ao orfanato e perguntaria:

– Quem me quer?

Desde o Éden que o Evangelho da adoção está sendo anunciado, pois há sempre mais um lugar na Casa e na família de Deus. Aqui não se oferece um filho, oferta-se um Pai. Aquele que o quiser e o aceitar como Pai, é-lhe prometido ser conforme a imagem de Jesus (Romanos 8:29-30).

Realmente, os doentes serão curados e totalmente perfeitos! Todos os filhos serão transformados, aperfeiçoados, justificados e glorificados, tendo como modelo a pessoa de Jesus Cristo. E receberão um nome digno, eterno, dando-lhes glória e poder (Isaías 56:5; Apocalipse 2:17). Além do mais, Deus é verdadeiramente altruísta e quer repartir os seus bens. Ele deseja dividir a sua bondade, a compaixão, a benignidade, a fidelidade, a paz, a mansidão, a alegria e o amor. Contudo, não é só isso, há muitos outros bens que não são conhecidos e ninguém os imagina. São coisas grandiosas que não podem ser vistas com os olhos de carne, nem descritas e compreendidas com a inteligência humana.

Logo no Éden, Deus concedeu ao homem o livre-arbítrio, que é um fato evidente e indubitável. Adão e Eva escolheram entre dois caminhos. Eles decidiram trilhar no caminho do pecado e morrer, ainda que desagradasse a Deus. O pecado não vem de Deus, não lhe agrada e o deixa extremamente triste. Contudo, assim agiram, porque não eram fantoches.

Por mais que uma máquina impressione, seja fantástica e muito útil, ela jamais satisfará as necessidades emocionais e espirituais do ser humano. Deus também não quer uma máquina, mas um ser humano que possa amar e ser amado. E a máquina não se iguala ao homem. Como planejou dividir a sua vida, Deus criou pessoas, e nunca bonecos, autômatos ou robôs. Ele criou seres para amar e serem amados, inteligentes e morais. Criou-os para viverem juntos e unidos, formando uma verdadeira unidade entre Jesus e os seus discípulos (João 17:21-23).

Deus quer filhos e amigos para compartilhar o mesmo espaço, alegrarem-se e viverem felizes para sempre. Mas, a cada segundo, os homens tomam decisões sem a participação do conselho divino. Não são robôs com atitudes pré-programadas, eles agem com liberdade de decisão. Erram muitas vezes e acertam em outras ocasiões. E se amam verdadeiramente, fazem com o coração e não simplesmente com um abraço. Sim, o filho mais novo agiu de livre e espontânea vontade. Não fora coagido, nem obrigado. Por outro lado, o pai foi generoso, tolerante e compreensivo, pois atendeu ao anseio do filho, ainda que não fosse forçado e exigido pela lei.

4. No versículo 13, o filho mais novo partiu para "uma terra bem distante". Considerando que a parábola é uma comparação, a distância física criada por Jesus entre o pai e o filho pródigo representa a separação entre Deus e o pecador.

O filho apartou-se do pai, e a distância entre eles foi evidenciada e engrandecida por Jesus. É um detalhe que não altera a essência da parábola. Porém, dá-lhe maior expressão, acrescenta-lhe sentido e enriquece-a. O filho não simplesmente deixou a casa do pai, mas partiu para uma terra muito distante. Na imaginação do ouvinte, essa terra poderia ser a cidade de Roma, que distava em torno de 4.000 km de Jerusalém. A cidade era uma atração à parte para quem buscava diversão. Roma era famosa pelo entretenimento, com seus teatros, anfiteatros, circos e banhos públicos. Causava uma atração ainda maior, por ser a capital do império. O jovem queria alegria, prazer e curtição, o que lhe daria a suposta liberdade e distância do pai.

A parábola, por ser uma comparação, convida o leitor à imaginação. Se o direito de imaginar é dado, o pensamento do jovem era quanto mais longe melhor. Ele não queria a interferência do pai. Uma visita surpresa não seria bem-vinda. Frequentemente, tanto ricos como pobres iam de uma cidade à outra a pé[96] (Marcos 6:33). Ou, no caso dos ricos, através de carros carregados por escravos. Não era fácil vencer as distâncias naqueles dias. Entretanto, se transportadas para os dias atuais, as distâncias seriam relativamente encurtadas, e as viagens confortáveis e glamorosas. Até mesmo reduzidas a segundos, pelo uso da internet e da telefonia celular. O jovem que procura a sua liberdade não admitiria rastreamentos. Isolar-se-ia do mundo da tecnologia para não ouvir perguntas indesejadas. Como você está, em que lugar se encontra, quem são os amigos e o que

---

96. ROME TRANSPORTATION. **Cristalinks**, [on-line, s.d.]. Disponível em: <https://www.crystalinks.com/rometransportation.html>. Acesso em: 24 jan. 2022.

está fazendo seriam intromissões inadmissíveis. Quanto mais distante e sem comunicação, melhor. A sua liberdade não poderia ser fiscalizada, pois é dono de si mesmo e não admitiria opiniões contrárias.

Conselhos são vistos como invasão de privacidade e tentativa de dominação. Quando se abre os olhos, enxerga e tem lances de lucidez, muitas vezes já é tarde. Vê o mal que fez a si mesmo e não tem mais como reconstruir a vida. Está aprisionado e acorrentado pelos traumas e vícios. As feridas não cicatrizam, e as marcas são doloridas. A liberdade que tanto desejou transformou-se em escravidão cruel e implacável. O pecado não é mais opção, e sim uma verdadeira prisão.

O pecado separa o homem de Deus e é uma barreira humanamente intransponível. Esse obstáculo é também uma distância astronômica invencível. O telescópio espacial Hubble é digno de glórias, pois tem subjugado distâncias incríveis. Os mistérios de constelações e galáxias já morreram no passado. Agora, os homens podem passear entre as estrelas do céu[97]. Bilhões de anos-luz[98] não mais assombram e são totalmente alcançáveis. Contudo, a distância entre Deus e o homem continua insuperável porque é infinita e insondável. Com as suas próprias forças e inteligência, o ser humano não vencerá o pecado. É um muro que divide e uma parede que separa. Só o sangue de Jesus é que tem o poder de vencê-lo e destruí-lo. É Ele, Jesus, que tem o segredo da vitória. Através do sangue de Jesus, o pecador é purificado e aperfeiçoado, até que todos sejam uma unidade perfeita: o Filho, o Pai e você (João 17:21).

5. *Leia o texto de Isaías 59:1-2. E, então, verifique que a mensagem principal do texto é a separação que há entre Deus e o homem, por causa do pecado. Essa verdade poderia ser representada por três figuras: o Sol, representando Deus, a nuvem e o homem. A nuvem seria o elemento que separaria o homem de Deus, impedindo a comunicação vertical.*

A nuvem representa o pecado. E o Sol, o próprio Deus. O pecado é como uma nuvem densa que esconde a face de Deus dos homens. À semelhança da cúmulo-nimbo, é de grande espessura, causando escuridão por conta do bloqueio da luz divina. Ela chega a ter mais de quinze

---

97. TONIGHT'S SKY. **HubbleSite**, [on-line, s.d.]. Disponível em: <https://hubblesite.org/resource-gallery/learning-resources/tonights-sky>. Acesso em: 24 jan. 2022.
98. Unidade de distância usada em Astronomia. É definida como a distância percorrida pela luz durante um ano, aproximadamente 9,5 trilhões de quilômetros.

quilômetros de altura. É bela para alguns e assustadora para outros. Provoca tornados, tempestades de raios e enchentes, matando os mais vulneráveis. Logo, é uma oportuna figura do pecado, que é traiçoeiro, perigoso e incompassivo. Ele interrompe a comunicação entre os Céus e a terra. Não que os braços de Deus sejam muito curtos, e as suas mãos muito pequenas e presas. Se quisesse, eles alcançariam a terra. Nem os seus olhos são míopes, nem seus ouvidos obstruídos e surdos. A questão não está no poder de Deus. Na realidade, a salvação não chega até o homem porque a nuvem do pecado impõe restrições à ação do próprio Deus.

A solução para a barreira do pecado existe, e é verdadeira. Não vem do homem, nem de suas obras (Efésios 2:8-9). Vem do amor de Deus, que não tem prazer na morte do pecador (Ezequiel 33:11). De certeza, o seu coração não é insensível e chora intensamente por conta do pecado e da dor do ser humano.

É verdade, o amor de Deus é tão grandioso que se torna ininteligível e indecifrável! Ele enche os céus e atinge o fim do universo, fugindo os seus limites ao campo visual do homem. Conhecendo as restrições humanas, e a sua visão apertada, o amor de Deus é, então, encolhido e contido em Jesus, o Filho de Deus. Agora, contraído e encarnado, sem a necessidade de telescópios, e, portanto, visível a olho nu, ali na cruz, de braços abertos, o amor é lido: Aquele que venceu o pecado. A nuvem se dissipou, o céu se abriu e a luz de Deus apareceu para aqueles que se arrependeram do seu pecado e creram na restauração de suas vidas através do Espírito Santo (Atos 2:38; 16:31).

9.
A PARÁBOLA DO FILHO PRÓDIGO 2
(Lucas 15:11-32, ACF)

11 E disse: Um certo homem tinha dois filhos; 12 E o mais moço deles disse ao pai: Pai, dá-me a parte dos bens que me pertence. E ele repartiu por eles a fazenda. 13 E, poucos dias depois, o filho mais novo, ajuntando tudo, partiu para uma terra longínqua, e ali desperdiçou os seus bens, vivendo dissolutamente. 14 E, havendo ele gastado tudo, houve naquela terra uma grande fome, e começou a padecer necessidades. 15 E foi, e chegou-se a um dos cidadãos daquela terra, o qual o mandou para os seus campos, a apascentar porcos. 16 E desejava encher o seu estômago com as bolotas que os porcos comiam, e ninguém lhe dava nada. 17 E, tornando em si, disse: Quantos jornaleiros de meu pai têm abundância de pão, e eu aqui pereço de fome! 18 Levantar-me-ei, e irei ter com meu pai, e dir-lhe-ei: Pai, pequei contra o céu e perante ti; 19 Já não sou digno de ser chamado teu filho; faze-me como um dos teus jornaleiros. 20 E, levantando-se, foi para seu pai; e, quando ainda estava longe, viu-o seu pai, e se moveu de íntima compaixão e, correndo, lançou-se-lhe ao pescoço e o beijou. 21 E o filho lhe disse: Pai, pequei contra o céu e perante ti, e já não sou digno de ser chamado teu filho. 22 Mas o pai disse aos seus servos: Trazei depressa a melhor roupa; e vesti-lho, e ponde-lhe um anel na mão, e alparcas nos pés; 23 E trazei o bezerro cevado, e matai-o; e comamos, e alegremo-nos; 24 Porque este meu filho estava morto, e reviveu, tinha-se perdido, e foi achado. E começaram a alegrar-se. 25 E o seu filho mais velho estava no campo; e quando veio, e chegou perto de casa, ouviu a música e as danças. 26 E, chamando um dos servos, perguntou-lhe que era aquilo. 27 E ele lhe disse: Veio teu irmão; e teu pai matou o bezerro cevado, porque o recebeu são e salvo. 28 Mas ele se indignou, e não queria entrar. 29 E saindo o pai, instava com ele. Mas, respondendo ele, disse ao pai: Eis que te sirvo há tantos anos, sem nunca transgredir o teu mandamento, e nunca me deste um cabrito para alegrar-me com os meus amigos; 30 Vindo, porém, este teu filho, que desperdiçou os teus bens com as meretrizes, mataste-lhe o bezerro cevado. 31 E ele lhe disse: Filho, tu sempre estás comigo, e todas as minhas coisas são tuas; 32 Mas era justo alegrarmo-nos e folgarmos, porque este teu irmão estava morto, e reviveu; e tinha-se perdido, e achou-se.

CURIOSIDADES

A lei mosaica fazia separação entre animais limpos e imundos. Aqueles que eram considerados imundos, como é o caso do porco[99] (Levítico 11:7-8), não poderiam servir de alimento nem sequer ser tocados. E se alguém, mesmo por descuido, tocasse algo imundo, essa pessoa seria imunda e culpada (Levítico 5:2). O consumo da carne de porco era símbolo de rebeldia e apostasia (Isaías 65:4). O porco era desprezível (Provérbios 11:22), e até pronunciar o seu nome era indigno, a exemplo de escritos judaicos, como o Talmude, que substituía o nome "porco" pela expressão "uma outra coisa". Se algum tirano e pagão quisesse humilhar um judeu, era só forçá-lo a comer a carne de porco. A criação de porcos era proibida, bem como mantê-los dentre os rebanhos de Israel. Por engordarem e crescerem rapidamente, os criadores de porcos eram comparados aos agiotas, que enricavam facilmente com a cobrança de juros extorsivos, prática condenada pela lei (Levítico 25:35-37).

1. Na parábola criada por Jesus, o filho mais novo partiu para uma terra bem distante. Dentre os versículos abaixo, indique aquele que reforça a ideia de que o lugar era bem distante da casa do fazendeiro (pai)? Explique a sua resposta.

(14) (15) (17) (18) (19) (20)

---

[99]. HIRSCH, E. G.; CASANOWICZ, I. M. Swine. **Jewish Encyclopedia**, [on-line, s.d.]. Disponível em: <https://www.jewishencyclopedia.com/articles/12289-pork>. Acesso em: 24 jan. 2022.

A OFICINA DE JESUS

2. Quais as cinco características da pessoa que se distancia de Deus? Você as encontrará no caça-palavras abaixo. Elas estão sugeridas nos versículos 13, 14, 15 e 16 da parábola:

13 _____

14 _____

14 _____

15 _____

16 _____

S	E	R	B	O	T	U	I	A	R
A	I	F	A	M	I	N	T	D	O
T	R	O	P	I	V	S	U	A	L
A	I	N	H	O	D	E	R	N	O
T	N	E	G	A	X	T	A	O	R
N	A	G	I	D	O	R	P	D	L
I	R	A	C	N	I	B	O	N	A
M	I	O	R	U	F	O	B	A	G
A	L	E	I	M	A	A	R	B	O
F	A	M	I	I	T	A	E	A	L

3. Através do exemplo do filho pródigo, particularmente os versículos de 17 a 19 da parábola, Jesus sugere que há três condições para alguém se reaproximar de Deus. Quais são elas?

			E							O

			L			E	

C							O

4. Leia o versículo 20 e escolha a atitude do pai que melhor expressou o seu amor pelo filho. Por quê? A resposta deve ser representada por uma das figuras abaixo:

5. Como vai a sua criatividade? Suponha que a parábola do filho pródigo é sua e que você construiu dois finais a mais para a história. A 1ª opção é exatamente a que está registrada em Lucas. Imagine e descreva mais dois finais para a parábola, mas agora não tão felizes. Na vida real, poderia haver outro desfecho? Pense e seja criativo, considerando as condições abaixo:

2ª opção – inalterável até o versículo 16, com outro final a partir do versículo 17.

3ª opção – inalterável até o versículo 19, com outro final a partir do versículo 20.

A PARÁBOLA DO FILHO PRÓDIGO 2 (Lucas 15:11-32, ACF)

1. Na parábola criada por Jesus, a referência à criação de porcos indica e reforça a ideia de que o lugar para onde o filho mais novo partiu era bem distante da casa do seu pai. Essa distância geográfica entre o filho mais novo e seu pai, sugerida pelo cultivo de porcos, é uma dedução do versículo 15.

O jovem juntou tudo o que tinha e foi para uma terra distante, apartando-se do pai. A separação entre o jovem e o seu pai é uma ilustração do pecador que se afasta moral e espiritualmente de Deus.

A paráfrase da parábola do filho pródigo registrou a ideia de que o filho mais novo foi para um país que ficava muito longe (Lucas 15:13, NTLH). Essa ideia de longa distância vem do termo grego *makros*, que só aparece seis vezes no Novo Testamento. Ele foi usado também na parábola dos dez servos e das dez minas, indicando, provavelmente, a distância entre a capital do império romano e a Palestina, entre o trono de Deus e a terra (Lucas 19:12).

Como há referência à criação de porcos, a ideia sugerida é alguma região de gentios. A criação de porcos não era permitida aos judeus. Assim, é provável que Jesus tenha insinuado a ida do jovem para outra região, onde essa prática era aceita e comum, a exemplo de Roma. A capital do império era a candidata mais proeminente para ganhar os olhos do jovem pródigo e ávido por diversão. Além de ser muito distante, os cidadãos de Roma tinham grande apreço pela carne de porco, a qual não faltava às suas mesas. Por outro lado, os porcos também eram utilizados nos sacrifícios aos deuses pagãos.

As estatísticas arqueológicas provam que o porco andou pelas terras hebraicas, particularmente o porco selvagem (Salmo 80:13). Se é verdade, como está evidenciado, certamente foi por conta da influência cultural de povos gentílicos.

A região norte de Israel, bastante citada na Bíblia por causa do seu mar e das cidades de Cafarnaum, Nazaré e Caná, ficou conhecida como a Galileia dos gentios (Mateus 4:15)[100]. Essa denominação apareceu em razão de sua posição geográfica. Como fazia fronteira com outras nações, facilitava a imigração de estrangeiros para dentro das terras judaicas.

---

100. MATTHEW 4:15, COMMENT. **Bible Hub**: search, read, study the Bible in many languages, [on-line, s.d.]. Disponível em: <https://biblehub.com/commentaries/matthew/4-15.htm>. Acesso em: 24 jan. 2022.

O episódio contado pelo evangelista Mateus (Mateus 8:28-34), quando demônios entraram em porcos, aconteceu em uma cidade autônoma, conhecida como Gadara[101], na região helênica a leste do rio Jordão. Essa região era conhecida como Decápolis e mantinha aspectos culturais gregos, como religião e jogos. Sua população era predominantemente gentílica, pagã e hostil aos judeus.

De fato, o porco era considerado um animal imundo pela lei de Moisés. Ela proibia a degustação de sua carne, bem como o manuseio do seu corpo morto. A lei é muito clara ao proibir qualquer toque no seu cadáver (Levítico 11:8). E tudo que sobre o cadáver caísse e nele tocasse ficaria impuro (Levítico 11:32). É provável também que não fosse permitido manuseá-lo enquanto vivo. Escritos judaicos posteriores, como o Talmude[102], deixaram claro que a criação de porcos era abominável[103]: "Maldito é aquele que cria porcos" (Menachot 64b:7).

Até na cultura brasileira, a palavra porco não soa bem. Apesar de sua carne ser bem-aceita, às vezes o porco é usado com sentido depreciativo. Sugere imundície, maus hábitos, imoralidade e obscenidade.

Longe de Deus, a pessoa iguala-se aos porcos. Quem se afasta da luz aproxima-se da escuridão. E quem se distancia de Deus faz acordos com a mentira, o engano, o pecado e o diabo (Salmos 10:7; 2 Timóteo 3:2-4). A mentira deixa de ser mentira e não é mais nociva aos relacionamentos. Ela é a solução para muitos conflitos, pequenos e grandes impasses. Não constrange, não envergonha, ao contrário, enaltece quem a usa e dá honrarias a quem a prestigia. Frases prontas, tais como "não está em casa", "estou desempregado", "deu uma saidinha", "viajou", "estou doente", "não me pagaram ainda", "não tive tempo para nada" e tantas outras, são respostas geniais, pelo menos para quem relativiza a mentira. Tudo se torna relativo e a verdade de Deus é desprezada. Ao mal chamam bem e ao bem chamam mal (Isaías 5:20-22). Como porco, banham-se na lama. A crise moral instala-se e não há mais pudor nas palavras, nos gestos e nos hábitos.

---

101. GOTTHEIL, R.; KRAUSS, S. Decapolis, the ("ten city"). **Jewish Encyclopedia**, [on-line, s.d.]. Disponível em: <https://www.jewishencyclopedia.com/articles/5035-decapolis-the>. Acesso em: 24 jan. 2022.

102. Uma coleção de livros sagrados dos judeus como complemento ao Antigo Testamento, composta de tradições orais, discussões rabínicas sobre a lei mosaica, os costumes e a história do judaísmo.

103. CURSED IS HE WHO RAISES. **Sefaria**, [on-line, s.d.]. Disponível em: <https://www.sefaria.org/search?q=cursed%20is%20he%20who%20raises%20&tab=text&tvar=1&tsort=relevance&svar=1&ssort=relevance>. Acesso em: 24 jan. 2022.

Um dos exemplos de mau caráter na Bíblia são os filhos de Samuel. O profeta trouxe o recado divino que condenou duramente os atos espúrios de Hofni e Fineias, filhos do profeta Eli (1 Samuel 2:12-17,34). No entanto, o próprio profeta Samuel enfrentaria mais tarde a mesma situação em sua casa. Joel e Abias eram juízes sobre Israel, avarentos e mesquinhos, sem escrúpulos, subornavam o povo e julgavam de acordo com os seus interesses (1 Samuel 8:2-3). Eram homens públicos imorais e foram desprezados pelo povo.

Na imaginação de cegos morais e espirituais, as atitudes indecorosas, indecentes, depravadas e lascivas são virtudes que são dignas de prêmio e louvor, razão de ser vaidosos e orgulhosos. Contam-se vantagens, mas não sabem e não veem que um buraco se afunda. Disputa-se quem mais e melhor se suja, mas não percebem o abismo que se agiganta. Em um piscar de olhos, estarão na cova e a morte os assombrará (Provérbios 14:12).

Não há como se afastar de Deus sem aproximar-se do pecado. Só há duas extremidades, Deus e o diabo. Ou está lá ou cá. É lei e, por isso, não falha, quem se aparta de Deus e da sua Palavra faz as pazes com o pecado. A amizade com o pecado estreita-se, cria laços e aprofunda-se até a destruição completa.

Com certeza, você já percebeu que o pecado é insaciável. Se você fizer opção pelo pecado e consumir o mal, sentirá uma sede e fome excessivas e incontroláveis. Ainda que compre o mundo, isso não satisfará. É sinal de que está doente espiritualmente. A sua mente será perturbada por desejos insistentes, vergonhosos e maus. Ao contrário, ocupe-se, então, com bons pensamentos e atitudes louváveis, aproxime-se de Deus, que a paz, o equilíbrio e o autocontrole dominarão o seu coração (Filipenses 4:8).

2. As cinco características da pessoa que se distancia de Deus são: PRÓDIGA, POBRE, FAMINTA, IMUNDA e ABANDONADA. Elas são sugeridas nos versículos 13, 14, 15 e 16 da parábola.

A Bíblia é como um caça-palavras, tudo o que você quer e precisa está em algum lugar, é só abri-la e procurar. Se não encontrar hoje a resposta que deseja, é só ter paciência, dar um tempo e, talvez, amanhã você a achará. Quando encontrar a parábola do filho pródigo, verá que é pobre, faminto e imundo aquele que se afasta de Deus.

Ninguém duvida de que o grande tesouro e fortuna que herdamos de Deus é a vida. De fato, nada se compara à vida. A sensação de ser e existir, a consciência de fazer parte do mundo, de haver sido criado com dons e talentos é inigualável. A prova está no patrimônio que a humanidade tem construído ao longo de sua existência. Sim, tudo é devido à inteligência, à razão e à vida dada por Deus.

O ser humano foi criado para interagir com Deus, falar com o seu Criador, ser agradável ao Senhor, dar-Lhe prazer e alegria, servi-Lo e amá-Lo (Efésios 1:5-6; 11-12). Ainda, o ser humano foi criado para ser um só coração e uma só alma com Deus, em uma união completa e perfeita. Essa união entre o homem e Deus é comparada à unidade entre o Pai e o Filho (João 14:20; 17:21). Na oração de Jesus, Ele suplicou que seus discípulos fossem perfeitos em unidade com o Pai e com o Filho. Que coisa tremenda! Essa missão é insubstituível.

Nenhuma criatura do universo é capaz de substituir o homem, pois estamos a anos-luz de distância de qualquer ser criado. A posição e função do ser humano e a sua glória diante de Deus e do universo são extraordinárias. O homem é verdadeiramente a coroa da criação. Ele é um ser moral e espiritual, criado para ser e refletir a imagem de Cristo, a fim de estarem ligados e unidos. Conectados em propósitos, caráter, santidade e amor, serem íntimos e amigos. Isso é glorificar a Deus!

Quando se usa a inteligência, os dons e talentos, a própria vida para coisas vis, mesquinhas e abomináveis, equivale ao filho pródigo. A qualidade de pródigo é dilapidar o que tem. Ele esbanja, dissipa, gasta com coisas inúteis e destrói o que possui.

É isso mesmo, a pessoa que não anda de acordo com os ensinamentos bíblicos desperdiça toda a riqueza da vida que herdou de Deus. Quem se afasta de Deus é forçado a gastar a sua vida com futilidades e coisas indignas, baixas e até obscenas. Mas se olhar por certa ótica, o que você recebeu e ganhou não é seu. Você não é dono de nada, é apenas um mordomo. Dilapidar o que está nas suas mãos, mas não é seu, é ainda pior. Nada é seu, tudo é emprestado e será cobrado.

A liberdade que alguém alcança é para fazer o bem, ainda que possa fazer o mal. Todas as coisas indignas serão registradas, e uma a uma serão cobradas. O homem fala com Deus e diz: "Eu sou dono de mim mesmo, tudo é meu, portanto farei assim e assim". Não sabe ele que é livre para fazer o bem[104]. Se desobedecer e desonrar o Criador e não lhe der alegria nem prazer, cada má ação terá um preço elevado. O dia chegará em que cada centavo será exigido, seus bens serão confiscados e tolhida a sua liberdade.

A pessoa desperdiça a sua própria vida, os seus dons e talentos, quando se entrega ao pecado e desobedece ao seu Criador. E, por isso, é pródiga, ainda que acumule e conserve muita riqueza material. Como consequência, torna-se nua, pobre e faminta espiritual.

O discípulo Judas, escolhido por Jesus, com um futuro promissor, cheio de vida e talentos, entregou-se à ganância, à avareza e ao lucro desonesto. Ele comia da injustiça (Mateus 26:15-16; João 12:6). Era para ser luz, mas preferiu as trevas. Nu de hombridade, pobre de paz e justiça, sem entender a vida e o seu propósito, perdeu tudo o que tinha. Atormentado pela consciência, perdeu a alegria de viver, viu-se derrotado, espoliado pelo inimigo e com as próprias mãos destruiu a sua vida (Mateus 27:3-5).

O rei Saul é mais um exemplo de miséria espiritual. Ungido pelo Senhor, homem belo e alto, a todos sobressaía (1 Samuel 9:2). Deus escolheu a Saul dentre todos os filhos de Benjamim. Ele seria abençoado por Deus e transformado em um novo homem (1 Samuel 10:6-7). Entretanto, seguiu a usura, a mentira, a feitiçaria e o mal. Despiu-se das vestes humildes e ostentou-se de arrogância e ousadia. A consequência foi um desastre: a desobediência a Deus empobreceu o seu caráter. Era cheio de vigor, um homem com habilidades notáveis, mas destruiu a sua própria vida.

Saul enveredou por caminhos maus e tomou para si coisas proibidas. Quando foi confrontado por Deus, dissimulado e com astúcia, logo fingiu que tudo o que havia conquistado era para o próprio Senhor. Ovelhas e vacas, o melhor do que o povo havia despojado seria oferecido como oferta de holocaustos. Mas Deus não é surdo, cego e mudo, como os ídolos de pau e pedra. Conhecendo o coração de Saul, o Senhor o desprezou e rejeitou os seus argumentos (1 Samuel 15:17-23). Como prêmio, o rei viu fugir de suas mãos o reino e a riqueza. Quem se alegra em descer a ladeira da fama? Desprovido de honradez e esperança, perdeu também a paz e a alegria, viveu

---

104. A liberdade de escolha entre o bem e o mal foi dada a Adão e a todo ser humano. Se optar pelo mal, a justiça de Deus será revelada através da condenação do ímpio. Se optar pelo bem, a justiça de Deus será manifestada através da salvação do crente. A existência do mal evidencia a misericórdia, o amor, a justiça, a perfeição e o poder de Deus, tudo é revelado através da salvação do justo e da perdição do ímpio (Gênesis 2:16-17; 3:6; Deuteronômio 30:15-18; Mateus 7:13-14).

atormentado, inseguro e com medo do futuro. Não aceitou os desígnios e a decisão do Criador. Assim, perseguiu o seu sucessor, o jovem Davi. Até que desistiu da vida, lançando-se sobre a espada.

A insistência no erro levou o rei Saul a total derrota. Perdeu o seu pajem, os filhos, os seus homens e a própria vida. Tudo lhe foi tomado (1 Samuel 31:4). Quem constrói a vida sem Deus, um dia a casa cede e desmorona, perde tudo o que tem e o que não tem.

Quem foge de Deus entrega-se ao prazer à procura do sentido da vida. Junta-se a porcos, acostuma-se à lama e à fedentina, e torna-se imundo. A sua alegria é transitória e fugitiva. Certa vez o Senhor Jesus perguntou: "Louco, esta noite te pedirão a tua alma, e o que tens preparado para quem será?" (Lucas 12:20, ARC). Essa pergunta será sempre atual de Adão até a última geração. Na época de Noé, "comiam, bebiam, casavam e davam-se em casamento", uma referência à distração, entretenimento e prazer naqueles dias. Estavam hipnotizados pelo mal e sedados pelo prazer. Como loucos, envolvidos por um mundo utópico, não perceberam a destruição que estava por vir. Veio o dilúvio, as águas da morte e destruição, e arrancou-lhes tudo. Seus corpos foram entregues aos bichos, e até uma cova não lhes foi dada. Como animais desprezados, sem lamúria nem ais, apodreceram ao relento.

Quem ignora Deus e o abandona ganha muitos amigos. Porém, amigos da perdição e do mal. Na verdade, são inimigos e não sabem o que é o perdão, a tolerância, a honestidade, a bondade, a misericórdia e a justiça. E sem dignidade, os relacionamentos não podem ser construídos. Se falam o bem à frente, traem pelas costas.

Quem despreza Deus sente-se abandonado, pois ninguém lhes é confiável. Realmente, o mundo é cruel e interesseiro, e a pessoa que se afasta de Deus experimenta dias de solidão e verdadeiro descaso. As pessoas que a cercam são também pobres, miseráveis de caráter, imundas moral e espiritualmente e não podem oferecer o bem que não possuem. Os inimigos se multiplicam, a paz demite-se, a insatisfação instala-se na alma e no coração.

3. Através do exemplo do filho pródigo, particularmente os versículos de 17 a 19 da parábola, Jesus sugere que há três condições para alguém se reaproximar de Deus. Elas são ARREPENDIMENTO, HUMILDADE e CONFISSÃO.

Quando o filho pródigo acordou para a realidade e saiu de sua demência espiritual, abriu os olhos e viu o seu estado de pobreza e miséria. Ele estava com fome, imundo e abandonado. Parou um pouco e pensou, refletiu e fez uma autoanálise. Lembrou-se do passado, do que tinha e como era tratado. Pesou tudo na balança, o presente e o passado, e viu que as loucuras da juventude, a busca do prazer pelo prazer e o destrato com quem ama e cuida de verdade não valiam a pena.

Só quem é humilde olha para baixo e para trás, vê o quanto andou, os buracos em que entrou, mas saiu. Em um gesto de coragem, simplicidade, modéstia e respeito, abre bem os olhos e reconhece o seu erro. Entende que as estradas pavimentadas e em boas condições são a melhor opção da vida. A jornada é mais tranquila e sem sustos.

Quem não é capaz de humilhar-se diante de quem ofendeu é orgulhoso. O orgulho é uma montanha entre a pessoa e Deus. Ninguém se aproxima de Deus sem fazer uma autoanálise. Como o jovem procedeu, é necessário que a pessoa se volte para si mesma, caia em si, enfrente suas próprias angústias, dúvidas, medos e anseios, reconhecendo as suas fraquezas e os seus pecados.

O arrependimento é o princípio do processo de salvação. Sem arrependimento não há transformação. É necessário coragem e determinação para assumir a culpa e o erro. É preciso ter disposição para pedir perdão.

O termo hebraico *shub* é encontrado 1.056 vezes no Antigo Testamento com múltiplos significados[105]. É converter-se, voltar atrás, como no texto a seguir: "Deixe o ímpio o seu caminho, e o homem maligno os seus pensamentos, e se converta ao Senhor, que se compadecerá dele; torne para o nosso Deus, porque grandioso é em perdoar" (Isaías 55:7, ACF).

No novo Testamento, o termo grego correspondente é *metanoeó*, o qual aparece 34 vezes. É arrepender-se, uma mudança de mente e do interior. Em seu discurso no dia de Pentecostes, Pedro disse: "Arrependei-vos, e cada um de vós seja batizado em nome de Jesus Cristo para perdão dos pecados" (Atos 2:38, ARC).

O jovem caiu dentro de si mesmo e levantou-se cabisbaixo para seguir o caminho de volta. Resoluto, porém envergonhado, ensaiou as suas palavras para encarar a ira de seu pai e receber a justa recompensa. Repetiu

---

105. SHUB. **Bible Hub**: search, read, study the bible in many languages, [on-line, s.d.]. Disponível em: <https://biblehub.com/hebrew/7725.htm>. Acesso em: 25 jan. 2022.

e repassou o pedido de perdão, treinou o quanto necessário até avistar o pai de longe. Com o coração pesado, mas humilde e consciente do pecado que cometera contra o próprio pai da terra e do Céu, reconheceu a sua dívida. Ele confessou que não era digno de ser chamado seu filho.

Colocar para fora um pedido de perdão, uma confissão, é um ato dos mais nobres. Porém, é muito difícil e raro. As entranhas se fecham, a língua trava, a boca não se abre, uma só palavra não ecoa. É verdade, confissão parece derrota, e é tão penosa, mas é o caminho da vitória. Quando se fala e se confessa a culpa, o delito e a transgressão, a alma é lavada, é purificada e enche-se de paz.

O jovem confessou o seu pecado, não exigiu nada como no passado, apenas reconheceu que não tinha direitos. E se alguma coisa ainda possuía, era apenas o amor do seu pai. O homem faz loucuras, maltrata o seu pai, mas quando lembra a sua fidelidade, o quanto fez e o carinho que lhe deu, arrepende-se de haver desprezado o seu amor. Quando compara o egoísmo e ambição dos seus amigos com o altruísmo e a afeição do seu pai, geme de dor pelo desatino cometido.

O discípulo de Cristo precisa ser humilde, reconhecer-se pequeno, ver-se mordomo da vida e de tudo que tem. Você é humilde e submisso ao Criador, obedecendo-lhe em tudo? A sua resposta deve ser sim, pois a rebeldia é loucura e apressa a ira do Senhor.

4. Ao ler o versículo 20 da parábola, conclui-se que a atitude e o gesto do pai que melhor expressou o seu amor pelo filho é a CORRIDA.

Lançar-se sobre o pescoço como expressão de afeto e vívido abraço, bem como o beijo ardoroso na face, manifestam toda a compaixão e amor por um filho. A condição em que o jovem se encontrava não era favorável à demonstração de carinho. Com marcas e sinais de sofrimento, moribundo, com a mala vazia de alegria, paz e felicidade, ainda abatido e falido, como encarar o pai? Delapidou o patrimônio do pai, arriscou a própria vida, o que esperar, a não ser indignação e ira? Ele havia desperdiçado os bens do seu pai, maculado o nome da família, entretanto nada disso anulou o sentimento do pai. O que ele sentia era compaixão, amor, uma vontade imensa de abraçá-lo e beijá-lo, de dar-lhe uma outra chance.

A criatividade de Jesus foi imensa, e muito mais intensa foi a cena da corrida. Quando o pai o viu de longe, correu imediatamente. Correu para lançar-se ao seu pescoço e beijar-lhe a face. Que espetáculo! O filho cabisbaixo, envergonhado, temeroso e trêmulo, mas decidido a enfrentar qualquer resquício do seu próprio orgulho e a fúria do pai. Então, resoluto para confessar os seus pecados, não parou, e seguiu em direção do pai. Do outro lado, a esperança que nunca morre, a crença em um milagre, um pai amoroso e pronto a perdoar. O pai avistou o filho ao longe, saiu correndo e lançou-se-lhe aos seus braços. Nada mais expressa tão grande compaixão e amor pela alma perdida. Jesus externou o mais sublime e excelso amor que estava e está no seu coração e no coração do Senhor Deus e Pai.

Um dos hinos mais cantados do cantor cristão inicia-se assim: *"Que grande amor, excelso amor, que Cristo nos mostrou... Louvemos tão grande amor! Sim, tão grande amor que Cristo assim nos manifesta; que maravilha de amor, que nos trouxe para Deus"*. A maior demonstração de amor do Pai é a cruz. Porém, antes mesmo da cruz, Deus já provara o quanto amava o pecador (Isaías 49:15; Jeremias 31:3; Oseias 11:1). Veja como Deus ama você e por que você o ama:

Havia um reino e um príncipe. A alteza era muito jovem, cortês e gentil, bela e atraente. O seu palácio era deslumbrante e majestoso e, às margens de um caudaloso rio, estava em um lugar privilegiado. Dos seus aposentos, avistavam-se campinas, floridos jardins, lagos e a vila dos servos. Com a sua luneta de ouro puro, flertava pássaros encantados, tulipas, amores-perfeitos, rosas e azaleias.

Certo dia, a visão focada e aumentada, cortejou uma jovem. Era de tenra idade, formosa, de traços meigos e sedutores, ainda pueril e inocente. Era filha de servos, passeava pelos jardins, um amor-perfeito em meio às flores, um botão de rosa cuidando das rosas do rei. E o amor rebentou sem explicações, invadiu sem pedir licença e foi um amor à primeira vista.

O jovem príncipe, todas as manhãs se punha à janela e acompanhava os passos daquela linda flor que não esquecia. Era bela e maravilhosa, e, a cada dia que se passava, a chama mais ardia e consumia o seu coração.

Dias se passaram, anos foram-se embora. Mas o terno e intenso amor só aumentava. Até que um dia, com aquele amor ardendo no peito, o príncipe tomou o seu cavalo e cavalgou ao encontro da jovem. Agora a moça era uma mulher graciosa e encantadora. E ali mesmo, cercando-a a trotes curtos, debruçando-se, declarou-lhe o quanto a amava.

A jovem parou, olhou para os lados, a ninguém mais viu e espantou-se. Maravilhada e assustada, não sabia o que dizer. Entretanto, indagou:

– Eu mesma? É comigo? Um jovem tão belo e gentil, rico e poderoso, herdeiro do trono e do reino, como amar uma serva tão insignificante?

Mas o jovem insistia e dizia o quanto a amava, que era linda e delicada. Ele fazia promessas, e desceu do seu cavalo e da sua estirpe, e ajoelhava-se, e estendia seus braços, e dizia:

– Ah como o meu amor é eterno por você!

Esse amor infinito invadiu os olhos e os ouvidos da jovem mulher, apossou-se do seu corpo e começou a sufocar-lhe. O amor entrou como fogo e consumiu o seu interior. Seu coração bateu mais forte, e o amor correu pelas suas veias. Trêmula e sufocada pela declaração, começou a sentir uma atração enorme pelo príncipe. Aquele herdeiro do trono era fascinante e envolvente. O seu coração era de ouro, com rubis, esmeraldas e diamantes, a maior riqueza do reino.

Os pensamentos se cruzaram, as ideias se misturaram, e não sabia se era paixão, amor ou carinho. Apenas sentia que era algo novo, e como fogo, era irresistível e tremendo. O coração daquela que seria a mais nova princesa do reino foi plenamente dominado. Os dois encontraram-se e foram feitos um para o outro. E como toda história de romance de final feliz, amaram-se e foram felizes para sempre.

A parábola do filho pródigo é uma declaração de amor de Deus por você. Qual é a sua reação, então? Deus nos conquistou porque nos amou primeiro. Ele nos declarou o seu amor, por isso o amamos. Foi por conta do seu amor imenso e infindo que aprendemos a amar a Deus (1 João 4:19).

Sim, o amor de Deus é irresistível, fascinante e invencível para aqueles que veem, ouvem e entendem o quanto Ele os ama. As suas eternas palavras, os seus gestos incríveis, como o próprio retrato da cruz, o consolo, a proteção e o perdão, tudo revela o seu grande e profundo amor pelo pecador. Do alto da cruz, de braços abertos e com o coração partido, inclinou a sua cabeça e fez a maior declaração de amor da história da humanidade. Que grande amor é esse, o amor de Deus?

5. Como vai a sua criatividade? Suponha que a parábola do filho pródigo é sua e que você construiu dois finais a mais para a estória. A 1ª opção é exatamente a que está registrada em Lucas. Na vida real, poderia haver outro desfecho. A parábola do filho pródigo poderia ter outro final não tão feliz. A criatividade precisa ser realista. Os outros finais poderiam ser representados pelo menos de duas formas. A 2ª opção seria assim: E se o filho voltasse e dissesse ao pai: "Pai, já gastei tudo o que você me deu. A divisão foi errada, faltou-me uma parte, e preciso que a refaça. Tenho meus direitos e não posso abdicá-los". A dor cortaria o peito e invadiria o coração do pai, que, decepcionado, derramaria lágrimas de frustração. O seu coração se partiria em dois, três... infindáveis pedaços de amargura e tristeza, e com muita paixão e amor não entenderia tamanha ingratidão. A 3ª opção seria assim: E se o pai, ao ver o filho ao longe, aguardasse-o chegar, e antes mesmo de ouvi-lo, dissesse: "Como você está moribundo! Onde estava? O que fez? E a herança que lhe dei? Gastou com meretrizes, festas e jogos? Você é um desequilibrado, tolo e pródigo, desperdiçou todo o meu esforço e sacrifício! Por acaso você poderia imaginar o quanto lutei? Gastei minha vida para dar-lhe educação, conforto e uma boa vida, por que fez isso, meu filho? Você não é digno do pai que tem. Agora, não entrará na minha casa e viverá por sua própria conta". O filho sairia arrasado, chorando por dentro e por fora. Arrependido, com remorso e imensa tristeza. Não deveria ter praticado tamanha loucura. Mas agora já era tarde. Perdeu tudo, não havia mais herança, foram-se embora pai e irmão. O que restou foi a solidão, amargura e lutas infindáveis.

A cobrança do filho por mais recursos, alegando uma partilha equivocada, não seria um final impossível. Em vez de festa, luto por um filho que não reviveu. Muitos filhos roubam e matam os seus próprios pais. Usurpam a sua paz, a harmonia, o equilíbrio financeiro, o sono e desprezam quem mais os ama. Orgulhosos, empinam o nariz e dizem que são livres, donos de suas próprias vidas, e que não devem satisfação. Há um ditado que diz: "Filho criado, trabalho dobrado". Muitas vezes, é multiplicado. Não só o trabalho, mas a dor, a decepção, o desgosto e o choro.

Os filhos são como a alma dos pais, não se separam, ainda que estejam a anos-luz de distância. Você que é filho, não despreze o seu pai. Você que foi criado por Deus, volte-se para Aquele que o ama com amor eterno. Mesmo que seja real e possível, nem sempre é assim, há histórias incríveis e dignas de louvor. Muitos compreendem uma das regras basilares da vida: "Honra a teu pai e a tua mãe para que se prolonguem os teus dias" (Efésios 6:1-3; Colossenses 3:20).

A mesma atitude de desprezo para com Deus é inaceitável. Ele repartiu a vida com todos, deu muitas bênçãos e também privilégios. Como o sol e a chuva, que sobre todos alcançam, o seu amor e cuidado, a sua proteção e amparo, tudo é derramado abundantemente. Ele não acrescenta dores, mas enriquece a quem o busca (Provérbios 10:22). Que ninguém faça como o filho pródigo, mas se fizer, que se volte para o Pai, humilhe-se, arrependa-se e confesse os seus pecados Àquele que é suficientemente capaz de perdoar.

Por outro lado, a cobrança do pai, lançando diante do seu filho os seus graves erros, bem como o quanto gastou e lutou para que tivesse uma vida digna, também não seria um final impossível. Haveria algo mais real do que isso? Um pai revoltado com as atitudes levianas, insensatas e pródigas de um filho? Não é incomum. Há muitos filhos que não dão valor aos esforços de seus pais. Não sabem nem entendem como a vida se desenrola. E não valorizam o quanto eles se sacrificam. Às vezes não sabem o preço de nada, quanto vale uma refeição ou mesmo o custo de uma noite maldormida. Com certeza, a visão do jovem é míope e limitada. Assim, é melhor aprender logo cedo que obedecer e honrar os pais é o caminho da paz, dos acertos, da segurança e da felicidade (Provérbios 6:20-23; 19:16).

De outra perspectiva, o pai deve lembrar-se de que foi jovem. Acertou, mas errou (Salmos 25:7). Ainda que tenha mais acertos do que erros, deve lembrar-se de Jesus e comparar-se a Ele. Ele, o Cordeiro Jesus, santo e perfeito, sacrificou-se por nós.

Você é um pecador miserável e indigno, não deveria ser chamado de irmão e filho de Deus. Irmão de Jesus, o Filho de Deus. Quem despreza Deus age como pródigo, gasta dons e talentos para o seu próprio deleite, diverte-se com o pecado (Provérbios 10:23). É mesquinho, miserável, desobediente, e, não poucas vezes, entristece muito o seu bondoso Pai. Felizmente, a história foi outra. Ele não indagou, não questionou o que você fez, por onde andou e por que agiu loucamente. Em silêncio, apenas morreu por você, dizendo: – Eu o amo, volte para a nossa Casa.

10.
A PARÁBOLA DO FILHO PRÓDIGO 3
(Lucas 15:1-2, 21-24, ACF)

11 E disse: Um certo homem tinha dois filhos; 12 E o mais moço deles disse ao pai: Pai, dá-me a parte dos bens que me pertence. E ele repartiu por eles a fazenda. 13 E, poucos dias depois, o filho mais novo, ajuntando tudo, partiu para uma terra longínqua, e ali desperdiçou os seus bens, vivendo dissolutamente. 14 E, havendo ele gastado tudo, houve naquela terra uma grande fome, e começou a padecer necessidades. 15 E foi, e chegou-se a um dos cidadãos daquela terra, o qual o mandou para os seus campos, a apascentar porcos. 16 E desejava encher o seu estômago com as bolotas que os porcos comiam, e ninguém lhe dava nada. 17 E, tornando em si, disse: Quantos jornaleiros de meu pai têm abundância de pão, e eu aqui pereço de fome! 18 Levantar-me-ei, e irei ter com meu pai, e dir-lhe-ei: Pai, pequei contra o céu e perante ti; 19 Já não sou digno de ser chamado teu filho; faze-me como um dos teus jornaleiros. 20 E, levantando-se, foi para seu pai; e, quando ainda estava longe, viu-o seu pai, e se moveu de íntima compaixão e, correndo, lançou-se-lhe ao pescoço e o beijou. 21 E o filho lhe disse: Pai, pequei contra o céu e perante ti, e já não sou digno de ser chamado teu filho. 22 Mas o pai disse aos seus servos: Trazei depressa a melhor roupa; e vesti-lho, e ponde-lhe um anel na mão, e alparcas nos pés; 23 E trazei o bezerro cevado, e matai-o; e comamos, e alegremo-nos; 24 Porque este meu filho estava morto, e reviveu, tinha-se perdido, e foi achado. E começaram a alegrar-se. 25 E o seu filho mais velho estava no campo; e quando veio, e chegou perto de casa, ouviu a música e as danças. 26 E, chamando um dos servos, perguntou-lhe que era aquilo. 27 E ele lhe disse: Veio teu irmão; e teu pai matou o bezerro cevado, porque o recebeu são e salvo. 28 Mas ele se indignou, e não queria entrar. 29 E saindo o pai, instava com ele. Mas, respondendo ele, disse ao pai: Eis que te sirvo há tantos anos, sem nunca transgredir o teu mandamento, e nunca me deste um cabrito para alegrar-me com os meus amigos; 30 Vindo, porém, este teu filho, que desperdiçou os teus bens com as meretrizes, mataste-lhe o bezerro cevado. 31 E ele lhe disse: Filho, tu sempre estás comigo, e todas as minhas coisas são tuas; 32 Mas era justo alegrarmo-nos e folgarmos, porque este teu irmão estava morto, e reviveu; e tinha-se perdido, e achou-se.

CURIOSIDADES

Anéis eram usados por realezas, tais como os reis do Antigo Egito, chamados de Faraó. Na época do patriarca Jacó, Faraó transferiu o anel de sua mão para a mão de José, dando-lhe prestígio e autoridade (Gênesis 41:42-43). Eles eram colocados no dedo e funcionavam como verdadeiros carimbos – ou pendurados no pescoço através de um colar, como faziam os árabes[106]. Na face externa do anel, esculpia ou gravava-se o nome do dono – inversamente, de trás para frente, para estampá-lo no modo de leitura. Ou mesmo imprimiam figuras diversas, ou os dois juntos. A impressão era deixada em tabuinhas de barro ainda mole, substituindo a assinatura de próprio punho. A finalidade do selo era validar, garantir a autenticidade e guardar de forma inviolável alguns documentos, como cartas e decretos reais, cofres e até túmulos[107]. As tabuinhas marcadas eram aplicadas diretamente no objeto ou através de cordões, os quais envolviam-no para mantê-lo inviolado. Em qualquer tentativa de violação, o selo era danificado. Anéis de ouro eram também ornamentos de homens ricos e livres, como complementos de suas vestimentas, por isso não eram usados por escravos (Tiago 2:2). Eles eram símbolo de liberdade e riqueza e elevada posição, dignidade e honra[108].

1. Dentre as figuras adiante, escolha o objeto de selar e o seu respectivo selo:

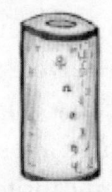

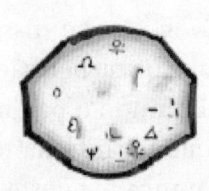

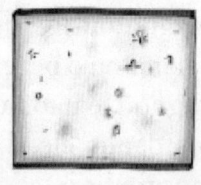

---

106. FAUSSETS'S Bible Dictionary. **Bible History**, [on-line, s.d.]. Disponível em: <https://bible-history.com/faussets/>. Acesso em: 30 jan. 2022.
107. DAVIS, J. D. **Dicionário da Bíblia**. 14. ed. Rio de Janeiro: Editora Juerp, 1987, p. 565.
108. LUKE 15:22. **Bible Hub**: search, read, study the Bible in many languages, [on-line, s.d.]. Disponível em: <https://biblehub.com/commentaries/luke/15-22.htm>. Acesso em: 24 jan. 2022.

2. Leia os versículos de 21 a 32. A parábola é uma história criada para explicar o mundo espiritual, a relação entre o ser humano e Deus. Associe, então, os detalhes da história do filho pródigo com a verdade espiritual ensinada, anotando os versículos correspondentes nos espaços entre parênteses:

a) Quem peca está espiritualmente morto, destinado a afastar-se de Deus eternamente ( )

b) A falta de compaixão e o egoísmo são características da religiosidade falsa ( )

c) Ser perfeito é condição fundamental para que alguém adquira a posição de filho de Deus ( ). Por isso, Deus transformará o crente na imagem de Jesus Cristo, revestindo-o da sua glória e perfeição ( )

d) Há grande alegria no Céu quando um pecador se converte dos seus pecados ( )

e) Fariseus e escribas eram resistentes para compreender o interesse de Deus pelos publicanos e pecadores a fim de que fossem salvos ( )

f) Ironicamente, Jesus disse que fariseus e publicanos faziam a vontade de Deus, pois essa era a imagem que eles tinham de si mesmos, ainda que isso não correspondesse à realidade ( )

g) A salvação só é possível através do sacrifício de Jesus Cristo, representado, inicialmente, pelo sacrifício pascoal e, posteriormente, pela ceia do Senhor ( )

3. Observe a tabela adiante. A vida do filho mais novo pode ser dividida em três momentos. Imagine e descreva a sua aparência em cada etapa de sua vida: fisionomia, vestimenta e adornos, preenchendo a segunda coluna da tabela. As fases da vida do jovem podem ser associadas às palavras "SALVOS", "ADÃO" e "HUMANIDADE DECAÍDA". Escolha a palavra certa para cada fase e escreva-as na terceira coluna.

ETAPAS	APARÊNCIA DO FILHO	PALAVRAS ASSOCIADAS
Antes de sair da casa do pai		
No caminho, voltando à casa do pai		
Novamente na casa do pai		

A PARÁBOLA DO FILHO PRÓDIGO 3
(Lucas 15:1-2, 21-24, ACF)

1. Se o objeto de selar é um cilindro, ao ser rolado sobre a tabuinha, o formato impresso é um quadrilátero. A impressão tem de corresponder à forma e às gravuras do objeto, porém de forma inversa. A primeira e a quarta figuras, o cilindro e o retângulo, são correspondentes.

A impressão na tabuinha de barro corresponde ao cilindro, tanto em relação ao seu formato geométrico quanto às suas gravuras. A forma retangular de um selo, como no exemplo dado, é produzida por um cilindro e não pela face oval ou circular de um anel. É importante e necessário compreender a relação existente entre a impressão e o seu respectivo instrumento de selar.

As civilizações antigas também utilizavam cilindros, feitos normalmente de pedras, para estampar tabuinhas de barro ainda úmido. Há referências arqueológicas de sua existência na Mesopotâmia[109], de onde veio Abraão, e em outras partes do Oriente Médio[110]. Eles possuíam uma cavidade ao longo do seu comprimento a fim de serem pendurados no pescoço, através de um colar de couro ou fibras. Com eles, selavam documentos como cartas e testamentos.

Assim, as estampas são comparáveis e equivalem à assinatura mecânica, como se fossem assinaturas do próprio punho, mas reproduzidas por algum tipo de máquina. Ou mesmo à assinatura eletrônica, tão comum nos dias de hoje, que é uma forma de autenticar documentos através de meios computacionais. A finalidade não se liga simplesmente à autoria, mas principalmente à eficácia e segurança. No Antigo Testamento, alguns anéis usados como selo são mencionados em Gênesis 38:18, Ester 8:8, Daniel 6:17 e Ageu 2:23.

Além de ser usado como selo, o anel era também um simples adorno de homens ricos e livres à semelhança do pai da parábola. Ele deveria ser muito rico, já que representava o próprio Deus. Com certeza, o que o filho recebeu não era pouco. A vida com tudo o que Deus dá ao homem está acima de ouro, prata e pedras preciosas. É algo de valor incalculável.

---

109. MESOPOTAMIAN CYLINDER SEALS. **History on the Net**, [on-line], 24 jan. 2022. Disponível em: <https://www.historyonthenet.com/mesopotamian-cylinder-seals>. Acesso em: 25 jan. 2022.

110. THAROOR, K.; MARUF, M. Museum of lost objects: looted sumerian seal. **BBC News**, [on-line], 11 mar. 2016. Disponível em: <https://www.bbc.com/news/magazine-35774900>. Acesso em: 25 jan. 2022.

O filho mais novo partiu, gastou tudo o que tinha e não era seu, perdeu-se, mas foi encontrado. Ao fazer o caminho inverso e voltar, logo o pai lhe colocou um anel em sua mão. Ele havia solicitado ser recebido como um de seus servos. Entretanto, cheio de compaixão e misericórdia, o pai deu-lhe um anel, expressão de liberdade e riqueza, honra, glória e autoridade. A confiança foi recuperada. Ele foi reconstituído de autoridade, como Deus faz aos seus filhos, através do poder que lhes vem do selo do Espírito Santo (Atos 1:8; João 14:12).

O Espírito Santo é dado aos crentes. Somos livres, ricos, honrados e glorificados. Com certeza, Deus sela os crentes com o Espírito Santo. Ele é também a estampa deixada por Deus dentro daqueles que creem no sacrifício redentor de Jesus. O Espírito Santo valida a salvação decretada por Deus e garante a sua autenticidade, protege-a, tornando-a inviolável. A salvação é lacrada dentro do crente a fim de que ninguém a roube.

A ovelha guardada no aprisco celeste não pode ser tomada de Deus (João 10:28). Uma vez protegido pelo selo do Espírito Santo, o crente é de Deus para sempre. Não há como violar o selo aplicado por Deus, pois ele não é uma tabuinha frágil de barro. O corpo do homem poderá até espedaçar, porque é de barro, mas o Espírito Santo é ultrarresistente, inquebrável, inalterável e indestrutível. Ele é um "tesouro em vasos de barro, para que a excelência do poder seja de Deus e não de nós" (2 Coríntios 4:7, ARC). É a garantia de que o crente ressuscitará. Ele assegura a vida eterna dada por Deus, conforme escreveu o apóstolo Paulo em suas cartas (2 Coríntios 1:22; Efésios 1:13-14; 4:30).

2. A parábola é uma história criada para explicar o mundo espiritual, a relação entre o ser humano e Deus. Ao ler o texto a partir do versículo 21 até o 32, chegar-se-á a algumas conclusões. Primeiro, "o pecado mata espiritualmente, e quem, portanto, vive no pecado está destinado a afastar-se de Deus eternamente". Essa é a ideia transmitida pelos versículos 24 e 32. Segundo, "a falta de compaixão e o egoísmo são características da religiosidade falsa". Isso é o que diz o versículo 29. Terceiro, "ser perfeito é condição fundamental para que alguém adquira a posição ou condição de filho de Deus. Por isso, Deus transformará o crente na imagem de Jesus Cristo, revestindo-o da sua glória e perfeição". Isso é o que declara o versículo 22. Quarto, "há grande alegria no Céu quando um pecador se converte dos seus pecados". Essa é uma verdade que está evidente nos versículos 23 e 32. Quinto, "fariseus e escribas eram resistentes para compreender o interesse de Deus pelos publicanos e pecadores a fim de que fossem salvos". Isso está claro no versículo 28. Sexto, "Jesus foi irônico, ao dizer que fariseus e publicanos faziam a vontade de Deus, pois essa era a imagem que eles tinham de si mesmos, ainda que isso não correspondesse à realidade". Isso é o que demonstra o versículo 31. Sétimo, "a salvação só é possível através do sacrifício de Jesus Cristo, representado, inicialmente, pelo sacrifício pascoal e, posteriormente, pela ceia do Senhor". Isso está de acordo com os versículos 23 e 30.

Jesus afirmou que a pessoa que consome e dissipa o seu tempo, os seus dons e talentos e a sua vida no mundo do prazer do pecado está morta e perdida. Ele apenas confirmou o que já fora dito claramente no Éden: "no dia em que pecares, certamente morrerás", paráfrase de Gênesis 2:17.

A água, o fogo e a eletricidade procuram desviar-se de qualquer resistência. O curso normal das águas correntes são os lugares mais baixos. O fogo traça um caminho pelos materiais mais combustíveis. E a eletricidade, ela segue o meio e o trajeto que menos lhe oferece rigidez dielétrica[111]. A direção instintiva da natureza são as facilidades e a ausência de oposição. Por isso, o caminho que a pessoa normalmente toma é cumprir os desejos da carne, é seguir o fluxo das coisas banais, do conforto e das comodidades. A lei que impera no homem é a busca pelo prazer. Todos querem satisfazer o paladar e o estômago, a libido, a autoestima, ser belo e desejado. O corpo deve ser perfeito a fim de ser admirado. É preciso arrotar riqueza e poder, inteligência e saber e toda sorte de vaidades.

Quem segue os desejos da carne e vive no pecado está morto física e espiritualmente. Paulo explica a doutrina do pecado e da morte como ninguém. Em Romanos 5:12-14, o apóstolo Paulo associa o pecado à morte, e a morte ao pecado. Se todos morreram, então todos pecaram. A morte seria a prova visível da existência do pecado. Se você adoece e o corpo padece, logo é mortal. Se o seu corpo é frágil e não é imortal, você é pecador. Ninguém escapa ao pecado e à morte. A exceção foi Cristo, que recebeu o corpo mortal de Adão, porém não pecou (1 Pedro 2:22; 2 Coríntios 5:21; Hebreus 7:26). E é tão verdade que ressuscitou, cumprindo

---

111. Por exemplo, os materiais isolantes oferecem grande oposição à passagem de eletricidade, como a borracha. Já o cobre, usado em fios elétricos, ao contrário, é considerado um bom condutor.

a lei que dizia: "se não pecares, ressuscitarás", paráfrase de Levítico 18:5. Jesus não poderia permanecer no túmulo, pois o poder da morte está no pecado. Como verdadeiramente não pecou, ele ressuscitou.

Em 1 Coríntios 15:56, *kentron*[112] é a palavra grega que significa aguilhão, como o ferrão dos escorpiões. Ou mesmo uma espora, aquela referida nos escritos gregos, que espetavam animais de carga. Aparece apenas 5 vezes no Novo Testamento. De acordo com Paulo, o ferrão da morte é o pecado, que injeta sofrimento e destrói a vida. Jesus foi até picado no calcanhar pelo dragão, mas o seu veneno não teve poder sobre Ele (Gênesis 3:15). A perfeição de Jesus neutralizou os efeitos do veneno da serpente.

A morte está associada à decadência do corpo até a morte física, à perda da dignidade, da paz, ao sofrimento, à perda da própria qualidade da vida, nesta vida e na vindoura. De outra maneira, a morte está associada à separação plena e eterna de Deus. Entretanto, o crente livra-se dela.

Logo no início do capítulo 15 de Lucas, o evangelista registrou a presença dos fariseus e escribas em meio à multidão. Eles murmuravam e condenavam Jesus por receber publicanos e pecadores. Escarneciam e zombavam dele porque eram falsos, avarentos e orgulhosos, não suportando o seu ensino. Eram hipócritas e engavam muitos dos seus ouvintes, mas não a Jesus. Diante do Mestre, estavam nus e não se envergonhavam. Com suas mentes cauterizadas, iam de mal a pior.

Geralmente é assim, quem é hipócrita sempre acredita que suas vestes de falsidade deixam os seus pensamentos e ideias invisíveis. Vestes brancas até podem cobrir um coração azedo e podre, mas não eliminam o odor fétido, a catinga de suas mentiras e o mau cheiro de sua arrogância. Acostumam-se com a fedentina do corpo inteiro e não percebem o quanto incomodam.

Os fariseus e os escribas entraram na história como o filho mais velho. Ao criar a parábola, Jesus reservou um personagem de destaque para eles. O filho mais velho é o protótipo dos fariseus e escribas que diziam ser fiéis cumpridores da lei, obedientes a Deus e não pecadores.

A parábola foi criada para confrontá-los porque excluíam da religião os pobres pecadores, como os cobradores de impostos, chamados de publicanos, por sua má reputação. De fato, alguns possuíam uma conduta moralmente conturbada, e isso era público. Contudo, diante de

---

112. KENTRON. **Bible Hub**: search, read, study the Bible in many languages, [on-line, s.d.]. Disponível em: <https://biblehub.com/greek/2759.htm>. Acesso em: 25 jan. 2022.

Deus, todos são apenas pecadores, porque são igualmente mortais. Os religiosos da época aparentavam piedade, santidade, mas eram podres por dentro. Esqueciam-se que Deus vê o interior, lê os pensamentos.

A falta de compaixão do filho mais velho e o seu egoísmo ilustravam o comportamento reprovável dos líderes judaicos, que se achavam melhores do que as pessoas marginalizadas pela sociedade. Todo pecador está destinado à morte eterna e carece da compaixão de Deus. Cabe àquele que foi alcançado pela graça divina amar o seu próximo e levar-lhe a mensagem da salvação eterna.

Através da parábola, Jesus introduziu uma verdade decisiva e imutável: o pecador não é digno de ser chamado filho de Deus. Outra verdade é que todo pecado é primeiramente um atentado contra Deus. Para ser filho de Deus, é preciso refletir a sua imagem perfeita e reproduzir a sua natureza incólume, íntegra e imaculada.

Quem, pois, se atreve a atirar a primeira pedra? Ninguém. Todos os filhos de Adão são miseráveis pecadores (Romanos 3:10-18,23), excluindo-se o Filho do Homem, Jesus. O Filho de Deus desceu ao mundo, tornou-se homem, a quem puseram o nome de Jesus. Ele era o próprio Deus e não seria vencido pelo pecado. Era Filho porque era a expressa imagem de Deus (Hebreus 1:3), era o próprio Deus santo, puro e perfeito. Ele foi ungido com óleo de alegria porque era justo (Hebreus 19).

As histórias do Mestre foram construídas para apresentar e introduzir doutrinas espirituais. Cada detalhe não fora lançado aleatoriamente, mas com propósitos bem definidos. Até porque o Criador era o mestre por excelência, a mente mais brilhante do universo. Não simplesmente um contador de histórias construídas pela imaginação, mas o Criador da história da humanidade. Tudo é sustentado pelo seu poder, e nada foge ao seu controle. Até os nossos cabelos estão contados (Mateus 10:30). E se alguém os arranca, Ele sabe quantos ficam, quantos caem e tem a medida de todos eles.

A vida é realmente um milagre, inclusive a Palavra, que é viva e eficaz. Ela é, portanto, divina, fantástica e extraordinária. Muda de cor e de aparência a depender da percepção. É bela para uns e feia para outros. Alguns chamam-lhe de a verdade, outros de a pura mentira. Poucos veem cores exuberantes, muito brilho e vida. Já muitos a consideram apagada, fosca e desvanecida. A Palavra de Deus é sempre nova, misteriosa e repleta de surpresas. Ela é como a música, a cada inspiração, uma canção nova e uma melodia única, revigorando os ouvidos, a alma e a vida de quem a ouve.

Jesus disse que ninguém é digno de ser chamado filho de Deus. A razão é simples e única: o homem é pecador, e o pecado separa o homem de Deus. A expressão filho de Deus na doutrina bíblica só deve ser aplicada a quem reflete a imagem perfeita e santa da divindade. Portanto, Jesus é o seu Filho único, pois somente Ele é a imagem perfeita de Deus (João 3:16; Hebreus 1:5). Quem vê Jesus vê o Pai sem diferenças e alterações (João 14:9). A nós pecadores, contudo perdoados, redimidos e justificados, o Senhor Deus e Criador nos concedeu o privilégio de sermos chamados filhos de Deus (João 1:12). Fomos aceitos por Deus e adotados, com a condição e a certeza de sermos transformados na imagem de Jesus (Romanos 8:29). Entretanto, o processo de adoção e o registro de fato serão finalizados com a redenção do corpo e a transformação completa do crente (Romanos 8:23-24).

A qualidade de filho de Deus compreende a plenitude de diversos fatores, como justiça, bondade, misericórdia, verdade, fidelidade, santidade e amor. Assim, o próprio caráter perfeito e santo daquele que foi redimido e justificado indicará e provará que ele é verdadeiramente filho de Deus. Alegre-se, então, pois Jesus disse que Deus revestirá com vestes santas, perfeitas e eternas todo aquele que se arrepender, confessar seus pecados e crer nele (Isaías 61:10; 1 Coríntios 15:53-54; Apocalipse 3:5). É também o próprio Deus que cobrirá o crente de justiça e santidade para que habite a morada dos Céus. De fato, o crente foi recebido como filho de Deus, na condição de se revestir de Cristo (Romanos 13:14).

Antes mesmo da fundação e criação do mundo, o Criador elegeu os crentes para serem santos e irrepreensíveis, filhos de Deus por adoção, imagem perfeita do caráter de Jesus Cristo e louvor e glória da sua graça (Efésios 1:4-6). E, por isso mesmo, Jesus encarnou e tornou-se homem, a fim de ser o modelo visível e palpável do crente. Imitando a Cristo, o crente glorifica o Pai. Entretanto, o caráter do crente somente será igual ao de Cristo por ocasião da sua volta quando todos os que o receberam serão instantaneamente transformados.

Quando alguém aceita a Cristo, a celebração do Céu é imensa e intensa, e não se compara a nenhuma festa da terra. Três parábolas seguidas, três situações diferentes e o mesmo gozo, contentamento e felicidade (Lucas 15:7,10,23,32). A alegria é tão grande e a felicidade é tão profunda que três vezes é dito que o Céu está em festa quando o pecador se arrepende.

As festas do mundo não acontecem sem barulho e pouca luz. E, não raramente, com pouca roupa e muitas máscaras, travestidos de bruxos, divindades pagãs e lendas. Mas no Céu, tudo é muito diferente. A solenidade é com instrumentos afinados e um coro angelical, com vozes perfeitas e suaves, com trajes longos e de gala, lavados com o sangue do Cordeiro, e com rostos descobertos, espelhando o caráter perfeito de Cristo. As vestimentas são limpas, brancas e cheias de brilho, e ninguém entra com disfarces para esconder o ódio, a maldade, a mentira e a falsidade. Milhões de milhões de vozes e anjos, milhares de milhares louvando e glorificando a Deus (Apocalipse 5:11-13; 14:2). Que bela imagem e extraordinário som do coro celeste! Jesus disse que há uma grande festa no Céu quando um pecador se arrepende, confessa os seus pecados, humilha-se diante de Deus e clama por sua presença.

Deus não tem prazer nem felicidade na morte do ímpio (Ezequiel 33:11). A festa em comemoração da volta do filho que se perdera demonstra a alegria dos Céus quando um pecador se converte dos seus maus caminhos. Quem sabe os relâmpagos do firmamento sejam os fogos celestes, e os trovões da amplidão as vozes dos anjos. Mas se não forem, não importa, pois a verdade não muda e não mudará. Se os cânticos dos anjos forem inaudíveis, e as luzes do Céu invisíveis, ainda assim é certo que o banquete acontece.

Jesus não mente! E tudo que falou e está escrito e registrado é a pura e simples verdade. Os seres celestiais, os anjos de Deus, o próprio Pai, todos celebrando com muita intensidade o arrependimento e a conversão de todo e qualquer pecador! O passado do jovem não foi levado em conta. O prejuízo que deu, o pai não contabilizou e não cobrou. A vida é mais importante do que bens materiais. Uma vida no Céu vale muito mais do que ouro e diamantes.

O filho mais velho, criado e educado na severidade da lei, tratado com muita honra e dignidade, ficou com ciúmes e não aceitou o perdão do pai. Logo ele, que nunca saíra de casa, zeloso, rigoroso, agora conviver com um moribundo pecador, transgressor da ordem! Injusto e indevido dividir o mesmo espaço com aquele que dissipou os bens do seu pai.

Jesus, um sábio mestre, criou um personagem parecido com os religiosos da época. Se pudesse descrever as feições do filho mais velho, cada traço, cada detalhe, tudo seria a cópia fiel de fariseus e escribas, pedantes e com olhos altivos. Na realidade, eram iguais no caráter, em seu egoísmo, orgulho, insensibilidade, vaidade, autossuficiência e arrogância (Mateus 23:6-8). Jesus foi indireto, e não indiscreto, e disse que fariseus e escribas não tinham compaixão pelo próximo, eram presunçosos e soberbos. Eles ignoravam e não sabiam que o amor e a misericórdia são o princípio e a base da lei de Deus (Mateus 9:13).

O filho mais velho ficou aborrecido e indignado, e não queria entrar na casa. Quanta resistência para receber o irmão mais novo, pródigo e moribundo! Revoltado e enraivecido, o jovem representou a intolerância dos fariseus e escribas. Publicanos eram ladrões. E meretrizes, mulheres fáceis. Doentes eram pessoas amaldiçoadas, pecadores indignos de suas companhias. Assim como o filho mais velho, os religiosos não entendiam o que era amar, ter compaixão e ser misericordioso.

Se o jovem entrou na casa ou partiu para um outro lugar, ninguém sabe, a história foi interrompida. Entretanto, é possível imaginar, se alguém não quiser se misturar com pecadores arrependidos, redimidos e perdoados, haverá de procurar um outro lugar. O jovem insistia contra a celebração do retorno do irmão, que havia corrompido a sua própria imagem com condutas imorais e loucas. Por que não entrar na festa e celebrar a vida do irmão? Por que não celebrar com alegria a vida do irmão que estava morto e ressuscitou? Onde estava a compaixão, a misericórdia e o amor, base da genuína religião?

O filho mais velho considerava a si mesmo como o filho obediente, o modelo perfeito, único e digno de glória e honra. Quem se coloca no alto de um pedestal vê sempre os outros na parte de baixo. Porém, não é isso que Jesus ensinou. O crente verdadeiro deve, ao contrário, ajoelhar-se para ver os outros acima de si mesmo (Mateus 5:3). Os líderes religiosos eram arrogantes e vaidosos, consideravam-se uma classe superior e escondiam-se dentro de vestes longas, franjas e filactérios[113], eles eram falsos (Mateus

---

113. Geralmente são caixinhas de couro, contendo pequenos rolos de pergaminhos com textos bíblicos do Antigo Testamento (Êxodo 13:1-10, 11-16; Deuteronômio 6:4-9, 13-21), presas à testa e ao braço esquerdo dos homens na oração matinal, considerados uma proteção contra espíritos malignos. PHULAKTÉRION. **Bible Hub**: search, read, study the Bible in many languages, [on-line, s.d.]. Disponível em: <https://biblehub.com/greek/5440.htm>. Acesso em: 25 jan. 2022.

3:9; 9:11; Lucas 12:1). Levavam a Palavra de Deus no braço e na testa, e nunca no coração (Mateus 23:5).

Jesus disse que fariseus e escribas consideravam-se plenamente ligados a Deus, santos, donos das verdades espirituais e homens dos Céus. E usou esse sentimento de superioridade contra eles mesmos. "Você sempre está comigo" é uma ironia dirigida aos fariseus e escribas. Se estavam com Deus, e tudo era deles, por que não querer que outros entrassem no Céu? Nada lhes seria subtraído, isso era puro egoísmo. No Reino dos Céus não entra presunção, egocentrismo e egoísmo, somente bondade, caridade, generosidade e altruísmo.

Quem conhece o contexto dos Evangelhos sabe que os líderes religiosos foram duramente criticados por Jesus. Eles foram chamados de hipócritas e sepulcros caiados, pois estavam longe e separados de Deus (Mateus 23:27-32). Jesus utilizou o próprio conceito que eles tinham de si mesmos para deixá-los sem argumentação. Se eles tinham tudo de Deus, que deixassem Jesus dar um pouco a quem não tinha nada. Se nada lhes seria tirado, se nenhum prejuízo lhes causaria, por que não ser bondosos e misericordiosos com quem nada tinha? O jovem perdeu tudo, desperdiçou o que possuía, mas se queria recuperar-se, por que não lhe dar oportunidade?

A compaixão de Deus é imensa, longânima e paciente (Salmos 86:15; 2 Pedro 3:9). O seu prazer não é condenar, castigar e eliminar do seu Reino. A sua alegria é salvar, ver almas sendo transformadas em novas criaturas. O filho mais velho não deveria exigir mais atenção, ou bens ou quaisquer outras coisas, pois tudo já era dele. Que deixasse, então, o pai restituir a condição de filho àquele que voltou humilde, arrependido e liberto da escravidão do pecado.

O arrependimento do filho mais novo foi celebrado com grande festa, muita música, danças e um bezerro cevado. O bezerro que foi morto representa alegria, comemoração e festa. Através da parábola, Jesus anunciou que a sua morte, o único meio de salvação, é celebração de alegria. Portanto, a referência ao sacrifício do bezerro deve sugerir o sacrifício substitutivo de Jesus. Ele morreu em seu lugar (Isaías 53:5-7). Com certeza, com uma mente tão brilhante, Jesus não poderia ter falado de morte sem que houvesse uma conexão com a morte do Cordeiro.

A parábola do filho pródigo é uma inteligente e fantástica forma de falar sobre o plano de salvação. E como falar de salvação, esquecendo-se da morte de Jesus? A remissão dos pecados só é possível com morte. Cada vez que um pecador reconhece os seus pecados, arrepende-se e se volta para a Casa de Deus, querendo entrar, uma festa é proclamada. O Cordeiro é morto, e todos vão se alegrar. Na verdade, Cristo morreu uma só vez (Romanos 6:9-10), mas a festa continua com a lembrança, reprodução e exibição do espetáculo do Calvário.

Onde há luto, normalmente há choro e tristeza. Porém, com Jesus é diferente. Ele morreu, e a sua morte é motivo de júbilo e exaltação. Quando todos se sentam ao redor da mesa, comem do pão e bebem do vinho, a música deve tocar, e as vozes devem cantar. E se puderem saltar, que saltem de alegria. Não se deve olhar com tristeza, dó ou piedade. Semblantes fechados, choro na face, nada disso combina com a festa do Senhor. O que se afina com a alegria dos Céus é um sorriso e um cântico nos lábios. Cânticos alegres, jamais funestos. É assim mesmo, a cada ceia comemora-se mais pecadores que entram no Céu. Os anjos regozijam-se, os seres celestiais louvam e exaltam o grande Deus misericordioso e compassivo (Lucas 15:7,10).

Os amigos do jovem, os servos do pai e todos aqueles que estavam no interior da casa comeram do bezerro. Alegres, celebraram a volta do filho que se encontrou. O passado não foi lembrado, as roupas velhas e sujas foram descartadas, agora era tudo novo. O jovem compreendeu que a vida com o pai era rica e abundante, tinha tudo do bom e do melhor. Era uma casa de verdadeira alegria e festa, diferente do passado, quando lhe despojavam de tudo, da paz, da segurança e do amor. Como a parábola é uma ilustração do plano de salvação, o cordeiro pascoal, a ceia e a cruz de Cristo não podem ser esquecidos e ignorados.

3. A vida do filho mais novo pode ser dividida em três momentos, conforme descrito na tabela abaixo. Na coluna do meio, está a aparência dele, como fisionomia, vestimenta e adornos. As fases da vida do jovem estão associadas às palavras "ADÃO", "HUMANIDADE DECAÍDA" e "SALVOS", como se encontra na terceira coluna.

ETAPAS	APARÊNCIA DO FILHO	PALAVRAS ASSOCIADAS
Antes de sair da casa do pai	Vestes limpas e luxuosas, cheiroso, anéis nos dedos, comida farta, sandália nos pés;	ADÃO
No caminho, voltando à casa do pai	Vestes sujas e rasgadas, malcheiroso, descalço, sem anéis, faminto;	HUMANIDADE DECAÍDA
Novamente na casa do pai	Vestes limpas e luxuosas, cheiroso, anel no dedo, comida farta, pés calçados.	SALVOS

Os estágios inicial e final são iguais e representam, respectivamente, o homem antes do pecado, com plena comunhão com Deus, e o homem redimido, perdoado, salvo, com a comunhão plenamente reestabelecida com Deus. Antes do pecado, o homem era moralmente perfeito e espiritualmente saudável (Gênesis 1:31). A morte somente dominaria se houvesse a desobediência e o pecado (Gênesis 2:17).

O filho mais novo vivia na casa do pai e tudo do pai era seu, nada lhe faltava. A comunhão era impecável, plena e perfeita. Se pudéssemos alongar a história, diríamos que o pai o advertiu quanto aos perigos do mundo. De certo, falou das ciladas do sexo, da artimanha do vinho forte, das emboscadas dos jogos de azar, das arapucas dos entretenimentos e do engano das más amizades. Entretanto, era adulto e livre, haveria de fazer opção entre o bem e o mal (Deuteronômio 30:19-20; Josué 24:15).

A atitude do filho mais novo representa a liberdade de escolha, que é o livre-arbítrio. Ele quis seguir a vida de acordo com a sua visão e vontade, e foi prontamente atendido. Os desejos da carne superaram a consciência da alma e o bom senso. Usou e gastou a vida dada por Deus, os bens, suas energias, seus talentos, da forma como quis. A pessoa que segue a vida longe de Deus, distante do padrão por Ele estabelecido, assemelha-se ao jovem, gastando e desperdiçando a herança que recebeu. O resultado é a miséria moral e espiritual, ainda que se acumule muitos bens materiais. Até pode ser rico e milionário, com muitas terras, ouro e bens. Mas o que é tudo isso diante da morte, quando nada será levado (Lucas 12:20)?

Ao reconhecer-se miserável, seguindo os passos da restauração, a porta do Céu se abre. O Senhor abre a porta e pergunta: "Você voltou de verdade? Está de fato arrependido? Então esqueça o seu passado, de agora em diante tudo será novo, novas vestes, um novo anel, uma nova vida, entre no gozo celeste".

Agora, os passos da reconciliação são: reconhecer que é infrator das leis de Deus e, também, dos propósitos para a vida humana, arrepender-se de suas transgressões e delitos, confessar os seus pecados e crer de todo coração em Deus, em Jesus, que é o Filho de Deus, e no Espírito Santo (Atos 2:38; 8:37; Tiago 4:10). Se alguém amar a Deus de todo coração e ao próximo como a si mesmo, a porta do Céu será aberta. E foi isso que o jovem fez, ele seguiu todos esses passos e foi recebido com alegria e grande festa pelo pai.

Que grande amor é o amor de Deus! A não ser a cruz de Cristo, não houve melhor forma de falar do amor de Deus (João 15:13). A parábola do filho pródigo é uma pintura que merece destaque e proteção em qualquer museu. Na realidade, nem o museu de Louvre está aos seus pés. Mas se ali for colocada, deverá ficar em sala ampla, central, sem a proteção de cordas, para que todos os visitantes possam tocá-la. Quando sentirem a sua textura suave, virem os seus detalhes e dobrarem-se ao seu encanto, então, encontrar-se-ão com o Pai.

O amor de Deus é imenso! Ele é irresistível, magnífico e sublime! O melhor lugar para guardá-lo é ainda o seu coração. Guarde-o logo, sem demora e sem protocolos. Jamais esqueça que o valor de uma vida é de tal maneira tão inestimável, que Jesus morreu de amor mesmo por um só pecador (Lucas 15:7).

11.
A PARÁBOLA DO MORDOMO
(Lucas 12:42-48, ARC)

42 E disse o Senhor: Qual é, pois, o mordomo fiel e prudente, a quem o senhor pôs sobre os seus servos, para lhes dar a tempo a ração? 43 Bem-aventurado aquele servo a quem o seu senhor, quando vier, achar fazendo assim. 44 Em verdade vos digo que sobre todos os seus bens o porá. 45 Mas, se aquele servo disser em seu coração: O meu Senhor tarda em vir; e começar a espancar os criados e criadas, e a comer, e a beber, e a embriagar-se, 46 virá o senhor daquele servo no dia em que o não espera, e numa hora que ele não sabe, e separa-lo-á, e lhe dará a sua parte com os infiéis. 47 E o servo que soube a vontade do seu senhor, e não se aprontou, nem fez conforme a sua vontade, será castigado com muitos açoites; 48 Mas o que a não soube, e fez coisas dignas de açoites, com poucos açoites será castigado. E, a qualquer que muito for dado, muito se lhe pedirá, e ao que muito se lhe confiou, muito mais se lhe pedirá.

CURIOSIDADES

Em tempos antigos, o código de Hamurábi[114] e a lei de Moisés regulamentavam o trabalho escravo. Por conta do baixo custo, ele prevalecia sobre a mão de obra contratada. O primeiro escravo citado na Bíblia aparece na época de Abraão: o mordomo Eliezer, o damasceno (Gênesis 15:2; 24:1-4). Ele havia nascido na sua casa e tomava conta de todos os seus bens. Quando Abraão já estava adiantado em idade, ele chamou-o e o enviou à sua terra de origem a fim de buscar uma esposa para seu filho Isaque. Os bens do senhor consistiam das coisas materiais, como gado, prata e ouro, e também os próprios escravos. A lei mosaica disciplina que o escravo é propriedade do seu senhor, um produto com preço, uma moeda de troca (Êxodo 21:21). O senhor possuía domínio sobre o seu escravo, com poderes para afligi-lo com açoites a fim de preservar a sua obediência (Provérbios 29:19). No entanto, havia limites. Na cultura hebraica, o filho menor não era diferente do escravo, quanto ao domínio de si mesmo, à

---
114. Código criado pelo rei Hamurábi da Babilônia por volta do séc. 18 a.C.

propriedade de bens e à disciplina. A relação era de servo e senhor: "[…] enquanto o herdeiro é menor de idade, em nada difere de um escravo, embora seja dono de tudo" (Gálatas 4:1 NVI). Ele era herdeiro de tudo, e não exercia o poder de propriedade. A cultura escravagista no mundo romano era ainda mais severa[115] e, na realidade, cruel. Nenhum método de punição era considerado crime. Escravos fugitivos eram marcados em suas testas com as letras FUG e poderiam ter juntas e ossos quebrados. Se roubassem, as letras gravadas eram FUR[116]. Os chicotes usados nos açoites consistiam de três tiras de couro com pedaços de metal nas pontas. Às vezes, o metal era substituído por ossos afiados. Por serem uma coisa comerciável, a prática mais dura não era a mais comum. Entretanto, muitas vezes as costas dos escravos ficavam na carne viva, exibindo os ossos. Por motivos até banais, eram em seguida crucificados, pregados numa cruz ou amarrados. A morte chegava depois de horas ou dias.

1. A parábola demonstrou a existência de hierarquia entre os próprios servos. Um deles, o mordomo, foi designado para dar a ração aos conservos. Ela poderia ser diária, semanal ou mensal. Como se trata de uma comparação, indique as alternativas abaixo que se relacionam com a função do mordomo de Deus no Reino dos Céus:

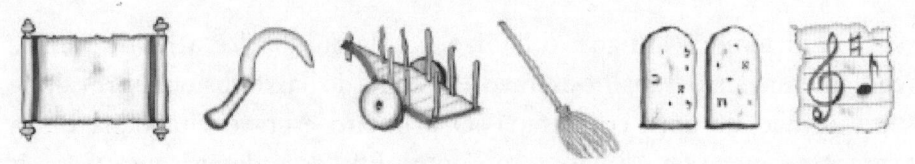

2. Tudo o que temos não é nosso, é de Deus. Assim, somos todos mordomos. Contudo, o mordomo da parábola tem uma função particular. Quem é o mordomo, então, no Reino de Deus?

3. Sobre "dar a tempo a ração" (Lucas 12:42), leia o artigo[117] a seguir: "[…] há uma série de benefícios em manter uma rotina alimentar, procurando comer sempre aproximadamente nos mesmos horários: a sensação de sa-

---
115. SLAVE PUNISHMENT. **Tribunesandtriumphs**, [on-line], 2017. Disponível em: <http://www.tribunesandtriumphs.org/roman-life/slave-punishment.htm>. Acesso em: 25 jan. 2022.
116. FUG, do latim fugitivus (fugitivo), e FUR, do latim fure (ladrão).
117. AGÊNCIA RBS. Não basta comer direito, os horários certos também influenciam no peso e na saúde. **Gazeta do Povo**, [on-line], 3 abr. 2018. Disponível em: <https://www.gazetadopovo.com.br/viver-bem/saude-e-bem-estar/qual-o-melhor-horario-para-comer/>. Acesso em: 25 jan. 2022.

ciedade é maior, o corpo reage melhor à ingestão das calorias e pode, assim, acelerar mais o organismo, inclusive contribuindo para a manutenção e até perda de peso". Considerando que o alimento é espiritual, qual é o impacto da rotina alimentar na vida do discípulo de Cristo? Encontre as 4 respostas:
a)
b)
c)
d)

4. Certamente o senhor voltaria logo, entretanto demorava a chegar. Movido pela sensação de que o seu senhor não voltaria ou tardaria a chegar, o mordomo deixou escapar alguns aspectos do seu caráter. Escolha, dentre as palavras abaixo, a qualidade do mordomo que melhor sintetiza o seu caráter:

FIDELIDADE	RECLAMAÇÃO	AUTOCONFIANÇA
TIRANIA	PIEDADE	INCREDULIDADE
ABUSO DE AUTORIDADE	HIPOCRISIA	CORAGEM

5. Leia Hebreus 12:6,11 e Provérbios 11:31, textos abaixo reproduzidos. Na parábola, o mau e infiel servo é açoitado. Em Hebreus, o filho também é açoitado. Em provérbios, justo e ímpio são punidos. Qual é a diferença entre o castigo do servo e o castigo do filho, entre o castigo do justo e do ímpio? Você poderá descobri-la comparando a finalidade do castigo de cada um deles, após fazer as devidas anotações no quadro abaixo:

"Eis que o justo é punido na terra; quanto mais o ímpio e o pecador!" (Provérbios 11:31, ARC)

"[...] porque o Senhor corrige o que ama e açoita a qualquer que recebe por filho. E, na verdade, toda correção, ao presente, não parece ser de gozo, senão de tristeza, mas, depois, produz um fruto pacífico de justiça nos exercitados por ela." (Hebreus 12:6,11, ARC).

	FINALIDADE
MAU SERVO	
ÍMPIOS	
FILHOS	
JUSTOS	

A PARÁBOLA DO MORDOMO (Lucas 12:42-48, ARC)

1. A parábola demonstrou a existência de hierarquia entre os próprios servos. Um deles, o mordomo, foi designado para dar a ração aos conservos. Ela poderia ser diária, semanal ou mensal. Como se trata de uma comparação, a função do mordomo de Deus no Reino dos Céus se relaciona ao pergaminho e às tábuas de pedra, já que ambos simbolizam o alimento espiritual.

A função de um mordomo geralmente é administrar a casa ou os bens do seu senhor, como na história contada por Jesus. Ali o senhor designou o mordomo especificamente para alimentar e sustentar os seus conservos, e nada mais. Outros detalhes não seriam necessários ao desenvolvimento da parábola.

O propósito da parábola é ensinar verdades espirituais, utilizando-se de hábitos comuns da cultura do povo judeu. Ela é composta de metáforas que devem ser relacionadas a elementos do Reino dos Céus. A ração providenciada pelo senhor para ser entregue aos servos é uma metáfora da Palavra de Deus, representada na questão pelo pergaminho e pelas duas tábuas de pedra (2 Timóteo 4:13).

Moisés esteve no Monte Sinai face a face com Deus, recebendo as orientações e as leis que fariam de Israel o povo sui generis do Senhor de todas as coisas. Eles eram amigos íntimos. Quando a conversa particular acabou, Deus entregou a Moisés duas tábuas de pedra escritas pelo seu próprio dedo: "[…] as duas tábuas do testemunho, tábuas de pedra, escritas pelo dedo de Deus" (Êxodo 31:18, ARC). Ali estavam os dez mandamentos, as bases sólidas e aprumadas de um relacionamento perfeito entre Deus e o homem, entre o homem e o seu semelhante. As palavras cunhadas na pedra não foram inspiradas por Deus, porque não houve a participação humana. Na realidade, o milagre ainda foi mais extraordinário. O Senhor as escreveu diretamente com o seu próprio dedo. Elas foram sim uma obra única, exclusiva e direta Daquele que é todo-poderoso. Era a fala de Deus, a sua razão impressa e materializada.

O pergaminho era o papel dos tempos antigos. Ele consistia da pele de animais devidamente preparada para o uso da escrita. Com a exceção de peixes e aves, a pele dos animais – domésticos ou selvagens – considerados ritualmente limpos era utilizada para a escrita do texto sagrado[118].

---

118. JACOBS, J.; BLAU, L. Vellum. **Jewish Encyclopedia**, [on-line, s.d.]. Disponível em: <https://www.jewishencyclopedia.com/articles/14663-vellum>. Acesso em: 25 jan. 2022.

Atualmente, a humanidade já superou as fibras de algodão e celulose e alcançou a era dos eletrônicos e das mídias. A Palavra de Deus foi amplamente democratizada, atingindo os olhos e ouvidos de crianças e adultos, iletrados e doutores. Nas grandes metrópoles, nas pequenas comunidades, na área rural e nas matas, em todo o mundo a voz de Deus tem ecoado. Nos polos da Terra ou nos extremos dos mares, ouve-se o clamor de Deus. A voz de Deus estende-se até os céus dos céus e mergulha nas profundezas dos oceanos em questão de milésimos de segundos. Não há limites, não há mais distâncias: "E este evangelho do Reino será pregado em todo o mundo, em testemunho a todas as gentes, e então virá o fim" (Mateus 24:14, ARC). Os surdos ouvem e os cegos veem a Palavra do Senhor Deus. De fato, não existem mais barreiras e embaraços à proclamação do Evangelho, a não ser os ouvidos que insistem em se fechar e os olhos que não querem ver.

A Palavra de Deus é o pão espiritual que dá vida abundante e eterna (Mateus 4:4; João 6:27). Ele é uma metáfora que aparece em outros locais da Bíblia. Por exemplo, entre a escravidão e a terra prometida, os hebreus foram sustentados pelo pão de Deus que desceu do céu, o maná. O alimento era diário, como deve ser o sustento espiritual. Quanto à igreja verdadeira de Cristo, que foi libertada da escravidão do pecado, ela é alimentada pelo verdadeiro pão do Céu, que é Cristo, a Palavra viva, até que entre nos portais da eternidade (João 6:35).

2. Tudo o que temos não é nosso, é de Deus. Assim, somos todos mordomos. Contudo, o mordomo da parábola tem uma função particular. Ele, então, no Reino de Deus representa todos os religiosos que assumem a função de pregadores e mestres da Palavra na igreja de Deus.

Eles estavam na igreja judaica e estão na igreja de Cristo. Levantavam-se nas sinagogas, liam e interpretavam o texto sagrado. Uns abriam a porta dos Céus, outros os portões do inferno. Colocam-se também atrás dos púlpitos, fazendo discípulos de Cristo e de si mesmos.

Um dos servos, o mordomo, era responsável pela distribuição periódica da ração aos conservos. No Reino de Deus, essa função diz respeito aos líderes religiosos que alimentam o povo de Deus. Apesar de o texto omitir os vaidosos e arrogantes fariseus, saduceus e escribas, é sabido que eles cercavam Jesus. Certamente, estavam entre os milhares que se atropelavam para vê-lo e ouvi-lo (Lucas 12:1). Como o povo, eram curiosos. Mas não só isso, eles eram críticos da pregação de Jesus e dos seus ensinos. Por serem hipócritas, não suportavam a sinceridade e a censura do Mestre.

A flecha de Jesus tinha direção certa e não se desviou no caminho. Ele mirou os líderes do Judaísmo e não errou. Eles eram o mordomo mau, infiel e imprudente. No entanto, a carapuça dever ser vestida por todos os ministros do Evangelho. Uns declaram-se pastores, bispos, presbíteros ou apóstolos. Outros, simplesmente ministros. Muitos são falsos, outros são verdadeiros. Aqueles que foram dotados de habilidades próprias para o ensino e a pregação devem usá-las com responsabilidade, seriedade e cuidado.

Assim como o Mestre, não devemos deturpar a verdade para agradar a multidão. É preciso ser sincero e verdadeiro, ainda que isso custe amizades, aplausos e reconhecimentos. Não espere medalhas de ouro ou milhões de curtidas. A satisfação do servo deve ser a fidelidade ao Senhor e não aos seus conservos.

A vinda do Senhor Jesus se apressa, e igreja de Cristo segue os mesmos passos da igreja judaica. É bem visível que andam emparelhadas. A diferença está apenas nos erros aprimorados e agigantados.

Muitos líderes têm sido hábeis em criar fantasias cristãs, alimentando a carnalidade dos falsos cristãos. Saciam a usura e a ganância de gente mesquinha e estimulam a falsa piedade. Felizmente, ainda existem os mordomos fiéis. Eles cumprem a sua responsabilidade com dedicação e zelo. São prudentes e fiéis por amor a Deus e ao próximo. Assim como Crisóstomo[119], eles tremem[120] diante da missão, por temor a Deus e não por medo.

3. Sobre "dar a tempo a ração" (Lucas 12:42), leia o artigo a seguir: "[...] há uma série de benefícios em manter uma rotina alimentar, procurando comer sempre aproximadamente nos mesmos horários: a sensação de saciedade é maior, o corpo reage melhor à ingestão das calorias e pode, assim, acelerar mais o organismo, inclusive contribuindo para a manutenção e até perda de peso". Considerando que o alimento é espiritual, os benefícios de uma rotina

---

119. Pai apostólico do séc. IV, apologeta cristão da moralidade e da vida piedosa.
120. HEBREWS 13:17, COMMENTARIES. **Bible Hub**: search, read, study the Bible in many languages, [on-line, s.d.]. Disponível em: <https://biblehub.com/commentaries/hebrews/13-17.htm>. Acesso em: 25 jan. 2022.

alimentar quando se come a Palavra de Deus regularmente, no tempo e na dose certa, são: a saciedade espiritual, o metabolismo espiritual mais eficaz, a aceleração do crescimento espiritual e o equilíbrio da gordura[121] espiritual.

O Pai do Céu cuida muito bem dos seus filhinhos. Ele medica, trata, zela e protege, e nada lhes falta. Como um pastor nas campinas de Judá, leva os seus cordeirinhos às águas tranquilas e aos pastos verdejantes. Ele providencia a ração balanceada, com os nutrientes necessários ao bom desenvolvimento da vida espiritual. E designa os tutores e mordomos para que nada lhes falte. Mas quem não se alimenta, fica com fome e não seleciona o que come, eis o grande perigo.

A saciedade espiritual pode ser manifestada através da segurança e firmeza do crente. Um bom exemplo de firmeza espiritual é a narrativa de Abraão. Ao chegar na idade avançada, ele planejou casar o seu filho Isaque. Abraão, então, chamou o seu mordomo e pediu-lhe sob juramento que buscasse uma esposa nas terras de sua origem. Abraão tinha consciência de que os habitantes de Canaã eram idólatras, um povo debaixo de maldição, e que sua descendência os destruiria, habitando a região (Gênesis 9:25; 15:7,18-21). Assim, as filhas dos cananeus não deveriam desposar o seu filho. Ao ser indagado pelo mordomo se poderia levar Isaque para a região dos caldeus, caso a donzela se recusasse a vir, Abraão foi veemente em dizer que não. O conhecimento da Palavra de Deus transformou-o em um crente seguro e firme.

Algumas declarações de Abraão provam a sua segurança, firmadas sempre no conhecimento da vontade de Deus. Ele disse: "Guarda-te, que não faças lá tornar meu filho" (Gênesis 24:6, ARC), pois o Senhor prometera a terra de Canaã para a sua semente. O anjo do Senhor acompanharia o servo de Abraão, o poder de Deus estaria no comando da missão. "[...] não tomarás para meu filho mulher das filhas dos cananeus [...]" (Gênesis 24:3, ARC), pois são povo obstinado, adúltero e amaldiçoado. Era um povo julgado de antemão e condenado por Deus.

Abraão estava consciente de que não poderia fazer alianças com o pecado nem com a sombra dele. A maior prova da segurança de Abraão está no sacrifício do seu filho Isaque. Ele não hesitou em imolar seu filho, pois acreditava na sua ressurreição (Hebreus 11:18). Em Gênesis 22:5, Abraão

---

121. A gordura corporal representa uma reserva ou estoque importante de energia. ARANHA, F. G. Gordura e carboidrato: tudo o que você precisa saber. **Seu Cardio**, [on-line], 30 mar. 2017. Disponível em: <https://seucardio.com.br/gordura-e-carboidrato/>. Acesso em: 25 jan. 2022.

disse: "[...] e, havendo adorado, tornaremos a vós". Deus não é homem para mentir, e as suas promessas são eternamente válidas. Ele sabia que Deus é o Senhor da vida. E não desconhecia as promessas do seu Deus.

A ciência da Palavra de Deus faz o crente sentir-se cheio, robusto, emocional e espiritualmente seguro, equilibrado. Encher-se da Palavra também é estar cheio do Espírito Santo. O crente cheio do Espírito Santo é por Ele guiado, com a sensação de haver tomado decisões acertadamente, com o aval de Deus. Assim é o servo de Deus, aquele que não segue a sua própria visão, pois entende que a Palavra de Deus é reta, perfeita e cheia de luz.

A rotina alimentar também melhora o metabolismo espiritual. Ao comer no tempo e na dose certa, o funcionamento da vida é aperfeiçoado. Os nutrientes são bem aproveitados e determinam uma melhor qualidade de vida. É uma sensação de bem-estar generalizado, sem a falta do fôlego da vida, de sono bem-dormido, porque há certeza de que o Senhor cuida dos seus, de uma consciência em paz (Salmos 3:5; 4:8). É sempre bem-humorado, transferindo compaixão, fé, alegria, paz e amor àqueles que o cercam.

Por outro lado, o crescimento espiritual é acelerado. Como Jesus, o crente que ingere a Palavra desde os dias mais infantes cresce em sabedoria e graça diante de Deus e dos homens: "E o menino crescia, e se fortalecia em espírito, cheio de sabedoria; e a graça de Deus estava sobre ele" (Lucas 2:40, ACF). Caso contrário, torna-se um anão espiritual, um adulto desnutrido, suscetível às doenças espirituais porque são carnais, de acordo com o diagnóstico do apóstolo Paulo (1 Coríntios 3:2).

Infelizmente, muitos não conseguem deixar o leite espiritual porque não suportam a comida sólida. Limitam-se aos rudimentos do Evangelho e não aproveitam o sabor da comida melhor preparada. Eles são débeis e frágeis. Realmente, o leite é necessário para o crescimento inicial (1 Pedro 2:2), mas não é para a vida toda: "Estão precisando de leite, e não de alimento sólido! Quem se alimenta de leite ainda é criança, e não tem experiência no ensino da justiça" (Hebreus 5:12-13, NVI). É preciso avançar na ciência dos mistérios divinos, pois a revelação profética foi colecionada para investigação. É no garimpo que se encontram as pedras mais preciosas. Portanto, é preciso empregar força, dedicação e tempo no estudo das Escrituras onde se encontram as palavras de vida eterna.

Por último, quem se alimenta bem e na hora certa não se entrega àquilo que é insalubre e não exagera naquilo que é bom e vantajoso.

Crentes não saciados são atraídos pela comida do tipo *junk food*[122]. Alguns ícones no Brasil são a batata frita, a coxinha, biscoito de wafel e salgadinhos industrializados[123]. Todos com muita gordura, açúcar e sódio, e pouca qualidade nutritiva. O resultado é um corpo inchado. O que poderia ser bom para o organismo se torna o vilão do mal-estar, do cansaço e da falência do corpo.

As pessoas são atraídas pelo que é fútil. Aquilo que não tem virtudes, cujo caráter é condenável, é justamente o que é mais desejado e consumido. Não seria verdade? Veja como a mídia idolatra a sensualidade, a vaidade e o consumismo. Estimula o culto ao corpo, que alimenta os olhos e a perversão sexual, símbolo dos últimos dias (Romanos 1:26-27).

De fato, a indústria do entretenimento distrai bilhões ao redor do mundo e desvia a sua atenção do que é justo e honesto, do que é puro e santo. As distrações bloqueiam todos os sentidos para que a pessoa não perceba a volta iminente de Jesus (Mateus 24:38-39). Os cuidados com a aparência são necessários para uma autoestima equilibrada. O prazer que vem do sabor agradável dos alimentos, e do sexo, e do lazer, impulsiona e preserva a vida terrena. Contudo, as regras da boa qualidade e do equilíbrio devem ser observadas, na maneira e dosagem certa, e no tempo apropriado. Caso contrário, tudo isso levará a uma gordura doentia.

Por outro lado, há também aquilo que é totalmente desprezível e que jamais deveria constar de nossas dietas. É o lixo teológico, tradições de homens, filosofias e doutrinas de demônios, que se aglomera nas pregações e ensinos de falsos mestres, e cativa, e prende os "fiéis" do comodismo da igreja de Jesus Cristo (Colossenses 2:8; 1 Timóteo 4:1; 1 João 4:1). É como os agrotóxicos que são nocivos à saúde e apodrecem os ossos[124].

Entretanto, há aquilo que é bom e sustenta o corpo espiritual. É a Palavra de Deus pura e autêntica. Coma-a, mas revista-se de humildade, e sem exageros. A ciência não pode ofuscar o amor e exaltar o orgulho e a presunção. Segundo Paulo, ela incha e estimula a arrogância, mas o amor edifica e fortalece (1 Coríntios 8:1).

---

122. Expressão na língua inglesa que significa "alimento não saudável", "comida lixo".
123. CARVALHO, L. 10 comidas do tipo junk food que são ícones no Brasil. **Exame**, [on-line], 13 set. 2016. Disponível em: <https://exame.com/casual/10-comidas-do-tipo-junk-food-que-sao-icones-no-brasil/>. Acesso em: 25 jan. 2022.
124. AGROTÓXICO. **Instituto Nacional de Câncer. Ministério da Saúde.** [on-line], 24 ago. 2021. Disponível em: <https://www.inca.gov.br/exposicao-no-trabalho-e-no-ambiente/agrotoxicos>. Acesso em: 25 jan. 2022.

Como a gordura corporal é útil para suprir a escassez alimentar, a espiritual é necessária para enfrentar os dias maus. Ela é uma provisão para superar as tentações e as provações, que certamente sobrevirão. Contudo, todo cuidado ainda é pouco, a gordura espiritual não deve se transformar em obesidade. O excesso de peso obstrui as artérias e veias do coração e não deixa o amor fluir. Alimentar-se na dosagem e forma certa é um sábio conselho.

A discussão a respeito de genealogias e os debates acerca da lei não têm utilidade (Tito 3:9). É como gastar-se tempo com disputas sobre o sexo dos anjos. O apóstolo Paulo falou com propriedade sobre o assunto. Por conta da grandeza de suas experiências com Deus, revelações e ciência, foi-lhe dado um espinho na carne a fim de não se orgulhar. Por três vezes, pediu a Deus que o eliminasse. Mas o Senhor não atendeu à sua súplica e, então, disse: "A minha graça te basta, porque o meu poder se aperfeiçoa na fraqueza" (2 Coríntios 12:7-9, ACF).

Gordura desnecessária incha e atrapalha a caminhada espiritual: "E, se alguém cuida saber alguma coisa, ainda não sabe como convém saber" (1 Coríntios 8:2, ACF). O servo de Cristo que se alimenta comedidamente da ração nutritiva e pura que vem diretamente de Deus e é administrada pelos seus fiéis mordomos terá uma vida saudável, equilibrada e segura.

4. *Certamente o senhor voltaria logo, entretanto demorava a chegar.* Movido pela sensação de que o seu senhor não voltaria ou tardaria a chegar, o mordomo deixou escapar alguns aspectos do seu caráter. Dentre muitas as palavras, a qualidade do mordomo que melhor sintetiza o seu caráter é a hipocrisia.

Ela é uma máscara que esconde todos os aspectos negativos do seu caráter. O mordomo foi incrédulo quanto à volta do senhor. Ele abusou de sua autoridade, e foi tirano, agiu com muita crueldade, e foi desumano. Sentiu autoconfiança de que não seria repreendido nem punido. Ele foi irresponsável e irreverente.

O alvo preferido de Jesus eram os líderes religiosos: os fariseus, saduceus e escribas. Homens com dons naturais, os quais poderiam ser bem utilizados para o crescimento espiritual do povo e para a glória de Deus. Por conta de sua capacidade de persuasão, eles desviavam milhares do caminho estreito e reto para atalhos largos que conduziam ao inferno. Por isso, o líder tem uma responsabilidade multiplicada, já que tem em suas mãos o destino daqueles que o ouvem.

A hipocrisia foi a característica mais apontada por Jesus. Eles até receberam a denominação de sepulcros caiados, branqueados por fora, mais podres por dentro: "Vocês são como sepulcros caiados: bonitos por fora, mas por dentro estão cheios de ossos e de todo tipo de imundície" (Mateus 23:27, NVI).

A advertência de Jesus atravessou os oceanos do tempo e alcançou os dias atuais. Se Deus mudasse a história e enviasse hoje o Senhor da onisciência, o que seria dos líderes da igreja cristã? Não se deve prender no passado a repreensão divina. A Palavra de Deus é dinâmica e construída para alcançar todas as épocas.

5. *Leia Hebreus 12:6,11 e Provérbios 11:31. Na parábola, o mau e infiel servo é açoitado. Em Hebreus, o filho também é açoitado. Em provérbios, justo e ímpio são punidos. A diferença entre o castigo do servo e o castigo do filho, e entre o castigo do justo e do ímpio, assim como a sua finalidade, podem ser assim explicadas: o castigo do filho e do justo é para correção e ensino, e o castigo do mau servo e ímpio é para condenação.*

Então, a palavra punição não é exclusiva do ímpio. Ela refere-se ao sofrimento aplicado ao transgressor, aquele que cometeu a infração. Mas há diferenças na extensão do seu significado. As punições dos justos e dos ímpios não são a mesma coisa, há delimitações bem claras.

Os conceitos são mais importantes do que os termos em si. A tradução de Almeida[125] Revista e Corrigida (ARC) rendeu-se ao vocábulo punição, conforme o versículo de Provérbios reproduzido no enunciado da questão. A de Almeida Corrigida e Fiel (ACF), diferentemente, preferiu o termo retribuição ao uso de punição, seguindo as versões na língua inglesa mais reconhecidas, como a de King James (KJV). A ideia é que todo ato é completado pelo seu pagamento[126], seja ele bom ou mau[127]. Quando o filho de Deus pratica aquilo que desagrada ao Senhor, ele não pode receber os aplausos dos Céus e muito menos o bem.

---

125. Assim como a Almeida Revista e Atualizada e a Nova Versão Internacional.
126. SHALAM. **Bible Hub**: search, read, study the Bible in many languages, [on-line, s.d.]. Disponível em: <https://biblehub.com/hebrew/7999.htm>. Acesso em: 29 jan. 2022.
127. Mesma tradução dada ao termo hebraico shalam em Gênesis 44:4 e Jeremias 18:20.

Aos gálatas, o apóstolo Paulo falou que se colhe o que se planta: "Não se deixem enganar: de Deus não se zomba. Pois o que o homem semear, isso também colherá" (Gálatas 6:7, NVI). Planta-se o bem, colhe-se o bem. Planta-se o mal, colhe-se o mal. É a lei da natureza e da vida estabelecida no código dos Céus. Entretanto, a punição do justo reveste-se de tolerância, misericórdia e amor da parte de Deus. Ela é transformada em um ato corretivo suportável a fim de ensinar ao próprio infrator e inibir reincidências (1 Coríntios 10:13).

O perdão não exclui as consequências do pecado. Isso é muito claro! O servo de Deus está livre da condenação do inferno, mas sofre os efeitos do seu erro a fim de ser aperfeiçoado. A princípio, os açoites têm sabor amargo e intolerável. Depois adocicam e acalmam o estômago, alegram o coração e inundam a mente de satisfação e paz (Hebreus 12:11).

Moisés feriu a rocha duas vezes, desobedecendo a ordem divina (Números 20:8-12). Como consequência, a punição foi severa. O Senhor Deus não lhe permitiu entrar na terra que fora prometida à semente de Abraão. Ele até suplicou, mas o Senhor não se dobrou à sua sincera oração: "por causa de vocês, o Senhor irou-se contra mim e não quis me atender. Basta, ele disse. Não me fale mais sobre isso" (Deuteronômio 3:26, NVI).

Outro caso clássico é o rei e profeta Davi. O Rei dos reis dissera não à sua petição e gemido, e o equilíbrio e a paz encheram o seu coração. O resultado do seu pecado, adultério e assassinato, foi o pequenino filho que morreu. Davi reconheceu a justiça e a soberania divina, e adorou a Deus (2 Samuel 12:15:20).

Ao contrário do justo, o ímpio é condenado pelo mal que pratica e entrega-se ao sentimento de culpa. Para o ímpio que comete a injustiça, a misericórdia e o amor de Deus são como astros inatingíveis. "Não há paz para os ímpios, diz o meu Deus" (Isaías 57:21, ACF). A iniquidade que domina o seu coração não consegue o perdão divino e segue errante pela terra. É fugitivo como Caim e se furta da própria consciência e da dor que o atormenta: "Meu castigo é maior do que posso suportar. [...] serei um fugitivo errante pelo mundo" (Gênesis 4:13-14, NVI). A recompensa justa pela maldade que praticou lhe causa revolta e rancor. "[...] se entristecerá; rangerá os dentes, e se consumirá [...]" (Salmos 112:10, ACF). Não é assim com o discípulo de Jesus, que nem ousa levantar os olhos. Ele bate no peito e reconhece que é um miserável pecador (Lucas 18:13). Se alguém tem que se queixar, queixe-se dos seus próprios pecados, diz o profeta Jeremias (Lamentações 3:39).

A palavra punição[128] também é encontrada em outros locais da Bíblia com o sentido de vingança[129] ou pagamento na mesma moeda. É uma retribuição equivalente ao pecado. No reino dos homens, as penalidades devem ser proporcionais à natureza e à gravidade das infrações. Há uma relação de equilíbrio entre crime e pena. Não é diferente no Reino de Deus, porquanto Deus é igualmente um ser moral. Veja a Lei de Moisés onde há algo semelhante: "[...] vida por vida. Se alguém ferir seu próximo, deixando-o defeituoso, assim como fez lhe será feito: fratura por fratura, olho por olho, dente por dente" (Levítico 24:18-20, NVI).

Logo no Éden, o Criador avisou que a morte seria a penalidade proporcional ao pecado. Na Lei dos Céus, um só pecado é tão grave que somente é equilibrado com a morte física e espiritual. Adão comeu do fruto proibido e morreu. Mas só isso? Os delitos mais insignificantes, e os mais íntimos, e aqueles que estão segregados no mais profundo da alma, todos são graves do ponto de vista dos Céus e merecem a morte. Sim, a proporcionalidade entre crime e pena no Reino de Deus é a morte.

Como a morte não pode ser suportada pelo homem, Cristo, então, assumiu a sua culpa. O Filho de Deus desceu dos Céus, imputou a si mesmo o seu pecado, tomou o lugar do pecador e fez-se servo de todos. Ele foi humilhado, infamado e torturado, dilacerado e pregado na cruz, sofrendo a acusação falsa de judeus e a crueldade dos romanos. Ele foi punido por culpa alheia, visto que chamou para si todos os pecados. Apelou no tribunal divino para que você e todos os justos não pagassem pelos pecados. Ele assumiria a culpa de todos e deveria morrer.

A substituição de Jesus mostra a equivalência entre os pecados da humanidade e a sua morte, e morte de cruz, ainda que o prejuízo da glória de Deus através da morte do seu Filho seja incomparável. Matar o Filho de Deus foi a gota d'água. Por essa razão, os judeus até hoje sofrem as consequências. Ah, quanto o Filho de Deus, Jesus Cristo, sofreu! Porém, Jesus não pecou. Ele foi torturado e morreu sem haver cometido crime algum. A cruz estava pesada de culpa, mas não era dele, era minha e sua

---

128. Tradução do termo hebraico naqam encontrado em Gênesis 4:15 e Levítico 26:25.
129. NAQAM. **Bible Hub**: search, read, study the Bible in many languages, [on-line, s.d.]. Disponível em: <https://biblehub.com/hebrew/5358.htm>. Acesso em: 29 jan. 2022.

culpa: "Mas ele foi ferido pelas nossas transgressões e moído pelas nossas iniquidades; o castigo que nos traz a paz estava sobre ele, e, pelas suas pisaduras, fomos sarados" (Isaías 53:5, ARC).

A ressurreição de Cristo é a prova dos seus atos perfeitos e santos e até dos seus pensamentos puros. Como foi obediente em tudo ao Pai, Ele mereceu e recebeu a ressurreição e a glorificação do seu corpo, assim como previa a Lei: "os meus estatutos e os meus juízos guardareis; os quais, fazendo-os o homem, viverá por eles" (Levítico 18:5 ARC). A paráfrase desse mesmo texto poderia ser assim: "Se alguém obedecer a Deus em tudo, for perfeito em seus atos e seus pensamentos forem puros, então ressuscitará". Essa declaração é um desafio impossível aos homens e, portanto, aparentemente sem sentido. Porém, o alvo era Jesus Cristo, o único que foi perfeito. E, assim, ressuscitou.

À semelhança de Adão, Cristo é a origem da vida para todos os que creem como Abraão, exemplo de fé e submissão. Mas não é da vida de baixo, como fez Adão. É do Céu, como é o próprio Jesus ressurreto (1 Coríntios 15:47). A humanidade é geração de Adão, de sua natureza humana e terrena. O filho de Deus é geração de Jesus, de sua natureza espiritual. Jesus dá vida àquele que crê, conforme as Escrituras, que diz: "O primeiro homem, Adão, foi feito em alma vivente; o último Adão, em espírito vivificante" (1 Coríntios 15:45-49, ARC).

A vida de Cristo é uma dádiva aos que querem obedecer ao Senhor, mas que se veem incapacitados, àqueles que lutam, persistem com sinceridade e aguardam a redenção do corpo. A morte é a retribuição correspondente ao pecado, mas o dom gratuito é a vida eterna (Romanos 6:23), que é oferecida pela graça de Deus a toda a humanidade. "[…] mas Deus destrói os ímpios por causa dos seus males." (Provérbios 21:12, ACF).

12
A PARÁBOLA DA TORRE
(Lucas 14:28-30, NAA)

28 Pois qual de vocês, pretendendo construir uma torre, não se assenta primeiro para calcular a despesa e verificar se tem os meios para a concluir? 29 Para não acontecer que, tendo lançado os alicerces e não podendo terminar a construção, todos os que a virem zombem dele, 30 dizendo: "Este homem começou a construir e não pôde acabar."

CURIOSIDADES

A Casa de Deus no meio dos filhos de Israel era um templo desmontável a fim de acompanhar a sua jornada no deserto em direção à terra prometida. Séculos mais tarde, Salomão construiu o primeiro templo permanente no monte Moriá, em Jerusalém. A construção era majestosa, particularmente a área sagrada – Santo Lugar e Santo dos Santos –, que foi coberta por dentro de ouro puríssimo (1 Reis 6:20-22; Hebreus 9:2-3). Por ocasião da invasão dos caldeus e a deportação dos filhos de Israel para a Babilônia, o templo foi destruído. Com o retorno do povo à sua terra, e sob o decreto do rei persa Ciro (Esdras 1:1-3), o templo foi reconstruído. A reconstrução durou 21 anos e foi concluída em 515 a.C. Em 19 a.C., Herodes, o Grande, aquele que procurou matar o menino Jesus (Mateus 2:1,13), colocou as paredes do templo a baixo[130], dando-lhe uma magnificência ainda maior do que os templos anteriores. A dimensão interna da área sagrada era similar à do templo de Salomão, em torno de 9 m de largura, 18 m de altura por 27 m de comprimento (Hebreus 9:2-3). A altura externa do templo[131] era de aproximadamente 45 m, assemelhando-se, portanto, a um prédio de 14 andares ou a uma torre. A quilômetros de distância, o brilho da parte externa da torre poderia ser avistado. Entretanto, a área total murada onde o templo foi edificado

---

130. HEROD'S Temple in Smiths Bible Dictionary. **Bible History.** [on-line, s.d.]. Disponível em: <https://bible-history.com/linkpage/herods-temple-in-smiths-bible-dictionary>. Acesso em: 30 jan. 2022.
131. Dimensões internas em côvados era 20 x 60 x 40. A altura externa, com 100 côvados. http://www.jewishencyclopedia.com/articles/14304-temple-of-herod

dobrou[132], equivalendo a quase 20 campos oficiais de futebol[133]. A intenção de Herodes era agradar aos judeus. Como houve oposição e resistência pelo temor de que não fosse reconstruído, Herodes utilizou-se da estratégia de reunir todo o material num período de 2 anos, demonstrando a sua boa-fé e capacidade para reedificá-lo. O templo propriamente dito, com o pórtico, o Santo Lugar e o Santo dos Santos, foi reerguido em apenas um ano e meio. Segundo o historiador Josefo, 1.000 sacerdotes[134] – de um total de 10.000 trabalhadores – foram cuidadosamente treinados para edificar o local santo, sem que houvesse a interrupção dos sacrifícios e de outros serviços religiosos. A maior parte de toda a área do templo foi reconstruída em 8 anos. A conclusão, porém, só ocorreu após 8 décadas do início da construção, ou 7 anos antes da sua destruição pelos romanos. Atualmente, o templo continua destruído, reduzido a um pedaço de muro, apesar dos esforços de judeus ortodoxos[135] para reerguê-lo.

1. Levando-se em conta apenas a quantidade de ouro destinada ao templo, cerca de 4.365,9 toneladas[136], com a cotação atual[137], isso valeria mais de 865,5 bilhões de reais[138]. As Escrituras dizem que o corpo do crente é a verdadeira Casa de Deus.

1.1) Qual o valor em reais que você atribuiria à Casa de Deus de carne e osso, que é o corpo do crente? Por quê? Escolha uma das alternativas abaixo para representá-lo:

---

132. Davis, John D. Dicionário da Bíblia. 14ª ed. Rio de Janeiro, JUERP, 1987.
133. RITMEYER, Leen. The Temple Mount in the Herodian Period (37 BC – 70 A.D.). **Biblical Archaeology,** [on-line, s.d.]. Disponível em: <https://www.biblicalarchaeology.org/daily/biblical-sites-places/temple-at-jerusalem/the-temple-mount-in-the-herodian-period/>. Acesso em: 09 fev. 2022.
134. REBUILDING the Temple. **Bible History,** [on-line, s.d.]. Disponível em: <https://bible-history.com/jewishtemple/rebuilding-the-temple>. Acesso em: 30 jan. 2022.
135. OBJECTIVES of the Temple Mount Faithful. **Temple Mount Faithful,** [on-line, s.d.]. Disponível em: <http://templemountfaithful.org/objectives.php>. Acesso em: 09 fev. 2022.
136. 1 Crônicas 22:14, considerado o peso do talento no tempo dos Macabeus (164 a 63 a.C.). SHEKEL. **Jewish Encyclopedia,** [on-line, s.d.]. Disponível em: <https://www.jewishencyclopedia.com/articles/13536-shekel>. Acesso em: 30 jan. 2022.
137. Cotação do dia 02.11.2019. OURO hoje. **Dolar hoje,** [on-line, s.d.]. Disponível em: <https://dolarhoje.com/ouro-hoje/>. Acesso em: 22 nov. 2021.
138. Se usado um peso de referência, o valor cairia para R$ 678 bilhões, ainda assim enorme. TALENTS (Biblical Hebrew) to Kilograms Conversion Calculator. **Unit Convertion,** [on-line, s.d.]. Disponível em: <http://www.unitconversion.org/weight/talents-biblical-hebrew-to-kilograms-conversion.html>. Acesso em: 09 fev. 2022.

a) 1   b) 490   c) 1 mil   d) 1 milhão   e) 1 bilhão   f) 1 trilhão

1.2) A glória do templo de pedra era o(a) _____.
A glória do templo de carne é o(a) _____.
a) grandeza/amor   b) ouro/santidade   c) arca/Deus   d) sacrifício/fé   e) prata/amor

2. A parábola da torre é um desafio à consciência. Jesus chama todas as pessoas para construir a Casa particular do Espírito Santo neste mundo – que é o corpo humano –, mas deixa claro que há um custo, um preço que não pode ser pago pela metade. O custo da construção foi orçado por Jesus no contexto imediato da parábola (Lucas 14:26-27,33). Indique, dentre as alternativas, qual foi o orçamento que Jesus elaborou e explique os valores que estão discriminados, utilizando-se das passagens bíblicas auxiliares de Romanos 6:6, Gálatas 2:20 e Gálatas 5:24:

"Se alguém vem a mim e não aborrece a seu pai, e mãe, e mulher, e filhos, e irmãos, e irmãs e ainda a sua própria vida, não pode ser meu discípulo. E qualquer que não tomar a sua cruz[139] e vier após mim não pode ser meu discípulo. Assim, pois, todo aquele que dentre vós não renuncia a tudo quanto tem não pode ser meu discípulo." (Lucas 14: 26-27,33, ARA).

a) Custo total $ = vir + vida + renunciar = renúncia
b) Custo total $ = aborrecer + tomar + vir = renúncia
c) Custo total $ = mulher + tomar + meu discípulo = renúncia
d) Custo total $ = aborrecer + vir + dentre vós = renúncia
e) Custo total $ = alguém + meu discípulo + todo aquele = renúncia

3. Qual é o seu projeto de vida? O que você está construindo? Assinale

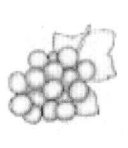

---
139. Antes de ser crucificado, o condenado carregava a sua própria cruz até o local da execução.

4. Leia as passagens abaixo e classifique-as da seguinte forma:

☐ → LANÇOU OS ALICERCES E TERMINOU A TORRE
△ → LANÇOU OS ALICERCES, MAS NÃO CONCLUIU A TORRE
⊘ → NÃO COMEÇOU A CAVAR AS VALAS DOS ALICERCES DA TORRE

a) "E ele, atirando para o templo as moedas de prata, retirou-se e foi-se enforcar." (Mateus 27:5, ARA);_____

b) "Guardando-a, não ficava para ti? E, vendida, não estava em teu poder? Por que formaste este desígnio em teu coração? Não mentiste aos homens, mas a Deus. E Ananias, ouvindo estas palavras, caiu e expirou." (Atos 5:4,5, ARA);_____

c) "Mas ele, contrariado com essa palavra, retirou-se triste, porque possuía muitas propriedades." (Marcos 10:22, ARA);_____

d) "Então, Pedro, cheio do Espírito Santo, lhes disse: […] Este Jesus é pedra rejeitada por vós, os construtores, a qual se tornou a pedra angular." (Atos 4:8,11, ARA); _____

e) "Também de Jezabel o Senhor falou: Os cães devorarão Jezabel dentro das muralhas de Jezreel." (1 Reis 21:23, ARA)._____

5. Quem não consegue terminar a torre é alvo de zombaria. No Reino de Deus, quem é alvo de desdém, crítica e menosprezo, de acordo com os ensinamentos da parábola?

A PARÁBOLA DA TORRE (Lucas 14:28-30 NAA)

1.1. Levando-se em conta apenas a quantidade de ouro destinada ao templo, cerca de 4.365,9 toneladas, com a cotação atual, isso valeria mais de 865,5 bilhões de reais. As Escrituras dizem que o corpo do crente é a verdadeira Casa de Deus, que vale muito mais do que ouro. O valor atribuído à Casa de Deus seria 490, em razão de expressar uma grandeza indeterminada ou mesmo infinita.

Quando Pedro perguntou quantas vezes deveria perdoar alguém, a resposta de Jesus foi setenta vezes sete (Mateus 18:22). Essa é uma expressão que significa inúmeras vezes ou o quanto for necessário. É uma expressão numérica cujo resultado é quatrocentos e noventa. Ela assemelha-se à expressão popular da língua portuguesa oito ou oitenta cujos números não expressam seus valores literais, mas significam situações extremas, exageros para menos ou para mais, nada ou tudo.

O templo de Salomão era realmente valioso e magnífico. A quantidade de 4.365,9 toneladas de ouro que ornava o templo era simplesmente espetacular e o transformou em um cofre sem travas e fechaduras. Para ter uma melhor noção, veja que a reserva de ouro do Brasil é atualmente cerca de 67 toneladas[140], sessenta e cinco vezes menos do que a soma preparada para o templo de Salomão. Já a nação mais poderosa e rica do planeta, os EUA, tem apenas o dobro, por volta de 8.000 toneladas. Tudo isso dá a dimensão da opulência e esplendor do templo.

O rei Davi propôs em seu coração construir algo que honrasse a magnitude de Deus. No entanto, o próprio Rei Salomão, seu filho, reconheceu que os céus e até o céu dos céus não poderiam conter o Senhor e Criador do universo (1 Reis 8:27), muito menos uma casa de ouro e prata. Realmente, Deus não habita em templos construídos por mãos de homens. A Casa verdadeira de Deus no planeta Terra foi edificada pelo seu Filho Jesus, a igreja. Ao profeta Natã, o Senhor revelou que o Filho unigênito de Deus, o Rei eterno, cujo trono não teria fim, ele sim era quem edificaria a sua Casa (1 Crônicas 17:11-13). A Casa do Espírito de Deus é cada crente, a igreja de Cristo. Assim, a morada do Espírito Santo não pode ser estimada monetariamente. Ela foi adquirida com o sangue precioso e puro do Cordeiro (1 Pedro 1:18-19), portanto o seu valor é imensurável.

---

140. GOLD reserves. **Trading Economics**, [on-line, s.d.]. Disponível em: <https://pt.tradingeconomics.com/country-list/gold-reserves>. Acesso em: 30 jan. 2022.

O Tabernáculo, bem como os templos de Salomão, de Zorobabel e de Herodes, eles não eram a morada verdadeira de Deus. Se os templos tão luxuosos e valiosos, construídos de pedra, e de prata, e de ouro, não eram habitados por Deus, por que o corpo do crente seria a morada legítima do Deus Altíssimo? Na realidade, o corpo do crente é um palácio de carne e osso, onde o Rei e Soberano Deus habita. Não é feito de pedras raras, de metais preciosos, como o ouro e a prata, e não se vende com grande preço. Ele foi depreciado por alguns, avaliado em quinze quilos de prata (Juízes 16:4), uma noite de sexo (2 Samuel 11:4; 12:9) e 30 moedas (Mateus 26:15). Outros como Caim, o primeiro homicida (Gênesis 4:8), o desprezou completamente.

De fato, os cedros do Líbano não sustentam o corpo do crente nem lhe dão força. Ele não é obra de renomados e hábeis artífices, raridades no mundo da arte e da arquitetura. Ele é mesmo de barro pisado, e batido, e sofrido. Contudo, é único. Ele é uma peça rara e única, criada pelas mãos do próprio Deus, com traços deixados pelo maior artista e escultor de todo o universo. De todas as coisas que foram criadas, nada é comparável à tenda humana. A sua tenda é provisória e frágil. Mesmo assim, o Senhor Deus a escolheu para ser a Casa do seu Espírito. Isso é um dos maiores mistérios das Escrituras. Cuide bem do seu corpo para que o hóspede mais nobre e ilustre dos Céus e da terra sinta-se bem, confortável, respeitado e glorificado.

1.2. A glória do templo de pedra era o ouro, mas a glória do templo de carne é a santidade.

A magnificência do templo poderia ser facilmente vista através do brilho característico e da cor amarelada do ouro que cobria a sua parte interna. As paredes, as portas, os umbrais, tudo era amarelo-ouro, de ouro puríssimo (2 Crônicas 3:7). Os objetos da casa, o altar, os castiçais, os garfos, as bacias e as taças (2 Crônicas 4:19-22), nada fugia ao ouro. Era muita ostentação e encanto, riqueza e preciosidade, para seduzir o Senhor Deus a fim de habitar no meio de Israel. Porém, Deus não é seduzido pela glória do mundo. Ao ser tentado por satanás, que lhe ofereceu os reinos do mundo, a sua riqueza e a sua glória, Jesus, o Filho de Deus, afirmou que a adoração pertencia somente a Deus (Mateus 4:8-10). O amor às riquezas é idolatria. Ele resistiu à atração exercida pelo poder efêmero, pela realeza terrena e pelo encanto do mundo, que facilmente leva ao adultério espiritual. Jesus preferiu um manto real de sangue e uma coroa de espinhos, que são desprezados pelos homens.

Ao profeta Natã, o Espírito revelou que Deus jamais habitara em um palácio de panos, madeira, pedras ou tijolos, e nunca habitaria. Um santuário de ouro e prata, cedro e materiais nobres, nada disso o iludiu. A glória e o brilho do mundo não o seduziram. Desde a saída do Egito, o Senhor Deus revelou[141] que Ele habitara "de tenda em tenda e de tabernáculo em tabernáculo" (1 Crônicas 17:5, ARC), que são casas simples, efêmeras e de pano.

Francamente, a preferência de Deus não são templos imponentes e majestosos, com pedras preciosas e revestidos de ouro, prata e cobre. Ele prefere ossos a cedros, carne a panos, linho fino e pelos de cabras. Ele escolhe tendas sustentadas por ossos e revestidas de carne, pobres e humildes (Mateus 5:3), pequenas, quase invisíveis, mas limpas por dentro e adornadas com amor, fé e santidade.

Em Êxodo 25:1-9, o Senhor falou a Moisés para receber ofertas voluntárias do povo a fim de construir um santuário. As ofertas seriam de ouro, e prata, e cobre, e pano azul, e púrpura, e carmesim, e de linho fino e diversos materiais de excelência. O povo atendeu ao chamado. Homens e mulheres trouxeram pendentes e fivelas, e anéis, e braceletes, de prata ou de metal, madeira de acácia e tudo que havia sido projetado. A planta veio do Céu, portanto era divina. O projeto fora meticulosamente elaborado, e não havia contradição. Contudo, o Senhor Deus não mudou de ideia e não iria transferir-se para um palácio gigantesco e suntuoso.

O santuário de ouro e prata, púrpura e carmesim, e com todo o seu requinte e graça, deveria ser levantado. Era uma ordem. Ele se destacaria dentre as tendas de Israel e era o centro do povo. À semelhança de uma tenda gigante e inigualável, única, ele foi colocado no meio dos filhos de Israel e andou com o povo. Foram quarenta anos de peregrinação e tentação (Hebreus 3:9), alimentados pelo Pão de Deus e saciados pela Água viva da Rocha. Ali os pecados eram perdoados e as pessoas, purificadas. Na verdade, o Tabernáculo de Deus era a representação do Filho que desceria do Céu e seria como um dos homens.

---

141. Expressão complexa que pode sugerir a mobilidade e transitoriedade da Casa de Deus na terra em relação à igreja e ao corpo de Cristo. CHRONICLES 17:5, COMMENTARIES. **Bible Hub**: search, read, study the Bible in many languages, [on-line, s.d.]. Disponível em: <https://biblehub.com/commentaries/1_chronicles/17-5.htm>. Acesso em: 30 jan. 2022.

Havia muitas tendas no deserto, mas nenhuma assemelhava-se ao Tabernáculo. Ninguém, nenhum ser humano equiparou-se ao Filho do Homem. Ele foi o centro da revelação, o meio de redenção, a verdade mais pura, o caminho para o Céu e a vida abundante. O santuário móvel, o Tabernáculo, era a imagem do Filho de Deus, Jesus, da tenda mais sublime, pura e perfeita, onde o Espírito de Deus habitou. Assim como no deserto de Sinai, o Tabernáculo teve fome e sede de justiça durante quarenta dias. Ele foi sustentado pela Palavra de Deus, foi tentado, viveu entre as feras do deserto e era a glória de Deus (Marcos 1:13). Sinceramente, Deus não habita em casas de pano e linho fino, mas em corpos lavados e purificados com o sangue de Cristo.

O próprio Jesus foi condenado porque dizia ser a Casa mais sublime de Deus. Como justificativa de suas afirmações, usou as palavras do profeta Asafe registradas no livro de Salmos. Se homens pecadores e mortais foram chamados de deuses e filhos do Deus Altíssimo (Salmos 82:6-7), como condená-lo por afirmar ser a Casa do Deus vivo (João 10:34-36)? Por que resistir à verdade?

Jesus era a maior tenda, a mais digna e santa. A sua afirmação não era uma blasfêmia que se opunha a Deus. Ao contrário, ela dignificava as revelações dos profetas. Era só olhar as suas obras, as quais ratificavam as suas palavras. Ninguém duvida que homens e mulheres foram separados e transformados na Casa do Espírito Santo. No entanto, nenhum outro se iguala a Jesus, Aquele que fora escolhido na eternidade como a Casa de Deus mais sublime, santa e pura (Salmos 82:6).

A semente de Davi, o Filho do Homem, o Rei eterno, Aquele a quem foram dados o nome Jesus e o título de o Tabernáculo de Deus, Ele edificou a sua igreja dentre todos os povos da terra (1 Crônicas 17:11; Daniel 7:13; 1 Crônicas 7:12-13; Hebreus 1:5). A igreja verdadeira de Cristo é composta de embaixadores do Reino dos Céus, os quais são a real Casa de Deus neste mundo. Deus não habita em santuário de ouro, mas em templos de carne e ossos, em seres humanos.

A glória do corpo do crente não está no brilho do ouro puro, mas no resplendor da pureza e da santidade do coração. A santidade não é vista pelos olhos humanos, mas é apreendida pelos sentidos divinos. Ela define o caráter do Filho de Deus, que está traçado no livro de Hebreus:

"Ele é perfeito e não tem nenhum pecado ou falha. Ele foi separado dos pecadores e elevado acima dos céus" (Hebreus 7:26, NTLH). Porque é Deus, Ele é santo, separado do pecado e da concupiscência da carne. A santidade, a justiça e a verdade são atributos absolutos de Deus. Ele é imaculado e inalcançável em sua perfeição. Como Ele é santo, tudo o que é consagrado ao Senhor Deus não pode ser tocado pelas impurezas. Objetos eram santificados. Lugares, animais, coisas, tudo o que era separado para Deus deveria ser santificado.

O corpo do crente, como Casa consagrada a Deus, não pode acumular sujeira e entulhos da maldade e do pecado, pois o fim do lixo é ser queimado. Mas os líderes judaicos, saduceus, fariseus e escribas, eles eram os sepulcros dos cemitérios de Israel. Até eram caiados, brancos e formosos por fora, entretanto podres e cheios de imundície por dentro (Mateus 23:27). Eram também o depósito de lixo de toda a nação.

A Casa de Deus precisa ser limpa por dentro e por fora. Por dentro, deve ser purificada a fim de não contaminar o Espírito de Deus, mas alegrar e satisfazê-lo. Por fora, deve ser polida a fim de brilhar intensamente e iluminar o mundo, desfazendo as trevas. Como tudo era limpo e santificado, tanto objetos como os próprios ofertantes, o interior do templo não era contaminado com as impurezas do mundo (Hebreus 7:27; Hebreus 9:21).

Por dentro do corpo, o coração do crente é o cômodo mais singular e excelente de Cristo. Em vista disso, o apóstolo Pedro afirmou que Cristo deveria ser santificado em nossos corações (1 Pedro 3:15). Como o coração do crente é a morada especial do Filho de Deus, ele também foi transformado no aposento mais acolhedor do Espírito Santo. É onde se escondem os nossos pensamentos e sentimentos, os segredos da nossa alma. Por isso, as impurezas devem ser banidas e também os maus pensamentos e desejos, como o ódio, a inveja, o egoísmo, a cobiça e a indiferença. Tudo isso deve ser expulso do coração.

Um dos mistérios revelados por Jesus foi a doutrina da regeneração, mais tarde explicada claramente pelo apóstolo Paulo, que o corpo do crente – não só o coração – foi consagrado inteiramente para a morada do Espírito Santo.

O adorno da Casa de Deus é a perfeição[142] e a santidade, que vêm da lavagem com o sangue de Jesus[143]. A pessoa somente será a Casa de Deus, havendo sido regenerada e purificada pelo sangue de Cristo. Como está a sua casa? Lavada e limpa com o sangue de Cristo? Ou abarrotada de entulhos e coisas vis?

2. A parábola da torre é um desafio à consciência. Jesus chama todas as pessoas para construir a Casa particular do Espírito Santo neste mundo – que é o corpo humano –, mas deixa claro que há um custo, um preço que não pode ser pago pela metade. O custo da construção foi orçado por Jesus no contexto imediato da parábola (Lucas 14:26-27,33). Ele pode ser representado pela equação: renunciar = aborrecer + tomar + vir, que são os verbos encontrados na declaração de Jesus.

Quem está prestes a construir um edifício precisa saber antecipadamente quais serão os gastos, se é compatível com o seu bolso, a fim de começar e prosseguir até concluir a obra. Caso contrário, será um desperdício de dinheiro, esforços e tempo, transformando-se em uma obra fantasma. Do mesmo modo, aquele que deseja seguir a Cristo deve antecipadamente conhecer os custos. Há custos para ser discípulo de Cristo e edificar a Casa de Deus. Certamente, é preciso construir um edifício firme sobre o fundamento que é Cristo. Os materiais não devem ser perecíveis e efêmeros (1 Coríntios 3:9-16). Use e abuse de arrependimento dos pecados e fé em Deus, que já é suficiente.

A advertência do Mestre é bastante clara quanto ao custo da obra. Se você gostaria de seguir o Mestre dos mestres, saiba que é necessário aborrecer os entes queridos e a sua própria vida. E, além de tomar cada dia a sua própria cruz, dar os mesmos passos que Ele deu em direção ao Calvário. Sem a menor dúvida, é um custo elevadíssimo e valioso, que é chamado de renúncia. Porém, estará dentro do seu orçamento, se houver uma parceria e aliança com o Espírito Santo. Ele é poderoso e rico para convencê-lo do pecado, da justiça e do juízo de Deus, e para ajudá-lo em

---

142. Do grego teleioó, completar, aperfeiçoar, conforme Hebreus 9:9. TELEIOÓ, GREEK. **Bible Hub**: search, read, study the Bible in many languages, [on-line, s.d.]. Disponível em: <https://biblehub.com/greek/5048.htm>. Acesso em: 30 jan. 2022.
143. Somente o sacrifício de Cristo é que verdadeiramente aperfeiçoa o ofertante.

todas as suas lutas e provas (João 16:8). Em João 14:26, o Espírito Santo é o *paraklétos*[144], o advogado, o intercessor, o consolador e o ajudador.

Para construir a Casa de Deus, o discípulo precisa amá-lo acima de tudo e de todos. Os parentes mais benquistos e amados, a exemplo do pai, e da mãe, e dos filhos, não poderão ser mais importantes do que Deus. Eles devem ser respeitados e honrados porque isso é a vontade do Criador. "Honra a teu pai e a tua mãe" é um dos dez mandamentos que foi repetido pelo apóstolo Paulo, com a devida adaptação[145] (Efésios 6:2-3). Entretanto, o Senhor e os entes queridos não podem ser concorrentes. Em primeiro lugar Deus, e sempre Ele, e depois quem quer que seja.

Ao ser avisado da presença de sua mãe e seus irmãos, Jesus afirmou que todo aquele que faz a vontade do Pai que está nos Céus é seu irmão, irmã e mãe. Jesus não fora rude e insensível com seus familiares e, certamente, não deixou de atendê-los. A sua palavra aparentemente indelicada e fria foi proposital a fim de ensinar que o cumprimento da sua missão estava acima de tudo e de todos.

Outra verdade extraída da reação de Jesus é a introdução da família verdadeira e real, aquela que não se liga pelo sangue, mas pelo amor sacrificial e eterno de Jesus. O elo entre todos é principalmente o Espírito de Deus. Na vida eterna, todos os que crerem serão irmãos de Jesus e filhos do Rei (Romanos 8:16-17, 29), independentemente da relação humana aqui na terra. Haverá uma relação íntima e perfeita com Jesus e com o Pai.

Por outro lado, a participação na família de Deus implica no direito à herança dos bens celestes. Aquilo que é naturalmente de Cristo será também daquele que foi lavado e redimido pelo sangue do Cordeiro.

Quem recebe a Cristo como seu Senhor e Salvador edifica a Casa de Deus. É a doutrina da regeneração ou do novo nascimento. É o nascimento do Espírito de Deus (João 3:3-6), que habita no corpo do crente (1 Coríntios 6:19).

Ao se falar em redenção através de Cristo, entende-se que, no plano de salvação, Cristo não se separa do Espírito Santo. Não há redenção sem sangue nem Espírito. É uma obra conjunta, pois somente há regeneração através da lavagem do Espírito de Deus. É o que acordam

---

144. PARAKLÉTOS, GREEK. **Bible Hub**: search, read, study the Bible in many languages, [on-line, s.d.]. Disponível em: <https://biblehub.com/greek/3875.htm>. Acesso em: 30 jan. 2022.

145. Em comparação com Êxodo 20:12, a última parte "que o Senhor teu Deus te dá" foi suprimida, pois se referia à Palestina. Essa promessa é específica para os hebreus e não diz respeito aos cristãos.

entre si Geoffrey Grogan (1925-2011), Leon J. Wood[146] (1918-1977), Sinclair Ferguson[147], Michael Stallard[148] e tantos outros.

E a fé genuína que leva à regeneração e à mudança de vida também causa a renúncia. A beleza e a atração que o mundo exerce já não faz tanto sentido e lógica. As lágrimas e dores do sacrifício tornam-se suportáveis e são aliviadas pelo galardão. Está claro, e o crente sabe e tem certeza, que ao final da corrida terrena ele receberá uma coroa incorruptível, que é o prêmio da vida eterna (1 Coríntios 9:24).

No mundo romano, os escravos e criminosos condenados à morte eram submetidos à ignomínia e tortura. A desonra era dolorosa e angustiante, como ficou evidente na condenação de Jesus. Cuspiram em seu rosto e o esmurravam (Mateus 26:67), feriam-lhe a alma. Além de outras humilhações, o preso deveria levar a sua própria cruz até o local da execução. Era um desfile obrigatório diante de olhares contraditórios. Uns olhavam com ódio e desprezo. Outros, com compaixão e solidariedade. "Lá vai mais um tolo, morto por conta de ideias e ideais", assim pensavam muitos dos espectadores.

Seguir a Cristo parece insanidade mental para alguns, como se a esperança houvesse nascido de ilusões e alucinações. Mas não é assim. Quem não toma a sua própria cruz e anda nas mesmas pegadas de Cristo em direção ao Calvário não é digno dele e não pode ser seu discípulo. O verdadeiro crente precisa morrer com Cristo, e isso diariamente (Lucas 9:23). É preciso aceitar ser humilhado, torturado e morto. A pessoa que está ávida pelo louvor, curtidas e aplausos do mundo não pode seguir a Cristo.

Ninguém se engane, o crente é desprezado e, muitas vezes, humilhado. É perseguido e torturado quando é honesto com Deus, não se cala e rejeita o pecado. Assim ocorreu com Jesus, que foi perseguido porque não ensinava a ideologia de falsos mestres.

Jesus foi execrado e condenado porque igualava-se a Deus. Era grave e inaceitável intitular-se de o Pão, a Luz, a Vida, a Verdade e o Caminho (João 6:35; 9:5; 14:6). E, assim, tentaram calar a sua voz. Mas até na morte ela falou. E como falou! Jesus morreu entre criminosos, como

---

146. Catedrático, escritor e um dos tradutores e editores no projeto que resultou na criação da Bíblia em língua inglesa *New International Version* (NIV).
147. Pastor presbiteriano escocês, dedicou-se ao ensino acadêmico teológico entre Escócia e EUA. Ele é autor de cerca de cinquenta livros, além de contribuir para muitos outros.
148. Deão do Baptist Bible Seminary, onde se dedica ao ensino de teologia sistemática. Pastor, conferencista, escritor e comentarista.

um malfeitor, e foi a maior injustiça da face da terra. Ele não descansou os seus pés e as suas mãos enquanto estava neste mundo. Fazia o bem a todos, pregava e ensinava o Evangelho do Reino. Curou gentes com enfermidades físicas e espirituais, amou-as até o fim. E porque fazia o bem, foi odiado. Levantaram-no da terra como um bandido. Porém, como a bandeira da verdadeira paz e do genuíno amor, Ele foi içado no monte Calvário.

O discípulo de Jesus não pode ter medo das arbitrariedades humanas e muito menos da cruz. As injustiças certamente existirão, e não poderão neutralizar os seus passos. A prova está com o apóstolo Paulo, pois compreendeu com perfeição e destreza a mensagem do Mestre. Ele não relutou com as palavras, pois com força, determinação e clareza disse que estava morto para o mundo. E foi até além, quando foi enfático e declarou que também o mundo estava crucificado para ele (Gálatas 6:14). A luz esplendente de Cristo que viu no caminho ofuscou o brilho do mundo e o cegou (Atos 9:3). Mas nada disso o impediu de ser o grande missionário de Cristo. Se você é crente de verdade, precisa imitá-lo, morrendo para o mundo e crucificando-o para si mesmo.

Entretanto, o que é mundo? A visão de mundo não deve ser algo particular. Se a sua mente e os olhos estiverem blindados pelos seus próprios interesses e inclinações, a luz de Cristo não penetrará. O resultado será um campo visual estreito. A sua definição de mundo será algo particular, de acordo com a sua experiência egoísta e limitada. Cada pessoa, então, escolherá e delimitará o seu mundo perfeito e ideal a fim de não se libertar daquilo que lhe dá prazer e a domina. No conceito e visão de Paulo, o mundo são todas as coisas, tudo aquilo que o cercava e concorria com Deus. Não há como torná-lo particular. Ele é naturalmente mau, "e o mundo passa e a sua concupiscência; mas aquele que faz a vontade de Deus permanece para sempre" (1 João 2:15-17, ARC). O primeiro lugar e o melhor de tudo é o que Deus quer da sua vida.

Duas afirmações mostram a intensidade de comunhão do apóstolo Paulo com Cristo: que todas as coisas eram consideradas como esterco (Filipenses 3:8) e que o viver era Cristo (Filipenses 1:21). A lógica foi bem explicada por Crisóstomo[149], ao dizer que uma candeia acesa era uma perda quando a luz do sol aparecia[150]. É verdade, o fulgor e o brilho

---

149. Um dos Pais da Igreja, apologista do 4º século depois de Cristo, nascido em Antioquia da Síria.
150. PHILIPPIANS 3:8, COMMENTARIES. **Bible Hub**: search, read, study the Bible in many languages, [on-line, s.d.]. Disponível em: <https://biblehub.com/commentaries/1_chronicles/17-5.htm>. Acesso em: 30 jan. 2022.

do mundo desaparecem diante da luz de Cristo. Então, o apóstolo tomou a sua cruz, andou os passos de Jesus e ele mesmo colocou a sua cruz entre os criminosos, morrendo com Cristo (2 Coríntios 5:14; Gálatas 2:20;5:24;6:14).

Se você bem olhar, há muitas cruzes no Calvário, e uma delas bem que poderia ser a sua. Paulo negou a si mesmo, renunciou a sua própria vida e a glória terrena e colocou a sua cruz ao lado de Cristo. Como recompensa, ele foi exaltado e elevado com Jesus, e subiu até as maiores alturas, além do céu dos céus. Você já cravou a sua cruz ao lado de Cristo, morreu com Ele, para com Ele ressuscitar?

3. Qual é o seu projeto de vida? A resposta é bem pessoal, mas deve referir-se a um projeto duradouro e espiritual. Ele poderia ser tornar-se a Casa de Deus, reformá-la, fazer parte da família de Deus, melhorar a sua comunhão com seus irmãos, preparar-se para o arrebatamento da igreja e trabalhar para o crescimento do Reino de Deus.

Alguns projetos excelentes e santos são o desejo de fazer parte da família de Deus, de ser a Casa de Deus, de preparar-se para viver nos Céus, de fazer parte do pacto no sangue de Jesus e de trabalhar com entusiasmo e alegria para o crescimento do Reino de Deus. Os seus projetos pessoais, como construir uma família e ter filhos, cursar a universidade, adquirir um bom emprego, conhecer lugares maravilhosos e ter a casa própria, são bons e não estão errados, mas não são essenciais. Eles passam.

Os seus projetos indicam os seus sonhos e expressam o que você mais dá valor. Eles revelam o que está no seu coração e são a sua própria identidade. É importante ter projetos duradouros e eternos, que nos dê a paz de Cristo, a verdadeira alegria e a segurança de uma Rocha. Jesus afirmou que não adianta ganhar o mundo inteiro e perder a alma (Marcos 8:36). Os projetos terrenos são passageiros e rapidamente se vão (1 Coríntios 7:31; 1 João 2:17). Deixar de pensar naquilo que é essencial, esquecendo-se da vida eterna, é como iludir-se com o brilho de uma vela, que está destinada a morrer. A vida humana é como "um conto ligeiro" e "voa" (Salmos 90:9,10, ARC).

Além de construir a Casa do Espírito Santo, é importante cuidar do coração, da mente e do corpo. E esse cuidado deve ser diário. A tarefa de quem cuida da Casa é afastar os maus e indesejados pensamentos, de onde nascem as más atitudes e todo comportamento condenável. Não simplesmente trave a língua e feche a boca, mas limpe com zelo o coração.

O crente deve dedicar-se à rotina de lavar com a água da regeneração, varrer, passar o pano e espanar os móveis, a fim de que a Casa brilhe para a glória de Deus. Aos filipenses (Filipenses 4:8), o apóstolo Paulo exortou que se deve guardar os pensamentos daquilo que não é virtude. O que é mau deve ser jogado fora e queimado. No mais, o discípulo de Cristo deve cultivar em seus pensamentos somente o que é verdadeiro, honesto, justo e puro, amável e de boa fama. Assim, depois é só testemunhar como o amor de Deus, a paz de Cristo e o conforto do Espírito Santo inundaram o seu coração.

4. Os alicerces da Casa de Deus foram lançados por Judas, Ananias e o jovem rico, mas a construção não foi concluída. A obra de Pedro foi a única a ser terminada, e a de Jezabel nem sequer foi projetada.

Como na parábola do semeador, muitos jamais construíram a Casa de Deus, nem sequer começaram os alicerces. Outros começaram, mas não terminaram. E alguns concluíram-na. A construção de Judas e Ananias ficou na parte dos alicerces. O jovem rico também não progrediu, se mais tarde não mudou a sua história. Pedro foi o único que edificou e terminou a Casa de Deus. Jezabel não deitou os alicerces nem levantou as paredes, e morreu entre os cães.

O primeiro, Judas, andou e sentou-se com Jesus, ouviu os seus ensinos e viu os seus sinais. Como não se render à divindade de Jesus? Como ser tão incrédulo? Judas tinha tudo de melhor e mais acertado e adequado para ser a Casa de Deus: o maior e melhor construtor, Jesus, as mais dignas ferramentas, a Palavra, e os materiais com as maiores virtudes e de melhor qualidade, a longanimidade, a misericórdia, a bondade e o amor de Deus. Contudo, ele não fazia diferença entre mau e bom e era dominado pela cobiça e avareza. Então, o amor às riquezas do mundo o levou a entregar o Filho de Deus por simples 30 moedas de prata (Mateus 26:14-16; João 12:6). O preço que avaliou Jesus, na verdade, representou a pobreza e sequidão do seu caráter.

Ananias também era mentiroso e avarento (Atos 5:1-6), e procurava mostrar-se piedoso, mas só na aparência. Quem não se lembra das virtudes e atributos divinos, como a onipotência, a onipresença e onisciência, e transforma a sua vida em mentiras, não crê que Deus existe ou, pelo menos, faz pouco-caso de sua grandeza e autoridade. Não é um ateísmo declarado. É um ateísmo mascarado e cínico, demonstrado nas atitudes diárias. Como Ananias, muitos denominam-se a si mesmos de cristãos, crentes piedosos e lotam os bancos dos templos, mas negam-no com as suas atitudes e pensamentos. Levantam as mãos e gritam "aleluias". Porém, o seu deus é o dinheiro e o bolso. E as riquezas do mundo ganham um altar em seus corações. As mãos que levantam são impuras, e louvam em pé, gritam o nome de Deus euforicamente, mas serão mortos e carregados para a sepultura.

Do lado do prazer e da glória efêmera, há muita gente porque a porta é larga e muitos entram de vez. São geralmente inquietos e impacientes, querem solução rápida e fácil. Contudo, do lado da obediência e vida eterna, são poucos, e contam-se nos dedos da mão. O caminho é apertado e a porta é estreita, só passa um de cada vez. Assim, é preciso ter paciência e acreditar que vale a pena esperar e depositar a sua confiança em Deus.

O jovem rico era também sovina. Ele bem conhecia os mandamentos desde a sua infância. Era educado e muito religioso, pois fora criado como um bom judeu. Era moralmente zeloso, não matava, não furtava e não dava falso testemunho, honrava também os seus pais. Entretanto, não admitia crucificar o seu egoísmo e a sua vaidade. Era apegado às coisas materiais.

Muitos amarram-se às suas riquezas da terra, carregam-nas às costas e no coração. Outros fazem as suas malas e as abarrotam com seus pertences, acreditando que podem levá-los ao mundo dos mortos. Mas isso é impossível! Ou o mundo ou os Céus, pois o mundo é inimigo de Deus (Tiago 4:4). Nem mesmo o inferno aceita as coisas deste mundo. Se muitos querem ser reis, que usem uma coroa de espinhos e vistam um manto de sangue, o sangue do Senhor Jesus, derramado em favor dos salvos.

O apóstolo Pedro foi o único dessa lista que edificou uma morada ampla, arejada, bela e santa e dedicou-a a Deus. Como ajudante do Construtor, nem sempre seguiu as orientações do Mestre. Foi às vezes impetuoso, frágil, arrogante, meio rebelde e não refletiu antes de falar (Mateus 16:22-23; Marcos 14:29-30,68). A sua construção teve altos e baixos, mas jamais parou. Ela foi concluída com esmero, devoção e zelo. Até que um dia o Espírito Santo encheu a sua Casa (Atos 2:1-4), honrando-a com toda glória e poder. O Espírito de Deus habitou no corpo santo de Pedro, assim como habita naqueles que verdadeiramente creem. Como Pedro achou graça e misericórdia diante de Deus, o Espírito foi gerado no seu ventre e no seu coração (Lucas 1:30-31). Ele foi chamado de bem-aventurado, como acontece a todos os santos. Que privilégio é conceber o Espírito de Deus!

Ao contrário, Jezabel, uma mulher má e sempre inimiga do Evangelho, perseguiu os profetas de Deus. Prostituta, idólatra e feiticeira (2 Reis 9:22), é símbolo da maldade[151] (Apocalipse 2:20). Como condenação, foi devorada pelos cães e virou esterco nos campos de Jezreel. Como é triste ver o destino daqueles que moram em casa de palhas! Errantes, destituídos das virtudes dos Céus, aguardam o dia do juízo divino e o fogo da ira de Deus quando serão consumidos, queimados e lançados na morte eterna.

5. *Quem não consegue terminar a torre é alvo de zombaria. No Reino de Deus, quem levanta as mãos para receber a Cristo, caminha com os discípulos, mas vive no pecado, esse não construiu a Casa do Espírito Santo e é alvo de críticas e zombaria da parte do mundo.*

Quem não planeja e abandona a construção pela metade é objeto de desdém, crítica e menosprezo. Alguns lançam os alicerces, outros levantam as paredes, mas não concluem o edifício. Quem passa e vê a obra fantasma desdenha e ri do construtor. Ela também assusta quem por ela passa e não a entende. Os ventos e as tempestades a arruínam e destroçam aquilo que mal está de pé. As ervas daninhas, os espinhos e a sarça sufocam-na e a deixam frágil. Serpentes e animais peçonhentos a infestam e fazem dela o seu habitat. Os delinquentes usam-na e a transformam no seu quartel. O resultado é uma casa abandonada, a qual se torna um perigo para a comunidade cristã (Lucas 11:24-26; 2 Coríntios 11:26; 2Pedro 2:20-22).

Aquele que segue a Cristo não pode se esquecer do valor da Casa de Deus. Mantê-la com zelo e dedicação é a sua obrigação. O custo é alto e requer abnegação, mas é executável através do poder de Deus e da força do Espírito Santo. Lembre-se de que o Senhor Deus é o dono de tudo, é o

---

151. Apesar de não ser a rainha de Israel, a citação de mesmo nome parece sugerir a sua maldade e influência idólatra.

Senhor do poder e do conhecimento, do tempo e do espaço. O discípulo que não é sincero e autêntico, o mundo o conhece e aponta a sua vida hipócrita. "Aquele ali nunca foi crente!", ou "para ser crente como ele, eu não quero!". Todos veem que a casa está inacabada, abandonada, em ruínas e condenada à completa destruição. Riem da sua tolice e incapacidade, difamam a sua pessoa e ajudam a derrubar o que ainda restou de pé.

13.
A PARÁBOLA DA CANDEIA (Mateus 5:14-16, ARC / Marcos 4:21-22, ARA)

Mateus 5:14-16

14 Vós sois a luz do mundo; não [...] 15 se acende a candeia e se coloca debaixo do alqueire, mas, no velador, e dá luz a todos que estão na casa. Assim resplandeça a vossa luz diante dos homens, para que vejam as vossas boas obras e glorifiquem o vosso Pai, que está nos céus.

Marcos 4:21-22

21 Também lhes disse: Vem, porventura, a candeia para ser posta debaixo do alqueire ou da cama? Não vem, antes, para ser colocada no velador? 22 Pois nada está oculto, senão para ser manifesto; e nada se faz escondido, senão para ser revelado.

CURIOSIDADES

De uma forma simples, a luz é o agente físico responsável pela produção da sensação visual[152]. É tudo aquilo que pode ser detectado pelos nossos olhos ou fixado em instrumentos como a câmera fotográfica[153]. A luz pode ser emitida de forma primária ou secundária. Por exemplo, os corpos que têm luz própria, como o Sol e as estrelas, e a lâmpada de uma lanterna ligada, e as chamas da candeia e de uma vela, são fontes primárias de luz. Eles são chamados de corpos luminosos. Por outro lado, os corpos que não têm luz própria são fontes secundárias, porque recebem a luz de alguma outra fonte, que pode ser primária ou secundária, e a enviam para outra direção. É o caso da Lua, dos planetas e dos objetos visíveis, como o papel e o lápis que estão em sua mão. Eles são chamados de corpos iluminados. Portanto, sem as fontes primárias de luz não é possível enxergar o mundo.

---

152. BISQUOLO, Augusto. Óptica geométrica – Refração da luz. **Uol Educação,** [on-line, s.d.]. Disponível em: <https://educacao.uol.com.br/disciplinas/fisica/optica-geometrica-refracao-da-luz.htm>. Acesso em: 03 fev. 2022.
153. Óptica – Fundamentos. **Só Física,** [on-line, s.d.]. Disponível em: <https://www.sofisica.com.br/conteudos/Otica/Fundamentos/luz.php>. Acesso em: 03 fev. 2022.

1. Classifique as figuras abaixo de acordo com o tipo de fonte. Para fontes primárias, a letra P; para fontes secundárias, a letra S; e para fontes primárias e secundárias, as letras PS:

2. Leia novamente Mateus 5:14-16. Quem são a candeia e a casa da parábola de acordo com os textos as seguir?
"Eu sou a luz do mundo [...] a luz da vida." (João 8:12, ARC).
"E Jesus, respondendo, disse: Eu não fui enviado senão às ovelhas perdidas da Casa[154] de Israel." (Mateus 15:24, ARC).

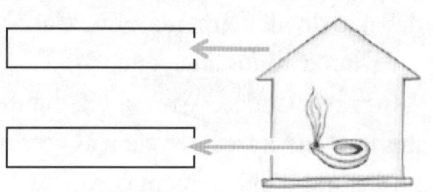

3. Os textos bíblicos informam que tanto Jesus como os seus discípulos são luzes. Identifique quem é luz primária e secundária? Explique as suas respostas.

JESUS – _____ Explicação:

DISCÍPULOS – _____ Explicação:

4. Identifique as três fontes de luz, na sequência em que aparecem nos textos adiante:
"Tornem-se meus imitadores, como eu sou de Cristo." (1 Coríntios 11:1, NVI).

1ª fonte: _____ 2ª fonte: _____

---

154. Oikos (Mat. 15:24) e oikia (Mat. 5:15) são termos gregos de mesma origem, aproximadamente sinônimos, traduzidos quase sempre como casa. House/home (οἶκος, οἰκία) OIKOS/OIKIA. **NT Resources**, [on-line, s.d.]. Disponível em: <https://ntresources.com/blog/?p=172>. Acesso em: 03 fev. 2022.

"[...] mas imitem aqueles que, por meio da fé e paciência, recebem a herança prometida." (Hebreus 6:12, NVI)

3ª fonte: _____

5. Qual é a natureza da luz de Jesus que o discípulo deve enviar a todas as direções? Na figura desta questão, o Sol envia luz branca, que é decomposta através do prisma nas seguintes cores e de cima para baixo: vermelho, alaranjado, amarelo, verde, azul, anil e violeta. Comparando a decomposição da luz branca com os textos bíblicos adiante, identifique o que o discípulo de Jesus deve refletir para o mundo, através do preenchimento dos espaços em branco:

"[...] Ame o Senhor, o seu Deus de todo o seu coração, de toda a sua alma e de todo o seu entendimento. [...] Ame o seu próximo como a si mesmo. Destes dois mandamentos dependem toda a Lei e os Profetas." (Mateus 22:37-40, NVI).
"[...] pois o fruto da luz consiste em toda bondade, justiça e verdade." (Efésios 5:9, NVI).
"Mas o fruto do Espírito é amor, alegria, paz, paciência, amabilidade, bondade, fidelidade, mansidão e domínio próprio." (Gálatas 5:22-23, NVI).

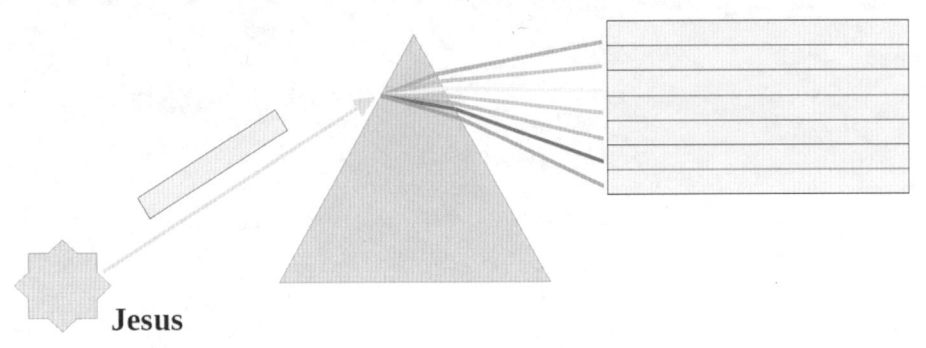

Jesus

6. Ao ler Marcos 4:21-22, é dito que nada foi feito para ficar escondido, mas para ser manifestado. De fato, a candeia foi feita para iluminar, assim como Cristo e os seus discípulos. Para a candeia produzir luz são necessários três passos: "fazer a candeia", "colocar o óleo" e "acender a chama". A partir das dicas dos textos João 1:14a e Atos 2:2-4, identifique os três passos para o ser humano Jesus e seus discípulos iluminarem o mundo:

"Aquele que é a Palavra tornou-se carne e viveu entre nós." (João 1:14, NVI)

"De repente veio do céu um som, como de um vento muito forte, e encheu toda a casa na qual estavam assentados. E viram o que parecia línguas de fogo, que se separaram e pousaram sobre cada um deles. Todos ficaram cheios do Espírito Santo e começaram a falar noutras línguas, conforme o Espírito os capacitava." (Atos 2:2-4, NVI)

a) O HOMEM JESUS / DISCÍPULOS DE JESUS:
1º passo: _____
2º passo: _____
3º passo: _____

A PARÁBOLA DA CANDEIA
(Mateus 5:14-16, ARC / Marcos 4:21-22, ARA)

1. As fontes primárias de luz são os corpos luminosos, os quais emitem luz própria. São eles a estrela do firmamento, a tela acesa do celular, o pão e o cordeiro, que representam a pessoa de Jesus. As fontes secundárias são os corpos iluminados, os quais emitem luz proveniente de outras fontes. Portanto, as fontes podem ser primárias, como a chama da candeia e o próprio Jesus, ou secundárias, como a Lua e o discípulo de Jesus. São os corpos iluminados o violão, o coelho, a maçã, o pão da mesa, o celular com a tela apagada, o animal cordeiro, a Lua e o ser humano.

O ser humano é o corpo que reflete a luz ambiente, e o discípulo é a pessoa que reflete a luz de Cristo ou de outro discípulo de Cristo. A disposição das horas na tela do celular é causada pela luz produzida no próprio aparelho, por isso, é também fonte primária. O corpo do ser humano, como qualquer objeto sem luz própria, reflete a luz de fontes primárias, como a luz do Sol, da lâmpada ou da vela. Contudo, pode também reenviar a luz recebida de outras fontes secundárias, como de paredes e móveis. No âmbito espiritual, o apóstolo Paulo disse: "Tornem-se meus imitadores, como eu o sou de Cristo" (1 Coríntios 11:1, NVI). Ele era uma fonte secundária de luz e refletia intensamente a luz de Cristo. O seu brilho assemelhou-se ao resplendor de Jesus, a estrela que morreu, mas desafia o tempo com um fulgor que jamais se apaga.

Dessa forma, o discípulo de Cristo sempre refletirá a luz primária de Cristo ou a luz de outros discípulos. Ele será uma fonte secundária de luz, iluminando aqueles que estiverem ao seu redor.

No Evangelho de João, Jesus disse que Ele é o Pão da vida (João 6:48), o alimento básico de uma casa. "Eu sou o pão vivo que desceu do céu, se alguém comer desse pão, viverá para sempre[...]", afirmou Jesus (João 8:51, ARC). No Judaísmo, era o pão da mesa que estava diante de Deus no tabernáculo[155]: "Coloque sobre a mesa os pães da Presença, para que estejam sempre diante de mim". (Êxodo 25:30, NVI). É o Pão que alimenta o povo de Deus e lhe dá vida, e vida abundante. Enquanto o véu não era rasgado, o povo de Deus era representado pelos sacerdotes.

---

155. EXODUS 25:30, COMMENTARIES. **Bible Hub**: search, read, study the Bible in many languages, [on-line, s.d.]. Disponível em: <https://biblehub.com/commentaries/exodus/25-30.htm>. Acesso em: 30 jan. 2022.

Somente eles é que participavam do pão. Com a nova aliança, todos os filhos de Deus foram assentados à mesa do Senhor. Eles participam do pão e do vinho, representantes do próprio Jesus Cristo. Na ceia que relembra o sacrifício de Jesus na cruz, o pão também é o seu corpo. E todos nós, os que cremos, comemos do pão.

O pão é uma metáfora e um substituto de Jesus, Aquele que é a Palavra viva, alimento que dá vida. Esse Pão é, portanto, fonte de luz primária. É o Pão que brilha como uma estrela. A luz que ele irradia é dele mesmo, pois ele é o princípio de todas as coisas.

Jesus era o cordeiro da Aliança entre Deus e o povo de Israel. O cordeiro foi morto muitas vezes e anunciou a redenção que haveria no Calvário. João Batista apontou para Jesus e disse: "Vejam! É o Cordeiro de Deus, que tira o pecado do mundo!" (João 1:29, NVI). O sacrifício do Cordeiro foi também lembrado em Atos 8:32: "Ele foi levado como ovelha para o matadouro, e como cordeiro mudo diante do tosquiador, ele não abriu a sua boca". Em Apocalipse, Jesus é substituído 37 vezes pela figura do Cordeiro. E ainda diz que o Cordeiro é a lâmpada que ilumina a Jerusalém do Céu: "A cidade não precisa de sol nem de lua para brilharem sobre ela, pois a glória de Deus a ilumina, e o Cordeiro é a sua candeia" (Apocalipse 21:23, NVI). Todos os servos de Deus que lavaram as suas roupas no sangue do Cordeiro nunca mais deixarão de ver a luz e a glória do Senhor em todo o seu resplendor.

O Cordeiro é a fonte primária de toda luz, e ela é inesgotável. As estrelas do universo morrerão, mas a luz de Cristo jamais apagará.

2. Lendo Mateus 5:14-16, João 8:12 e Mateus 15:24, a candeia e a casa da parábola são Jesus e Israel, respectivamente.

A candeia é Jesus, pois ele é a fonte primária. Sem Jesus, o mundo estaria na escuridão. E a casa é logicamente Israel. O texto bíblico de João 8:12 revela que Jesus é a luz: Ele é a luz da vida que veio ao mundo para que seu discípulo não andasse em trevas. No Evangelho de Mateus 15:24, o próprio Jesus afirmou que foi enviado apenas às ovelhas perdidas da casa de Israel. O plano de Deus foi enviar Jesus à casa de Israel, onde o seu templo provisório[156] fora estabelecido. Ele representava o próprio Jesus, particularmente quanto à grandeza e à pureza de suas instalações.

---

156. O verdadeiro templo são os crentes. O templo de pedra foi destruído em 70 d.C.

Semelhantemente ao tabernáculo que foi assentado no meio do povo de Israel, Jesus viveu nas terras da Palestina e percorreu as suas estradas.

O evangelista João escreveu no primeiro capítulo que Ele veio para sua própria terra ou país, e o seu próprio povo não o reconheceu como o Messias[157] (João 1:11). Ele o rejeitou e o matou. As pegadas de Jesus marcaram a Palestina de norte a sul, de leste a oeste, anunciando que o Reino dos Céus havia chegado. Foram três anos de intenso ministério entre os judeus, construindo alguns espelhos a fim de refletirem a sua luz. É verdade, Cristo iluminou os seus discípulos com intenso fulgor para refletirem o seu caráter.

O brilho do Cristo crucificado – morto, mas vivo – é tão extraordinário que seu esplendor não levou em conta o tempo nem as distâncias e tem avançado a todas as gerações. Ele ainda resplandece como o sol e ilumina intensamente os seus discípulos a fim de que o mundo seja iluminado por eles. Portanto, não apague nem esconda a sua luz, deixe-a brilhar e encantar o mundo. Você foi criado e purificado para reluzir e expulsar as trevas.

3. Os textos bíblicos informam que tanto Jesus como os seus discípulos são luzes. Entretanto, há uma diferença: Jesus é a luz primária, o ser luminoso, e os discípulos são a luz secundária, os seres iluminados.

Nenhuma luz é tão forte e tão intensa como a luz de Cristo. Ela cega uns e ilumina outros. Na revelação de Jesus ao apóstolo João, Ele é como o Sol (Apocalipse 1:16), o astro que domina os céus e reina. A luz de Cristo é constituída dos atributos divinos, porque são as qualidades santas, puras e perfeitas de Deus. Jesus é sim a origem do bem, do amor, da bondade, da misericórdia, da verdade, da santidade, da plenitude e da perfeição. E Ele não recebe de ninguém, mas envia a todos aquilo que constitui a sua própria natureza. Os discípulos são iluminados por Jesus ou mesmo pela reflexão da luz de outros discípulos. Em qualquer situação, eles são fontes secundárias, pois não emitem sua própria luz.

O caráter cristão é adquirido pelo contato pessoal e íntimo com Jesus. É o caso do servo Moisés, que esteve face a face com o Senhor no monte da revelação. A pele do rosto de Moisés resplandeceu após

---

157. JOHN 1:11, COMMENTARIES. **Bible Hub**: search, read, study the Bible in many languages, [on-line, s.d.]. Disponível em: <https://biblehub.com/commentaries/john/1-11.htm>. Acesso em: 30 jan. 2022.

conversar com o "Eu Sou" (Êxodo 34:29-35). Entretanto, "colocava um véu sobre o seu rosto para que o povo não visse a glória"[158] e refletisse a sua luz. A luz de Moisés era a luz do Senhor. Ele refletia a glória e o caráter de Deus. A luz que irradiava de sua face era a comprovação de que havia estado na presença do Senhor. E quanto ao véu, ele também é uma metáfora da incredulidade do povo cujos olhos permanecem fechados até hoje: "E até hoje [...] o véu está posto sobre o coração deles" (2 Coríntios 3:15, ARC). O povo não viu a glória e a luz de Deus, infelizmente. Ele vivia na escuridão da desobediência, da injustiça e da idolatria. Não viu a luz direta de Deus nem a luz refletida através do servo Moisés. Cego, desobediente, idólatra e incrédulo, os hebreus pastorearam quarenta anos no deserto até que seus cadáveres se consumissem diante do furor de Deus.

O fulgor do rosto de Moisés passou, mas Jesus resplandece com toda força e autoridade o caráter de Deus. O discípulo de Cristo não tem luz própria, mas deve refletir o caráter de Cristo. Jesus disse que "os seus discípulos foram escolhidos para brilhar, então que a sua luz não se apague", uma paráfrase de João 15:16. A candeia foi adquirida para ser colocada em lugares estratégicos e visíveis. Quanto aos discípulos, eles foram levantados para que a sua luz transforme o mundo.

Não se esconda do Senhor Deus nem dos homens. Você foi criado para brilhar como do alto de um monte a fim de ser visto e imitado. Vá, suba ao monte mais alto e, face a face com Jesus, brilhe a sua refulgente luz. Então, desça e espalhe a luz de Cristo a todas as direções e faça do planeta Terra um astro brilhante como o Sol.

4. Em 1Coríntios 11:1, você identifica duas fontes de luz: a primeira fonte é o apóstolo Paulo e a segunda é Cristo. Em Hebreus 6:12, você identifica outra fonte de luz: aqueles que, por meio da fé e paciência, recebem a herança prometida.

A primeira fonte é o apóstolo Paulo, a segunda é Cristo e a terceira são todos aqueles que, por meio da fé e paciência, são coerdeiros com Cristo dos bens celestiais. Cristo é a fonte primária, e todos os herdeiros da terra prometida, inclusive o apóstolo Paulo, são fontes secundárias de luz.

---

158. Tradução para a língua portuguesa de 2 Coríntios 3:13, New Living Translation.

O apóstolo Paulo viu literalmente a luz radiante de Cristo. Ao meio-dia, no caminho de Damasco, uma luz intensa do céu o iluminou (Atos 26:13). Ela era mais forte e refulgente do que o sol e mudou a sua vida para sempre. Ele perdeu a visão física para encher-se de luz. E nunca mais deixou de brilhar. A intimidade do apóstolo Paulo com Jesus era enorme, pois refletia intensamente o seu caráter. Como o próprio Cristo, ele não queria agradar aos homens, mas tão somente a Deus (João 8:29; 1 Tessalonicenses 2:4; Gálatas 1:10). Ele era destemido, obediente e submisso à voz do Senhor, que disse para não se calar. A boca de Paulo realmente não se fechou, mas durante um ano e seis meses ensinou entre os coríntios a Palavra de Deus (Atos 18:9-11), não obstante a rejeição e a perseguição dos seus irmãos judeus. Assim como o Cristo sofredor, ele foi humilhado, infamado e preso. E sofreu a injustiça dos homens maus. Na carta aos coríntios (2 Coríntios 11:23-28), ele se gloriou por identificar-se com os sofrimentos de Jesus: prisões, açoites, apedrejamentos, naufrágios, perigos de morte, fadiga, fome e sede. A coroa que recebeu não foi de ouro e com pedras preciosas. À semelhança de Cristo, deram-lhe uma de espinhos (2 Coríntios 12:7). As marcas profundas do Filho do Homem refletiam do seu corpo a resignação e a dedicação à obra missionária, glorificando-o (Gálatas 6:17).

A glória de Paulo era a graça de Deus, o poder de Cristo e as suas múltiplas lutas. A autenticidade do apóstolo Paulo era tão grande que não titubeou em oferecer-se como luz aos discípulos de Cristo: "Sede meus imitadores, como eu o sou de Cristo" (KJA). O apóstolo não era a candeia, mas o reflexo intenso da pessoa de Jesus. Como a Lua reflete a luz do Sol, o servo Paulo ainda tem resplandecido no mundo a fim de que a glória de Cristo domine os corações da humanidade.

Você que diz amar a Deus irradia a luz de Cristo? Todo aquele que crê e alcança a vida eterna resplandece. O cristão brilha e espalha sim a luz de Jesus. É preciso viver intensamente o caráter de Cristo para refulgir como o Sol. Que você seja ousado como Paulo e diga que é luz, e seja verdadeiramente a luz que dissipa as trevas. Quantas pessoas vivem nas trevas! Na escuridão e sem esperança, tiram as suas próprias vidas porque não veem a luz de Jesus!

O discípulo de Cristo que se cala e que não reflete o amor e a misericórdia, a bondade e a compaixão, a justiça e a santidade divina, e a vida é como alguém que está enclausurado cuja luz não alcança o mundo. Não sai de casa e, com portas e janelas fechadas, é uma casa assombrada. A sua pequena luz é apagada ou apenas interage com coisas inanimadas, como paredes e móveis sem vida. Ele está coberto com o véu do medo e da vergonha, que o impede de brilhar.

A taxa de suicídio no Brasil aumentou 7% nos últimos anos[159]. E as tentativas de tirar a própria vida? Não há estatística, mas é ainda bem mais alarmante. Se você brilhar abertamente, as ondas da luz de Cristo levarão vida a quem não tem mais esperança.

Como Moisés, certo jovem universitário não sabia que a pele do seu rosto resplandecia (Êxodo 34:29). Ele também refletia o brilho de Cristo. Pacato, responsável e inteligente, filho de Deus exemplar, irmão de verdade e colega altruísta. Não media esforços e ajudava os seus colegas em tudo que podia. Ria com os que se alegravam e chorava com os tímidos e desconsolados. A juventude é bela, mas traiçoeira, pois reserva aos jovens muitas armadilhas. Momento de muitas decisões, ansiedade e intenso estresse. Lá estava o jovem irradiando fé, amor e justiça, paz e segurança. Ele também não sabia que certo colega o acompanhava com os olhos e o coração, como se fosse uma estrela andante no céu. A sua fala, como trilhava e procedia, tudo lhe chamava a atenção. Era um admirador secreto de suas atitudes, e ninguém sabia. Colaram grau e cada um tomou o seu destino.

Os anos se passaram, e a modernidade chegou com as mídias sociais. O jovem colega, agora adulto, pai de família, homem sério e crente de verdade, aquele admirador secreto, ao encontrar seu amigo do coração, logo escreveu: "Como é bom encontrá-lo, ainda que através da tecnologia. Você não sabe nem nunca soube, eu sempre fui seu admirador. Agora quero revelar, minha vida estava nas trevas, até pensei em tirá-la. Entretanto, a sua luz brilhou com tanto fulgor que me atraía para a luz de Cristo como se eu fosse um inseto voador. Eu sou muitíssimo grato a você porque resplandeceu a luz de Cristo. Hoje eu sou crente, meus filhos e esposa também. Como eu fui abençoado por sua luz! Obrigado porque você iluminou a minha vida. Jamais esquecerei a sua luz. Deus

---

159. FIGUEIREDO, Patrícia. Na contramão da tendência mundial, taxa de suicídio aumenta 7% no Brasil em seis anos. **g1**, [on-line], 10 set. 2019. Disponível em: <https://g1.globo.com/ciencia-e-saude/noticia/2019/09/10/na-contramao-da-tendencia-mundial-taxa-de-suicidio-aumenta-7percent-no-brasil-em-seis-anos.ghtml>. Acesso em: 30 jan. 2022.

seja louvado! Obrigado mais uma vez." Surpreso, o que era jovem, mas agora é homem-feito e maduro, chorou de alegria porque a sua luz não fora em vão.

O mundo clama pela sua luz, portanto remova o véu do egoísmo e do pecado, do medo e da vaidade e não apague o brilho da resplandecente Estrela da manhã (Apocalipse 22:16, ARC).

5. *Comparando a decomposição da luz branca com Mateus 22:37-40, Efésios 5:9 e Gálatas 5:22-23, é possível identificar a natureza da luz de Jesus e a de seus discípulos. Eles enviam a sua luz em todas as direções. A luz que o discípulo de Jesus deve enviar é primeiramente o amor (1 João 4:8-12), que é a essência de Deus, depois toda bondade[160], justiça e verdade[161], a alegria, a paz, a paciência, a fidelidade, o domínio próprio, a benignidade etc.*

É do amor o trono, a coroa e o cetro, e o seu reino é eterno. Ele é que define essencialmente a natureza de Deus. Assim como as cores convergem para a luz branca do sol, todas as virtudes divinas encontram-se no amor.

O apóstolo Paulo declara que o cristão deve refletir a luz de Deus à semelhança de Cristo. O próprio Jesus resplandeceu como o sol, e as suas vestes tornaram-se brancas como a luz (Mateus 17:2). O branco é a união de todas as cores[162]. Não é à toa que santidade, paz, pureza e perfeição estão associadas a vestes brancas e à luz. Quem reflete integralmente a luz de Cristo irradia todas as suas virtudes e é chamado de filho da luz. Se somos filhos de Deus, logo somos filhos da luz, porque Deus é luz e amor. Sobretudo, Deus é o próprio amor, como enuncia o apóstolo João (1 João 4:8).

Como o amor é abstrato e intangível, ele veio em carne para que fosse tocado e apreendido nos olhos e corações. O amor é a união de todas as coisas (Colossenses 3:14) e o cumprimento pleno da justiça divina (Romanos 13:10). O amor é a essência de Deus. E não há melhor prova e maior demonstração de amor do que o sacrifício de Jesus para

---

160. Do termo grego agathosune, qualidade interna do ser. AGATHOSUNE, GREEK. **Bible Hub**: search, read, study the Bible in many languages, [on-line, s.d.]. Disponível em: <https://biblehub.com/greek/19.htm>. Acesso em: 04 fev. 2022.
161. Efésios 5:9 (fruto da luz). EPHESIANS 5:9, GREEK. **Bible Hub**: search, read, study the Bible in many languages, [on-line, s.d.]. Disponível em: <https://biblehub.com/text/ephesians/5-9.htm>. Acesso em: 04 fev. 2022.
162. A cor é uma característica da percepção visual humana e está associada a frequências de radiação luminosa.

salvar o mundo (João 3:16; Romanos 5:8; 1 João 4:10). É uma canção que jamais afadiga e aborrece os nossos ouvidos.

Na madrugada de sua condenação, as lágrimas de sangue desceram do seu corpo. A onisciência de Jesus fê-lo antecipar e sentir as dores de seu martírio. A sua alma rogou-lhe para não se entregar à morte. Contudo, o seu espírito seguiu com bravura, resiliência e resistência, pois estava consciente de que esse era o único meio de salvar o mundo. Ele jamais se desviou do caminho que levava ao Calvário. Submisso à vontade do Pai, ele cumpriu a sua missão de forma plena. Espontaneamente, deixou-se pregar na cruz (Mateus 26:53). E foi tudo por amor, especialmente por amor. O próprio Jesus afirmou que "ninguém tem maior amor do que aquele que dá a sua vida pelos seus amigos" (João 15:13, NVI).

Jesus é a personificação do amor. O amor em seu coração foi imensamente maior do que a dor que dilacerou o seu corpo frágil.

O amor se decompõe em justiça, verdade e paz. Os atos de Deus, as suas obras e os seus caminhos são perfeitos e justos. As suas leis e decisões estão firmadas na perfeição (Deuteronômio 32:4). Em seu cântico, o rei Davi afirmou que a justiça divina "é firme como as altas montanhas" (Salmos 36:6, NVI). O Senhor julga com equidade, não comete erros, não oprime ninguém e governa os povos com retidão. Dos Céus, Ele vê a humanidade, sonda os corações e dá a cada um segundo as suas obras: a vida eterna aos que procuram a glória, a honra, a verdade, a justiça e a incorrupção, e a ira e indignação aos que seguem a mentira, o ódio, o egoísmo e a injustiça.

Aqueles que se escondem na escuridão experimentarão tribulação e angústia (Romanos 2:6-9). Como uma lula-vampira-do-inferno[163], com oito braços e membrana entre eles, olhos vermelhos e consistência de uma água-viva, viverão onde a luz não alcança. Perdidos e desorientados, não encontrarão o Pão da vida e o Caminho da paz. Serão lançados no lago de fogo onde as chamas arderão e queimarão, mas não produzirão luz. Os injustos sentirão a dor e a agonia da ardência, e não serão nenhum pouco aliviados. Entretanto, quem é atraído pela Luz e dela não se separa, habitará seguro e viverá eternamente em paz.

---

163. Vampyroteuthis infernalis é um pequeno monstro marinho que vive em zonas abissais dos oceanos Atlântico e Pacífico, onde a luz solar não alcança e há escassez de alimento. VAMPYROTEUTHIS INFERNALIS. **Animal Diversity Web**, [on-line, s.d.]. Disponível em: <https://animaldiversity.org/accounts/Vampyroteuthis_infernalis/>. Acesso em: 04 fev. 2022.

6. Para a candeia produzir luz são necessários três passos: "fazer a candeia", "colocar o óleo" e "acender a chama". À semelhança da candeia, é possível identificar três passos para que Cristo e seus discípulos possam iluminar. Eles são o nascimento, a unção e a propagação. Jesus veio em carne, foi ungido pelo Espírito Santo e propagou o Evangelho. Os discípulos de Jesus nascem, são ungidos pelo Espírito Santo e irradiam as boas novas de salvação.

Assim como a candeia sem o óleo não consegue iluminar, o corpo do homem Jesus jamais teria iluminado o mundo sem o Espírito de Deus (Lucas 4:18; Romanos 8:11). Se o ser humano não nascer de novo, ele não poderá ser luz. É necessário nascer do Espírito de Deus, que significa receber o Espírito Santo, a fim de cumprir a ordem de Jesus de brilhar no mundo: "[…] Assim resplandeça a vossa luz diante dos homens […]" (Mateus 5:14-16, ARC).

Existia um candelabro de ouro puro no templo de Jerusalém, que consistia de uma haste central, com seis braços laterais, três de cada lado (Êxodo 25:31,37,39). Nas extremidades, havia as lâmpadas, sete ao todo. O melhor azeite, que deveria ser puro, era a origem da luz (Êxodo 27:20; Levítico 24:2). As lamparinas não poderiam iluminar sem o azeite. Eram acesas à tarde até a manhã seguinte quando eram apagadas (Êxodo 27:21; Levítico 24:3). Não havia noite nem escuridão na casa do Senhor. Na revelação ao apóstolo João, as sete lâmpadas são os sete Espíritos de Deus, os quais foram enviados a toda a terra (Apocalipse 4:5; 5:6). Com certeza, os filhos de Deus têm o Espírito Santo, e os seus corpos são as candeias que foram espalhadas por todo o mundo.

A ordem é brilhar. Você que recebeu a Cristo como Salvador e Senhor tem o Espírito Santo. Não somente como Salvador, mas também como Senhor, dono de sua vida e comandante dos seus atos. Você é luz para fazer diferença e brilhar em um mundo de trevas.

Entretanto, não seja imprudente e fique atento. Belzebu[164], o príncipe dos demônios, não perde tempo e não vacila. A sua missão é abafar e apagar a luz, destruir o amor e afugentar a paz. Envia os seus servos ao mundo e procura alguma casa para se alojar. Se você for luz, e algum demônio encontrar, ele o respeitará e trata-lo-á como filho do Deus Altíssimo. Você duvida? Se ainda está incerto, ao conhecer a história de Jesus, você não mais duvidará.

---

164. BEELZEBOUL, GREEK. **Bible Hub**: search, read, study the Bible in many languages, [on-line, s.d.]. Disponível em: <https://biblehub.com/greek/954.htm>. Acesso em: 04 fev. 2022.

Ao atravessar o mar, Jesus encontrou-se com um homem que vivia nos sepulcros. Como louco, gritava e cortava-se com pedras. Morava com a morte, atormentado e sem roupas. Era despido de amor, bondade, de mansidão e lucidez. Na verdade, eram alguns milhares de demônios que se espremiam em seu corpo. Eles davam-lhe força a ponto de quebrar correntes e ferros. Ninguém conseguia dominá-lo. Espíritos maus são assim, amam lugares sombrios e escuros, escondem-se em túmulos, são parceiros da morte e sócios do inferno. Ao deparar-se com Jesus, não resistiu e logo exclamou em alta voz: "Que queres comigo, Jesus, Filho do Deus Altíssimo?" (Marcos 5:7, NVI). Quem tem o Espírito de Deus jamais será envergonhado (João 14:17,23; 1Coríntios 3:16).

Se você tem o Espírito Santo e disso não sabe ou está inseguro, porque é invisível e não se toca, Satanás não tem dúvidas e conhece quem verdadeiramente é a casa de Deus. Ele não invadirá porque está certo de que está preenchida e ocupada. Se bater e insistir, ele sabe que a porta não se abrirá. Você será honrado e respeitado. Glórias ao Senhor porque a casa foi comprada com o sangue do Cordeiro e está habitada com Espírito de Deus!

Demônios existem. E isso não é mitologia nem ilusão (Marcos 1:34; Lucas 4:41). No passado havia, e hoje não será diferente. Há um caso de uma endemoniada que vale a pena contar. Era manhã de domingo, quase meio-dia, e havia terminado a escola bíblica dominical. De repente, um jovem alto e magro ficou à porta do salão atrás do templo e perguntou:

– Quem é o pastor?

– Sou eu, pois não?

– Poderia conversar com você em particular?

Imediatamente, o pastor dirigiu-se ao corredor e se colocou à disposição. Então, o jovem disparou a falar. Era uma garota que estava endemoniada e precisava ser exorcizada. Mas um padre logo disse que estava ocupado e se recusou. Então, passou também por duas igrejas evangélicas, e não entrou. Seria a direção do acaso ou a voz do destino? Ou haveria de ser a ordem do Espírito Santo? Foi uma experiência à queima-roupa, algo inesperado. O pastor sentiu-se, portanto, desafiado: "E agora? Se não for, onde estará o meu testemunho? E a Palavra de Deus, o que dela será?" Não pensou duas vezes, voltou-se para as irmãs e disse:

– Quem vai comigo?

Quatro aceitaram o desafio. Sem muito razoar e questionar, imediatamente partiram. Era impossível dominar os pensamentos: "Aonde estamos indo? Quem é esse jovem? O que realmente quer de nós?". As dúvidas assombravam, a estrada se alongava e o tempo não passava. Após vários quilômetros, com a mão, o jovem sinalizou para reduzir a velocidade. Apontou com o dedo o lado esquerdo, e logo parou. Havia uma casa pobre, com telhado baixo e escorado e varanda de chão batido. Ela fora construída mais afastada, do lado de dentro da porteira. "Estacione mesmo aqui fora, pastor, não entre", falou uma das irmãs. Assim, desceram do carro e seguiram a direção da multidão.

– Licença, por favor.

Havia muitos curiosos, olhos surpresos e angustiados, e gente sofrendo também. Uns gritos estridentes saíram de um quarto. Não havia janelas nem frestas. As trevas dominavam, tudo era escuro e tenebroso, e nada era possível enxergar. Faltava querosene, e eletricidade não chegava. À vista disso, imobilizaram-na, e a colocaram na entrada da casa. Como era tão franzina, magrinha, uma menina ainda, aparentando uns quatorze anos! O pastor logo imaginou Jesus, as experiências que teve, de como falara com os espíritos e os dominara. Tudo lhe veio à mente. Então, puxou a cadeira, sentou-se à sua frente e brandamente lhe perguntou:

– Qual é o seu nome?

– João.

– É o João, primo dela, que mataram! – alguém falou.

– Qual o seu desejo?

– Que acenda uma vela no meu túmulo.

Os espíritos maus são comparsas da morte. Eles não a largam e se vestem de tudo que a adora. Enfiam-se em catacumbas, cobrem-se de caveiras, amam dragões e qualquer semelhança de demônios. Tudo é uma confraria do inferno. Por que acender uma vela na tumba de João? Assassinado em frente da cancela, ela não o conhecera. Logo aquela jovem de expressão tão gentil, gritando, se batendo, tentando morder quem a segurava, por que se lembrou do seu primo João? Parentes e amigos, todos se entreolhavam apreensivos, sem saber o que acontecia. Era tão esquisito e chocante que o silêncio reinava. Quem perturbava e insistia eram os pensamentos. "O que vou fazer?", questionou a si mesmo o pastor. "Como livrar essa coitada?" Não recebera nenhuma instrução dos Céus, mas aprendeu que a oração é fonte de poder. A decisão foi instantânea. Ali mesmo, sentado a seu lado, sem perdê-la de vista, orou em voz alta e mansa. Rogou ao Pai dos Céus uma... por duas vezes orou. Suplicou ao Senhor de todo poder que libertasse aquela moça. Ela se bateu mais uma vez, tentou livrar-se da prisão que a detinha, mordia-lhes onde podia e aquietou-se.

– Quero ir ao banheiro!

Apressadamente, dirigiu-se a algum lugar no fundo da casa. E logo voltou.

– Aceita Cristo como seu Senhor e Salvador? – perguntou o pastor.
– Sim. – foi econômica em suas palavras.

Aquele pastor levantou-se, pregou o Evangelho aos presentes, e pediu que todos se ajoelhassem. Havia um Deus, Senhor dos Céus e da terra, glórias a Ele, honra e todo louvor! Baixou a sua cabeça, e ao levantar a sua voz, uma ordem veio à mente: "Imponha as mãos!". De fato, o Espírito de Deus penetra o mais profundo da alma. Ele fala, orienta e determina e é o mesmo ontem, hoje e eternamente. O Senhor concede autoridade aos seus servos, a quem não envergonha, protege-os e lhes dá um lugar especial no seu Reino. Foi algo tão forte e vivo, que de tanta emoção quase não conseguiu concluir a oração. Com voz trêmula, segurando a fala, glorificou ao Deus dos Céus pela experiência ímpar e incomparável.

Muitos ouvem a voz do inimigo, para tirar-lhes a própria vida (Mateus 27:5). Outros ouvem a voz do Espírito Santo para abençoar e dar a vida (Atos 8:26, 37-38). Você tem o Espírito de Deus! Você é uma fonte de luz e amor que o Senhor Deus pôs no mundo! Onde há iluminação, não existem trevas. A escuridão é expulsa porque não suporta a luz. Quem confessa a Jesus como seu Salvador e Senhor nasce de novo e tem o Espírito Santo! Ele está dentro de você e age de acordo com sua própria vontade. Ninguém despreze a sua voz, porque Ele não se cala. Ele fala, orienta e instrui. Fala de muitas maneiras, ainda como no passado. Portanto, não apague o brilho e a glória do Espírito de Deus. Seja luz! Deus quer usá-lo a fim de que o Reino de Deus seja glorificado nos Céus e na terra.

14.
A PARÁBOLA DO SERVO INÚTIL
(Lucas 17:7-10, ARC)

7 E qual de vós terá um servo a lavrar ou a apascentar gado, a quem, voltando ele do campo, diga: Chega-te, e assenta-te à mesa? 8 E não lhe diga antes: Prepara-me a ceia, e cinge-te, e serve-me até que tenha comido e bebido, e depois comerás e beberás tu? 9 Porventura dá graças ao tal servo, porque fez o que lhe foi mandado? Creio que não. 10 Assim também vós, quando fizerdes tudo o que vos for mandado, dizei: Somos servos inúteis, porque fizemos somente o que devíamos fazer.

CURIOSIDADES

Havia um enorme mercado de escravos em Roma, onde eles eram vendidos, um negócio muito popular e lucrativo[165]. Sob a lei romana, os escravos não tinham direitos nem proteção. Por quaisquer motivos, poderiam ser sentenciados à morte. Durante o império de César Augusto[166], 30.000 escravos foram crucificados. Entretanto, debaixo do código mosaico, os escravos tinham direitos e privilégios. Os filhos dos estrangeiros poderiam ser escravizados, se vivessem nas terras de Israel. Eram negociados e considerados propriedades perpétuas dos senhores hebreus, sendo transferidos para as gerações seguintes (Levítico 25:45-46, 53). Diferentemente, os cuidados dispensados aos escravos hebreus deveriam ser iguais ao tratamento dado aos servos contratados. A própria Lei não lhes furtava a condição de irmão. Os escravos hebreus não deveriam ser tratados com rigor, e o tempo de servidão era limitado a 6 anos (Êxodo 21:2). A libertação dar-se-ia após 6 anos de servidão ou quando se proclamasse o Ano do Jubileu[167] (Levítico 25), o que ocorresse primeiro. A escravidão permanente dos hebreus foi condenada por Deus através do profeta Jeremias (Jeremias 34:8-17), sendo tratada como um grave pecado. De acordo com a

---

165. SLAVE MARKET. **Tribunes and Triumphs**, [on-line, s.d.]. Disponível em: <http://www.tribunesandtriumphs.org/roman-life/slave-market.htm>. Acesso em: 04 fev. 2022.
166. É aquele que convocou toda a população do império romano para recensear-se, à época de José e Maria (Lucas 2:1).
167. Após 7 períodos de 7 anos (49 anos), o quinquagésimo é consagrado, e, assim, sucessivamente. No Ano do Jubileu, a terra deve descansar, não há semeadura nem colheita, propriedades são devolvidas aos donos originais e os escravos em terras hebraicas são libertos.

literatura rabínica, o escravo hebreu poderia antecipar a sua liberdade com o pagamento de quantia equivalente ao seu valor original e proporcional aos anos faltantes ao término da relação[168]. Se um hebreu se vendesse a algum estrangeiro estabelecido nas terras de Israel[169], um de seus parentes poderia resgatá-lo. Ou alcançando riqueza, ele mesmo daria por si o devido resgate (Levítico 25:47-49).

1. A palavra traduzida como *servo* é o termo grego transliterado *doulos*[170], o qual aparece 126 vezes no Novo Testamento. Ele também pode ser traduzido como *escravo*. Leia os textos abaixo onde aparece o termo *doulos*. Agora informe quem são os escravos referidos nos textos:

Paulo, servo de Jesus Cristo, chamado para apóstolo, separado para o evangelho de Deus. Romanos 1:1 (*ACF*)		Mas agora, libertados do pecado, e feitos servos de Deus, tendes o vosso fruto para santificação, e por fim a vida eterna. Romanos 6:22 (*ACF*)
Simão Pedro, servo e apóstolo de Jesus Cristo, aos que conosco alcançaram fé igualmente preciosa pela justiça do nosso Deus e Salvador Jesus Cristo: 2 Pedro 1:1 (*ACF*)		Judas, servo de Jesus Cristo, e irmão de Tiago, aos chamados, santificados em Deus Pai, e conservados por Jesus Cristo. Judas 1:1 (*ACF*)
Revelação de Jesus Cristo, a qual Deus lhe deu, para mostrar aos seus servos as coisas que brevemente devem acontecer; e pelo seu anjo as enviou, e as notificou a João seu servo; Apocalipse 1:1 (*ACF*)		E cantavam o cântico de Moisés, servo de Deus, e o cântico do Cordeiro, dizendo: Grandes e maravilhosas são as tuas obras, Senhor Deus Todo-Poderoso! Justos e verdadeiros são os teus caminhos, ó Rei dos santos. Apocalipse 15:3 (*ACF*)

---

168. SLAVES AND SLAVERY. **Jewish Encyclopedia**, [on-line, s.d.]. Disponível em: <http://www.jewishencyclopedia.com/articles/13799-slaves-and-slavery>. Acesso em: 03 fev. 2022.
169. LEVITICUS 25:47. **Bible Hub**: search, read, study the Bible in many languages, [on-line, s.d.]. Disponível em: <https://biblehub.com/commentaries/leviticus/25-47.htm>. Acesso em: 04 fev. 2022.
170. DOULOS, GREEK. **Bible Hub**: search, read, study the Bible in many languages, [on-line, s.d.]. Disponível em: <https://biblehub.com/greek/1401.htm>. Acesso em: 04 fev. 2022.

2. Havia um mercado de escravos em Corinto. Quatro senhores disputavam um certo escravo: o primeiro ofereceu duas barras de ouro; o segundo, duas barras de prata; o terceiro, duas barras de cobre; e o quarto, duas barras de madeira. Todas as ofertas estão representadas abaixo na mesma sequência, da esquerda para a direita. Leia o texto bíblico a seguir e responda: Quem levou o escravo? *"Vocês foram comprados por alto preço. Portanto, glorifiquem a Deus com o corpo de vocês."* (1 Coríntios 6:20, NVI)

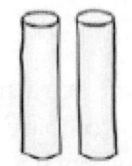

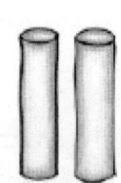

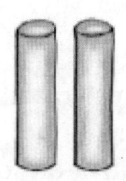

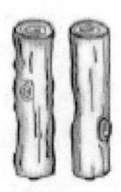

3. Dentre os versículos abaixo, indique aquele que melhor se identifica com o sentido da passagem a seguir: "Prepara-me a ceia, e cinge-te, e serve-me até que tenha comido e bebido, e depois comerás e beberás tu?".

a) Mas busquem em primeiro lugar o Reino de Deus e a sua justiça, e todas estas coisas lhes serão acrescentadas. (Mateus 6:33, NAA)
b) Vós sois a luz do mundo. Não se pode esconder a cidade edificada sobre um monte. (Mateus 5:14, ARA)
c) Porque, onde estiver o seu tesouro, aí estará também o seu coração. (Mateus 6:21, NAA)
d) Não julgueis, para que não sejais julgados. (Mateus 7:1, ARA)
e) Bem-aventurados os que têm fome e sede de justiça, porque serão saciados. (Mateus 5:6, NAA)

4. Qual a diferença entre a mesa da parábola e a mesa do Senhor de Lucas 22:8,13-15? Represente com uma das figuras adiante cada mesa, a mesa da parábola e a mesa do Senhor. O que as figuras escolhidas significam para você?

Então Jesus deu a Pedro e a João a seguinte ordem: "Vão e preparem para nós o jantar da Páscoa". Os dois discípulos foram até a cidade e encontraram tudo como Jesus tinha dito. Então prepararam o jantar da Páscoa. Quando chegou a hora, Jesus sentou-se à mesa com os apóstolos e lhes disse: "Como tenho desejado comer este jantar da Páscoa com vocês, antes do meu sofrimento! Pois eu digo a vocês que nunca comerei este

jantar até que eu coma o verdadeiro jantar que haverá no Reino de Deus".
(Lucas 22:8,13-15, NTLH)

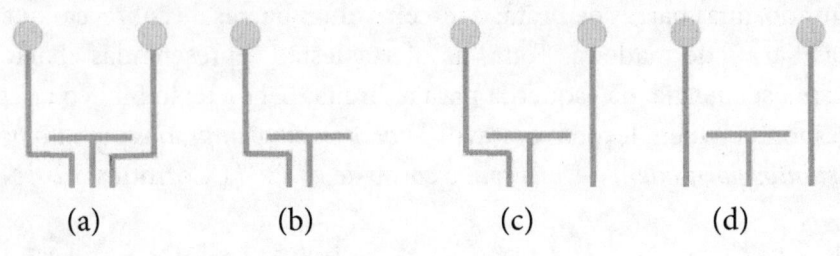

    (a)   (b)   (c)   (d)

5. O servo da parábola trabalhou no campo e ainda fez hora extra na cozinha, mas foi chamado por Jesus de inútil e improdutivo. Compare a parábola com a narrativa do jovem rico (Lucas 18:18-23) e preencha os espaços em branco do quadro a seguir com as informações e conclusões da narrativa que correspondem às informações da parábola. Também escolha a figura que pode representar a lição da parábola e da narrativa.

    Certo homem importante lhe perguntou: Bom Mestre, que farei para herdar a vida eterna? Por que você me chama bom? respondeu Jesus. Não há ninguém que seja bom, a não ser somente Deus. Você conhece os mandamentos: Não adulterarás, não matarás, não furtarás, não darás falso testemunho, honra teu pai e tua mãe. A tudo isso tenho obedecido desde a adolescência, disse ele. Ao ouvir isso, disse-lhe Jesus: Falta-lhe ainda uma coisa. Venda tudo o que você possui e dê o dinheiro aos pobres, e você terá um tesouro nos céus. Depois venha e siga-me. Ouvindo isso, ele ficou triste, porque era muito rico. (Lucas 18:18-23, NVI)

PARÁBOLA DO SERVO INÚTIL	NARRATIVA DE LUCAS
Servo	Jovem rico
Trabalho no campo e serviço à mesa	
O senhor não agradeceu ao servo	Jesus não agradeceu nem aplaudiu o jovem
O servo cumpriu apenas a sua obrigação	
Lição da parábola: ☽ ☀ ♥ ✿ ⚡	Lição da narrativa: ☽ ☀ ♥ ✿ ⚡

A PARÁBOLA DO SERVO INÚTIL (Lucas 17:7-10, ARC)

1. A palavra traduzida como servo é o termo grego transliterado doulos, o qual aparece 126 vezes no Novo Testamento. Ele também pode ser traduzido como escravo. Nos textos bíblicos de Romanos 1:1, 2Pedro 1:1, Apocalipse 1:1, Romanos 6:22, Judas 1:1 e Apocalipse 15:3, os escravos referidos são, respectivamente, Paulo, Simão Pedro, os discípulos de Jesus, João, os santos da igreja de Roma, Judas e Moisés. Todos são doulos, servos ou escravos[171] de Deus e de Jesus Cristo.

Muitas traduções da Bíblia na língua inglesa ora substituem doulos por servo, ora por escravo, não fazendo diferença entre os termos. Doulos é uma palavra da língua grega que representava uma relação de propriedade e autoridade absoluta entre duas pessoas. O escravo ou servo era submetido à vontade ampla e irrestrita do seu senhor. Não havia mérito nem recompensa. O vínculo entre o servo e o seu senhor era apenas de obrigação. Essa ideia foi transferida para a relação entre Jesus Cristo e os seus seguidores.

O Senhor é proprietário de tudo e de todos e o seu domínio é absoluto. "Porque dele e por ele, e para ele, são todas as coisas; glória, pois, a ele eternamente. Amém." (Romanos 11:36, ACF). O mundo visível e invisível está debaixo de sua completa autoridade e domínio. Ele é dono absoluto de tudo, e todas as coisas são suas, quer estejam nos Céus ou na terra. Em Salmos 24:1, o escritor declara que "ao Senhor pertence a terra e tudo o que nela se contém, o mundo e os que nele habitam". A vida humana pertence a Deus e deve-lhe toda honra, todo louvor e toda glória. Entretanto, o homem é rebelde e desobediente, não levando em conta a soberania do Criador.

No jardim do Éden, uma ordem foi dada a Adão e Eva: "Não comam da árvore da ciência do bem e do mal". A ordem obstruiu o caminho entre Adão e o fruto, e ele não deveria ser ultrapassado. Poder-se-ia imaginar, então, três sinais de advertência afixados: passagem proibida, local de perigo e risco de morte. Entretanto, apesar de via interrompida, havia como passar de lado ou mesmo por cima. A circulação estava bloqueada, mas não de todo impedida. Se Adão e Eva ignorassem os avisos, seriam devidamente castigados. A ordem era absolutamente clara: "Proibido

---
171. Taylor, W. C. Dicionário do Novo Testamento Grego. 8ª ed. JUERP. Rio de Janeiro, 1983.

comer do fruto". Contudo, o mandamento poderia ser descumprido por conta do livre-arbítrio. Adão e Eva passaram por cima da ordem divina, pecaram e morreram. Você é livre para decidir, mas todo e qualquer ato de desobediência será punido.

O que seria o livre-arbítrio? Analise a ilustração a seguir:

Um certo engenheiro automotivo projetou e construiu 3 automóveis. Chegou ao primeiro e disse:

– A sua direção não gira e você deve andar em linha reta, levando-me de norte a sul, sem voltas, sem virar à direita ou à esquerda.

Então, o primeiro automóvel pensou: "Não tenho opção nem livre-arbítrio, farei o que o meu criador planejou".

Ao segundo e ao terceiro, o criador, porém, falou:

– Eu fiz vocês diferentes, com direções giráveis. Vocês também devem andar em linha reta, ainda que seja possível virar à direita ou à esquerda, até mesmo fazer curvas de 180 graus. Quero que me transportem de norte a sul, sem viradas nem desvios.

Depois reuniu todos os três e disse:

– Criei-os para o meu prazer e alegria a fim de me agradar e ser útil. Caso contrário, os destruirei.

Então, o segundo argumentou:

– Por que só você sabe e pode? Por que tenho que agradá-lo? Só você ordena e decide? Eu não quero andar em linha reta, farei curvas e entrarei à direita e à esquerda! Eu não me importo que me destrua, e não farei o que manda!

O terceiro foi mais prudente, e disse:

– Eu sei que tenho o livre-arbítrio, e posso virar para quaisquer lados. Mas só existo porque você me fez. E se quisesse não me teria feito. Por que seria ingrato, rebelde e hostil ao seu projeto? Não, farei tudo como pensou, serei obediente e não sairei do caminho. Até mesmo porque você é bom. – E assim, agradou ao criador, servindo-lhe todos os dias.

O segundo, ao contrário, fez o que era mau e foi levado ao cemitério de automóveis.

Contudo, não foi o cemitério das florestas da região de Värmland, na Suécia. Ali centenas de carros se amontoam uns sobre os outros ou lado a lado. Eles já se misturam com a natureza e atraem muitos admiradores. Alguns arrancam-lhes lances de beleza e até fazem alguns cliques, apesar de seu péssimo estado, com quase tudo mutilado. O que sobrou é apenas a carcaça. No inferno, ninguém espere fotógrafos nem câmeras, lá estará abarrotado, sem espaço para qualquer graça e encanto.

Adão e Eva transgrediram a ordem divina. Eles foram punidos com todo o rigor dos Céus, e morreram. Estavam nus de toda e qualquer maldade, e vestiram-se de pecado mortal. Existe diferença entre o Éden e as terras áridas do nosso planeta? Sim! É a inversão dos fatos. Sem defeito algum, Adão e Eva foram criados e guardados no paraíso. Mas em seguida, ocultaram-se da santidade divina, tornaram-se pecadores e seres mortais. Eles trocaram o paraíso pelo mundo árido e em ruínas, a comunhão com Deus pela separação. Já os descendentes de Adão, eles nasceram revestidos do que é mortal. Contudo, é possível substituir o mundo decadente e estéril pelo paraíso celeste, a separação pela comunhão plena com Deus. A mão dupla fora estabelecida.

Os seres humanos são pecadores mortais, e podem ser perfeitos, se encontrarem a vereda do Pão da vida. Para a consolidação do Império Romano, muitas estradas foram construídas a partir de 300 a.C. Mas nada se equiparou ao caminho que Deus traçou à época de César Augusto. A via foi aberta, ligando a terra aos Céus (Hebreus 10:20).

Como no Éden, o caminho do Pão da vida não está bloqueado. Ao contrário, ele está aberto e livre. O Pão foi apresentado e oferecido a todo aquele que desejá-lo. Assim falou Jesus: "Eu sou o pão da vida" (João 6:48, ACF). À primeira vista, ele não parece ser tão sedutor como o fruto do Éden (Isaías 53:2), já que exige olhos disciplinados, negação de si mesmo, humildade e arrependimento sincero. Mas vale a pena, por dentro é saudável e perfeito, sacia a fome e dá vida eterna. Acrescentou ainda Jesus: "E dou-lhes a vida eterna, e nunca hão de perecer [...]" (João 10:28, ACF).

À semelhança de Adão e Eva, continua o grande dilema do ser humano: comer ou não comer. A ordem ali era não coma. Já aqui e agora é coma. O caminho agora é livre, acessível, não há pedágio, é gratuito e irrestrito. Quem quiser, não há segregação, a vereda está aberta a qualquer pessoa, desde que reconheça o Criador como Senhor e Salvador. Realmente, proibição não mais existe, a via está livre, porque o Criador insiste na sua companhia.

Você foi criado para sentir-se alimentado, farto do Pão da vida. Você é especial, se comê-lo viverá eternamente satisfeito, com abundância de paz, justiça e amor. O caminho de volta está à sua frente, e ao fundo, uma cruz. Se fixar o seu olhar no madeiro, não entrará por outro caminho. Acertará, encontrará a vida e verá que o Senhor o ama com amor eterno e deseja estar ao seu lado para sempre.

Apesar do domínio absoluto de Deus, é verdade que o diabo exerce um poder relativo através da permissão divina (Jó 1:12; 2:7; Lucas 22:31-32). Ele é chamado de deus deste século (2 Coríntios 4:4), príncipe deste mundo (João 12:31; 16:11) e príncipe da potestade do ar (Efésios 2:2). Na narrativa de Jó, pelejas, assaltos, chaga maligna e fenômenos naturais são atribuídos à ação de satanás (Jó 1:15-19; 2:7). Em Atos 16:16-18, poderes sobrenaturais foram imputados a um espírito de um dragão, que se utilizava de uma escrava[172] para predizer o futuro. Muitos são realmente escravos do diabo e de demônios (Gálatas 4:8; 2 Timóteo 2:26; 1 João 5:19; e Efésios 2:2), por isso estão presos e enlaçados à sua vontade (2 Timóteo 2:26) e lhes servem. Quando sacrificam aos ídolos de pau e pedra, os quais não veem nem falam, na realidade, adoram os demônios (Levítico 17:7; 1 Coríntios 10:20; e Gálatas 4:8).

O domínio exercido por satanás pode ser comparado à escravidão no império romano. Ali não havia liberdade nem dignidade humana. Não se falava de direitos nem havia qualquer proteção. O escravo era objeto de opressão e tortura e, muitas vezes, alvo de pessoas sádicas e cruéis.

De modo igual, aqueles que estão presos a satanás sofrem a ação dos seus atos traiçoeiros, tiranos e perversos. O próprio Filho de Deus afirmou que satanás é de índole má, é mentiroso e pai da mentira. Ele é o dragão do Apocalipse, que veio para roubar, torturar, matar e destruir (João 10:10). É o sentido literal do termo grego *diabolos*[173], aquele que faz acusações para trazer destruição e matar. Compaixão e misericórdia, perdão e amor, todas as virtudes divinas são desprezadas e eliminadas do seu caráter. Ele é a personificação do mal, e suas armas são apontadas estrategicamente para o povo de Deus (Apocalipse 12:17). Felizmente, o domínio exercido por satanás é relativo e transitório. Ele também já está julgado e condenado, e o seu destino é o lago de fogo que não se apaga (Apocalipse 20:10).

Por outro lado, o servo de Deus é comparado a um diarista e não exatamente a um escravo. Ele se assemelha ao servo hebreu que se vendia

---

172. Literalmente, "uma jovem que tinha um espírito de Píton", um dragão da mitologia grega, que foi morto pelo deus Apolo. PÚTHÓN, GREEK. **Bible Hub**: search, read, study the Bible in many languages, [on-line, s.d.]. Disponível em: <https://biblehub.com/greek/4436.htm>. Acesso em: 04 fev. 2022.

173. DIABOLOS, GREEK. **Bible Hub**: search, read, study the Bible in many languages, [on-line, s.d.]. Disponível em: <https://biblehub.com/greek/1228.htm>. Acesso em: 04 fev. 2022.

aos seus próprios irmãos. Nesse caso, a servidão não era permanente, e havia direitos e proteção dados pelo próprio Deus (Levítico 25:39-43). Como um diarista e com dignidade, serviria a seu senhor e estaria livre de suas obrigações no Ano do Jubileu. A lei proibia que o senhor hebreu tratasse os seus servos hebreus com rigor ou de forma impiedosa.

Quem foi escravo do pecado e do diabo (Romanos 6:17-20), mas agora é servo de Deus, tornou-se ilustre, grande e nobre e está debaixo da proteção do Espírito Santo (Romanos 8:14-15; Efésios 1:13). Agora tem direitos de filho de Deus (João 1:12). O tratamento que lhe é dado é VIP, com valorização, intimidade e paixão, até alcançar a plena liberdade e condição de filho de Deus. E, então, herdará os bens celestiais e o Reino de Deus (Mateus 25:34). Ainda que seja herdeiro de Deus e coerdeiro de Cristo, ele aguarda a emancipação.

No Ano do Jubileu do povo de Deus, com a redenção do corpo, o filho de Deus será completamente livre do pecado, declarado santo e justo (Romanos 8:23,30), e verdadeiramente transformado. A herança que está guardada nos Céus ser-lhe-á dada (1 Pedro 1:4). E, assim, estará com o Senhor Jesus face a face e habitará eternamente na Casa do Pai. Entretanto, o diabo, os seus anjos e os discípulos do mal seguirão para a perdição e fogo eternos. É um lugar de dor, onde o verme não morre e jamais desvanece. O refrigério é desejado, mas, sem sombra de dúvidas, isso é pura ficção.

2. Havia um mercado de escravos em Corinto. Quatro senhores disputavam um certo escravo: o primeiro ofereceu duas barras de ouro; o segundo, duas barras de prata; o terceiro, duas barras de cobre; e o quarto, duas barras de madeira. Através da leitura de 1 Coríntios 6:20 e Colossenses 1:20, quem levou o escravo foi o senhor que ofereceu duas barras de madeira, já que as duas barras formam uma cruz, símbolo do sacrifício de Jesus e do seu sangue derramado.

O servo de Deus não foi comprado com coisas vãs ou corruptíveis, como o ouro, ou a prata, ou o bronze. Ele foi comprado com o sangue preciosíssimo do Cordeiro imaculado, que foi espargido ao pé da cruz (1 Pedro 1:18-19; Apocalipse 5:9). O altar onde Jesus foi sacrificado, e o seu sangue derramado, é a cruz. Por isso, o escravo da igreja de Corinto foi comprado com duas barras de madeira (1 Coríntios 6:20). Sobrepondo-se as duas barras de madeira perpendicularmente, a figura que se forma é logicamente uma cruz.

Ao longo dos séculos, a representação mais viva da morte de Jesus tem sido a cruz, inclusive do seu sangue derramado. A sua cor é purpúrea, e são muitos os mistérios biológicos. Contudo, nada disso é que tem um valor inestimável. A importância do sangue e o seu imenso valor está na representação da própria vida, particularmente a vida do Filho de Deus. De acordo com as páginas do Antigo Testamento, o que há de mais precioso no sangue é a alma e a vida (Levítico 17:11).

Por outro lado, o valor e a nobreza da madeira não estão na resistência de suas fibras, e sim porque tomou a forma de Jesus. Forçada, como o próprio Cireneu (Marcos 15:21), andou nas ruas de Jerusalém e subiu o monte Calvário. Adaptada aos braços estendidos e ao tronco de Jesus, sufocou o Filho do Homem até o último suspiro. Ele, agonizante, disse: "Pai, nas tuas mãos entrego o meu espírito" (Lucas 23:46).

A cruz é o maior símbolo do sacrifício de Jesus e do seu amor pela humanidade. É o altar onde o Cordeiro de Deus imaculado foi imolado e o seu sangue derramado. De acordo com as instruções de Levítico, o sangue do holocausto era espalhado sobre o altar e vertido na sua base, um prenúncio da cruz e do sacrifício de Cristo (Levítico 5:9). Haveria algo mais valioso do que a cruz de Cristo? Quem poderia purificar o ser humano? Seria o ouro e a prata? Ou banhos especiais? Certificados e assinaturas de homens purificariam alguém? Haveria poder no sangue de bodes e bezerros? Não, todas essas coisas são próprias da matéria, perecíveis e ineficazes. As ofertas e sacrifícios da Lei consistiam de bebidas e manjares, lavagens e limpezas externas. O sacrifício de animais não expiava a culpa nem eliminava os pecados (Hebreus 9:9-10; 10:1-4,11). Só o sangue de Jesus, só a vida do Cordeiro de Deus que está dentro do crente é que pode purificar o ser humano de todo pecado.

O sangue de Cristo representa a sua própria vida e é o seu Espírito (Levítico 17:11,14). Se alguém é lavado com o sangue de Cristo, é, na verdade, purificado através do poder que há no seu Espírito. Tudo isso é para demonstrar a eficácia do Espírito Santo, que está em Cristo. É Ele quem opera dentro de nós, lava e purifica.

Não é de se admirar, que o sangue de Cristo era fluido biológico e perecível. Ele corria pelas suas veias e fluía pelas suas artérias. Deixou seu rastro no caminho, alguns vestígios escarlates ao pé da cruz e a silhueta do seu corpo no madeiro. Mas o que desceu do seu corpo dilacerado, o vento passou e levou, e a chuva desceu e lavou. E quanto à cruz, ninguém sabe o seu destino, mas é certo que não escapou à força do tempo. Ao contrário, o Espírito de Cristo é resistente, está vivo e operante. Ele suportou as condições atmosféricas da maldade mais adversas. Sim, o sangue de Jesus e a sua morte são o centro da revelação bíblica, a partir de Gênesis até Apocalipse. É o Espírito de Cristo que purifica o homem de todo pecado, liberta-o da morte e da perdição eterna (hebreus 10:10,12,14).

Na última páscoa de Jesus, o vinho do cálice era o seu sangue, que seria derramado (Mateus 26:27-28). A vida de Cristo, que pintou a cruz de vermelho, está no cálice e "penetra até a divisão da alma, e do espírito, e das juntas e medulas" (Hebreus 4:12) e faz a transformação de pensamentos e intenções do coração. Ela é bebida que limpa e purifica, aperfeiçoa e dá vida a todo crente (João 6:53-54; 1 João 1:7). É o próprio Espírito Santo que habita em todo aquele que crê.

Quem recebe a Jesus como seu Senhor e Salvador tem a vida de Cristo, que faz morada no crente. Você já foi purificado pelo Espírito de Cristo? O Espírito de Deus habita em você? É o Espírito Santo que limpa de verdade, purifica e salva (Mateus 3:11; Romanos 8:13). Graças a Deus, o Espírito Santo é quem verdadeiramente opera, transforma e liberta o homem de todo e qualquer pecado.

3. O versículo da parábola "Prepara-me a ceia, e cinge-te, e serve-me até que tenha comido e bebido, e depois comerás e beberás tu" é melhor identificado com o texto bíblico de Mateus 6:33: "Mas busquem em primeiro lugar o Reino de Deus e a sua justiça, e todas estas coisas lhes serão acrescentadas".

Dentre todas as alternativas, quem mais se aproxima do sentido da parábola é Mateus 6:33. Primeiro, o senhor; e em seguida, o servo. Primeiro, a satisfação plena do senhor; e depois, a satisfação do próprio servo. O servo deveria cuidar da ceia do seu senhor, deveria aprontar-se, adequar-se para servir à mesa do senhor. Ele deveria estar de prontidão para servir a seu senhor até que estivesse plenamente satisfeito.

Como Deus é o Senhor, a postura do servo deve ser primeiramente amá-lo, agradá-lo, fazer a sua vontade, buscar o seu Reino e cumprir toda a sua justiça. Deus em primeiríssimo lugar, e, então, o servo será satisfeito (Salmos 37:4-6). A lei de Deus é simplificada em Mateus 22:37-40. Primeiramente, Deus. Acima de tudo e todas as coisas, Deus. Em segundo, o próximo como a si mesmo. Infelizmente, a tendência natural da carne é de pensar primeiro em si mesma, o EU em primeiro lugar; depois, o próximo; e, por último, Deus.

Um dos exemplos clássicos da fidelidade de um servo é o patriarca Abraão. Ele entendeu verdadeiramente que Deus é Senhor e que o homem é servo. O livro de Hebreus retratou a história de Abraão na perspectiva da fé. Contudo, a mesma história pode ser vista na ótica da abnegação. O patriarca honrou a Deus ao lhe dar o primeiro lugar na sua vida. Ele não levou em conta o conforto pessoal quando saiu de Ur dos caldeus. Não tinha mapas nem GPS, e foi para uma terra desconhecida e estranha. Ele renunciou a sua vontade para cumprir a vontade divina (Gênesis 12:4). Igualmente, ele não pensou em si mesmo quando conduziu o seu filho Isaque para o sacrifício. A adoração a Deus deve ter o primeiro lugar (Gênesis 22:2-3,5). Com certeza, o caráter de Abraão era sobremodo altruísta.

No confronto entre os seus pastores e os de seu sobrinho Ló, Abraão cedeu-lhe a melhor parte, o campo mais verde e fértil e a paisagem mais bela. Ele abriu mão dos seus direitos, como ancião e irmão do pai de Ló, em uma sociedade patriarcal. Em nome da paz, deixou que Ló primeiramente separasse as terras para o seu gado (Gênesis 13:7-9). Entretanto, Ló mostrou-se egoísta, e os seus olhos cresceram em direção às campinas férteis do vale do Jordão. A visão materialista cegou-lhe a visão espiritual. Ele não levou em consideração a corrupção extrema das cidades de Sodoma e Gomorra, as quais ficavam no vale. O que ganhou com os olhos, perdeu na guerra (Gênesis 14:12) e na catástrofe natural (Gênesis 19:24-29). O egoísmo impede a visão perfeita do senhorio de Deus e acentua o amor às coisas deste mundo.

Abraão foi exemplo de dependência divina, de submissão, de fidelidade no serviço e de honra ao Senhor de todas as coisas. Ao encontrar-se com o rei e sacerdote do Deus Altíssimo, deu-lhe o dízimo de tudo que despojara dos povos vencidos para resgatar Ló (Hebreus 7:4). Era a confissão de que tudo era do Senhor, inclusive a própria vida. E devolveu aos antigos donos tudo que houvera conquistado na guerra. Sim, as primícias eram do Senhor, o Deus Altíssimo, em primeiro lugar. O sentimento do coração de Abraão era a mais genuína gratidão. Ele reconhecia que as vitórias e as bênçãos sempre vinham do seu Senhor.

O servo fiel entende que tudo é Dele e para Ele. Se o coração do servo for primeiramente de Deus, nada lhe faltará, pois o Senhor é o seu Pastor, Deus é o seu Pai e Protetor, Jesus é o seu irmão e Salvador, e o Espírito Santo é o seu Consolador e Advogado.

4. *A mesa do Senhor está representada em Lucas 22:8,13-15, quando a ceia do Senhor Jesus foi instituída e todos os apóstolos sentaram-se à mesa com Ele. A diferença entre a mesa do Senhor Jesus e a mesa da parábola é a posição dos servos em relação às mesas. O servo do Senhor Jesus está sentado à mesa Dele e com Ele. Mas o servo da parábola está em pé à mesa do seu senhor.*

A primeira e terceira figuras representam as mesas do Senhor e da parábola, respectivamente. Antes de ser preso e crucificado, o Senhor Jesus instituiu a santa ceia (Lucas 22:14-20). Ele assentou-se com seus discípulos à mesa e cearam, sem protocolos nem etiquetas. Juntos, meteram a mão no prato, e comeram do pão, e beberam do vinho. Não havia separação nem diferenças entre eles, a não ser quando tomou do pão e do vinho e, dando-lhes, se fez servo deles.

Na ceia do Senhor, servo e Senhor assentam-se à mesa e ceiam juntos. Na ceia da parábola, o servo não participou da mesa do seu senhor. Ele recebeu o tratamento que o mundo dá, com vaidade, arrogância, soberba e esnobismo. Os discípulos de Jesus são servos, mas o tratamento que lhes é dado pelo Senhor é muito diverso e particularizado.

A mesa do Senhor é farta, e nada falta aos seus servos, de acordo com a experiência de fé do salmista e rei Davi (Salmos 23:1). Eles têm a liberdade de pedir quando querem e necessitam (1 João 5:14-15). E o que está à disposição do seu Senhor é deles também. Sentam-se à mesa, e comem do prato do seu Senhor, e bebem do seu cálice. Eles são saciados e matam a fome e a sede (João 6:35), comem do Pão da vida (João 10:28), do Pão do conforto e da alegria (Mateus 11:28; João 16:24), do descanso e da paz (João 14:27), da prosperidade e da esperança (Jeremias 29:11).

A mesa do Senhor representa a comunhão da família cristã, e o Senhor é o seu provedor. Ele supre os seus anseios e necessidades (Mateus 6:26,33), e jamais a abandona. Cuida de todos os seus irmãos, curas as suas feridas (Salmos 147:3), protege e os ajuda (Salmos 18:2; Isaías 41:10; Naum 1:7). Ama com amor eterno, perdoa e os purifica. Intercede com lágrimas e se coloca em seu lugar (Hebreus 7:25).

Como não amar esse Senhor? Não é razoável que alguém faça pouco-caso de quem tanto o ama e cuida, e o abandone. Entre os hebreus, o coração do servo que se ligasse ao coração do seu senhor e não quisesse ser livre, a ele serviria para sempre.

O Senhor o amou primeiro, e o servo foi atraído pelo seu amor. Agora unidos e acorrentados pelo amor, o servo e seu Senhor seguem juntos e desposados. Quem conheceu o amor de Deus, único, incomparável e sacrificial, jamais o abandonará. "[…] Ele deu a sua vida por nós", afirma carta universal de João (1 João 3:16, ARC). "Com um amor eterno te amei; também com amável benignidade te atraí", bradou o Senhor Deus como um trovão através da boca do profeta (Jeremias 31:3, ARC).

O amor divino é como a amplidão do universo: imensurável, insondável e infinito. Nas palavras do profeta Oseias, o Senhor atraiu com cordas de amor, e, então, ligados um ao outro, o servo e seu Senhor viverão juntos para sempre e sempre (Oseias 11:4).

5. O servo da parábola trabalhou no campo e ainda fez hora extra na cozinha, mas foi chamado por Jesus de inútil e improdutivo. Ao comparar a parábola com a narrativa do jovem rico, que se encontra no texto bíblico de Lucas 18:18-23, conclui-se que o trabalho no campo e o serviço à mesa da parábola igualam-se ao cumprimento dos mandamentos do Senhor pelo jovem rico. Ambos, servo e jovem, apenas cumpriram a sua obrigação. A figura que melhor representaria tanto a parábola como a narrativa do jovem rico é um coração. Nenhum serviço terá valor, se não for realizado de coração e alma.

Além do trabalho no campo e dos mandamentos do Senhor, ainda há os serviços extras, como no caso da narrativa, a exigência de desfazer-se de riquezas, entregando-as aos pobres. Há 613 mandamentos no código mosaico, mas desfazer-se das riquezas não é um deles. Se alguém enumerar todas as leis e mandamentos da Bíblia, nem assim será possível estabelecer tudo o que devemos fazer ou cumprir. Na verdade, tudo o que fazemos ainda é pouco, e o que devemos fazer vai além da letra.

O segredo do serviço agradável e perfeito está no coração. Quem odeia o pecado e se incomoda quando erra, o seu coração é escrito por fora e por dentro pelas mãos hábeis do Espírito Santo. Ele está dentro de nós. O Espírito de Deus escreve todas as leis e nenhuma é esquecida (Hebreus 8:10,11). Milhares ou milhões, não importa, o espaço é suficiente.

Automaticamente, o crente pensa, analisa e age de acordo com o seu coração. Sim, é a partir de um coração renovado, transformado e cheio da sabedoria e conhecimento do Espírito Santo.

Ninguém deve gloriar-se com as suas realizações porque anda nos caminhos do Senhor e é por Ele agraciado. O escravo tem a obrigação de cumprir as ordens do seu senhor e não merece ser louvado. Se fazemos alguma coisa certa, toda a glória seja dada a Deus, que nos sustenta, orienta, dá forças e habilidades (Romanos 11:36). É assim que ensinou Paulo, pois aprendeu com a própria experiência. Ele foi atingido violentamente por satanás, esbofeteado e derrubado (2 Coríntios 12:7). Humilhado, aprendeu que a exaltação de si mesmo tem o seu preço.

Quem eleva-se a si mesmo, um dia cai. "[...] a humildade antecede a honra", diz Provérbios 15:33 NVI. E "Senti as vossas misérias, e lamentai, e chorai [...] humilhai-vos perante o Senhor, e ele vos exaltará" (Tiago 4:9,10, ARC). Que o Senhor o levante e enalteça com o seu poder e as suas próprias mãos, e você, então, estará sempre seguro.

A glória de si mesmo é como contemplar-se no espelho, achando-se incomparável. Ela desvia o seu olhar do Designer e Criador de todas as coisas e do Autor da regeneração e da salvação. E suscita autossuficiência, muita soberba e vaidade indomável.

Cada ser humano foi criado e capacitado para servir ao grande Deus. Ele, o magnífico Criador, é quem merece toda a glória. O que o ser humano tem e é vem Dele e é para Ele. O jovem rico apenas cumpriu a sua obrigação, nada mais. O que Deus espera do servo é que lhe dê o seu coração (Provérbios 4:4; 23:26). Um coração humilde e contrito, que se entristece com o pecado e está disposto a obedecer. O coração é a figura que melhor representa tanto a parábola como a narrativa do jovem rico. O cumprimento das ordenanças do Senhor sem o coração é algo realizado simplesmente por obrigação. Apega-se à letra da lei e esquece o fundamental, que é o amor.

Deus espera muito mais de você, muito mais do que regras. Ele espera que a motivação dos seus atos venha de um coração íntegro, queimando de paixão e ardendo com um amor incondicional, e não simplesmente de obrigações.

15.
A PARÁBOLA DO CREDOR INCOMPASSIVO 1 (Mateus 18:23-35, ARC)

23 Por isso, o Reino dos céus pode comparar-se a um certo rei que quis fazer contas com os seus servos; 24 e, começando a fazer contas, foi-lhe apresentado um que lhe devia dez mil talentos. 25 E, não tendo ele com que pagar, o seu senhor mandou que ele, e sua mulher, e seus filhos fossem vendidos, com tudo quanto tinha, para que se lhe pagasse. 26 Então, aquele servo, prostrando-se, o reverenciava, dizendo: Senhor, sê generoso para comigo, e tudo te pagarei. 27 Então, o senhor daquele servo, movido de íntima compaixão, soltou-o e perdoou-lhe a dívida. 28 Saindo, porém, aquele servo, encontrou um dos seus conservos que lhe devia cem dinheiros[174] e, lançando mão dele, sufocava-o, dizendo: Paga-me o que me deves. 29 Então, o seu companheiro, prostrando-se a seus pés, rogava-lhe, dizendo: Sê generoso para comigo, e tudo te pagarei. 30 Ele, porém, não quis; antes, foi encerrá-lo na prisão, até que pagasse à dívida. 31 Vendo, pois, os seus conservos o que acontecia, contristaram-se muito e foram declarar ao seu senhor tudo o que se passara. 32 Então, o seu senhor, chamando-o à sua presença, disse-lhe: Servo malvado, perdoei-te toda aquela dívida, porque me suplicaste. 33 Não devias tu, igualmente, ter compaixão do teu companheiro, como eu também tive misericórdia de ti? 34 E, indignado, o seu senhor o entregou aos atormentadores, até que pagasse tudo o que devia. 35 Assim vos fará também meu Pai celestial, se do coração não perdoardes, cada um a seu irmão, as suas ofensas.

CURIOSIDADES

Jesus usou o exemplo de dívidas em somas de dinheiro para explicar a doutrina do perdão. São mencionados na parábola o talento e o denário. O denário era uma moeda romana de prata e equivalia aproximadamente

---

174. Ou denários, uma moeda romana de prata.

ao salário de 1 dia de trabalho[175] braçal[176]. O talento, diferentemente, não era bem uma moeda, e é incerto a que Jesus se referiu, se de prata ou de ouro, e qual o país de sua emissão[177]. Aqui será considerado o talento hebraico de prata[178], que girava em torno de 10 mil denários. Então, a dívida do servo de 10 mil talentos seria correspondente a 100 milhões de denários ou a 100 milhões de dias de trabalho[179]. Uma quantia impagável para um simples diarista. O servo que devia ao seu rei o valor equivalente a 100 milhões de denários era credor de um valor equivalente a 100 denários do seu companheiro. Logo, ele devia 100.000.000 ao seu senhor e tinha a receber 100 do seu conservo, uma diferença exorbitante entre as dívidas do servo e do conservo. A seguir, um resumo das dívidas:

Dívida do conservo = 100 denários = 100 dias de trabalho

Dívida do servo = 100.000.000 denários = 100 milhões de dias de trabalho

1. Os clientes A, B, C, D e E de um banco oficial tomaram empréstimos, cada um no valor total de R$ 100 milhões. O governo federal baixou um decreto perdoando todos os devedores. Porém, para ser beneficiário do perdão, o devedor deveria preencher um requerimento com os números dos contratos, as dívidas contraídas e o seu valor total, assinando-o. O cliente A preencheu o requerimento, mas não assinou. Os clientes B e C preencheram os seus requerimentos e assinaram. A, B e C entregaram os seus requerimentos no banco dentro do prazo. Os clientes D e E eram morosos e deixaram para o último dia. Assim, perderam o prazo.

a) Quem foi perdoado?

---

175. WEIGHT AND MASS CONVERTER. **Unit Converters**, [on-line, s.d.]. Disponível em: <https://www.unitconverters.net/weight-and-mass-converter.html>. Acesso em: 04 fev. 2022.
176. DENARIUS. **Bible Study Tools**, [on-line, s.d.]. Disponível em: <https://www.biblestudytools.com/dictionary/denarius/>. Acesso em: 04 fev. 2022.
177. MATTHEW 18:24, COMMENTARIES. **Bible Hub**: search, read, study the Bible in many languages, [on-line, s.d.]. Disponível em: <https://biblehub.com/commentaries/matthew/18-24.htm>. Acesso em: 05 fev. 2022.
178. WEIGHTS AND MEASURES. Smith's Bible Dictionary. **Bible Study Tools**, [on-line, s.d.]. Disponível em: <https://www.biblestudytools.com/dictionaries/smiths-bible-dictionary/weights-and-measures.html>. Acesso em: 04 fev. 2022.
179. De acordo com o site Unit Converters Express Version, 1 talento seria aproximadamente igual a 9.000 denários. Porém, tendo em vista as características próprias de uma moeda, com variações ao longo do tempo e região, e também para adaptar-se à lógica e obter melhor visualização, o valor estimado será elevado para a dezena de milhar, com 1 talento sendo igual a 10.000 denários.

b) A quem equipara-se o servo que devia ao rei? Ao cliente A, B, C, D ou E? Por quê?

c) Qual é a passagem da parábola que corresponde à entrega dos requerimentos que foram devidamente assinados?

d) A partir das respostas anteriores e de Jonas 3:10, quais são os três segredos ou condições para "mudarmos" a decisão de Deus?

"Deus viu o que fizeram, como se converteram do seu mau caminho; e Deus mudou de ideia quanto ao mal que tinha dito que lhes faria e não o fez." (Jonas 3:10, NAA)

2. O servo que devia ao rei pediu a sua generosidade. Ele argumentou que pagaria toda a dívida. Você acha que ele realmente seria capaz de pagar? Leia as alternativas a seguir e escolha aquela que mais se assemelha ao sentimento e à argumentação do servo do rei.

a) "Já estou crucificado com Cristo." (Gálatas 2:20, ARC)
b) "segundo a lei, fui fariseu […]; segundo a justiça que há na lei, irrepreensível." (Filipenses 3:5-6, ARC)
c) "A tudo isso tenho obedecido. O que me falta ainda?" (Mateus 19:20, NVI)
d) "Afasta-te de mim, Senhor, porque sou um homem pecador." (Lucas 5:8, NVI)

3. Leia Gênesis 3:6,19:

"E, vendo a mulher que aquela árvore era boa para se comer, e agradável aos olhos, e a árvore desejável para dar entendimento, tomou do seu fruto, e comeu, e deu também ao seu marido, e ele comeu com ela. No suor do teu rosto, comerás o teu pão, até que te tornes à terra; porque dela foste tomado, porquanto és pó e em pó te tornarás."

(Gênesis 3:6,19, ARC)

O servo devia 100 milhões e foi perdoado pelo rei. Do ponto de vista da doutrina da salvação, uma dívida de 100 milhões foi contraída:

a) somente pelo servo do rei porque a sua dívida foi maior do que a de Adão e Eva;

b) pelo servo do rei e por Eva, já que foi ela quem primeiro pecou;
c) somente por Adão e Eva, pois eles deram origem ao pecado;
d) por Adão e Eva e pelo servo do rei, pois todos igualmente adquiriram uma dívida impagável;
e) nenhuma das respostas

4. A dívida que o servo tinha com o seu conservo era de 100 dinheiros. Se ele tivesse reduzido a dívida para um valor mínimo, por exemplo, apenas 1 dinheiro, a interpretação da parábola seria alterada?

a) Não, pois não há diferença entre 100 moedas e apenas uma;
b) Sim, pois somente a dívida de uma moeda é que pode ser paga;
c) Não, porque uma moeda tem o mesmo valor de 100 moedas;
d) Sim, porque o valor da dívida que alguém tem com o próximo não é insignificante;
e) Sim, pois a dívida com o próximo equivale à dívida com Deus.

5. Sublinhe na própria parábola a passagem que mostra o valor da intercessão a fim de que Deus faça justiça.

A PARÁBOLA DO CREDOR INCOMPASSIVO 1 (Mateus 18:23-35, ARC)

1. Os clientes A, B, C, D e E de um banco oficial tomaram empréstimos, cada um no valor total de R$ 100 milhões. O governo federal baixou um decreto perdoando todos os devedores. Porém, para ser beneficiário do perdão, o devedor deveria preencher um requerimento com os números dos contratos, as dívidas contraídas e o seu valor total, assinando-o. O cliente A preencheu o requerimento, mas não assinou. Os clientes B e C preencheram os seus requerimentos e assinaram. A, B e C entregaram os seus requerimentos no banco dentro do prazo. Os clientes D e E eram morosos e deixaram para o último dia. Assim, perderam o prazo. Quem foi perdoado e quais as semelhanças com a parábola? Os clientes B e C foram perdoados, porque preencheram todos os requisitos. O servo que devia ao rei equipara-se aos clientes B e C, porque o pedido seguiu as formalidades e foi entregue a tempo. A entrega dos requerimentos que foram devidamente assinados corresponde ao pedido pessoal e verbal do servo do rei: "Senhor, sê generoso para comigo, e tudo te pagarei". Os três segredos ou condições para "mudarmos" a decisão de Deus são o reconhecimento da dívida (pecado), o arrependimento genuíno (conversão) e o pedido de perdão.

Somente os clientes B e C foram perdoados, por isso estão equiparados ao servo do rei. Os clientes B, C e o servo do rei suplicaram pessoalmente o perdão, ainda que por meios diferentes. Logo, foram perdoados. Para obter-se o perdão, é preciso que haja uma solicitação e que o beneficiário seja o próprio requerente. No caso do banco, a solicitação foi pessoal, indireta e escrita. Na parábola, a súplica é pessoal, direta e verbal.

A equivalência entre a parábola e o exemplo da instituição bancária está na pessoalidade do requerente. O beneficiário é quem pede e quem assina. A assinatura é como a própria digital e é o selo de identidade. Ela substitui a presença do requerente. A solicitação de perdão não pode ser requerida por uma terceira pessoa porque Deus exige que o próprio devedor reconheça a sua dívida, tenha a intenção de quitá-la e creia que o perdão é possível. Carta de preposição ou procuração não serão aceitas. Todas as pessoas têm igual acesso a Deus através da oração.

Mas como falar com um Deus que é invisível? Por meio da fé. Como o que se vê e se toca geram certezas, da mesma forma a fé constrói uma prova no coração (Hebreus 11:10). Se não for da boca para fora, mas sair do coração, a oração será autêntica e legítima. A oração verídica é a maior prova de fé que existe. Só verdadeiramente ora quem crê na existência e onisciência de Deus. Apenas pede quem crê na compaixão e misericórdia divina. Somente se humilha quem reconhece a sua fraqueza e o seu pecado. Portanto, quem suplica o perdão com sinceridade crê na prontidão do Senhor em perdoar (Salmos 86:5).

O pecador precisa ter a consciência da sua transgressão. É preciso humilhar-se. Quando o próprio devedor pede, ele exercita a humildade e demonstra a sua confiança na compaixão e misericórdia divina. Ele suplica porque crê na capacidade de Deus em perdoar. É um exercício de fé, humildade, dependência e submissão.

A finalidade da parábola do credor incompassivo é mostrar a grandiosidade do perdão de Deus, expressar a magnitude do pecado e exigir o perdão humano. Através da prestação de contas, Jesus esclareceu quão grande é a compaixão de Deus. No último dia, Jesus olhará para o seu discípulo e dirá: "Nenhuma dívida anotada!".

Na verdade, o crente sabe e está consciente de que não fez dívidas ao longo da vida. Tudo era pago na hora pelo sangue do Cordeiro Jesus. Ele sempre cobria qualquer débito que aparecia. Naquele dia, aquilo que sempre soube e esperou será revelado: "Dívida quitada!". E, então, será declarado justo. Essa é uma condição adquirida antecipadamente[180] através do arrependimento e no ato da fé.

Na carta aos Romanos 5:1, Paulo afirmou que o conflito entre Deus e aquele que crê definitivamente terminou. Não há mais guerra. Agora é o domínio da paz para aquele que é justificado pela fé. A justificação do crente é um estado adquirido no momento de sua declaração de fé. No entanto, a antecipação do perdão de todos os pecados não dá o direito de permanecer neles (Romanos 6:1-2). Você foi crucificado com Cristo, os desejos da carne, portanto, morreram com o seu corpo. Agora você é livre e não está mais acorrentado ao pecado. Se algum desejo da carne ainda surgir, é ataque do inimigo que

---

180. A quitação da dívida do servo para com o rei representa a salvação do crente, a qual jamais será anulada ou perdida. Essas ideias serão ainda exploradas no próximo capítulo.

não se conforma com a sua liberdade. Proteja-se, rejeite, exalte, honre e glorifique a Deus com o seu corpo, alma e espírito.

O pecador deve seguir o exemplo de Deus, que nos perdoou em Cristo Jesus (Efésios 4:32; Colossenses 3:13). Quem é perdoado com tão grande amor, não pode ser miserável na compaixão, mesquinho no amor e implacável.

Segundo a narrativa de Jonas, a cidade de Nínive seria destruída devido à sua malícia e ao seu pecado. Mas o Deus longânimo, cujo perdão não é contado e não se esgota, não desistiu daquele povo. Chamou Jonas para dar o seu recado (Jonas 1:1-2). Então, o profeta questionou Deus, resistiu à sua voz, pois não queria ser instrumento de compaixão e misericórdia (Jonas 4:2). Só que Deus é soberano, e nada foge ao seu controle. O recado deveria ser dado, e, assim, aconteceu. A cidade de Nínive ganhou quarenta dias de tolerância, um prazo para refletir e pesar os próprios pecados. Era uma questão de vida ou morte, a maior decisão de sua história. Felizmente, o tempo foi suficiente para os ninivitas vestirem-se de pano de saco e cobrirem-se de cinzas.

Deus insiste, e não desiste, mas o homem não é eterno na terra. Até apagarem-se as luzes, a oportunidade de arrependimento e conversão existe. Somente o reconhecimento do pecado, a contrição e a súplica sincera é que poderão alterar a decisão de Deus.

Os ninivitas clamaram fortemente a Deus, arrependeram-se e converteram-se do seu mau caminho. Eles entenderam que violência e maldade não eram diversão. Ao contrário, eram causa de destruição e morte. O clamor sincero, o arrependimento verdadeiro e a conversão de fato conquistam o perdão divino (Isaías 55:7; 2 Crônicas 7:14; Lucas 17:3-4; Atos 2:38; 3:19). Deus viu como as suas obras e pensamentos foram transformados e mudou de ideia quanto ao mal que planejara fazer.

2. O servo que devia ao rei pediu a sua generosidade. Ele argumentou que pagaria toda a dívida. Na realidade, ele não seria capaz de pagar. O sentimento e a argumentação do servo do rei assemelharam-se ao sentimento e à argumentação do jovem rico, quando disse: "A tudo isso tenho obedecido. O que me falta ainda?" (Mateus 19:20, NVI).

A declaração é do jovem rico que se aproximou de Jesus e perguntou-lhe sobre o que fazer a fim de ganhar a vida eterna. Na parábola, parece que o servo do rei desejava quitar a sua dívida, mas tinha uma visão distorcida da gravidade da situação. A dívida era imensa, e a sua capacidade de pagamento inexistia. Como honrar com sua dívida, se ela alcançou números estratosféricos?

Como no caso do jovem rico, o servo do rei não percebia a sua incapacidade. O jovem, ou príncipe (Lucas 18:18), acreditava que era bom e, portanto, perfeito cumpridor da lei de Deus. Como consequência, estaria com a salvação já barganhada. Ele talvez desejasse ouvir o elogio de Jesus, ser chamado de jovem modelo. Ou mesmo a confirmação de que havia adquirido a vida eterna por seus próprios méritos. Porém, Jesus certamente o decepcionou. Logo de início, disse que somente Deus era bom e perfeito, despindo-o de sua bondade e santidade. E, no final, mostrou-lhe que o seu coração estava nas riquezas do mundo. Ninguém pode servir a Deus e a Mamom (Mateus 6:24). Ou serve a Deus, ou serve às riquezas. O príncipe não enxergava a sua incapacidade de ser perfeito. Ele não via a magnitude de sua dívida nas apólices dos Céus. Ambos, jovem rico e servo do rei, não estavam conscientes de suas limitações.

Em Filipenses, o apóstolo Paulo afirmou que fora irrepreensível, quanto à justiça que há na lei (Filipenses 3:6). Entretanto, isso não quis dizer que suas obras eram perfeitas. O apóstolo era bem consciente de suas limitações, pois considerou a si mesmo como o maior de todos os pecadores (1 Timóteo 1:15). A diferença crucial entre o jovem e o servo é porque o jovem não aceitou a intervenção divina. Desfazer-se de tudo era trabalhoso e pesado. Então, a solução dada por Jesus não foi observada e, de fato, cumprida.

Quem se aproxima de Jesus precisa crer na sua capacidade de perdoar, independentemente do tamanho de sua dívida. Ao descobrir a oferta de Jesus, aceite-a. Mas isso só é possível àquele que verdadeiramente tem fé, que acredita no grandioso poder de Jesus e vê no seu sacrifício a solução para a sua dívida.

3. O servo devia 100 milhões e foi perdoado pelo rei. Do ponto de vista da doutrina da salvação e de Gênesis 3:6,19, uma dívida de 100 milhões foi contraída por Adão e Eva e também pelo servo do rei, pois todos igualmente adquiriram uma dívida impagável.

A quantia de 100 milhões de moedas é um número simbólico que representa uma soma de proporções gigantescas. Não sei se você percebeu, mas 100.000.000 é a multiplicação de 10 mil por 10 mil, que é a dívida que o servo tinha com o rei. Por outro lado, a dívida do servo com seu companheiro[181] era igual a 100, ou a multiplicação de 10 por 10. O numeral 10 e seus múltiplos são valores que dão a ideia de algo completo e imenso. Tanto 10 como 10.000 passam essa informação de plenitude e infinidade. Porém, quando esses valores são comparados entre si, a dívida que o servo tem com Deus é extremamente maior.

A dívida do servo é um valor gigantesco. Ela simboliza a condição do pecador[182], que contraiu uma dívida insolúvel. Sério? Com certeza, o pecado contra Deus é uma dívida que o pecador não consegue pagar. Então, pare um pouco e reflita, qualquer dívida não quitada tem como consequência a morte. Se for apenas 1 denário, parece pouco. Se for 100 milhões, é algo estratosférico. Contudo, tanto uma como outra, a recompensa é a morte (Romanos 6:23). Não importa o tamanho da dívida. Logo, diante de Deus, essas dívidas são equivalentes, e qualquer ofensa a Deus é avaliada como imensa. Ninguém é melhor do que ninguém. Se quiser fazer diferença, considere-se o maior dos pecadores.

Levando-se em conta a doutrina da salvação, todo e qualquer pecado gera a morte. Então, se você quiser contar os seus pecados e também medi-los, conte-os e meça-os. Porém, essa estatística não importará. Apenas um pecado o levará ao tribunal do Senhor Jesus. A penalidade da morte será aplicada igualmente ao menor e ao maior dos pecadores. O destino será o mesmo lugar, o lago dos mortos com fogo e enxofre. No jardim do Éden, Adão e Eva apenas comeram do fruto proibido, e morreram. Através de uma só desobediência (Gênesis 3:6,19; Romanos 5:16,18), a morte reinou no mundo. Somente com um pecado, ou milhões deles, a dívida adquirida é a mesma e igualmente imensa, pois equivale à morte (Romanos 6:23).

Quando Jesus mediu em milhões a dívida do servo, ele declarou que a ofensa a Deus é gigantesca, tão grande que não pode ser medida nem paga pelo ser humano. Ainda que você queira e junte toda a riqueza dos

---

181. Jesus poderia ter escolhido outros numerais, mas escolheu 100, que é 10 vezes 10. É um número sugestivo de um valor imenso. Por isso, não seria exagero atribuir à dívida do servo o valor de 100 milhões, já que equivale a 10 mil vezes 10 mil. A comparação entre os valores seria perfeita e adequada à lógica da parábola.
182. A maldade é grande e os pecados não se podem contar. Jó 22:5, NVI

céus e da terra, a dívida não será quitada. Se, então, resolver distribuí-la com os pobres e fazer todo tipo de caridade, nem mesmo assim obterá o perdão. Você e todos os descendentes de Adão são comparáveis ao servo, pois todos igualmente contraíram uma dívida insolúvel.

Conforme o autor da carta aos Hebreus, o Antigo Testamento celebrava os pecados (Hebreus 10:3). Parece estranho, mas não é. A festa acontecia todos os dias, com os sacrifícios de animais (Êxodo 29:38-39; Números 28:3-4). A princípio, os ofertantes achavam que estavam sendo purificados. Entretanto, não era bem assim, houve algum mal-entendido. Os holocaustos não aperfeiçoavam ninguém. Ao contrário, os pecados eram apenas lembrados, registrados e formalmente anunciados. A exibição da oferta era uma forma de reconhecer o pecado e dizer: "Eu sou pecador". Frequentemente, o pecado era colocado no altar para ser visto e simbolicamente aniquilado. Ele não era adorado, mas simplesmente anunciado.

O ser humano não pode ignorar a existência do pecado. Em evidência, o pecado dizia que existia e era nocivo, que levava à morte e destruição (Romanos 5:12; 6:23). Haveria um meio de vencer o pecado e a morte? Na verdade, até que havia solução, mas sem eficácia para um homem comum, já que a obediência deveria ser absoluta, plena e perfeita (Levítico 18:5). Assim, a obediência a Deus não deveria ter ranhuras, brechas ou desculpas. A pessoa teria de cumprir todos os seus mandamentos, aqueles que estavam na pedra, em pele de animais e no coração de Deus. E não poderia haver exceção, pois a perfeição era exigida. Ao cumprir plenamente a Lei de Deus escrita na terra e aquela que está no Céu, o pecado e a morte seriam vencidos. Onde está, ó morte, o teu poder (1Coríntios 15:55)? Contudo, todo homem é imperfeito e pecador, e já nasceu com essa condição. A verdade é nua e crua, doa a quem doer.

Ninguém chega aos Céus através dos seus próprios méritos, pois todo homem é pecador, e nenhum ressuscitou à semelhança de Cristo (Romanos 3:9-20). Só Cristo reviveu com um corpo glorificado porque foi perfeito. A lei mosaica até admitia uma solução para a morte. Mas só Cristo cumpriu a exigência, com a perfeição e a pureza de seus atos e pensamentos. Ele cumpriu os estatutos e juízos do Pai integralmente e viveu por eles[183]. Cristo venceu o pecado e a morte. A ninguém mais foi achado, pois todos morreram, e seus corpos permanecem nos sepulcros até hoje. Ao pó voltaram, corromperam-se e aguardam o dia da volta do Rei e Senhor Jesus[184].

A pessoa precisa conectar-se com a realidade. A dívida é imensa e impagável. A morte não é ficção nem fantasia, ela é a mais pura verdade. O ser humano é impotente diante do pecado e da destruição eterna. A perfeição não pode ser adquirida pelos méritos próprios.

A percepção da grandeza da dívida é necessária para que o ser humano olhe menos para si e dirija-se mais para Cristo. Ele sim venceu o pecado e a morte. Ele cumpriu a lei e foi obediente a Deus até o sacrifício de cruz (Filipenses 2:8). Na realidade, a previsão dentro da lei mosaica de um remédio para a morte era uma referência a Cristo. Quando a lei previu a ressurreição através dos próprios méritos, ela pensou no Filho do Homem, Jesus. Ele seria perfeito porque também era Deus. Quem tomou-a para si enganou-se. A previsão era referência a Cristo, que venceu o pecado e a morte.

Nos Evangelhos, Cristo provou a sua perfeição quando, ao ser morto, ressuscitou glorificado. Com certeza, ele foi e é verdadeiramente santo. Jesus transformou-se na solução para a dívida humana. Assim como Adão foi a semente que gerou os filhos dos homens, Jesus é a semente que gerou os filhos de Deus (1 Coríntios 15:45). Jesus comprou a minha e a sua dívida através do seu sacrifício. Louvado seja Jesus Cristo, pois nossa dívida já foi quitada!

4. A dívida que o servo tinha com o seu conservo era de 100 dinheiros. Se Jesus tivesse reduzido a dívida para um valor mínimo, por exemplo, apenas 1 dinheiro, isso poderia sugerir que a dívida de alguém com o próximo seria insignificante.

A dívida que alguém tem com o próximo jamais será insignificante, ainda que aos olhos humanos ela não tenha valor. Entretanto, quando

---

183. Conforme Levítico 18:5, o sentido da palavra hebraica chayay é viver, reviver ou salvar a vida. Com a visão neotestamentária, é também ter a vida eterna. CHAYAY, HEBREW. **Bible Hub**: search, read, study the Bible in many languages, [on-line, s.d.]. Disponível em: <https://biblehub.com/hebrew/2425.htm>. Acesso em: 05 fev. 2022.

184. Enoque, Elias e os crentes na volta de Cristo são exceções, porém não há dúvidas de que todos eram ou serão pecadores. Enoque, inclusive, gerou filhos mortais, como Metusalém, que morreu aos 969 anos.

comparada à dívida com Deus, ela é muito inferior. Jesus mostrou que a ofensa do homem contra Deus é imensamente maior do que a ofensa entre os homens. Se Deus perdoa uma dívida tão gigante e impagável, por que não perdoar uma dívida que pode ser quitada?

A intenção da parábola é demonstrar a obrigação que o servo tem de perdoar o próximo porque ele recebe o perdão de Deus. Há uma distância entre o perdão divino e o perdão humano. Se o perdão de Deus pudesse ser pesado com o do homem no outro prato, não haveria equilíbrio. Se ainda fosse além, e juntasse o perdão de cada homem, a balança não seria alterada. Os pratos não enganariam e diriam que o perdão de Deus é incomparável.

Se a ofensa de alguém fosse equiparada a uma moeda, a dívida seria bem menor. E, comparando-se ao perdão divino, a distância não seria mudada. O que é grande e ilimitado continuaria imensurável. Porém, a alternativa não seria a melhor opção, já que poderia passar a falsa impressão de uma dívida sem importância. Jesus avaliou a dívida entre os homens como algo igual a 100 moedas. Ela não é tão pequena, mas também não é tão grande a ponto de não ser quitada.

Na parábola, o conservo pediu generosidade e tempo para que pudesse pagar a sua dívida. A dívida era solúvel, requerendo só um pouco de tempo, e seria satisfeita. Contudo, o servo o sufocou e exigiu o seu pronto pagamento. Até que, não se contentando com a demora, encerrou-o na prisão.

Por maior que seja o delito e o pecado do ser humano, até aqueles chamados de hediondos, nada se compara à ofensa contra Deus. A distância entre as dívidas é astronômica. Por outro lado, o menor dos delitos entre os homens jamais poderá ser classificado como insignificante. O pecado que se pratica contra o próximo não é algo sem valor e tolo. Caso Jesus comparasse a dívida do conservo à menor moeda, ela poderia ser interpretada como vil e desprezível. A dívida entre o ser humano e o seu próximo não pode ser desprezada. A quantidade de 100 moedas representa um pouco mais de três meses de trabalho. Três salários mensais é uma boa média. Não é tão pouco, nem tão elevada que não possa ser paga.

A parábola do credor incompassivo é a representação da oração modelo de Jesus (Mateus 6:7, 9-15). A oração de Jesus não foi construída para ser repetida, mas para ser analisada e vivida. O mestre aproveitou a insegurança dos seus discípulos para ensinar-lhes os princípios da oração eficaz. Se o adorador deseja realmente o perdão de Deus, ele precisa estar pronto para perdoar os seus devedores. Se você é credor de alguém, deve estar pronto a perdoar. Por maior que seja a ofensa, ela ainda é muito pequena e pode ser perdoada. Por outra ótica, é muito significativa, de tal forma que não deve ser desprezada.

Quem tem dívida, que pague logo, não é bom ser devedor. Quem é credor, apresse-se em perdoar se quiser falar com Deus. Lembre-se do grandioso perdão de Deus e siga o seu exemplo (Isaías 1:18). Quem prescreve o ódio é satanás. Essa droga intoxica o coração e destrói a alma.

Certo pastor estava no seu gabinete, abriu a gaveta e apanhou uma carta. Era a segunda vez que a lia. Pastores não são psicólogos, mas ouvem desabafos, recebem cartas e telefonemas. Era mais ou menos assim:

"Pastor, como você está? Deixe-me contar algumas coisas que você não sabe. O problema de mamãe é a falta de perdão. Lembro-me como hoje, o desespero dela e a sua agonia. Eu não entendia o que de fato acontecia. É uma história longa de muitas brigas e discussões. Mas em seguida descobri que meu pai havia sido desleal com minha mãe. A atmosfera da minha casa mudou. O que entrava em casa era somente ódio, alimento do café da manhã, do almoço e jantar. De um lado, palavras de baixo calão, do outro, até agressões físicas. Mamãe jamais aceitou ser desprezada e trocada por outra qualquer.

Logo após, veio a separação. A partir de então, o que havia restado de doce virou amargo. E nada mais prestou. O coração de mamãe é só amargura, suas palavras são só agressão e lamúrias. É a mesma cantiga e ladainha todos os dias. O coração dela só tem nódoas de amargura e chagas de intenso rancor. As marcas de ódio são profundas e resistentes. Confesso que já tentei e insisti, mas não consegui dizer-lhe que o ódio não vale a pena.

Aos poucos, as dores tomaram conta da sua alma e do seu corpo, e as articulações dos pés e mãos estão sempre inchadas. Os exames nada dizem ou acusam. A causa é sem origem, um mal autoimune. O próprio corpo contra o corpo, a alma contra a própria alma, uma batalha contra si mesma. É sem definição. A cada dia, mamãe se queixa ainda mais e é consumida pelos maus pensamentos. A dor devora a sua paz e rouba-lhe a mente e o sono. Se alguém fala de perdão, logo repete que não guarda ódio no coração. Entretanto, você entende o que quero dizer."

Diante de algo assim, o que você faria? Qual seria o seu conselho? Mostrar-lhe a verdade seria o melhor remédio. Mas até pastores nem sempre são ouvidos. Então, restou-lhe a oração.

Já inventaram máquinas que seccionam o coração, mas nenhuma registra a mágoa, a solidão e o ódio. Se existisse, muita gente entenderia a sua dor e se libertaria do mundo faz de conta.

O ódio é um vírus que inflama o corpo e a alma. Mas corticoides não aliviam e muito menos curam. O estrago é realmente grande. Só sabe e entende quem já foi atacado pelo ódio. Quem nutre mágoas e ódio por alguém, bem é que não faz. Achar que o perdão retraído é algo simples e sem importância, é porque jamais leu a Bíblia e as parábolas de Jesus. A verdade é que muitos são magoados e se decepcionam com amigos e cônjuges. No desespero e aflição, trocam o amor pelo ódio, uma substituição infeliz. A não disposição em perdoar impede muitos de conhecer o amor e a misericórdia de Cristo. O ódio alimenta as doenças do corpo, afugenta a paz, rouba os pensamentos, impede a comunhão com Deus e destrói a vida.

5. *A passagem da parábola que mostra o valor da intercessão a fim de que Deus faça justiça é a seguinte: "Vendo, pois, os seus conservos o que acontecia, contristaram-se muito e foram declarar ao seu senhor tudo o que se passara".*

O maior exemplo de intercessão é a oração de Jesus pelos seus discípulos. Ele intercedeu por nós a fim de que fôssemos perfeitos em unidade (João 17:23), santos e protegidos do mal (João 17:15). O clamor a Deus pelos que sofrem alcança os Céus. Na parábola, Jesus ensinou o valor da intercessão quando criou a imagem dos outros conservos do servo do rei. Não é alienação e tolice gastar-se tempo orando uns pelos outros. Outros exemplos clássicos de intercessão são as orações intercessórias de Abraão (Gênesis 18:23-33) e de Moisés (Êxodo 32:11-14).

Diante da notícia da destruição de Sodoma e Gomorra e os seus arredores, Abraão suplicou a Deus pelos justos. A intenção de Abraão era salvar o seu sobrinho Ló. Ele sabia que a oração muda o relógio e transforma a história, muito embora não saibamos como, quando e por que, pois a mente de Deus é insondável (Romanos 11:33-36). As razões de Deus são muito mais profundas do que imaginamos. Sim, compete ao amigo de Deus clamar (Jeremias 29:12-13; 33:3; Salmos 10:17), pois a fé não vê obstáculos. Então, Abraão insistiu, e o Senhor ouviu a sua súplica. O próprio autor da carta de Tiago afirmou que a oração de um justo pode muito em seus efeitos (Tiago 5:16).

A verdade é que Deus ama a intercessão. Quando o povo hebreu arrancou os seus pendentes de ouro e fez um bezerro, adorando-o, o Senhor Deus indignou-se e a sua ira prometeu destruí-lo. Como cair em tamanho pecado após tão grandiosas maravilhas operadas por Deus? Mas a ira de Deus foi aplacada pela intercessão de Moisés. O servo Moisés lembrou a Deus que aquele povo era sua propriedade particular. E as suas promessas foram trazidas à memória até que o Senhor Deus se arrependeu do mal que intentara fazer. Por isso, a oração intercessória não pode ser negligenciada pela igreja de Cristo. É urgente e necessário orar uns pelos outros.

16.
A PARÁBOLA DO CREDOR INCOMPASSIVO 2 (Mateus 18:23-35, ARC)

23 Por isso, o Reino dos céus pode comparar-se a um certo rei que quis fazer contas com os seus servos; 24 e, começando a fazer contas, foi-lhe apresentado um que lhe devia dez mil talentos. 25 E, não tendo ele com que pagar, o seu senhor mandou que ele, e sua mulher, e seus filhos fossem vendidos, com tudo quanto tinha, para que se lhe pagasse. 26 Então, aquele servo, prostrando-se, o reverenciava, dizendo: Senhor, sê generoso para comigo, e tudo te pagarei. 27 Então, o senhor daquele servo, movido de íntima compaixão, soltou-o e perdoou-lhe a dívida. 28 Saindo, porém, aquele servo, encontrou um dos seus conservos que lhe devia cem dinheiros[185] e, lançando mão dele, sufocava-o, dizendo: Paga-me o que me deves. 29 Então, o seu companheiro, prostrando-se a seus pés, rogava-lhe, dizendo: Sê generoso para comigo, e tudo te pagarei. 30 Ele, porém, não quis; antes, foi encerrá-lo na prisão, até que pagasse a dívida. 31 Vendo, pois, os seus conservos o que acontecia, contristaram-se muito e foram declarar ao seu senhor tudo o que se passara. 32 Então, o seu senhor, chamando-o à sua presença, disse-lhe: Servo malvado, perdoei-te toda aquela dívida, porque me suplicaste. 33 Não devias tu, igualmente, ter compaixão do teu companheiro, como eu também tive misericórdia de ti? 34 E, indignado, o seu senhor o entregou aos atormentadores, até que pagasse tudo o que devia. 35 Assim vos fará também meu Pai celestial, se do coração não perdoardes, cada um a seu irmão, as suas ofensas.

CURIOSIDADES

1. Suponha que o valor de R$100 milhões esteja sendo cobrado de você, um simples diarista, e que alguém lhe deva R$100, ou seja, você é devedor de R$100 milhões e credor de R$100. Vale a pena cobrar a dívida de R$100 ao seu devedor? Você será beneficiado com o recebimento de R$100? Justifique.

---

185. Ou denários, uma moeda romana.

2. A parábola pode ser identificada pelas seguintes equações[186]:
    1ª equação -> –100.000.000 + 100.000.000 = 0
    2ª equação -> –100 + 0 = –100
    3ª equação -> –100.000.000 + ∞ = ∞

Assinale a alternativa INCORRETA:
a) Na segunda equação, o resultado igual a –100 representa dívida sem amortização e não quitada;
b) O servo ganhou 100 milhões, pois o perdão equivale ao pagamento de igual valor;
c) Alguém pagou a dívida do conservo;
d) As equações representam a cobrança das dívidas do servo e do conservo;
e) Alguém pagou a dívida do servo.
f) Na terceira equação, a dívida do servo foi quitada e ele ainda ficou com crédito.

3. A partir de 9 pontos, construa a sua estrela de natal perfeita. Use uma cruz quadrada (braços de mesmo tamanho) e forme uma estrela perfeita, explicando o método utilizado. As pontas da estrela devem ser exatamente iguais. Para isso, utilize o quadrado e a circunferência adiante, que podem ser decalcados e recortados. Também responda sim ou não às 9 questões que darão luz à doutrina do perdão:

a) Jesus _____ é a personificação do perdão (SIM/NÃO).
b) Uma dívida quitada _____ pode ser cobrada (SIM/NÃO).
c) Se uma dívida foi cobrada, é porque _____ foi perdoada (SIM/NÃO).
d) Todo ser humano _____ é mau (SIM/NÃO).
e) O sacrifício de Jesus perdoou _____ todos os nossos pecados (SIM/NÃO).
j) Se errarmos, _____ é preciso pedir perdão, independentemente do sangue de Jesus que já cobriu todos os nossos pecados (SIM/NÃO).
l) O filho de Deus pode _____ ser punido (SIM/NÃO).
m) O perdão de Deus _____ é concedido, se perdoarmos quem nos ofendeu (SIM/NÃO).
n) O perdão _____ está condicionado ao reconhecimento da dívida (SIM/NÃO).

---
186. A terceira equação usa a noção quase-numérica do infinito, representada pelo símbolo ∞, a qual é empregada em proposições matemáticas. Como sugestão, pense no símbolo ∞ como um número infinitamente grande.

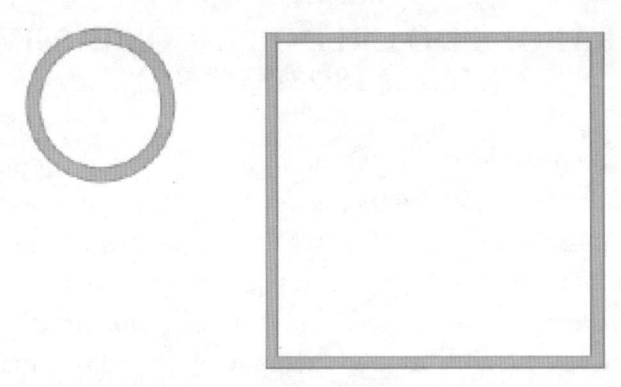

4. A parábola e a oração modelo de Jesus concordam entre si e se complementam quanto ao ensino sobre o perdão. Leia a oração – inclusive parte do contexto – que está registrada em Mateus 5:1-2,23-24,48 e 6:9-15. Para cada questão abaixo, escolha a única alternativa correta, colocando-a entre os parênteses:

(I) A Quem foi dirigida a oração modelo? ( )
(II) Quem não será perdoado? ( )

a) Discípulos de Jesus e de João Batista;
b) Discípulos de Jesus;
c) Discípulos de João Batista;
d) Filhos de Deus;
e) Fariseus, escribas e saduceus.

5. Sobre a interpretação da parábola, responda as questões com as palavras ou expressões que se encontram no enigma abaixo:

PECADONAOCONFESSADOVINGANCAPAICELESTIALTO
DOSOSPECADOSIRMAOSCONSCIENCIAPERTURBADA

a) Quem é o rei que fez contas?
b) Quem são o servo e o conservo?
c) Qual é a dívida que foi perdoada?
d) O que é encerrar na prisão?
e) Qual é a dívida que não foi perdoada?
f) Quem são os atormentadores?

A PARÁBOLA DO CREDOR INCOMPASSIVO 2
(Mateus 18:23-35, ARC)

1. Suponha que o valor de R$100 milhões esteja sendo cobrado de você, um simples diarista, e que alguém lhe deva R$100, ou seja, você é devedor de R$100 milhões e credor de R$100. Não vale a pena cobrar a dívida de R$100 ao seu devedor, ainda que você seja o próprio beneficiário, porque créditos tão pequenos serão engolidos pela dívida milionária.

Devedores trabalhistas, por exemplo, têm as suas contas bancárias bloqueadas e bens móveis e imóveis penhorados. Sem dó nem compaixão, a Justiça invade a intimidade do devedor para confiscar os seus bens. Como uma enxurrada, vai engolindo tudo até quitar a dívida ou mesmo reduzi-la.

Nos dias bíblicos, até os filhos não eram poupados, como no caso da viúva de um profeta no tempo de Eliseu. Eles seriam levados como escravos (2 Reis 4:1). Na parábola, se não houvesse compaixão e misericórdia, ninguém haveria escapado. A família toda, servo, esposa e filhos, todos seriam negociados.

A boca do credor estará sempre aberta, devorando tudo o que encontra pela frente. Cobrando-se uma dívida de R$100, o destino já estaria traçado, que é a boca do credor. A sensação é de um bolso furado e de um ralo aberto, tudo que chega logo vai embora. Você é um miserável pecador, se cobrar a dívida do seu companheiro e for inflexível, o credor estará à sua porta. Não faz sentido ser implacável com o seu companheiro.

Você creu em Jesus como Salvador e Senhor de sua vida? Não se preocupe, tudo está pago e a sua salvação é coisa certa. Mas é bom e ainda útil que se veja como um grande devedor e com o credor à sua porta. É uma questão didática para ensinar-lhe a humildade.

A doutrina da salvação é como uma moeda, que tem dois lados: a cara e a coroa. Quando você olha a cara, vê exatamente a sua pessoa, como o reflexo de um espelho. Você vê que é humano, tem muitos defeitos e é pecador. Mas se olha a coroa, a visão é do filho de um Rei, purificado, perfeito e exaltado na glória do Pai. O apóstolo Paulo usou essas duas perspectivas da doutrina da salvação e as explicou muito bem.

Primeiramente, olhou a cara da moeda e se viu como um miserável pecador (Romanos 7:24). Em 1 Timóteo 1:15, Paulo considerou a si mesmo como o maior dos devedores – isto é, pecadores[187]. Em Romanos 7:20-21, disse que o mal e o pecado ainda habitavam nele[188]. Por esse ângulo, a pessoa ainda é de carne e osso, frágil como um vaso de barro. A natureza humana do filho de Deus fica mais nítida. Ele ainda é um miserável pecador, tropeça nas tentações e entristece o Espírito Santo. Dessa forma, não há motivos para soberba e orgulho. Então, sente-se humilhado, olha para o chão, bate no peito e suplica a misericórdia divina. A visão da cara da moeda destrona a vaidade e eleva a atenção com as tentações.

Se, então, ainda se deve a Deus, e essa dívida é enorme, o pecador é diminuído e humilhado diante do seu devedor, que tão pouco lhe deve. Como cobrar de alguém algo tão acanhado quando você mesmo deve quantias tão absurdas e não pode pagar? A dívida contraída arrebata do salvo a autoridade e idoneidade para cobrar do próximo. O salvo é ainda dependente da misericórdia e graça. Ele não pode agir sem bondade e compaixão. Ao contrário, se agir com opressão, será tratado da mesma maneira. Não seja cruel, isso é coisa do maligno. Se esquecer o quanto é devedor e agir com prepotência, o que receber fugirá de suas mãos, e a justiça divina será aplicada.

Depois, o apóstolo Paulo olhou para a coroa da moeda. Ele se viu como filho do Rei, alguém transformado, uma nova criatura. O corpo era glorificado, justificado e livre do pecado (Romanos 5:1; 6:7,14,18,22). O pecado é sempre tratado como coisa do passado. Em Colossenses 2:13-14, se você morreu com Cristo, nasceu glorificado e não é mais pecador. De acordo com Paulo, todos os pecados foram perdoados. Tudo foi quitado e não há mais nada a pagar. A dívida era grande, mas foi quitada. O título de crédito[189] foi rasgado, indicando que a dívida foi solvida. A nota promissória foi também cravada na cruz e foi liquidada com o corpo de Cristo. A graça, a misericórdia e o amor eterno de Deus libertaram o pecador da dívida impagável. Por essa perspectiva, você foi perdoado de uma vez por todas. Por que, então, não perdoar a quem pouco lhe deve?

---

187. "eu sou o maior dos pecadores", o verbo está no presente do indicativo. EIMI, GREEK. **Bible Hub**: search, read, study the Bible in many languages, [on-line, s.d.]. Disponível em: <https://biblehub.com/greek/1510.htm>. Acesso em: 05 fev. 2022.
188. "o pecado habita" e "o mal está presente". ROMANS 7:20. **Bible Hub**: search, read, study the Bible in many languages, [on-line, s.d.]. Disponível em: <https://biblehub.com/lexicon/romans/7-20.htm>. Acesso em: 05 fev. 2022.
189. Do grego cheirographon, um documento escrito a mão, que reconhece uma dívida e o seu pagamento em determinado tempo. CHEIROGRAPHON, GREEK. **Bible Hub**: search, read, study the Bible in many languages, [on-line, s.d.]. Disponível em: <https://biblehub.com/greek/5498.htm>. Acesso em: 05 fev. 2022.

Se o discípulo de Cristo foi alcançado por tão grande amor, compaixão e graça, é sua obrigação retribuir com misericórdia a quem lhe deve. Se os discípulos de Cristo forem implacáveis, a justiça divina usará da mesma medida. Se você não entendeu, ainda há tempo e entenderá. Jamais se esqueça que a moeda cai e muda de lado. Às vezes é coroa, outras vezes, cara. Você é filho de Deus e do Rei, justificado e salvo. Na volta de Cristo, você não será cobrado, pois tudo já foi pago. Mas lembre-se, você é de carne e osso também. O tentador está à espreita, procurando a quem tragar. Se não prestar atenção e for descuidado, ele não desperdiçará as oportunidades.

2. *A parábola pode ser identificada por três equações, as quais são: $-100.000.000 + 100.000.000 = 0$, a primeira; $-100 + 0 = -100$, a segunda; e $-100.000.000 + \infty = \infty$, a terceira. A segunda equação pode ser interpretada da seguinte forma: o conservo tinha uma dívida (100 denários) e ninguém a quitou (0). Então, alguém NÃO pagou a dívida do conservo. Como resultado, a dívida continuou a mesma (100 denários). Em outras palavras, o conservo não foi perdoado pelo seu credor.*

Se alguém perdeu a moeda, outro a ganhou. Se alguém a ganhou, é porque outro a perdeu.

A ótica de quem perdeu: se Deus pagou a dívida, logo sofreu o prejuízo. Deus perdeu 100 milhões! Na primeira equação, 100 milhões menos 100 milhões é igual a zero. Ela indica que alguém pagou 100 milhões.

A quitação da dívida não é tão simples como escrever e depois apagar com a borracha. O preço foi pago. Na verdade, houve uma operação, alguém pagou a dívida. Alguém ganhou e outro perdeu. A quantia saiu de algum lugar. Se não foi você, pois o débito era imenso, o credor pagou a dívida. Foi o próprio credor que pagou a sua conta. Agora, veja que perder aqui é sacrificar-se, doar-se e entregar o próprio Filho. Por outro lado, se alguém deve, o credor é dono de um crédito. Ele é contabilizado na declaração de bens e direitos do credor. Como o credor perdoou a dívida, o crédito foi subtraído de seus direitos. A verdade é que o servo devia 100 milhões e foi perdoado.

O credor que pagou é o Senhor Deus. O prejuízo foi dele. Ele deu do que tinha de melhor, o seu Filho amado. Deus enviou o seu Filho ao mundo a fim de ser morto e crucificado. O Filho de Deus foi perseguido sem causa, humilhado e insultado traiçoeiramente (Isaías 53:7). Ele era dono de tudo, riquíssimo, mas se fez pobre a fim de fazê-lo enriquecido (2 Coríntios 8:9). Ainda que fosse Deus, viveu como um homem comum, sentiu fome e sede, e não tinha onde repousar a sua cabeça (Mateus 8:20). Arbitrariamente, foi espancado pelos seus algozes, sofrendo a morte na cruz. Sim, Deus pagou o preço com o sangue do seu próprio Filho, subtraindo dos seus bens e direitos, daquilo que tinha de melhor.

A ótica de quem ganhou: se alguém pagou a dívida, logo o servo ganhou. Você ganhou 100 milhões! Por um momento, era milionário e não sabia. A equação mostra exatamente que a dívida foi compensada por um valor de igual tamanho. Na verdade, você ganhou um prêmio milionário e quitou a sua dívida (2 Coríntios 8:9). Quem é perdoado é porque a sua conta foi creditada. Alguém creditou na sua conta o valor da sua dívida. Imagine retirar um extrato da conta bancária e ver um crédito de 100 milhões. E quem transferiu 100 milhões para sua conta foi Deus.

Em Colossenses 1:14, o apóstolo Paulo afirmou que fomos liberados da dívida através do pagamento de um resgate, que é o sangue de Cristo. Por essa ótica, o sangue de Jesus foi suficiente para quitar a sua dívida. Contudo, ele é tão precioso, tão valioso, mais precioso do que prata e ouro, que pagou a dívida de todos os crentes. Não foi com prata ou ouro que a dívida foi quitada, segundo o apóstolo Pedro, mas com o sangue do Cordeiro imaculado e perfeito (1 Pedro 1:18-19).

Quanto ao crédito na sua conta, quando rolar a tela, verá que o saldo é zero. Alegre-se porque o saldo deixou de ser devedor. Se a sua dívida era 100 milhões, imagine a soma da dívida de todos os crentes! Na verdade, o sangue de Jesus é tão valioso que é capaz de pagar o débito de todo o mundo.

A ótica do valor infinito do sangue de Jesus: a dívida foi paga e o saldo é a vida eterna. Você ganhou a vida eterna! Na terceira equação, infinito menos 100 milhões é igual à vida eterna. Ela mostra que o valor do sangue de Jesus é elevadíssimo e equipara-se ao infinito. Ele é extremamente maior do que a sua dívida. O sangue do Cordeiro quitou todo o seu débito e a sua conta ainda ficou com crédito, a vida eterna.

De fato, o valor do sacrifício do Filho de Deus não tem preço, ele é incalculável e não pode ser comparado. A morte de Jesus deve ser representada por uma quantia infinita – cujo símbolo é ∞. O sacrifício de Jesus é tão precioso que quitou o débito de todos os crentes e ainda deu a vida eterna a todo o que crê.

Aquele que aceita o socorro divino jamais perecerá. Como é precioso o sangue de Jesus! Você ganhou a vida eterna! Com a dívida paga e a vida eterna ganha, não faz sentido ser inflexível com seu irmão. Glórias a Deus pela sua imensa graça! "Ele nos tirou da potestade das trevas e nos transportou para o Reino do Filho do seu amor, em quem temos a redenção pelo seu sangue, a saber, a remissão dos pecados" (Colossenses 1:13-14). "Nós sabemos que passamos da morte para a vida, porque amamos os irmãos; quem não ama o irmão permanece na morte" (1João 3:14).

3. Para construir uma estrela de quatro pontas exatamente iguais, é preciso fixar 9 pontos com a ajuda de um quadrado e uma circunferência. O primeiro passo é encontrar o centro das figuras geométricas, dobrando-as ao meio por duas vezes, pois devem se sobrepor, coincidindo os centros. A partir do quadrado, a forma encontrada pelas dobras é uma cruz regular, com quatro braços de mesmo tamanho e cinco pontos definidos: centro e extremidades das pontas (linhas e pontos mais escuros). A alternativa mais rápida, fácil e precisa para concluir a estrela é, com o auxílio da circunferência, fixar quatro pontos nos braços da cruz (pontos mais claros). Eles serão o ponto de encontro entre a circunferência e a cruz, e também o ponto de encontro entre as laterais das pontas opostas da estrela. Os nove pontos isolados são apenas simples pontos. Porém, unidos, eles dão a imagem perfeita da estrela do natal e da cruz de Cristo. Eles são nove verdades da doutrina do perdão, representadas por SIM ou NÃO. Jesus é SIM a personificação do perdão. Uma dívida quitada NÃO pode ser cobrada. Se uma dívida foi cobrada, é porque NÃO foi perdoada. Todo ser humano é SIM mau. O sacrifício de Jesus perdoou SIM todos os nossos pecados. Se errarmos, SIM é preciso pedir perdão, independentemente do sangue de Jesus que já cobriu todos os nossos pecados. O filho de Deus pode SIM ser punido. O perdão de Deus SIM é concedido, se perdoarmos quem nos ofendeu. O perdão SIM está condicionado ao reconhecimento da dívida.

A parábola do credor incompassivo expõe um tema complexo, que é a doutrina do perdão. A partir de alguns pontos específicos, a imagem do perdão ficará mais visível e a parábola melhor interpretada. A sequência dos pontos é SIM, NÃO, NÃO, SIM, SIM, SIM, SIM, SIM, SIM. Os pontos unidos formam a cruz de Cristo, que é o centro da doutrina do perdão e da salvação. Ele, o próprio Jesus, é a personificação do perdão. Sim, a encarnação do Filho de Deus estabeleceu o significado do perdão e a sua dimensão. Imagine um Deus santo, todo-poderoso, inacessível, descendo dos Céus e habitando entre os homens, sofrendo e morrendo por eles! Perdão é reconciliação.

Deus reconciliou consigo o mundo através do perdão (2 Coríntios 5:9), não levando em conta os nossos pecados. A grandiosidade do perdão divino pode ser medida pela distância entre a santidade de Deus e o pecado do homem. Como o perdão de Deus é imenso! Não importa o tipo de pecado ou a quantidade deles. Jesus perdoou uma mulher adúltera (João 8:11), um publicano ladrão (Lucas 19:8-9), um apóstolo mentiroso (João 18:17), uma mulher que abrigara 7 demônios (Lucas 8:2) e perdoou também um criminoso (Lucas 23:43). Muitos assassinos e os seus próprios algozes estiveram ao alcance do seu perdão.

O Filho do Homem é o modelo a ser seguido. Ele é o exemplo de humildade e disposição a perdoar. Pense um pouco e analise o significado de sua cruz. O sacrifício de Jesus é o brado de Deus proclamando o perdão àqueles que reconhecem os seus pecados. E a sua crucificação foi executada no alto do Calvário para que o clamor de Deus atingisse toda a terra. Concentre-se agora nas suas últimas palavras. Elas refletem o coração de Deus: "perdoa-lhes, porque não sabem o que fazem" (Lucas 23:34).

Qual é, então, a dificuldade da parábola? A cobrança de uma dívida após o perdão da conta levantada. A dívida de 100 milhões é quitada e, em seguida, outra dívida é contraída e logo cobrada. Com certeza, as dívidas são diferentes, pois uma dívida quitada não pode ser jamais cobrada. É uma premissa evidente e verdadeira, pois a dívida que já foi paga, ela foi rasgada, destruída e não existe mais. E se uma dívida foi cobrada, é porque não foi perdoada.

Essa oposição deve ser vista como a dualidade da doutrina da salvação. O filho de Deus é justo e também pecador. Quando a pessoa aceita a Jesus como Salvador e Senhor, é justificada antecipadamente. No ato da fé, a sentença que será lida no dia do juízo já é antecipada: Dívida quitada! Entretanto, isso não significa que está livre para pecar. Se for atroz e economizar o perdão, sendo intolerante e injusta com o seu irmão, será cobrada na mesma medida. A salvação antecipada não dá o direito de pecar.

O rei fez contas com todos os seus servos. Não seria isso o juízo antecipado? Quando chegou a vez do servo que devia 100 milhões, ele suplicou, e a sua dívida foi perdoada. A conta de 100 milhões refere-se à soma de todos os pecados. Ele foi justificado e salvo de uma vez por todas, liberto da morte e do lago de fogo (Apocalipse 20:14).

A salvação é garantida no ato da fé, não importa a quantidade nem o tamanho do pecado (Efésios 1:14). Creia, ela é dada agora, é presente, completamente segura e real, porque é garantida pelo selo do Espírito Santo. Porém, a sentença antecipada não lhe dá o direito de pecar. Quando o servo foi cruel, após saber que estava justificado, agiu de má-fé e foi desleal com o rei. Deus não era carrasco no passado nem é saco de pancadas no presente. Só porque garantiu a entrada no Céu, não pense que está livre de punição.

Na teologia paulina, a condição daquele que foi salvo tem duas perspectivas. A primeira, morreu para o pecado e já não peca mais (Romanos 6:2). O crente é salvo, santo e perfeito, pois morreu com Cristo, ressuscitou e foi glorificado (Colossenses 2:13; 3:1). O pecado não tem mais domínio. A segunda, ele é ainda pecador. É mau, miserável (Romanos 7:24) e suscetível ao pecado[190], ainda que a dívida da vida inteira já tenha sido paga antecipadamente. São duas óticas opostas da doutrina da salvação.

A justificação do crente é antecipada, o perdão de todos os seus pecados é certo e garantido. Caso não fosse justificado, a penalidade aplicada no dia do juízo seria a morte eterna. De fato, o salário do pecado é a morte (Romanos 6:23). O pecador merece a morte, o inferno e o lago de fogo, mas é absolvido e justificado de antemão. Ele é lavado pelo sangue de Jesus. O nome do pecador redimido é logo escrito no livro da vida assim que ele crê no Senhor e Salvador Jesus (Lucas 10:20; Filipenses 4:3).

---

190. Se o crente estivesse livre do pecado, não teria sentido a advertência de Paulo, conforme Efésios 4:25-31; 5:3-4, Colossenses 3:8-9; Hebreus 12:1.

Realmente, ele era réu do inferno, mas foi perdoado. Se não fosse o pagamento através do sacrifício de Jesus, seria julgado e condenado. À semelhança do servo do rei, o crente foi libertado, está livre do pecado e da condenação e morte eterna. Está livre da morte e do fogo do inferno, mas não da punição divina, se ainda cometer algum pecado.

No sermão do monte, de forma irrestrita, Jesus disse que todos são maus (Mateus 7:11), confirmando as palavras do salmista, que foi repetida em Romanos 3:10-12: "Não há um justo, nem um sequer. [...] Não há quem faça o bem, não há nem um só". Não obstante, a imensa dívida já está quitada pelo sangue de Jesus. Então, isso não dá o direito de pecar? Claro que não! A lógica da parábola parece indicar que a quitação da dívida pelo sangue de Jesus não impede que os delitos porventura cometidos durante a vida sejam cobrados e punidos. São muitos os exemplos bíblicos, mas nada é igual aos casos clássicos do rei e profeta Davi.

Ninguém foi ao mesmo tempo tão abençoado e amigo de Deus, e também tão castigado como o rei Davi. Ele enumerou o povo de Israel (Êxodo 38:25-26; 2 Samuel 24:1, 10; 1 Crônicas 21:1-4; Mateus 17:24-27), e contrariou a lei de Moisés. Algum aspecto das instruções divinas encontradas em Êxodo 30:11-16 foi descumprido pelo rei.

A verdade é que Davi procedeu loucamente, e pecou. Por conta do seu pecado, ouviu de Gade, o vidente, a sentença do Senhor: o Anjo derramaria a peste em Israel, matando setenta mil homens de norte a sul. Quando o Anjo estendeu a sua mão sobre Jerusalém, onde a casa do rei fora estabelecida, Davi suplicou pelo povo da cidade, responsabilizando a si próprio pelo pecado cometido. Então, o Senhor Deus arrependeu-se do mal que determinara. A justificação do crente Davi, aquele que prefigurou o próprio Cristo, não impediu que fosse punido.

Outros pecados do rei foram o adultério com Bate-Seba e o assassinato do seu esposo Urias (2 Samuel 12 e 13). Por meses, ele escondeu os seus pecados, acreditando que sairia ileso. Até que o profeta Natã, a mando de Deus, acusou-o das suas transgressões. A parábola de Natã denunciou-o, chamando-o de impiedoso, mau, adúltero e assassino. E Davi caiu em si, e reconheceu os seus delitos. A penalidade mais grave que deveria receber não foi aplicada, pois a vida eterna já fora garantida. Ele merecia morrer, e viveu. O rei já havia adquirido a morada no Céu e estava seguro de que lá habitaria eternamente: "[...]

e habitarei na Casa do Senhor por longos dias", (Salmos 23:6, ARC)[191]. A morte física e eterna não foram decretadas (2 Samuel 12:13), mas algumas penalidades foram-lhe impostas: a morte da criança que nasceu de Bate-Seba, a violência na casa do rei (2 Samuel 12:10; 13:1-36; 18:14-15) e o adultério de suas esposas com o próprio filho à vista de todo o povo (2 Samuel 12:11-12; 16:20-23). Porque desprezou a Palavra do Senhor e deu lugar a que inimigos blasfemassem contra Deus (2 Samuel 12:14), ele foi castigado. O servo Davi prostrou-se sobre a terra, chorou e jejuou sete dias. Ele buscou a Deus, mas o Senhor não livrou o seu filho da sepultura. E, então, simplesmente o adorou.

A punição do justo produz adoração, humildade, submissão, paz e um eterno amor. O castigo do ímpio suscita revolta, orgulho, sentimento de culpa e um ódio destruidor. A sentença continuou a ser executada. O rei foi trapaceado pelo seu próprio filho Absalão durante anos. Até que o perseguiu com seus exércitos (Salmos 3), conspirando contra o seu reino. A lei de Moisés não foi aplicada, portanto não morreu. Entretanto, não escapou à lei de Deus escrita no código dos Céus.

O filho de Deus está livre sim da morte e do lago de fogo, o que é certo e garantido. As portas do inferno não mais prevalecem contra ele, pois Cristo o redimiu e salvou. Contudo, que ninguém se engane: o sacrifício de Jesus não habilita a pecar. Se o filho de Deus pecar, não morrerá eternamente e não será lançado no inferno, porquanto a morada do Céu já está garantida. Entretanto, haverá cobranças, como ocorreu a Davi e a tantos outros servos. Ou você pensa que pode pecar e pecar, e ficará por isso mesmo? Deus não se deixa escarnecer, Ele precisa ser honrado e glorificado diante do mundo.

O Senhor Deus não deve ser blasfemado por conta dos seus erros, trapaças e loucuras. As consequências do pecado poderão ser muitas, para que Deus seja exaltado e todo pecado condenado. À semelhança do servo, os filhos de Deus são muitas vezes castigados (Provérbios 11:31; Hebreus 12:6). A vida eterna está garantida, mas isso não significa liberdade para pecar. "Não erreis: Deus não se deixa escarnecer, porque tudo o que o homem semear, isso também ceifará" (Gálatas 6:7, ACF). E isso é a lei da vida.

---

191. Bible. Hub. Cambridge Bible for Schools and Colleges. PSALM 23:6, COMMENTARIES. **Bible Hub**: search, read, study the Bible in many languages, [on-line, s.d.]. Disponível em: <https://biblehub.com/commentaries/psalms/23-6.htm>. Acesso em: 05 fev. 2022.

4. *A parábola e a oração modelo de Jesus concordam entre si e se complementam quanto ao ensino sobre o perdão. Lendo a oração – inclusive parte do contexto – que está registrada em Mateus 5:1-2,23-24,48 e 6:9-15, chega-se a duas conclusões: A oração modelo foi dirigida aos discípulos sinceros de Jesus, os filhos de Deus. Eles não serão perdoados, se não perdoarem os seus ofensores.*

Os discípulos aproximaram-se do Mestre, assentaram-se e ouviram um belo sermão. Dentre eles, havia muitos Judas. Eram falsos, traidores e incrédulos. Jesus os desconsiderou e pregou aos seus verdadeiros irmãos. Por diversas vezes, reconheceu-os como filhos do Pai celestial. "Pai nosso que está nos céus" é a introdução à oração, que deve sair dos lábios dos filhos de Deus (Mateus 6:9). Conforme Jesus, o Pai não perdoará os seus filhos, se não perdoarem os seus ofensores. Mas quem está salvo não perde a salvação, pois foi redimido pelo sangue de Jesus. Aquele que ganhou a vida eterna jamais morrerá. E quem foi adotado como filho de Deus nunca mais será órfão.

A oração modelo de Jesus ensina princípios de uma adoração verdadeira. Ela não foi dita para ser repetida (Mateus 6:7) nem ensinada para servir de *script*. A oração genuína é livre, espontânea e sincera. O que Jesus ensinou não foi um roteiro, mas princípios que não podem faltar ao adorador.

Para a adoração ser recebida e a oração respondida, é preciso ser filho de Deus, reconhecê-lo acima de tudo e de todos, respeitá-lo e honrá-lo, desejar o seu Reino e fazer a sua vontade, reconhecer a providência divina, desejar o bem e a santidade e, especialmente, perdoar os seus próprios ofensores (Mateus 6:9-13).

Aqui está o segredo para uma oração ser recebida nos Céus. Os filhos de Deus que não perdoarem, eles também não serão perdoados. Eles sofrerão as consequências do seu pecado (Mateus 6:15). Essa é a mensagem de Jesus, repetida e destacada. Como assim, se o Filho de Deus cobriu todos os pecados de seus irmãos? O pecado não perdoado é diferente da justificação do crente. São duas perspectivas da doutrina da salvação que não se misturam. No dia do juízo final nada será cobrado, Jesus apresentará as marcas dos cravos nas mãos e o seu lado furado. Ele dirá que morreu por todos os crentes, e entrarão no gozo celestial. O Filho de Deus e Juiz falará também que já estamos justificados desde o dia em que o recebemos como Salvador e Senhor.

Entretanto, enquanto não chega esse dia, os olhos do Senhor Deus correm toda a terra e observam os nossos passos (Zacarias 4:10). O que falamos e pensamos e o que vemos, ouvimos e fazemos, é tudo anotado. Se insistirmos em pecar e escandalizar o Reino, a vara de Deus estará pronta para atuar como disciplina e correção, jamais por vingança ou tirania. Deus corrige ao que ama (Hebreus 12:6) a fim de santificá-lo e honrar o seu próprio nome. Por mais dura que seja a disciplina, ela é sempre branda e o disciplinado não será jamais destruído.

5. *Sobre a interpretação da parábola, há, pelo menos, seis conclusões. Elas são: O Pai celestial é o rei que fez as contas, o servo e o conservo são os irmãos, a dívida que foi perdoada são todos os pecados, encerrar na prisão é o mesmo que vingança, a dívida que não foi perdoada é o pecado não confessado e os atormentadores são a consciência perturbada.*

A sequência é Pai celestial, irmãos, todos os pecados, vingança, pecados não confessados e consciência perturbada.

A mágoa abriga-se no abismo da alma e é muitas vezes insondável. É no seio da família que aparenta ser mais intensa. É ali entre marido e esposa, pais e filhos e entre irmãos, que as nódoas são mais profundas e resistentes. O perdão não consegue lavá-las, e, com pincéis de ilusão, pintam-nas como se fossem apenas um retrato no pano ou papel.

Ela é também como uma árvore, podam-lhe os galhos, até cortam-lhe o tronco, mas não extraem as suas raízes.

Há uma história de uma senhora que foi rejeitada pela mãe e entregue a sua tia. Apesar de haver sido adotada, sentiu-se desprezada. A dor cresceu e acompanhou aquela criança e foi transformada em mágoa, perturbação da alma e ódio. Até foi amada e bem-criada, e teve melhores condições do que seus irmãos. Deram-lhe tudo, casa, estudo e conforto, e, ainda assim, não entendia e se perguntava por que a rejeição.

Morreram a mãe e a tia, mas o fogo que consumia a alma continuou vivo. Agora a oportunidade de perdoar olho no olho foi-se embora. Será que a sina era levar a mágoa e a perturbação da alma até o túmulo? Não. Assim como Deus, a pessoa deve estar sempre pronta a perdoar: "Pois tu, Senhor, és bom, e pronto a perdoar, e abundante em benignidade para com todos os que te invocam" (Salmos 86:5). Isso quer dizer que não se deve estar magoado ou com as feridas abertas.

Quem está pronto a perdoar não é seguido pela sombra da consciência perturbada e pelo fantasma da dor que transforma o corpo e a alma. Se a mágoa está viva, o coração[192] sofre e o estômago se irrita. A alma entra em prantos e definha de tristeza. Quem está pronto a perdoar, a palavra perdão já mora na ponta da língua, implorando ser liberada. Saiba que a troca de palavras reaviva a comunhão e libera o perdão. Ela pode partir do ofensor ou do ofendido (Mateus 5:25; 18:15). E aquele que se dispõe a perdoar já vive em paz.

 Ainda em vida, a senhora, já idosa, encontrou um álbum de fotos. E, meticulosamente, foi limpando cada retrato, o passado de sua mãe e a sua própria desilusão. Algumas páginas haviam sido rasgadas e arrancadas. Mas ali estava o registro de que fora desprezada. E marcada pela violência, vivia como um ser invisível. Ninguém a via, era como mais um cão vira-lata nas ruas, sem dono e destino. Ela foi maltratada pela fome e pelo tempo, além de abusada na adolescência. E levada para onde não queria, entregou seu único bem a quem podia lhe dar alguma esperança. É verdade que abandonou um anjinho frágil e inocente. Mas foi por força das circunstâncias. Aquela mãe partiu para o mundo, aos olhares céticos de quem a desprezava, na luta para ao menos sobreviver às intempéries da vida.

 A idosa caiu em prantos, chorou lágrimas de comoção, chorou a alma e tudo que podia. Arrancou tronco e raízes de amargura, queimou tudo o que de mal existia (Efésios 4:30). O perdão que não havia apareceu.

 A verdade é que há sempre uma história por trás de um distúrbio e de uma crise, de uma ofensa e de uma mágoa. Quando entendemos o irmão, o próximo, as condições de sua vida, as lutas que travou, as injustiças que viveu, deixamos de ser orgulhosos. Se percebermos que também somos ofensores, que maltratamos quem deveria ser amado, aprenderemos a ser humildes. O perdão ilimitado e incompreensível de Deus exige que vivamos intensamente a doutrina do perdão, perdoando-nos uns aos outros, e sempre.

---

192. SANTANA, Fernanda. É preciso perdoar: ciência confirma ligação da mágoa com infarto. **Correio**, [on-line], 15 dez. 2019. Disponível em: <https://www.correio24horas.com.br/noticia/nid/e-preciso-perdoar-ciencia-confirma-ligacao-da-magoa-com-infarto/>. Acesso em: 05 fev. 2022.

17.
A PARÁBOLA DA FIGUEIRA ESTÉRIL
(Lucas 13:6-9, ARA)

6 Então, Jesus proferiu a seguinte parábola: Certo homem tinha uma figueira plantada na sua vinha e, vindo procurar fruto nela, não achou. *7* Pelo que disse ao viticultor: Há três anos venho procurar fruto nesta figueira e não acho; podes cortá-la; para que está ela ainda ocupando inutilmente a terra? *8* Ele, porém, respondeu: Senhor, deixa-a ainda este ano, até que eu escave ao redor dela e lhe ponha estrume. *9* Se vier a dar fruto, bem está; se não, mandarás cortá-la.

CURIOSIDADES

A figueira era uma árvore nativa da Palestina, e o seu fruto chamado de figo. Ele era um de seus principais produtos da terra, mesmo antes da chegada dos hebreus. A figueira era conhecida desde o jardim do Éden, pois Adão e Eva costuraram suas folhas para fazê-las de avental (Gênesis 3:7). Suas folhas eram mais largas do que qualquer outra árvore da região. A época da safra de figos acontecia em agosto[193]. Entretanto, havia os figos extemporâneos, aqueles frutos que surgiam fora de época. Aqueles anteriores à safra, apareciam na primavera e amadureciam em junho (Isaías 28:4; Oseias 9:10; Miqueias 7:1). Ao contrário, os frutos atrasados, eles entravam pelo inverno. O figo era muito apreciado como alimento e usado como remédio (1 Samuel 30:12; 2 Reis 20:7; Isaías 38:21). Uma safra de figos prejudicada era considerada infortúnio e punição divina[194].

---

193. No hemisfério norte, onde fica a Palestina, o verão começa em torno de 21 de junho e termina por volta de 23 de setembro.
194. FIG AND FIG-TREE. **Jewish Encyclopedia**, [on-line, s.d.]. Disponível em: <http://www.jewishencyclopedia.com/articles/6111-fig-and-fig-tree>. Acesso em: 05 fev. 2022.

1. Forme duplas de símbolos que representam objetos diferentes, mas de mesma natureza:

2. Forme duplas de símbolos que representam objetos idênticos e de mesma natureza:

3. No versículo 6, considere os dois símbolos[195] "figueira" e "vinha". Eles estão representados pelas figuras abaixo. Responda as questões a seguir:

vinha   figueira

a) Considerando os símbolos da questão 1, associe um deles ao símbolo da vinha e outro ao símbolo da figueira para que cada dupla formada represente objetos e naturezas iguais.

b) O que representam os símbolos "vinha" e "figueira"?
Vinha _____
Figueira _____

4. Quem é o dono da figueira e da vinha com suas videiras?

---

195. Símbolo é uma das variações da metáfora. Ele é caracterizado pela compreensão imediata do seu sentido figurado sem a necessidade de interpretação. Aqui, a figueira e a vinha serão tidas preferivelmente como símbolos a fim de enquadrarem-se na lógica das questões anteriores e de haver maior clareza e facilitar o entendimento.

5. Conforme o versículo 7, o viticultor tem poder para podar e cortar tanto a figueira como as videiras. Leia Lucas 3:17. Já no versículo 8, o viticultor intercede pela figueira. Leia Hebreus 7:23-25. Agora escolha dentre as palavras abaixo quem é o viticultor:

a) Judeus   b) Deus   c) Jesus   d) Cristãos   e) Profetas
f) Espírito Santo

6. A parábola cita 4 períodos de tempo, conforme ilustrado adiante. Relacione os três elementos citados em Lucas 24: 44 com os primeiros tempos da parábola. Indique também o quarto tempo da parábola.

1º ANO	2º ANO	3º ANO	VITICULTOR	4º ANO

7. Escavar o pé e colocar estrume é um método para tentar recuperar a árvore. No quarto ano, a figueira teria o seu pé escavado e colocado estrume. Qual é a escavação e o estrume que Deus tem usado para tentar reerguer o povo de Israel a fim de acordá-lo de sua incredulidade, de acordo com Daniel 9:26, Isaías 10:22-23 e Apocalipse 12:13,15?

A PARÁBOLA DA FIGUEIRA ESTÉRIL (Lucas 13:6-9 ARA)

1. *As duplas de objetos diferentes, mas de mesmas naturezas são:*

DUPLAS		OBJETO		NATUREZA
		Povo cristão ou Cristianismo	Povo judeu ou Judaísmo	Povo, nação de Deus ou religião
		Paris	Londres	Cidade
		Direito	Pedagogia	Profissão
		Grécia	Canadá	País

A figura do PEIXE é um símbolo usado desde o primeiro século[196]. As suas letras em grego[197] deram origem a um acróstico em grego, que traduzido é: "Jesus Cristo, Filho de Deus, Salvador"[198]. Logicamente, na tradução, esse detalhe fica prejudicado, já que as iniciais da frase em português, JCFDS, não formam a palavra PEIXE. Por outro lado, a estrela de Davi é um símbolo moderno do Judaísmo[199], ao lado de símbolos milenares como o candelabro de sete braços[200] (Êxodo 25:32; Números 8:2).

Ambos, judeus e cristãos, receberam o privilégio de serem o povo ou a nação especial e particular de Deus. Na verdade, toda a terra pertence a Deus, e todos os povos são de sua propriedade (Gênesis 19:5). Engana-se

---

196. COFFMAN, Elesha. What is the origin of the Christian fish symbol? **Christianity Today**, [on-line, s.d.]. Disponível em: <https://www.christianitytoday.com/history/2008/august/what-is-origin-of-christian-fish-symbol.html>. Acesso em: 05 fev. 2022.
197. ΙΧΘΥΣ (peixe).
198. Ἰησοῦς Χριστός, Θεοῦ Υἱός, Σωτήρ (Jesus Cristo, Filho de Deus, Salvador).
199. GILAD, Elon. How Israel Got Its Flag and What It Means. **Haaretz**, [on-line]. 11 maio 2016. Disponível em: <https://www.haaretz.com/israel-news/.premium-how-israel-got-its-flag-and-what-it-means-1.5381190>. Acesso em: 05 fev. 2022.
200. Na revelação de Jesus a João (Apocalipse 1:20), a igreja de Cristo é também comparada a candelabros.

quem pensa que não tem dono e a ninguém deve nada. Tudo e todos, nos Céus e na terra, estão sob o domínio, a autoridade e a possessão do Senhor Deus (Romanos 11:36).

Desde a criação do mundo, alguns homens foram especiais para Deus. Enoque foi um deles. Como andou com Deus, o Senhor o tomou para si (Gênesis 5:24). Passaram-se anos, e Noé nasceu. Foi outro servo de Deus, homem justo e honesto, no meio de uma geração corrompida e pecadora. Ele achou graça, misericórdia e amor da parte do Senhor, por isso não foi tragado pelas águas do dilúvio (Gênesis 6:8; 7:7). Apareceu também Melquisedeque, um rei misterioso. Ninguém sabe até hoje de onde era, quem foram seus pais ou qual foi mesmo o seu povo, contudo foi um grande sacerdote de Deus (Gênesis 14:18).

No passado, o Senhor Deus fez muitos amigos. Amou-os, guardou-os e tratou-os como filhos especiais. Foram tantos que é impossível contar. Até porque ninguém sabe os seus nomes e não conhece as suas biografias. São pessoas anônimas para a história, gente simples ou mesmo autoridades, desconhecidas de fato, mas seladas e guardadas para o dia da redenção (Salmos 82:6; João 10:34-36).

Outros amigos são conhecidos e ilustres, como Abraão, Isaque e Jacó. Chamados de patriarcas, tornaram-se grandes servos de Deus. Da mesopotâmia, de Ur dos caldeus, chamou a Abraão, retirou-o de um povo idólatra para plantá-lo nas terras de Canaã. Conversou com ele e disse-lhe: "Vou multiplicar a sua descendência como as estrelas dos céus e a areia do mar. Você será uma bênção para o seu povo e todas as nações da terra. Seus descendentes peregrinarão no Egito, conhecerão um Deus forte, poderoso, santo e misericordioso e voltarão para esta terra. Eu serei o seu Deus e eles serão a minha nação" (Gênesis 12:1-2; 15:5,7,13-16; Ezequiel 16:8-13). E continuou: "Dar-lhe-ei o nome de Israel e com ela desposar-me-ei. Por-lhe-ei vestes de linho e seda, brancas como a minha santidade. Braceletes de justiça envolverão os seus braços, colares de amor abraçarão o seu pescoço e uma coroa de glória a transformará em rainha. Ela será esfoliada de impurezas e hidratada com pétalas de justiça. A cerimônia será com grande pompa, ao sonido de trovões e flashes de relâmpagos. Canção de trombetas estremecerão os montes e conduzirão a noiva ao altar. A emoção tomará conta de todos, com muito tremor e temor. A fumaça cobrirá o seu gracioso rosto como um véu esvoaçante e translúcido" (Êxodo 19:16-19). "Ah, como é linda! Seus olhos, por trás do véu, são pombas. Seu cabelo é como um rebanho de cabras que vem descendo do monte Gileade" (Cantares 4:1, NVI). E disse mais: "Então todos os povos saberão que existe um só Deus, que ela é minha e Eu sou seu. Aprenderá a amar-me e respeitar-me, e a admirar a minha justiça e santidade. É esta a missão que lhe darei, a você e a seus descendentes: vocês espalharão o meu nome na terra, o honrarão e me adorarão de coração".

Israel criou formas e contornos e transformou-se em uma linda e expressiva donzela, a virgem de Deus. O dia chegou, e a hora aconteceu, quando a união seria selada. A voz do noivo deveria ser seguida e seu o concerto obedecido. Então, o Senhor Deus desceu do Céu e declarou: "Você é minha, com muito amor a amei". E Israel respondeu: "Sim, você é meu" (Êxodo 19:5-6,8). Com o próprio dedo, Deus assinou e selou o matrimônio (Êxodo 31:18).

O amor por Israel é inabalável e eterno, nem as muitas águas poderiam afogá-lo (Ezequiel 16:60). Ele foi declamado e enaltecido ao longo do Antigo Testamento. E foi assim que disse Deus: "De agora em diante, você é minha, não importa os tropeços, os erros e caídas. Se você cair, eu a levantarei, saberei tratar todas as dificuldades e desavenças com justiça, amor e misericórdia" (Oseias 11:8-9).

De fato, o amor e o poder de Deus foram manifestos no meio da nação de Israel, e todos souberam quem fazia e desfazia debaixo dos céus. Profetas foram levantados dentre o povo de Deus, homens de fé e poder, transmitentes da Palavra do Senhor. Eles foram bênçãos dos Céus, a todos abençoaram e revelaram os segredos da vida espiritual.

Um deles, e maior de todos, Jesus nazareno, o próprio Filho de Deus, não só trouxe a sua Palavra, mas também encarnou o Amor e o dividiu com todo o mundo. Ele abdicou de sua própria vida e deixou-se levar à cruz para que os seus discípulos fossem um com Ele e o Pai (João 17:18-21). Com certeza, todas as nações pertencem a Deus, que dentre delas a Israel escolheu a fim de ser a voz de Deus, sacerdotisa e embaixatriz do Reino de Deus na terra (Êxodo 19:5).

Escritor secular, o inglês Shakespeare, é famoso pelos seus romances, a exemplo do clássico Romeu e Julieta. Porém, não passa de lenda ou ficção. Histórias românticas não são privilégios da literatura secular. O enredo da Bíblia é uma história de amor, e nada há mais santo, belo e real do que está escrito em suas páginas.

Outra história de amor sem igual são as bodas do Cordeiro. Ele passeava pela terra e avistou uma donzela linda, com traços pueris e delicados. A jovem, então, foi cortejada por alguém que passava, Aquele que estava morto, mas reviveu. Ofereceu-lhe vestes limpas e perfumadas, joias e um sobrenome de peso e real. A proposta foi aceita e selada com o Espírito de Deus. Agora, com a aliança em sua mão, ela passou a chamar-se de igreja de Cristo, o Israel de Deus[201] (Gálatas 6:16). O compromisso já está firmado, E assim desposados, a igreja de Cristo aguarda o retorno do noivo a fim de unirem-se eternamente (Romanos 7:4). Tudo já está aprontado, muitos estão sendo convidados para a festa de esplendor e muita glória. Haverá anjos cantando, muita música e som de trombeta, os céus e a terra serão abalados, e tudo mudado com o anúncio do matrimônio dos Céus.

Saiam todos e anunciem as novas do Evangelho, convidem todos para unirem-se às bodas do Cordeiro. O tempo abrevia, é necessário correr, andar a passos ligeiros, chamar um e outro, insistir, pedir que usem vestes limpas, pois na cerimônia ninguém entrará de qualquer forma. Vai em todas as direções, de norte a sul, de leste a oeste, pelos quatro ventos da terra, proclamando a salvação, dizendo que o tempo está perto, que o noivo não tardará, mas logo em breve chegará.

Se se analisar do ponto de vista da religião, como os sistemas de rituais, práticas e costumes, o cristianismo e o judaísmo são muito divergentes. Mas a essência é a mesma, eles foram unidos por um plano bem arquitetado e programado pelo Criador para abençoar o mundo.

Israel era inconstante, com sobe e desce a todo instante. Às vezes, agia loucamente, desprezava o respeito e a honra. Ao longo da sua vida, entregou-se a amantes, foi infiel e rebelde. Então, as vestes reais de alegria foram trocadas, e colocadas roupas de dor e aflição.

De acordo com o texto sagrado, apesar da dureza de coração e infidelidade, os judeus são amados por causa da aliança que Deus fez com os Pais. Eles têm sido duramente castigados por conta de sua apostasia, mas o remanescente será salvo e se apresentará nas bodas do Cordeiro (Isaías

---

201. GALATIANS 6:16, COMMENTARIES. **Bible Hub:** search, read, study the Bible in many languages, [on-line, s.d.]. Disponível em: <https://biblehub.com/commentaries/galatians/6-16.htm>. Acesso em: 05 fev. 2022.

10:22-23; Romanos 11:25-28). Milhões de judeus ainda serão chamados filhos de Abraão (Gálatas 3:7), filhos de Deus e igreja de Cristo: "E assim todo o Israel será salvo, como está escrito: De Sião virá o Libertador, e desviará de Jacó as impiedades" (Romanos 11:26, ACF).

2. As duplas de objetos idênticos e de mesma natureza são:

DUPLAS	OBJETO	NATUREZA
✝ ⚓	Povo cristão (cristianismo)	Povo Cristão (cristianismo)	Povo de Deus ou Religião
✡ 🕎	Povo judeu (judaísmo)	Povo judeu (judaísmo)	Povo de Deus ou Religião

A cruz representa o sacrifício de Jesus, uma pena de morte aplicada pelo povo romano. É provável que o uso da cruz como símbolo cristão tenha ocorrido a partir do 2º séc. d.C. Alguns usavam a figura da cruz como um talismã. Marcavam a testa ou o tórax com uma cruz a fim de afastar os poderes de demônios. Porém, a marca do verdadeiro cristão é o Espírito Santo. Por ser um símbolo cristão e ter sido idolatrada na idade média, os judeus proibiram o seu uso como ornamento. A rejeição era tal que evitavam até a palavra cruz e suas derivadas, bem como substituíam o operador aritmético da adição, o sinal mais (+)[202].

O candelabro de sete braços é o mais antigo símbolo do judaísmo. Ele lembra que Deus chamou o povo de Israel para ser luz das nações (Isaías 42:6), de acordo com a tradição judaica[203]. É um símbolo da glória de Deus, da verdade e da sua luz no mundo. A tradição considera, ainda, os sete braços como a lembrança da árvore da vida plantada no jardim do Éden.

A Palavra de Deus também pode ser um talismã. Alguns abrem a Bíblia no Salmo 91, deixa-a na estante ou no console, como se causasse sorte, protegesse e abençoasse. Ignoram que o livro em si é apenas tinta e papel. O que dá poder e proteção são as palavras na mente e no coração.

---

202. CROSS. **Jewish Encyclopedia**, [on-line, s.d.]. Disponível em: <hhttps://www.jewishencyclopedia.com/articles/4776-cross>. Acesso em: 05 fev. 2022.
203. THE MEANING behind the Menorah. **One for Israel**. [on-line], 6 jun. 2016. Disponível em: <https://www.oneforisrael.org/bible-based-teaching-from-israel/the-meaning-behind-the-menorah/>. Acesso em: 05 fev. 2022.

Os hebreus orgulhavam-se da sua história, dos patriarcas e da Lei. Qual foi o povo cujo Deus escreveu a Lei com o seu próprio dedo? Quem atravessou o mar entre duas paredes e não se molhou? O maná desceu do céu como orvalho e alimentou uma nação inteira durante quarenta anos. Era pequenino e redondo como cristal de gelo, e se desfazia com o calor do sol, mas permanecia vivo do sexto para o sétimo dia (Êxodo 16:21,24). Assim, o Senhor alimentou todo o povo durante a peregrinação do deserto. Mas não adiantava simplesmente olhar aquilo que era um milagre. Para ser revigorado e sustentar o corpo, era preciso comê-lo, deixando-o encher, não só o estômago, mas também o coração e a mente.

Não adianta ler todos os dias a Lei, guardar verso por verso, recitar de cor textos longos e inteiros, se não conservá-los no coração e viver cada letra. Deus não quer folhas vistosas, verdes e brilhosas, uma árvore frondosa, pomposa e bela, mas saudável apenas na aparência. É preciso que deem muitos frutos deleitosos e nutritivos, e alimentem, e curem o mundo.

Na verdade, a Lei de Deus excede o que está escrito. Não é possível transformar todo o pensamento de Deus em tinta e papel. Por isso, o Senhor Deus resumiu toda a Lei em apenas um verso: "Amar a Deus de todo coração e ao próximo como a si mesmo".

É preciso ser sincero. Se se amar de verdade, e o amor for perfeito, não haverá cobranças ou condenação. Tudo será cumprido, a Lei da terra, escrita em pedras, e a do Céu, tudo o que está escrito na mente de Deus. Mas se, ainda assim, algum deslize for cometido, o Advogado é competente. Se contratado, não cobrará nada, ao contrário, Ele dá a própria vida, e tudo é de graça. Ele não perde nenhuma causa, é preciso ter confiança e fé, todo pecado será perdoado e a vida eterna garantida.

3. A vinha e o globo formam uma dupla de símbolos de objetos e naturezas iguais, os quais representam o mundo ou os povos do mundo. Já a figueira e a estrela de Davi representam a nação ou o povo de Israel. Portanto, a vinha é o mundo, os povos do mundo, e a figueira é Israel, o povo hebreu ou judeu.

Considerando a vinha como o conjunto de videiras plantadas em determinada área, a vinha e o globo terrestre representam as nações do mundo assentadas no planeta. Entretanto, a vinha também pode ser definida como a área ou o terreno onde as videiras e a figueira foram plantadas. Nesse caso, a vinha e o globo representam toda a área do planeta Terra onde as nações foram estabelecidas.

Ambas as definições são lógicas, porém a interpretação do símbolo como povos ou nações harmoniza-se melhor com a natureza da figueira, a nação escolhida no centro da terra. Deus escolheu uma figueira em meio às videiras do mundo. Uma nação particular, especial, exclusiva, ímpar e sem igual.

De qualquer forma, o planeta Terra, onde foram plantados os homens e as nações, é propriedade de Deus. Ou, sob outra perspectiva, os povos que inundam a face da terra pertencem a Deus. De fato, tudo é de Deus, e o seu domínio vai além do planeta Terra, e excede o inexplicável e impossível. Não só o salmista, mas também outros profetas de Deus falaram do universo como obra das mãos e dedos de Deus (Gênesis 1:1; Salmos 8:3; 19:1; 33:6; Jeremias 32:17).

A humanidade aventura-se em graves delitos ao não considerar o Rei dos Reis e o Senhor dos Senhores como o Criador dos céus e da terra. O apóstolo Paulo adverte o ser humano de que tudo é criação de Deus e depende completa e inteiramente Dele (Atos 17:28). O Senhor é realmente o sopro das nossas vidas. Por isso, não dá para fazer de conta que Ele não existe, ou morreu, ou está longe e não interage com o homem. Ninguém pode viver sem Ele. Deus não é fantasia e não está no mundo imaginário de fanáticos. São muitas as provas da sua existência e do comando que exerce sobre a história.

A profecia bíblica diz que a ira de Deus se manifesta sobre os homens por não o conhecer, honrá-lo e adorá-lo (Romanos 1:18), apesar de acordá-los todos os dias. O sol levanta-se e diz:

– Acorde, sou obra de Deus!

Vem a brisa, a que respiram, e sibila, e com voz branda e suave acalenta-os e proclama o poder de Deus. Vem o coração, aquele que bate e bombeia a vida, e traz esperança de um verdadeiro amor. Se desiste de bater, o homem descobre que nada é, e que Deus merece toda honra e toda glória.

Deus não está longe dos homens, mas é a cegueira dos homens que os impede de vê-lo através de tudo o que foi criado. Como consequência e punição, o Criador abandonou-os e os entregou às suas próprias paixões. Os desejos da carne foram libertos e os dominam, fazendo-os escravos do pecado e de todo sentimento vil e infame (Romanos 1:24-26).

A decisão de pecar é a opção do homem, mas a autodestruição nas profundezas do pecado é a sentença divina. Hoje há secura nas almas. E os desertos estão dominando os corações dos homens porque têm rejeitado, abandonado e vituperado o Senhor Deus. Secura de equilíbrio e serenidade, harmonia, descanso e paz. Quanto mais se perde no pecado, mais se enlouquece com desespero e caos emocional e espiritual. Entretanto, há esperança. Como a chuva cai e rega todas as gentes, são assim as bênçãos de Deus.

4. O dono da vinha, das videiras e da figueira é Deus, o Pai.

O dono do mundo e de todos os povos é Deus. No Antigo Testamento, Deus é conhecido largamente como o Criador de todas as coisas. E é a sua principal identidade. Apesar de a Trindade estar presente no ato da criação, o Pai apareceu nas páginas do Antigo e do Novo Testamento no degrau acima do Filho (Salmos 110:1; 1Coríntios 15:24-28). O Filho reina, aniquilará todo império e todo poder, mas é quem está à direita do Pai. Quando todos os seus inimigos estiverem debaixo dos seus pés, Jesus entregará o Reino ao Pai. Nas últimas instruções de Jesus aos seus discípulos, Ele comparou a si mesmo como a videira verdadeira, e o Pai, numa posição superior[204], como o lavrador. Na parábola, o dono da vinha é superior ao viticultor e deve representar Deus, o Pai.

O homem deve limitar-se às revelações proféticas, porquanto a natureza de Deus é insondável. Que é o homem para compreender o infinito e o eterno? Poderia esquadrinhar Deus com microscópicos, lunetas ou telescópios? O Senhor Deus é tão gigante que se perde o foco. No passado, quem imaginaria o habitat do homem como um globo terrestre? A não ser estando no espaço, como fizeram alguns astronautas, então, poder-se-ia ver o planeta como ele é. Porém, nem o homem adentrando no espaço sideral verá e entenderá Deus. A melhor visão de Deus ainda é a pessoa de Jesus Cristo, o Deus que encolheu a si mesmo para ser visto (João 14:9).

---

204. A doutrina da Trindade nas Escrituras é clara em dizer que as pessoas Pai, Filho e Espírito são um único Deus. E, portanto, não há hierarquia entre elas. A linguagem usada é funcional e didática a fim de se adaptar à inteligência, experiência e realidade humana. É impossível ao homem ver Deus como Ele é (João 1:18).

5. Conforme o versículo 7 da parábola, o viticultor tem poder para podar e cortar tanto a figueira como as videiras. Já no versículo 8, o viticultor intercede pela figueira. Lendo Lucas 3:17 e Hebreus 7:23-25, chega-se à conclusão de que o viticultor é o próprio Jesus.

O viticultor é quem cuida da vinha. É quem faz a poda para que a videira dê mais fruto. É quem limpa as ervas daninhas e arranca as plantas inúteis. Na parábola, ele é misericordioso e o intercessor junto ao dono da vinha e da figueira. Intercede em favor da figueira e se compromete a tratá-la de sua vida infrutífera.

João Batista refere-se a Jesus como o trabalhador que cuida do campo de trigo, responsável tanto para trilhá-lo, como para secá-lo e limpá-lo. Ele queimará a sua palha com fogo que não se apaga. Vinha e campo de trigo são equivalentes. Deus enviou seu Filho ao mundo para purificar o povo de Deus com o seu sangue derramado na cruz. E é o mesmo Jesus quem exercerá o juízo sobre todos os pecadores, lançando-os no inferno (Mateus 25:41).

Na carta aos Hebreus, Jesus é o sumo Sacerdote que intercede pelos salvos no verdadeiro e único templo, que é a Casa de Deus, os Céus. Como o dono da vinha e da figueira é Deus, que é o Pai, o viticultor que lhe serve é sem sombra de dúvidas o Filho.

Além dos Evangelhos sinóticos, Mateus, Marcos e Lucas, o Evangelho de João foi incluído no cânon bíblico. Há evidências internas e externas de que foi o apóstolo João que escreveu. Irineu[205], que foi bispo de Lyon na parte final do 2º século, confirmou a autoria joanina. O Evangelho é uma joia rara e bela. Com palavras doces e amorosas, é sem sombra de dúvidas o mais lindo, lido e preferido de todos. Inclusive, a declaração de Jesus registrada em João 3:16 é tida por muitos como o texto áureo da Bíblia: "Porque Deus amou o mundo de tal maneira que deu o seu filho único, para que todo aquele que nele crer, não pereça, mas tenha a vida eterna". É também quem registrou a oração mais longa do Senhor, uma intercessão por seus discípulos de todas as épocas. Será que o Pai rejeitaria a petição e rogo do Filho por seus irmãos? Jesus está no santuário dos Céus, e a sua voz ecoa pelos séculos dos séculos, suplicando por eles.

Assim como o viticultor suplicou e clamou pela figueira, Jesus intercede particularmente pelos filhos de Deus (Lucas 22:32). Assim, ele também invoca: "Não peço que os tire do mundo, mas que os livre do mal"

---

205. Davis, John D. **Dicionário da Bíblia**. 14ª Ed. Rio de Janeiro: JUERP, 1987

(João 17:15). Ao pensar na intercessão de Jesus, a imagem que se tem é dos santos em seus braços, sendo bem cuidados e sem nada faltar. Vem logo o pensamento de ovelhinhas no seu regaço, sendo levadas para o aprisco seguro e eterno do Pai (Salmos 23:1; João 10:11).

6. *A parábola cita 4 períodos de tempo, conforme ilustrado abaixo. Os três elementos citados em Lucas 24:44 são os primeiros tempos da parábola. Por dedução lógica, o período do Novo Testamento é o quarto tempo da parábola.*

1º ANO	2º ANO	3º ANO		4º ANO
A LEI	SALMOS	PROFETAS	VITICULTOR	NOVO
VELHO TESTAMENTO				TESTAMENTO

Quatro períodos de certo tempo foram inseridos na parábola. É muita precisão para achar que se trata de mera função decorativa ou de algum detalhe inexpressivo. Como por trás da parábola está o Criador de todas coisas, inclusive da razão e da lógica, qualquer informação mais precisa lança suspeita de mais um mistério a ser desvendado.

A primeira seção de três anos carece de alguma tríade bíblica. A interpretação dos elementos da parábola deve alinhar-se com as Escrituras. E os seus elementos devem ser coerentes entre si. O cânon hebraico referido por Jesus em Lucas era dividido em três partes: Lei de Moisés, Profetas e Escritos ou Hagiógrafos. Os Escritos ou Hagiógrafos contêm o livro de Salmos. Com certeza, esse livro citado por Jesus representou a terceira divisão da Bíblia hebraica. Do profeta Moisés ao profeta Malaquias, Deus requereu do povo de Israel a fidelidade, a santidade e a justiça. As três divisões representam todo o período do Antigo Testamento, que recebeu os profetas de Deus para buscar do seu povo os frutos de justiça.

Na parábola, o Antigo Testamento e seus profetas são representados pelos três anos. Seguindo essa mesma lógica, a quarta divisão refere-se ao novo Pacto que Deus fez com o seu povo. Esse Pacto está representado pelos profetas e escritos do Novo Testamento, que vigoram até a presente data e seguirão até a volta de Jesus.

Nesse quarto período, a nação de Israel está sendo tratada, adubada e nutrida a fim de dar muitos frutos. E dará frutos extemporâneos, ainda fora da estação própria. De acordo com as profecias bíblicas, o remanescente de

Israel será salvo. A misericórdia de Jesus foi manifestada, pois intercedeu pelos seus irmãos judeus[206] que o mataram, não imputando-lhes a culpa (Isaías 53:12; Lucas 23:34). Eles foram podados e estão sendo tratados, mas não serão de todo destruídos. Muitas civilizações antigas foram extintas. É o caso dos acádios, dos assírios, dos edomitas, dos cananeus, dos caldeus e babilônios. Mas no caso dos judeus, eles foram perseguidos, mortos e até dispersos, só que resistiram e permaneceram por conta do projeto de Deus estabelecido na eternidade.

7. *Escavar o pé e colocar estrume é um método usado para recuperar a árvore. No quarto ano, a figueira teria o seu pé escavado e colocado estrume. A escavação e o estrume que Deus tem usado para reerguer o povo de Israel, a fim de acordá-lo de sua incredulidade, de acordo com Daniel 9:26, Isaías 10:22-23 e Apocalipse 12:13,15, são destruições, guerras e devastações.*

A figueira ainda é endêmica no Mediterrâneo e no sudoeste da Ásia[207]. As suas raízes espalham-se vertical e lateralmente, mas não atingem grandes profundidades. Elas são muito invasivas, correm superficialmente e danificam tudo o que está no seu caminho, como calçadas, ruas, muros e mesmo outras plantas. O emaranhado de raízes forma uma estrutura rígida embaixo da copa[208]. Essa é a descrição da figueira, apesar de suas diferentes espécies e da sua origem milenar.

Ao ler essa parábola, a história dos judeus não deve ser ignorada durante os dois mil anos da era cristã. Não se vê um método suave e brando, com alisamentos, afagos e beijos para tratar a incredulidade de Israel. Comparando a história com as profecias bíblicas, o tratamento de Deus seria de choque, com fogo, através de massacres e guerras. Como seria possível escavar e tratar ao redor da figueira sem danificar as suas malhas de raízes? Certamente muitas raízes seriam danificadas, cortadas, mas a árvore permaneceria em pé. Quem ao menos já cuidou de um jardim ou pomar, entende o que se quer dizer.

---

206. ISAIAH 53:12, COMMENTARIES. **Bible Hub**: search, read, study the Bible in many languages, [on-line, s.d.]. Disponível em: <https://biblehub.com/commentaries/isaiah/53-12.htm>. Acesso em: 05 fev. 2022.
207. FIG TREE Roots Guide. **Nhest**, [on-line, s.d.]. Disponível em: <https://www.nhest.org/2018/09/fig-tree-roots-guide.html>. Acesso em: 05 fev. 2022.
208. DIG THE FIG – The Essential Guide to All You Need to Know About Figs. **Permaculture Research Institute**. 30 set. 2016. Disponível em: < https://www.permaculturenews.org/2016/09/30/dig-fig-essential-guide-need-know-figs-ficus-carica/ >. Acesso em: 05 fev. 2022.

O profeta Daniel bem que predisse que depois do Messias os romanos inundariam a cidade de Jerusalém com seus exércitos (Daniel 9:26). Jesus chorou ao antever a desolação do seu povo (Lucas 19:41-44), que não escapou à história, a qual registra quão grande foi a destruição. E não só isso, o profeta João também não poupou os ouvidos dos seus irmãos judeus, assolações, ruínas e pesares já estavam determinados (Apocalipse 12:13,15).

Durante a era cristã, o antissemitismo, caracterizado pela aversão aos judeus, propagou-se intensamente pelo mundo, particularmente na Europa. Massacres e perseguições estão registrados nos anais desse povo. Só na destruição do segundo Templo de Jerusalém é estimado que mais de um milhão de judeus foram mortos[209]. A lista de perseguições e massacres é imensa, com centenas de ocorrências. Muitas comunidades judaicas foram exterminadas durante os quase dois mil anos de dispersão.

Em York, cidade da Inglaterra, ano 1.190 d.C., cerca de 40 famílias preferiram o suicídio em vez de serem assassinadas pelo ódio do antissemitismo[210]. Os pais mataram esposas e filhos e se suicidaram para não serem mortos por mãos alheias. As cruzadas na idade Média foram um momento de banho de sangue judeu na Alemanha[211]. Por toda a parte da Europa, os judeus foram culpados pela disseminação da Peste Negra[212]. Como consequência, uma onda violenta de perseguição exterminou comunidades inteiras.

Contudo, nada é comparável ao holocausto da era moderna. Ele é inesquecível! Hitler exterminou nada menos do que 6 milhões de judeus. Antes da segunda guerra mundial, havia 16,6 milhões de judeus. Oitenta anos mais tarde, a população judaica ainda não havia alcançado os

---

209. ANCIENT Jewish History: The Great Revolt (66 – 70 CE). **Jewish Virtual Library**, [on-line, s.d.]. Disponível em: <https://www.jewishvirtuallibrary.org/the-great-revolt-66-70-ce>. Acesso em: 05 fev. 2022.
210. THE MASSACRE at Clifford's Tower. **English Heritage**, [on-line, s.d.]. Disponível em: <https://www.english-heritage.org.uk/visit/places/cliffords-tower-york/history-and-stories/massacre-of-the-jews/>. Acesso em: 05 fev. 2022.
211. JEWISH Medieval History: The first Crusade. **Arcgis**. Disponível em: < https://www.arcgis.com/apps/MapJournal/index.html?appid=2a24fb19c77f4fcfa62688a1b4b73482>. Acesso em: 05 fev. 2022.
212. EFFECTS AND SIGNIFICANCE – Black Death. **Britannica Encyclopedia**, [on-line, s.d.]. Disponível em: <https://www.britannica.com/event/Black-Death/Effects-and-significance>. Acesso em: 05 fev. 2022.

números anteriores à grande guerra. Eles somavam cerca de 14,2 milhões, 6,1 milhões nas terras de Israel e 5,7 milhões nos Estados Unidos. A diferença é de judeus espalhados pelo mundo[213].

O antissemitismo é ainda crescente, especialmente no mundo muçulmano. O ódio inflama como as chamas do inferno diante do sangue judeu. A revelação de Jesus a João na ilha de Patmos disse que o povo judeu seria levado ao deserto a fim de ser sustentado e provado (Apocalipse 12:6). O povo seria perseguido por víboras peçonhentas, mas não de todo destruído. É o paradoxo do deserto inóspito, repleto de surpresas, mas que serve de refúgio, descanso e aprendizado. Alguns desertos foram estabelecidos por Deus para dar refrigério e segurança aos judeus. Países como o Brasil, com a sua tradição de paz e hospitaleira, e longe dos focos de antissemitismo, abriga a segunda maior comunidade judaica da América Latina[214]. Mas ninguém pode ser comparado ao Estado americano, do qual o povo judeu fez a sua segunda pátria.

---

213. WORLDWIDE Jewish population nears pre-Holocaust numbers. **The times od Israel**, 26 jun. 2015. Disponível em: < https://www.timesofisrael.com/worldwide-jewish-population-nears-pre-holocaust-numbers/>. Acesso em: 05 fev. 2022.
214. HISTÓRIA. **CONIB**. [on-line, s.d.]. Disponível em: <https://www.conib.org.br/historia/>. Acesso em: 05 fev. 2022.

18.
A PARÁBOLA DA MOEDA PERDIDA
(Lucas 15:8-10, ARC)

8 Ou qual a mulher que, tendo dez dracmas, se perder uma dracma, não acende a candeia, e varre a casa, e busca com diligência até a achar? 9 E achando-a, convoca as amigas e vizinhas, dizendo: Alegrai-vos comigo, porque já achei a dracma perdida. 10 Assim vos digo que há alegria diante dos anjos de Deus por um pecador que se arrepende.

CURIOSIDADES

A dracma era uma moeda grega e equivalia ao salário de um dia de trabalho[215] de serviço manual[216]. As imagens dos imperadores na moeda era uma forma de propagá-los em todo o império, associando a figura do imperador a deuses ou a heróis[217]. A mobília da casa de um judeu comum era muito simples[218]: uma mesa, algumas cadeiras ou tamboretes, uma candeia, uma vassoura, uma máquina de moer grãos, alguns utensílios de cozinha e uma cama. Os mais pobres tinham um colchão de folhas de palmeiras ou se envolviam nos seus mantos ou capas e dormiam no chão de barro[219]. Quem tinha melhores condições, abria suas colchas de lã no chão à noite e as recolhia durante o dia. O piso de uma casa oriental era geralmente o próprio chão batido[220]. A candeia era algum tipo de vaso

---

215. Valia quase a mesma coisa que o denário, moeda de prata romana. CONVERT Denarius (Biblical Roman) to Drachma (Biblical Greek). **Unit Converters**, [on-line, s.d.]. Disponível em: <https://www.unitconverters.net/weight-and-mass/denarius-biblical-roman-to-drachma-biblical-greek.htm>. Acesso em: 05 fev. 2022.
216. MARKOWITZ, Mike. **What Were They Worth? The Purchasing Power of Ancient Coins**. Coinweek. 4 set. 2018. Disponível em: < https://coinweek.com/ancient-coins/worth-purchasing-power-ancient-coins/>. Acesso em: 05. fev. 2022.
217. ANCIENT Greek Coinage. **World History**, [on-line, s.d.]. Disponível em: <https://www.worldhistory.org/Greek_Coinage/>. Acesso em: 05 fev. 2022.
218. FURNITURE, HOUSEHOLD. **Jewish Encyclopedia**, [on-line, s.d.]. Disponível em: <https://www.jewishencyclopedia.com/articles/6431-furniture-household>. Acesso em: 05 fev. 2022.
219. JEWISH Family Life. **JSTOR**, [on-line, s.d.]. Disponível em: <https://www.jstor.org/stable/3140066?seq=4#metadata_info_tab_contents>. Acesso em: 05 fev. 2022.
220. MANNERS E CUSTOMS. **Bible History**, [on-line, s.d.]. Disponível em: <https://bible-history.com/links/manners-customs-39>. Acesso em: 05 fev. 2022.

de diferentes formas, que era cheio de óleo a fim de queimar e iluminar a noite inteira[221]. A vassoura era feita com a união dos ramos do zimbro (1 Reis 19:4), uma planta de folhas bem pequenas e que fornecia pouca sombra. Simbolicamente, a vassoura foi usada como instrumento divino de juízo e destruição, um método mais severo para remover a sujeira do pecado do mundo (Isaías 14:23).

1. Segundo a parábola, a dracma foi perdida dentro de casa. Observe as dicas das figuras abaixo e responda à questão a seguir: por que a dracma estava perdida?

a) porque...   b) porque...   c) porque...

2. Suponha que você está à procura da tarraxa do seu brinco de ouro ou do parafuso dos seus óculos Ray Ban que caiu no chão. A vassoura e o candeeiro são parceiros muito úteis na procura do seu objeto perdido. Com a vassoura e o candeeiro na mão, qual a melhor estratégia para encontrar a peça perdida? Como eles se ajudam ou se combinam nessa empreitada para encontrar o que foi perdido?

3. Há muitas coisas que estão perdidas dentro de casa porque não são ensinadas nem praticadas pelos seus membros. Leia as passagens de Provérbios e relacione as 6 coisas que são perdidas no próprio lar:

a) Provérbios 3:9, _____
b) Provérbios 3:28, _____
c) Provérbios 10:4-5, a valorização do trabalho
d) Provérbios 13:20, _____
e) Provérbios 14:27, _____
f) Provérbios 15:17, _____

---

221. LAMP. **Bible Hub**: search, read, study the Bible in many languages, [on-line, s.d.]. Disponível em: <https://biblehub.com/topical/l/lamp.htm>. Acesso em: 05 fev. 2022.

4. Compare a dracma com o ser humano. Quem vale mais a dracma ou o ser humano? Por quê?

5. Agora destaque as cinco metáforas da parábola diretamente no texto bíblico. Leia as passagens bíblicas adiante e relacione-as às metáforas encontradas. Em seguida, preencha a coluna da esquerda com as metáforas e a coluna da direita com os seus respectivos significados. Siga o exemplo dado:

(_____)(_____) Lucas 15:10
(_____)(_____) Isaías 1:2-3
(_____)(_____) João 9:5
(dracma perdida)(o pecador) Mateus 10:31
(_____)(_____) Ezequiel 3:4

6. Responda:

a) Se os numerais de 1 a 100 são representados pela mola abaixo, que figura geométrica melhor representaria os dois intervalos de 1 a 10 e 91 a 100?

1 a 100

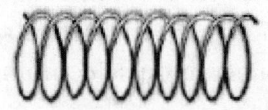

1 a 10

91 a 100

b) Diante de suas respostas anteriores, o que representa o numeral 10?

c) Leia novamente a parábola. Por que Jesus usou a quantidade de 10 dracmas? O que significa o numeral 10?

A PARÁBOLA DA MOEDA PERDIDA (Lucas 15:8-10, ARC)

1. A dracma estava perdida dentro de casa porque estava fora do lugar ou em lugar impróprio, estava em local escuro ou longe da luz, estava em lugar sujo, com poeira e sujeira acumulada.

Entretanto, ela deveria estar no lugar certo. Como não estava, perdeu-se. A moeda deve ser guardada na bolsa, ou no porta-moedas, ou no cofre se você não quiser perdê-la. Objetos pequenos e de valor não podem ser deixados em qualquer lugar. Se assim acontecer, serão perdidos ou roubados.

A dracma perdida representa o pecador que se perdeu e está longe de Deus. Ele é muito pequeno e insignificante, sobretudo quando avistado dos céus. O ser humano é um grão interestelar[222] invisível, e a humanidade uma poeira cósmica. O poeta hebraico indagou: "Quando vejo os teus céus, obra dos teus dedos, a lua e as estrelas que preparaste; que é o homem mortal para que te lembres dele?" (Salmos 8:3-4a).

Contudo, ele foi coroado de glória e honra e o seu valor excede a toda prata e a todo ouro da terra. Nenhuma moeda consegue avaliar o seu preço, ainda que se multipliquem as dezenas, as centenas e os milhares. O valor do homem só pode ser calculado através da cruz de Cristo.

O ser humano não pode ser deixado em qualquer lugar. Mas deve estar no centro da vontade de Deus, adorando-o, exaltando a sua grandeza e proclamando o Evangelho do seu Reino. Você foi criado para a glória, louvor e exaltação do próprio Deus (Efésios 1:12). Assim, o Criador deve ser o alvo dos seus propósitos e o centro da sua vida e de tudo o que você faz.

Em vez disso, a matéria, a razão e o próprio homem tomaram o trono de Deus. Como estava em local impróprio, satanás roubou o seu coração. O ser criado no Éden andou por vias proibidas e atraiu para si toda a glória, honra e esplendor. Ele rompeu com a Verdade e estabeleceu uma falsa independência. Achou pouco e não levou a sério o conceito de pecado, importando-se apenas com o prazer. Seria o prazer a razão da existência? No manual do Criador, a resposta é não. O prazer do mundo é oposto à perfeição e à vontade de Deus. Só quem faz a vontade do Pai é que encontra a paz, a vida e permanecerá (1 João 2:15-17).

---

222. Partículas no universo que não ultrapassam a milésima parte de um milímetro.

Você e Deus estarão juntos e em comunhão se, e somente se, você estiver no lugar certo e dentro da casa de Deus. No passado, a sua casa era Israel. Hoje, é a igreja de Jesus Cristo, edificada "sobre o fundamento dos apóstolos e dos profetas, sendo o próprio Cristo Jesus a principal pedra angular desse alicerce" (Efésios 2:20, KJA).

A casa de Israel foi edificada pelo Criador a fim de ser abrigo e esconderijo para a humanidade. Ela deveria acolher os desamparados, cuidar dos frágeis, tratar os doentes e trazer a salvação ao mundo. Entretanto, falhou. Era um reino sacerdotal, levando e trazendo o recado divino, uma ponte entre Deus e o homem. Deveria introduzir o Senhor e único Deus a toda a humanidade. Porém, foi egoísta, encheu-se de vaidade, alimentou-se de soberba e opôs-se ao que é sagrado. Os judeus, particularmente a liderança religiosa, como escribas, fariseus e saduceus, estavam perdidos dentro de casa.

Eles extraviaram-se, longe estavam e ficaram de Deus. Mas ainda há esperança e um lugar especial para eles e qualquer ser humano, e é dentro da igreja de Cristo. O lugar certo é obedecer ao Criador, louvando-o e cumprindo a sua missão dentro do projeto estabelecido por Ele, o Autor da vida.

A dracma ficou perdida porque estava em local de trevas ou longe da luz. A escuridão dentro da casa era realmente intensa e imensa, por isso a candeia foi acesa. As características rústicas da casa, como o chão batido, não ajudavam e dificultavam a visualização da moeda. De acordo com o profeta Isaías, Israel andava como um cego dentro de casa, apalpando as suas paredes por não enxergar a luz de Deus. Como resultado, os hebreus foram para o cativeiro, tantos nobres como os pobres, e definharam de sede do conhecimento de Deus (Isaías 5:13). E a noite não passava, e a escuridade não findava, só a esperança que restava (Isaías 59:9-10; Jeremias 31:17).

Os profetas antigos já haviam falado da escuridão na casa de Israel. Ela foi parcialmente destruída por falta de conhecimento (Oseias 4:6). O céu era sem estrelas, e a lua não dava a sua luz. Nenhuma luz entrava pelas frestas da casa. Então, a casa de Israel entrou em depressão, enlouqueceu e andava à beira dos precipícios da vida (Jeremias 5:4). Os hebreus não sabiam discernir entre o santo e o profano, entre a vida e a morte. A escuridão era tal que se tornou uma maldição entre as nações (Zacarias 8:13).

No entanto, a Candeia acendeu e uma luz raiou (Isaías 9:2; Mateus 4:14-16). A esperança da casa de Israel iluminou o céu de Belém e de toda a terra. Ela iluminou o caminho e a vida daqueles que amavam a vinda do Messias e Salvador Jesus. Não só clareou a casa de Israel, mas também todo aquele que confessa Cristo como Salvador e Senhor de suas vidas.

Assim disse Jesus: "Eu sou a luz do mundo, quem me segue não andará em trevas, mas terá a luz da vida" (João 8:12). Você está na escuridão ou em plena luz do dia? O pecador que não se arrepende e não confessa os seus pecados está longe da luz, que é a Palavra de Deus. A Palavra também é o próprio Jesus. Então, multiplique os versos de amor pela Palavra de Deus como fez o rei Davi (Salmos 119), e faça do seu coração o ponto de luz do seu corpo.

Provavelmente, o piso era de chão batido, um local sujo e empoeirado onde se pisava e se deixava as impurezas de fora. Então, o pó e a sujeira acumulada encobriam a dracma, deixando-a disfarçada e perdida na casa. Até que os romanos introduziram o mosaico[223]. Entretanto, o modelo de Jesus haveria de ser uma casa simples da Palestina. De qualquer forma, a verdade é que a dracma se perdeu dentro da casa de Israel.

De acordo com o profeta Isaías, a casa de Israel estava perdida na sujeira do pecado (Isaías 1:2-4). Ela estava cheia de vômito e imundície (Isaías 28:8). Assim como Isaías, outros profetas antigos já haviam falado da sujeira em Israel. Ela alimentava-se de pecado e saciava-se com a maldade. Era uma coisa horrenda! Embriagava-se com juramentos falsos, inalava mentiras, expirava roubos, assassinatos e adultérios (Oseias 4:2,8; 6:10). A sociedade judaica na época de Jesus não era diferente, sobretudo as figuras importantes da religião. A imundície era tão grande que Jesus as chamou de sepulcro caiados, podres por dentro e cheias de ossos (Mateus 23:27).

A casa de Israel estava perdida e imunda, com fragrância de cadaverina. O seu mau cheiro insuportável dispersava e afastava o mundo da Justiça e da Santidade divina. Porém, não há impureza tão profunda e mais resistente do que o poder do sangue de Jesus. Ele é poderoso para limpar e purificar toda e qualquer imundície.

---

223. ROMAN MOSAICS. **World History Encyclopedia**. [on-line, s.d.]. Disponível em: <https://www.worldhistory.org/article/498/roman-mosaics/>. Acesso em: 05 fev. 2022.

O pecador que está perdido e vive longe de Deus está mergulhado na podridão do pecado. Ele é convidado a purificar o coração da má consciência e lavar o corpo com água limpa (Hebreus 10:22). Não há sujeira que não possa ser extraída e eliminada. Não há pecado que resista ao poder purificador do sangue de Jesus (1 João 1:7). Como Ananias disse ao apóstolo Paulo, levante-se também e lave os seus pecados, invocando o nome do Senhor (Atos 22:16). Felizes e abençoados serão aqueles que lavarem e branquearem as suas vestiduras no sangue do Cordeiro (Apocalipse 22:16).

2. Suponha que você está à procura da tarraxa do seu brinco de ouro ou do parafuso dos seus óculos Ray Ban que caiu no chão. A vassoura e o candeeiro são parceiros muito úteis na procura do seu objeto perdido. Com uma vassoura e um candeeiro na mão, a melhor estratégia para achar um pequeno parafuso ou uma tarraxa é estabelecer um ponto fixo para a luz e arrastar a sujeira em direção a ele.

Aqui está um casamento que deu certo: o candeeiro e a vassoura. Combinaram-se e foram felizes para sempre. Se não fosse a vassoura, a mulher teria que agachar-se, esticar-se e até quase deitar-se com a candeia na mão. Cada ponto da casa haveria de ser iluminado, um ofício que seria simplificado pela varredura. Com a vassoura, o pó, a sujeira e os objetos que estariam no chão seriam arrastados até um lugar definido e estratégico ao alcance mais intenso da luz. A sujeira seria varrida e levada até o candeeiro. Só então, o objeto perdido seria meticulosamente procurado e localizado com maior eficácia e celeridade na missão.

Assim é o método que Deus usa para trazer os perdidos ao encontro da Luz. A Luz é a Palavra de Deus, que é Cristo Jesus, o Filho de Deus (Salmos 119:105; João 8:12). Então, o Pai colocou a Luz em um ponto traçado na eternidade, exatamente ali no Calvário. E providenciou a vassoura que não é de ramos de zimbro. Os perdidos na iniquidade e no pecado são arrastados ao encontro de Jesus pela vassoura da perda e da dor. É a vassoura da disciplina e da provação. Um exemplo bem característico é a experiência de Saulo de Tarso. Deus o arrastou com a vassoura da aflição e da cegueira e o atraiu para a luz de Cristo a fim de ser encontrado e purificado (Atos 9:3-9).

Outro exemplo é o caso de João. Ele era idoso, alto, ainda cortejador, forte e viril. Sofreu um trágico acidente de moto. Com pressão arterial instável, ficou meio zonzo e perdeu os sentidos. Como não ouviu as advertências do corpo, ignorou a curva e foi golpeado por catingueiras e angicos, juremas e mulungus. Sofreu várias escoriações, quebrou costelas e bateu a cabeça em algum lugar. A pior sensação não foram as dores intensas, a voz titubeante e o sangue descendo, mas a cegueira durante três dias.

O choro não saía, e o grito não explodia, a única força que ainda tinha era meter a cabeça contra o chão. Era um ato de loucura e desespero, o medo de não mais ver quem amava. E que aflição! Sim, a varredura foi trágica, e a dor insuportável. Não é fácil ter a perda da visão, divorciar-se do sol e ver tudo escuro. Entretanto, o mesmo Senhor que cegou, Ele abriu os olhos para a luz de Cristo. João ganhou férias eternas do pecado e pôde então refletir. Deixou a vida promíscua e de ofensas a Deus e aceitou Jesus como Senhor e Salvador.

Saulo, que também se chamava Paulo, foi igualmente arrastado até a luz de Cristo. Algo como escamas caíram dos seus olhos, e sua visão do mundo e dos Céus foi restaurada. Se você ainda não entendeu, isso é que se chama amor, graça e misericórdia divina. Certo que é um método severo e enérgico, porém é altamente eficaz.

A cegueira elimina o prazer pelas coisas do mundo e mostra o outro lado da vida. Por três dias, Saulo não viu as cores de suas vestes nem o brilho de seus anéis. Ele precisou apenas de três dias a fim de morrer para o mundo e reviver para Deus. Ressuscitou um novo homem, iluminado pela luz gloriosa de Cristo. Há muitos que estão dentro da Casa de Deus, mas perdidos na escuridão do pecado. Se não ficarem cegos como Paulo e João, jamais verão a glória do Evangelho da salvação.

3. Há muitas coisas que estão perdidas dentro de casa, porque não são ensinadas nem praticadas pelos seus membros. De acordo com os textos de Provérbios, as seis coisas que estão perdidas no próprio lar são: a adoração ou honra ao Senhor com as primícias dos bens, a solidariedade para com o próximo, a valorização do trabalho, o apreço pelas boas companhias, o temor a Deus e o amor entre os membros da família.

A família foi criada no jardim do Éden. O Senhor Deus formou primeiro Adão do pó da terra e, em seguida, fez a mulher de sua costela. À mulher, deu-lhe o nome de Eva. Além da ligação afetiva originada pela vida sexual, Adão e Eva ligavam-se através da genética. Era uma relação muito estreita, que foi complementada com os nascimentos dos filhos Caim e Abel (Gênesis 1:27; 2:22-24; 4:1-2).

Assim como o edifício é todo ligado e unido pelas esquinas, devem os pilares e vigas da união, da amizade, da afeição e do amor sustentar a família. São virtudes que devem passar de pais para filhos. Caim e Abel foram ensinados e educados por Adão e Eva. Um deles foi temente a Deus, e o outro desobediente. Caim, o filho mais velho, matou Abel (Gênesis 4:8).

Parece que o ser humano é como árvores frutíferas: uma dá fruto doce, e outra intragável. Alguns frutos são até saborosos; outros, um tanto ácidos, amargos e azedos. O sabor já vem da semente e do berço. A missão dos pais é uma arte sem fórmula exata. Eles devem moldar o caráter dos filhos, independentemente de suas personalidades.

Aquele velho hábito de chupar chupeta, e até o dedo – há quem chupe a mão toda – é uma prática comum na infância. Analise e aprenda com o exemplo a seguir:

"Pedrinho não pegou a chupeta, mas não se livrou do dedo polegar. As consequências todos já sabem: os dentes são puxados para frente, o crescimento ósseo é afetado e até problemas psicológicos aparecem. Então, os pais de Pedrinho, preocupados, imploravam e pediam-lhe insistentemente para deixar a indesejável mania. Como as palavras eram inúteis, aparentemente amargas e sem doce, nada funcionava e resolvia de vez o problema. Cansados dos insucessos, sem controle e paciência, fustigaram o filho que tanto amavam.

– Não chupe mais esse dedo, olhe como você está ficando dentuço! – implorava o pai à criança.

Pedrinho, tão franzino, e de apenas de 5 anos, levantou seus olhinhos e, como um pedido de socorro e misericórdia, disse-lhe:

– Pai... eu não consigo!

Aquele pai complacente e amoroso travou os lábios, refletiu um pouco e entendeu que aquilo era um vício como outro qualquer. Era como dependência de fumo, ou de álcool, e de tantas outras drogas. A dor cortou seu coração, e, partido em pedaços, estraçalhado, falou para o filho:

– Vamos orar, meu filho? Ajoelhe-se com papai.

Ajoelharam-se ao pé da cama e pediram ao Pai do Céu que libertasse Pedrinho daquele vício. A medicação foi intravenosa, entrou no coração e agiu rapidamente. Com pouco tempo, Pedrinho foi completamente liberto daquilo que tanto o incomodava. Ele era criança e não falava dos seus sentimentos. Doía-lhe na alma e não conseguia se expressar. Até que o anjo de Deus tocou-lhe nos lábios, e, então, começou a falar."

A missão dos pais é cuidar dos filhos, amá-los e fazê-los homens e mulheres direitos e tementes a Deus, sabendo que o exemplo é a melhor escola. Ore com seus filhos, não só peça por eles. Essa fórmula não falha. O maior segredo para uma casa limpa, higienizada, perfumada e iluminada é a dependência completa de Deus, um vício que não deprime e também não mata.

A história de Adão é curta, apesar de longos dias de vida (Gênesis 5:5). Não se sabe muita coisa. Mas é provável que se sentou com Caim e Abel e contou-lhes a história da criação. Falou da beleza e perfeição do jardim do Éden, tudo feito com a mão de Deus. Entretanto, o lado triste e vergonhoso, às vezes, ninguém conta (Gênesis 3:1-7). Disfarça e esconde os segredos a sete chaves, pois há situações que não é bom nem lembrar.

Se Adão ou Eva lhes contou que fizeram amizade com quem não devia, não está escrito. Más companhias só trazem prejuízo, dor de cabeça, traição e maus conselhos. Se Adão não contou e Eva enrolou, alguém soube e passou adiante. Será que foi a serpente? Ou o próprio Deus? Isso não é relevante. Os erros não devem ser ignorados e colocados no mundo esquecido da memória. É bom aprender e ensinar com os erros. Se alguém fala mal de Deus ou aconselha contrariamente à sua Palavra, não é amigo nem irmão. E foi assim com a serpente. É preciso abrir bem os olhos para não cair em ciladas.

Entretanto, Caim cerrou as suas pálpebras e caiu na cilada da avareza, do egoísmo e da inveja. A narrativa não fala exatamente do defeito de Caim, só que é possível imaginar. Se a oferta de Abel foi aceita, e trouxe dos primogênitos de suas ovelhas, a de Caim foi rejeitada porque trouxe de seus frutos, mas não das suas primícias (Gênesis 4:3-5). Os frutos que escolheu e separou para Deus não foram os primeiros nem os melhores. Acaso apanhou da sobra e do resto, daquilo que não lhe servia e estava mirrado e bichado? Será que alguém pode enganar Aquele que é onisciente?

Não adianta enganar, se você trouxer uma oferta para Deus, traga-a do melhor, a primeira hora do dia, a primeira conversa, a primeira colheita, o primeiro gado e os primeiros lucros. Quando se ganha, o primeiro é de Deus. Se for diferente, será rejeitado como aconteceu com Caim. Irado, extremamente contrariado e infeliz, só pensou em si mesmo e fez pouco-caso do irmão.

Quem ama o próximo não tem inimigo e a ninguém faz mal (Lucas 6:35). Ao contrário, ajuda, cuida, preocupa-se, ampara e socorre. E, se for necessário, até entrega a sua vida por ele (João 10:11; Romanos 5:8; 1 João 3:16). Esse é o amigo perfeito, difícil de encontrar, mas não é impossível.

Cristo não está longe de ninguém, está tão perto. Aquela batida na porta, é Ele querendo entrar (Apocalipse 3:20). Amar a Cristo é muito fácil porque Ele é o amigo de todas as horas e todas as situações. Se os pais são amigos de Cristo, e Ele está sempre no lar, se almoçam juntos, trocam ideias e se abraçam calorosamente, os filhos hão de se acostumar com presença de Jesus. Eles aprenderão que Cristo é o melhor amigo que alguém poderia achar.

No mais, além da genética de Deus, que é a bondade, a misericórdia, a compaixão, a fidelidade e tantas coisas mais, a herança que os pais devem deixar são os bens da honestidade, do trabalho digno e exemplar, da perseverança e transparência, do amor ao próximo e temor a Deus.

4. Comparando o ser humano à dracma, é o ser humano que tem mais valor porque a vida humana foi criada à semelhança de Deus.

Até parece uma questão tola e óbvia. Mas não é. A comparação entre a dracma e o ser humano é um estímulo à valorização da criatura de Deus que fala e pensa, louva, tem vontade própria, é consciente e sabe o que faz.

Quem vale mais a dracma ou o ser humano? Não há o que pensar, é a vida humana, claro! A moeda é a protagonista da parábola porque expressa diretamente um certo valor. Ela era produzida a partir de um metal precioso, comprava tudo, inclusive gente de carne e osso. Até Jesus foi comprado com trinta moedas de prata (Mateus 26:15), mas com preço desprezível e vil.

Se o homem não tem preço, o que dizer do Filho de Deus? Se juntasse um milhão, ou todas as moedas do mundo, as de prata, de bronze e as de ouro, nada expressaria o valor do ser humano. Para alguns, certamente a vida é bem menos do que um simples celular.

O preço que Deus avalia a vida humana, no entanto, é o sangue de Cristo, Aquele que morreu em seu lugar. Não foi com prata ou ouro que foi avaliada, e sim com o valioso sangue do Senhor Jesus (1 Pedro 1:18-19). Ele entregou-se à cruz, derramou o seu sangue a fim de ganharmos a vida e com Ele morarmos eternamente.

5. As cinco metáforas da parábola da moeda perdida são as amigas e vizinhas, a mulher, a candeia, a dracma perdida e a casa. De uma forma mais restritiva, elas representam os anjos (Lucas 15:10), o próprio Deus (Isaías 1:2-3), a Palavra de Deus ou o próprio Jesus (João 9:5), o judeu pecador (Mateus 10:31) e a nação de Israel (Ezequiel 3:4), respectivamente. De uma forma mais ampla, a dracma perdida representa o pecador, e a casa as nações do mundo.

Por acaso você já viu os gêneros da vida? Ela não tem gêneros, mas é o corpo quem separa homem e mulher. No mundo que ainda vem, o corpo será transformado e glorificado, e todos serão como os anjos.

A vida humana é muito amada, preciosa e alvo do sacrifício de Jesus. Homem e mulher sempre ocuparam o mesmo espaço no coração de Deus. Por isso, a mulher foi usada na parábola como a representante de Deus. Ele não levou em conta o gênero, já que não importa. O que importou e interessa é a vida e a tarefa da mulher. O contador de histórias olhou a vida em si, o ser humano, e não o gênero. Apenas, utilizou-se dos hábitos e fatos comuns da vida de uma judia para explicar as verdades do Reino de Deus. Então, deu valor à dona de casa e às suas amigas e vizinhas.

A mulher era a dona da casa e tinha as moedas. Quando perdeu uma moeda, logo teve a iniciativa de procurá-la com a candeia e a vassoura na mão. O Pai celeste, criador dos céus e da terra, dono de tudo e de todos, viu que havia perdidos na casa de Israel. Assim, tomou a iniciativa de achar o pecador. Com a vassoura na mão e a candeia estrategicamente colocada, atraiu, iluminou e purificou o pecador.

Deus enviou o seu Filho Jesus para iluminar a casa de Israel e o mundo. A nação dos hebreus é amplamente citada nas Escrituras como a casa de Deus, referindo-se ao povo que Ele escolheu (Isaías 5:7; Jeremias 33:17; Ezequiel 34:30; Hebreus 8:10). O próprio Jesus afirmou que havia sido enviado particularmente às ovelhas perdidas da casa de Israel (Mateus 15:24). Com certeza, havia muitas moedas de grande valor que estavam perdidas na casa do povo de Deus. Alguns exemplos são Maria Madalena (Marcos 16:9), Zaqueu (Lucas 19:8) e o malfeitor da cruz (Lucas 23:40-43), dentre os milhares ou milhões que foram iluminados.

A dracma era uma moeda de um metal precioso e raro que expressava um certo valor. Desde a antiguidade, o ouro e a prata eram metais muito apreciados pelo homem e até representavam a riqueza de um reino. A vida humana foi muito bem representada pela dracma, porque era rara e valiosa. As dez moedas eram a metáfora dos filhos de Abraão, os israelitas ou judeus.

A moeda perdida, aquele que se perdeu no caminho da vida, entrou por um atalho e se distanciou de Deus. Contudo, apesar de pecador e perdido, o seu valor não se perdeu e continuou valiosíssimo. Se o ser humano soubesse o quanto é precioso aos olhos de Deus, guardava-se do inimigo, do ladrão e salteador. Satanás está de olho no tesouro de Deus, mas o Senhor é poderoso para o guardar até o dia final (2 Timóteo 1:12).

Quando a Luz vier, aquela que já veio e iluminou o pecador, brilhará para sempre nos céus da nova Jerusalém (Apocalipse 21:23). Uma festa imensa será, um banquete de gala, júbilo e alegria, com os anjos cantando e exaltando de gozo e felicidade. Vidas serão comemoradas, pois foram resgatadas, purificadas e salvas. A raridade e o valor de uma só alma é tão extraordinário que se transformou em uma parábola, a parábola da moeda perdida.

6. *Se os numerais de 1 a 100 são representados por uma mola com dez voltas, cada dezena, como as de 1 a 10 e 91 a 100, deverá ser representada pela figura geométrica de uma circunferência. Logo, o numeral 10 significa uma volta completa ou um ciclo. Como a ideia é de algo inteiro e completo, o número que quantifica as moedas da dona de casa significa toda a casa de Israel.*

A hélice circular é uma linha curva que dá muitas voltas em torno de uma reta imaginária, formando a silhueta de um cilindro reto, à semelhança da mola da questão. A mola está presente na suspensão de veículos, em brinquedos, nas canetas de ponta retrátil e em cadernos. Ela é composta de uma sequência de curvas de 360 graus. Como a mola da questão possui dez voltas, ela pode ser imaginada como a junção ou sequência de dez circunferências. A circunferência é uma curva de 360 graus e representa uma volta completa e perfeita, quando o fim coincide com o início. Portanto, cada dezena representa um ciclo, que se repetirá inúmeras vezes até onde se quer chegar.

O uso da mola na questão é apenas para ilustrar a característica cíclica de alguns intervalos numéricos que são usados na revelação profética. Eles são metáforas que substituem coisas, períodos e verdades espirituais. Por exemplo, as unidades de 1 a 9 serão sempre repetidas, formando uma nova sequência, portanto uma nova dezena. Os numerais 10, 20, 30, 40 e assim por diante representam um fim de um ciclo e o início do seguinte. No caso dado, existem 10 dezenas no intervalo de 1 a 100, ou seja, dez ciclos. Esse mesmo fenômeno ocorre na cultura hebraica e grega, apesar de os números lá serem representados por letras dos seus alfabetos.

O numeral 10 representa um ciclo, algo completo, pleno e perfeito. É por isso que Jesus deve ter escolhido o numeral 10 para representar toda a casa de Israel. Um ciclo completo simbolizando um povo completo, uma nação inteira, o povo de Deus, dentre tantos povos do mundo.

Mas o numeral 10 é apenas um dentre outros. Alguns números foram propositadamente escolhidos por Deus. É o caso do numeral 7, o preferido da revelação profética[224]. A semana tem 7 dias, e se repete, e caminha ao longo do tempo com ciclos intermináveis até a volta de Jesus. O numeral 7 representa o ciclo semanal, é algo completo, pleno e perfeito, além de representar o dia do descanso de Deus. Ele é o numeral mais simbólico[225] na Bíblia e aparece camuflado através das expressões uma semana, metade de uma semana, sete semanas, sete meses, sete anos, sete semanas de anos e setenta anos. Essas expressões numéricas não são obra do acaso, mas a deliberação e providência divina. Cada uma tem uma significação própria.

Por exemplo, 69 semanas representam o período que vai da ordem do rei Ciro para restaurar Jerusalém até a morte de Jesus no Calvário. Adicionando mais uma semana, completam-se as 70 (7 x 10) semanas de Daniel. O período de 70 semanas representa o intervalo completo da história do povo de Israel a partir da ordem do rei Ciro. Ele vai do decreto de Ciro para restaurar Jerusalém até a volta de Cristo (Daniel 9:24-25). Se você colocar no papel, ficará mais claro. Também, um quadro demonstrativo foi colocado no final do capítulo para melhor visualização e fixação. Agora, fazendo de novo as contas, e subtraindo, uma semana é o período que sobra e se inicia na morte do Messias até a sua volta, o fim do mundo.

A conclusão é que essas expressões numéricas, 70 semanas e, também, uma semana, não representam uma quantidade de unidades. Elas são usadas como metáforas, representando períodos da história. Nem sequer são proporcionais entre si ou com as quantidades de dias dos períodos representados. A última semana, que coincide com a era cristã, é dividida pela metade. A primeira metade vai da morte do Messias até a abominação desoladora, que é a invasão final de Jerusalém[226]. A outra metade é o pequeno intervalo[227] que se inicia com a abominação desoladora até o fim do mundo (Daniel 9:27). Portanto,

---

224. Só no livro do Apocalipse, são 18 as diferentes expressões com o numeral 7, citadas mais de 50 vezes.
225. A literalidade ou não de uma palavra é determinada pelo contexto, pois não existe uma regra estabelecida.
226. A abominação desoladora de que falou o profeta Daniel é explicada na parábola da figueira e das árvores, próximo capítulo.
227. Esse intervalo corresponde ao período de até uma geração, conforme Mateus 24:34.

as duas partes da última semana da história da humanidade não são proporcionais entre si.

O curioso e interessante é que a expressão metade de uma semana, numericamente, corresponde a três e meio (3 ½), equivalendo às expressões três dias e meio [(3 ½) Apocalipse 11:9,11], 42 meses [(12 + 12 + 12 + 6 = 3 ½) Apocalipse 11:2; 13:5] e um tempo, e tempos, e metade de um tempo [(1 + 2 + ½ = 3 ½) Daniel 7: 25; 12:7; Apocalipse 12:14]. Essas expressões não devem ser interpretadas literalmente, mas apenas vistas como metáforas que representam ou a primeira metade da semana, da morte do Messias até a abominação desoladora, ou a segunda metade da semana, da abominação desoladora até o retorno de Cristo.

Os números mil duzentos e sessenta dias (354 + 354 + 384 + 354/2 = 3 ½) e mil duzentos e noventa dias (384 + 354 + 384 + 354/2 = 3 ½)[228] podem ser transformados em três anos e meio, correspondendo à mesma expressão numérica três e meio (3 ½). A transformação de 1260 e 1290 em três anos e meio é aproximada, tendo em vista as especificidades do calendário hebraico lunar[229]. A rigor, toda idade ou espaço de tempo é sempre arredondado para cima ou para baixo. É o caso explícito dos anos referentes ao período entre a promessa dada a Abraão e a saída do povo hebreu do Egito (Gênesis 15:13; Êxodo 12:40; Gálatas 3:17).

Como no calendário solar gregoriano, com anos de 365 e 366 dias, no calendário lunar hebraico há seis possibilidades, 353, 354, 355, 383, 384 e 385 dias[230]. Essas possibilidades acontecem pela combinação de duas razões. A primeira, porque os meses no calendário lunar são sempre de 29 dias ou 30 dias. A segunda, o acréscimo do 13º mês para ajustar as festas hebraicas às estações do ano solar[231]. Porém, independentemente

---

228. A soma dos dias de 3 anos e meio subsequentes não é exatamente 1260 ou 1290, mas valores entre esses números, quaisquer que sejam as probabilidades.
229. JEWISH CALENDAR. **Judaism 101,** [on-line, s.d.]. Disponível em: <https://www.jewfaq.org/calendar.htm>. Acesso em: 05 fev. 2022.
230. THE JEWISH CALENDAR YEAR. **Chabad.** [on-line, s.d.]. Disponível em: <https://www.chabad.org/library/article_cdo/aid/526875/jewish/The-Jewish-Calendar-Year.htm>. Acesso em: 05 fev. 2022.
231. A intercalação do 13º mês era feita empiricamente a cada dois ou três anos, através da observação da natureza, a fim de coincidir a páscoa com a estação da primavera. Somente em 358 d.C. que o calendário através de cálculos matemáticos e astronômicos foi estabelecido, sendo utilizado nos dias atuais.

dessas considerações, através da comparação entre os textos correlatos, há clara evidência de as expressões 1260, 1290 e três e meio (3 ½) serem equivalentes (Daniel 12:11; Apocalipse 12:6,14).

Assim, o número mil duzentos e noventa dias é equivalente à segunda metade da semana, que corresponde ao período que vai da abominação desoladora até o fim do mundo (Daniel 12:11). E o número mil duzentos e sessenta dias, à primeira metade da semana, que vai da morte de Jesus até a abominação desoladora (Apocalipse 12:6).

Enfim, o intérprete deve abster-se completamente de olhar as expressões numéricas como de fato números. Elas não expressam quantidades exatas e reais de dias, meses e anos da história. Em vez disso, simbolizam períodos de acontecimentos históricos. Também não há relação de proporcionalidade entre o valor literal das expressões numéricas e os seus respectivos significados. Do contrário, essa atitude prendê-lo-á a quantidade de dias, semanas, meses e anos, deixando-o confuso e longe da interpretação esmerada, exata e correta. Interpretá-las ao pé da letra não reflete a realidade profética. A profecia é um verdadeiro quebra-cabeça cujas peças que estão espalhadas devem ser bem montadas. Se encaixadas no local certo, a visão tornar-se-á clara, coerente, harmoniosa e perfeita.

A partir dessas descobertas, outras peças do quebra-cabeça poderão ser encontradas e unidas às peças já montadas. A interpretação das metáforas proféticas é mais simples do que aparenta ser. Para ficar mais claro, observe o quadro resumo a seguir:

SIMBOLOGIA	INTERPRETAÇÃO/ SIGNIFICADO	REF. BÍBLICAS
70 semanas	Período entre o decreto de Ciro e o fim do mundo.	Daniel 9:24
69 semanas	Período entre o decreto de Ciro e a morte de Cristo.	Daniel 9:25
Última semana	Período entre a morte de Jesus e o fim do mundo.	Daniel 9:27
Primeira metade da última semana (1260 dias / 42 meses / um tempo, e tempos, e metade de um tempo)	Período entre a morte de Jesus e a abominação desoladora de que falou o profeta Daniel, a destruição final de Jerusalém.	Daniel 9:27; Apocalipse 12:6; Apocalipse 11:2; Apocalipse 13:5; Daniel 7:25; Daniel 12:7; Apocalipse 12:14
Segunda metade da última semana (três dias e meio / 1290 dias)	Período entre a abominação desoladora e o fim do mundo.	Daniel 9:27; Daniel 12:11; Apocalipse 11:9.11

19.
A PARÁBOLA DA FIGUEIRA E DAS ÁRVORES (Mateus 24:32-35, NAA)

32 Aprendam a **parábola** da figueira: **quando já os seus ramos se renovam e suas folhas brotam**, vocês sabem que **o verão** está próximo. 33 Assim, também vocês, quando virem **todas estas coisas**, saibam que **(ele) está próximo, às portas**. 34 Em verdade lhes digo que não passará esta geração sem que tudo isto aconteça. 35 Passará o céu e a terra, porém as minhas palavras não passarão.

CURIOSIDADES

Na Palestina, as estações do ano são mais definidas, diferentemente das regiões tropicais. Elas são o outono, o inverno, a primavera e o verão. É no outono que as árvores se protegem do clima rigoroso do inverno e se preparam para tornarem-se mais produtivas. A clorofila diminui e as folhas perdem a sua cor de intenso verde, desprendendo-se dos galhos[232]. Elas deixam cicatrizes, mas nunca feridas abertas. Quanto ao inverno, ele é caracterizado pelo estado de dormência das árvores, quando acumulam energia[233]. Sem folhas e copa, a atividade celular é reduzida para ressurgir com toda força e vigor na próxima estação. Na primavera, os brotos e a tonalidade mais clara do verde das folhas logo denunciam que há vida. É um recomeço com toda disposição para viver os dias do sol de verão, poderoso e dominante, das cores vivas e intensas da folhagem, das lindas flores e dos frutos que sustentam os seres vivos. Certamente, a natureza foi programada pelo Criador e Senhor Deus para enfrentar os climas mais hostis, renascer do pó e preservar a vida.

---

232. PETRUZELLO, Melissa. Why Do Leaves Fall in Autumn? **Britannica Encyclopedia**, [on-line, s.d.]. Disponível em: <https://www.britannica.com/story/why-do-leaves-fall-in-autumn>. Acesso em: 05 fev. 2022.
233. POR QUE as folhas das árvores caem no outono? **Superinteressante**, [on-line, s.d.]. Disponível em: <https://super.abril.com.br/mundo-estranho/por-que-as-folhas-das-arvores-caem-no-outono/>. Acesso em: 05 fev. 2022.

1. Para ficar mais claro, reescreva a parábola da figueira e das árvores, iniciando com a forma comum às parábolas de Jesus: "O Reino dos Céus é semelhante a _____

_____

2. Do ponto de vista da parábola criada a partir de uma perspectiva de clima temperado, onde as estações do ano são mais definidas, quais são as figuras que melhor representam a primavera e o verão?

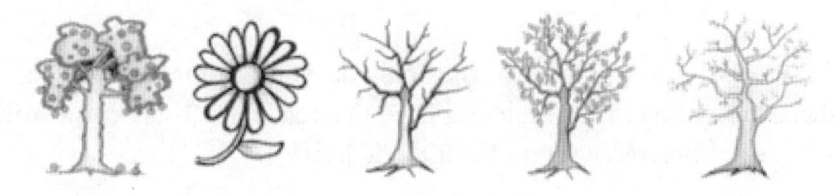

3. Na parábola da figueira e das árvores, Jesus comparou o Reino de Deus a duas estações do ano: a primavera e o verão. Para melhor compreensão, responda os itens a seguir:

a) Primeiramente, no texto de Mateus 24:32-35, separe a parábola de sua explicação. Para maior clareza, a parábola é composta de palavras, expressões e histórias que foram utilizadas na comparação. A explicação, por outro lado, é a aplicação da lógica da parábola à vida espiritual ou ao Reino dos Céus.

b) Em seguida, quais são as expressões da explicação que substituíram os acontecimentos relacionados ao Reino de Deus? Elas são duas e foram comparadas à primavera e ao verão.

c) E por último, leia novamente a parábola e sua explicação. Observou que partes do texto estão em negrito? Veja que elas foram reproduzidas logo abaixo. Assim, ligue os elementos da esquerda com os seus correspondentes da direita.

PRIMAVERA	Parábola
	Figueira
	Os seus ramos se renovam e suas folhas brotam
VERÃO	Verão está próximo
	Todas estas coisas
	(ele) Está próximo, às portas

4. De acordo com a parábola, os sinais da volta iminente de Jesus são **todas estas coisas**. Leia Mateus 24:15-30 e relacione "estas coisas" ou os sinais que anunciarão a segunda vinda de Jesus:

1.	2.
3.	4.
5.	6.
7.	8.

5. A mensagem principal dessa parábola é dizer que a volta de Jesus será sinalizada por acontecimentos bem específicos e visíveis, do mesmo modo como os sinais da primavera anunciam e manifestam que o verão está chegando. Considerando que as mudanças do outono anunciam o inverno, e do inverno a primavera, e da primavera o verão, por que Jesus escolheu dentre as quatro estações justamente a primavera e o verão para compará-las ao Reino dos Céus? Indique a única referência bíblica abaixo que NÃO contribui para a sua resposta.

Mateus 4:16	Salmos 148:3	João 8:12	Apocalipse 21:23	João 1:4-5

A PARÁBOLA DA FIGUEIRA E DAS ÁRVORES
(Mateus 24:32-35, NAA)

1. Reescrevendo a parábola da figueira e das árvores, iniciando com a forma consagrada por Jesus, ela ficará assim: "O Reino dos Céus é semelhante à relação que existe entre a renovação dos ramos e das folhas das árvores e a chegada do verão. Na primavera, quando os ramos e as folhas das árvores começam a brotar, é sinal de que a próxima estação já está chegando, o verão. No Reino dos Céus, quando o abominável da desolação estiver no lugar santo, os falsos cristos e profetas estiverem operando grandes sinais e os poderes dos céus forem abalados, é sinal de que o Filho do Homem já está às portas. Levantem os seus olhos, porque todos os povos se lamentarão e verão o Filho do Homem vindo sobre as nuvens com poder e grande glória."

O Reino dos Céus não é semelhante à estação da primavera ou à estação do verão, mas à relação que existe entre elas. Tal como o verão é antecedido pelas mudanças da primavera, a volta de Cristo também será preanunciada por alguns fatos históricos. Esses eventos estão revelados na profecia bíblica.

A relação entre os sinais da primavera e a chegada do verão é a essência e a alma da parábola. A primavera, com a eclosão de brotos e a renovação das folhas, é logicamente o pré-anúncio da próxima estação, que é o verão. As estações do ano são o outono, o inverno, a primavera e o verão. Elas são, na verdade, um ciclo, obedecendo sempre essa ordem e sucessão. Se por um lado, as estações são marcadas por aspectos bem definidos, por outro existe uma relação de continuidade entre elas. Entre o outono e o inverno, o inverno e a primavera, a primavera e o verão, e o verão e o outono, há uma mistura de sensações e espetáculos. O fim de uma estação se entrelaça com o início da que aflora e estabelece o seu reinado.

A história da humanidade também segue uma ordem e sucessão de fatos. Esses acontecimentos poderão ser estabelecidos através da interpretação do texto sagrado. Por exemplo, o apóstolo Paulo advertiu os tessalonicenses a não ficarem perturbados, como se Cristo já estivesse às portas. Então, relacionou dois eventos que deveriam acontecer antes do retorno de Cristo: a apostasia e a manifestação do filho da perdição (2 Tessalonicenses 2:1-10). Ainda em Romanos 11:25-26, ele afirmou que todo o Israel seria salvo, o que até então não havia ocorrido nem ainda aconteceu (Zacarias 12:10).

Além de Paulo, o próprio Jesus estabeleceu uma cadeia de eventos, a qual foi registrada pelos três primeiros evangelistas, Mateus, Marcos e Lucas. São três narrativas que possivelmente têm uma mesma origem. Elas reproduziram um mesmo sermão, com detalhes e estrutura bem similares. Entretanto, existem algumas diferenças importantes na narrativa de Lucas. Alguns detalhes do sermão que chegaram até Lucas são diferentes dos registros de Mateus e Marcos, ainda que um tanto sutis. As diferenças das narrativas sugerem diversidades na interpretação de um mesmo discurso. Será que Jesus foi dúbio em sua fala? Uma coisa é certa, tudo esteve e está debaixo do controle do Espírito Santo. O que está escrito e registrado é indubitavelmente a providência, a sabedoria e a vontade de Deus.

Basicamente, a diferença está entre dois eventos similares, mas deslocados na linha do tempo. O primeiro deles aconteceu no início da era cristã, há quase dois mil anos. O segundo, com previsão para suceder no fim desta era, como anúncio da volta de Cristo. Para quem gosta de enigmas e mistérios, aqui estão alguns deles. Eles merecem o seu interesse e dedicação. A diferença básica das narrativas está no meio do sermão profético. Assim, você deve prestar bem atenção. Se os seus olhos estiverem abertos, nada será complicado. Não se preocupe e não desista, aqui está bem detalhado.

Os escritores Mateus e Marcos falaram do abominável da desolação de Daniel. Enquanto Lucas, da guerra que destruiu Jerusalém após 40 anos da morte de Jesus. São dois fatos históricos distintos – mas paralelos na profecia bíblica. Eles são facilmente confundidos. Mateus e Marcos registraram o abominável da desolação do livro de Daniel, localizando-o como prelúdio e indicação da volta iminente de Jesus. Paralelamente, Lucas registrou a destruição de Jerusalém pelo general romano e seus exércitos no ano 70 d.C., localizando-o como início da diáspora[234] dos judeus na era cristã.

Uma análise visual e rápida do quadro explicativo que se encontra nesta questão mostrará que os eventos de Mateus e Marcos estão em ordem cronológica, diferentemente da narrativa de Lucas. Para organizar as ideias de Lucas, seria necessário deslocar alguns registros do meio para o início de sua narrativa, estabelecendo, assim, uma sucessão temporal dos fatos. A perseguição aos judeus e o cerco de Jerusalém em 70 d.C. deveriam ser extraídos do centro do relato de Lucas e colocados no seu início. Isso é evidenciado pelo quadro adiante, que também mostrará as diferenças básicas entre os evangelistas. Uma das vantagens dessas diferenças é a possibilidade de interpretar corretamente o enigma de Daniel.

---

234. Dispersão forçada dos judeus pelo mundo, a partir do 1º século da era cristã, ao longo de quase dois mil anos.

Você, então, descobrirá que dois fatos históricos são revelados por Jesus. Mateus e Marcos referiram-se à abominação da desolação de que falou o profeta Daniel. Por outro lado, Lucas falou da invasão da cidade de Jerusalém pelos romanos, que a destruíram no primeiro século da era cristã. Consequentemente, uma única mensagem de Jesus gerou interpretações diferentes, quanto à época de cumprimento e à qualidade dos eventos. Por serem ideias paralelas, a conclusão que se tira é que ambas se referem à guerra e à destruição de Jerusalém, mas com intensidades e datas desiguais.

Portanto, o abominável da desolação de Daniel é uma guerra, a última batalha em Jerusalém, registrada também por outros escritores (Zacarias 12; Apocalipse 16:12,16). Ela é a grande tribulação, sem igual no passado nem no futuro. Se esses detalhes não ficarem claros na mente do intérprete, ele ficará confuso. A fim de permitir uma maior lucidez, uma tabela comparativa foi disponibilizada logo em seguida. Estude-a, faça anotações e leia este capítulo quantas vezes for necessário para uma boa compreensão.

Divisão	FATOS CRONOLÓGICOS	REFERÊNCIAS BÍBLICAS		
		MATEUS	MARCOS	LUCAS
	Perseguição/Discípulos entregues à sinagoga			21:12-19
	Invasão de Jerusalém em 70 d.C.			21:20-24
PROGRESSIVO E SIMULTÂNEO	Falsos Cristos	24:5	13:6	21:8
	Guerras e rumores	24:6	13:7	21:9,10
	Fomes, pestes e terremotos	24:7	13:8	21:11
	Perseguições	24:9	13:9,11	
	Falsos profetas	24:11		
	Multiplicação da iniquidade e falta de amor	24:12		
	Pregação do Evangelho em todo o mundo	24:14	13:10	
	Abominação da desolação de Daniel	24:15-20	13:14-18	
PRIMAVERA	Grande aflição	24:21-22	13:19-20	
	Falsos cristos e falsos profetas	24:23-24	13:22	
	Sinais no céu: Sol, Lua e astros escurecerão	24:29	13:24-25	21:11,25-26
VERÃO	A volta de Cristo	24:30	13:26	21:27

Como conclusão do sermão e desfecho da história, haverá o escurecimento do Sol, da Lua e das estrelas quando os poderes dos céus serão abalados. Sem nenhum prejuízo à profecia de Jesus, os eventos poderão referir-se primeiramente a catástrofes no planeta Terra e não nos astros e luzeiros celestes. A interpretação não deve ser literal por diversas razões. Qualquer redução repentina e mínima, por exemplo, da luz solar, a vida no planeta seria exterminada instantaneamente. Por outro lado, um asteroide de 1,6 km chocando-se com o planeta Terra, liberaria uma energia 10 milhões de vezes maior do que a energia da bomba atirada sobre Hiroshima. A poeira lançada à atmosfera poderia bloquear a luz do sol[235] e matar a vida no planeta[236]. São hipóteses que não podem ser descartadas.

Outro cenário está ligado à intervenção direta do homem. Hoje há tecnologias destinadas à manipulação do clima, a exemplo da geoengenharia[237] solar. Ela se relaciona ao bloqueio da luz solar, com a dispersão contínua de aerossóis na atmosfera[238]. A luz solar seria refletida e absorvida pelos aerossóis, "escurecendo" e resfriando o planeta. Mas o assunto é controverso, e o tiro poderia sair pela culatra, aquecendo ainda mais e de forma súbita a casa dos homens.

Quanto à descrição de 2 Pedro 3:10-12, o universo, de fato, entrará em colapso, e todos os astros e luminares dos céus passarão com grande estrondo e se fundirão[239]. A imaginação de trilhões e trilhões de galáxias com bilhões e bilhões de estrelas explodindo em fogo é algo inacreditável! Contudo é cientificamente possível e biblicamente uma realidade. Para a tranquilidade dos salvos, esse fato não os alcançará, assim como o dilúvio não atingiu nem destruiu a Noé e sua família (Mateus 24:38-39). Ló e suas filhas também não foram destruídos pela tragédia que atingiu as duas cidades de Sodoma e Gomorra e seus arredores.

Algumas perguntas, então, ficam no ar. O escurecimento dos astros seria absoluto? Haveria a intervenção direta ou indireta do homem? Ou seria um golpe dos poderes dos céus, já programado de antemão? Na

---

235. WALL, Mike. Medium-Size Asteroid Strike Could Unleash a Mini Ice Age. **Space.com**, [on-line, s.d.]. Disponível em: <https://www.space.com/31867-asteroid-strike-mini-ice-age.html>. Acesso em: 05 fev. 2022.
236. BRAIN, Marshall; GLEIM, Sarah. What If an Asteroid Hit Earth? **How stuff works?** [on-line], 7 jan. 2022. Disponível em: <https://science.howstuffworks.com/nature/natural-disasters/asteroid-hits-earth.htm>. Acesso em: 05 fev. 2022.
237. ARONOFF, Kate. Inside Geoengineers' Risky Plan To Block Out the Sun. **In These Times**. [on-line, s.d]. Disponível em: <https://inthesetimes.com/features/geoengineering-climate-change-fossil-fuel-industry-srm-indigenous-activism.html>. Acesso em: 05 fev. 2022.
238. SCOPEX: Stratospheric Controlled Perturbation Experiment. **Keutsch Group**, [on-line, s.d]. Disponível em: <https://www.keutschgroup.com/scopex>. Acesso em: 05 fev. 2022.
239. Catástrofe universal que lembra o Big Crunch, teoria ainda não plenamente descartada, que defende a contração do universo até ser reduzido a um único ponto.

verdade, os eventos escatológicos devem ser interpretados com cautela, aguardando-se os possíveis desdobramentos. Como serão os detalhes é inimaginável, pois a ciência é uma caixa de surpresas. Quanto mais próximos desses acontecimentos, maiores percepções e possibilidades serão desenhadas. Só o tempo polirá e consumará a interpretação. Quem chegar lá saberá que a profecia bíblica não falhou e jamais falhará, e que a justiça de Deus é perfeita, extraordinária e notável. E, portanto, Cristo pode até demorar, mas não atrasará, e no tempo certo e determinado é que virá. Mas se demorar, não se preocupe e não se engane, você se apressará em encontrá-lo.

2. *A parábola foi criada da perspectiva de um clima temperado, onde as estações do ano são mais definidas. O verão é melhor representado pela árvore frondosa, cheia de folhas e com muitos frutos. Já no caso da primavera, a árvore tem folhas em renovação e de cor clara. Elas são a primeira e a última figuras, respectivamente.*

A parábola da figueira e das árvores é citada pelos três primeiros evangelistas (Mateus 24:32-35; Marcos 13:28-31; Lucas 21:29-33). O escritor Lucas registrou que todas as árvores lançavam os seus brotos na primavera, como ocorre no clima temperado (Lucas 21:29-30).

Na verdade, cada estação tem as suas próprias características. Elas são bem definidas e nítidas, como é no caso da Palestina, que está acima do Trópico de Câncer. A penúltima árvore, com poucas folhas e mais largas e aparentemente secas, representa o outono. Ele é o período de preparação para o embate contra o clima mais hostil e severo do ano. A árvore do meio, a qual não tem folhas e parece seca e morta, identifica a estação do inverno. A fim de evitar a perda de água através de suas folhas, elas caem. É um meio de sobrevivência para não secar[240]. A energia é acumulada para alcançar a exuberância de sua copa no verão. A última árvore equivale à primavera quando as folhas se veem livres e exibem-se para a natureza. Os brotos e as pequenas folhas indicam regeneração e transformação. Outro detalhe da primavera são as flores. Elas não devem ser desprezadas, já que explodem a alegria da estação e encantam os sentimentais e românticos. Porém, não foram citadas pelo Mestre. Quanto à primeira árvore, ela é bem a

---

240. PARÍCIA, Karlla. Por que as plantas de clima frio perdem as folhas no inverno? **Diário de Biologia**, [on-line], mai. 2010. Disponível em: <https://diariodebiologia.com/2010/05/por-que-as-plantas-de-clima-frio-perdem-as-folhas-no-inverno/>. Acesso em: 05 fev. 2022.

aparência do verão. A sua copa é abundante, as suas folhas exuberantes e está ornada por seus frutos. É a ocasião de ostentar a força que tem, de revelar toda a sua glória, majestade e poder.

No verão, os vaga-lumes voam mais tarde, há menos tempo para se exibir e conquistar as fêmeas. É que os dias são mais longos do que as noites. De forma inversa, os dias mais curtos são o jeito do inverno. Isso é por conta da inclinação do planeta em relação ao seu eixo de rotação. Quando os raios solares incidem de forma perpendicular à linha do Equador, os dias são praticamente iguais às noites. É nessa época que o outono e a primavera impõem o seu domínio.

O início de cada estação também recebeu nomes próprios. Eles são o solstício de inverno e verão e o equinócio de primavera e outono. Nas extremidades sul e norte do planeta Terra, os solstícios são o marco do único dia do ano em que a luz ou as trevas duram 24 horas ininterruptas. É como o mal e o bem, o Céu e o inferno, os quais são totalmente opostos.

Não sei se você percebeu que cada estação anuncia e introduz a que vem e se aproxima. O verão declara o outono, e o outono proclama o inverno, e o inverno lança a primavera. Há uma relação de continuidade entre as estações vizinhas, com a estação anterior introduzindo a posterior. Contudo, Jesus preferiu comparar o Reino de Deus à relação que há entre a primavera e o verão. A relação entre eles é perfeita e útil, sendo a primavera uma preparação para a imortalidade, a vitória e o resplendor do verão. As outras foram esquecidas, porque a primavera é regeneração e esperança, e o verão é exuberância e força. A volta de Cristo é a estação de poder e esplendor, com muita luz e brilho, quando o justo verá a glória do Rei e será revestido de toda a plenitude.

3. *Para melhor compreensão, a parábola deve ser separada da sua explicação. A parábola em si é "quando já os seus ramos se renovam e suas folhas brotam, vocês sabem que o verão está próximo", e a sua explicação "quando virem todas estas coisas, saibam que (ele) está próximo, às portas". A expressão "todas estas coisas" foi comparada à primavera, e a expressão "(ele) está próximo, às portas" foi comparada ao verão.*

É uma das poucas parábolas que foram explicadas pelo próprio Senhor e mestre Jesus. Os eventos descritos em Mateus 24:5-14, os falsos cristos e profetas, as guerras e rumores de guerras, fomes e terremotos, perseguições, a multiplicação da iniquidade, a falta de amor e a pregação universal do Evangelho são genéricos, comuns, múltiplos, repetitivos e abrangem largo espaço no tempo. Até podem ser simultâneos ou não. Por isso, não são característicos e exclusivos dos sinais da primavera.

Quanto ao abominável da desolação de que falou o profeta Daniel, ele é brotos e renovos da primavera profética, pois fará parte dos eventos específicos que proclamarão a volta do justo Juiz. A última geração presenciará o cumprimento da profecia de Daniel, além dos acontecimentos seguintes até o fim do mundo e o retorno de Cristo entre as nuvens (Mateus 24:34).

Na parábola, a primavera profética está representada através da expressão "todas estas coisas", e o verão através da expressão "(ele) está próximo, às portas". Semelhantemente às mudanças da primavera, que anunciam a chegada do verão, todas as coisas relatadas anteriormente proclamarão a volta de Jesus. "Todas estas coisas" é uma expressão que substitui alguns termos e expressões anteriores, tais como o abominável da desolação, os falsos cristos, o escurecimento dos astros luminosos e o abalo das forças universais.

O discurso de Jesus que antecedeu a parábola é conhecido como o sermão profético, motivado pela previsão da destruição do templo de Jerusalém. Ao dizer que não ficaria pedra sobre pedra, os seus discípulos perguntaram-lhe: "Quando essas coisas acontecerão e quais serão os sinais da sua vinda e do fim do mundo?" A destruição do templo anunciada por Jesus foi interpretada como um fato escatológico. E de certa forma não estavam errados. Entretanto, através dos detalhes e explicações de Jesus, haveria dois momentos similares na história dos judeus e da humanidade. O primeiro deles, a destruição do templo e de Jerusalém no primeiro século da era cristã. O segundo e último, a assolação do lugar santo nos últimos tempos, um fato que antecederia e suscitaria a vinda de Cristo. Como as estruturas das narrativas são muito parecidas, esses fatos históricos se confundem e são vistos como um só evento por aqueles que leem apressadamente.

No sermão profético, o Senhor Jesus revelou alguns eventos ao longo da era cristã e outros que precederiam a sua vinda. Como o fim de uma estação é o início da outra, não havendo descontinuidade, os eventos primaveris da última geração serão as boas-vindas ao Dia pleno de eterno sol, à aparição do Juiz e Rei Jesus. Ele voltará para dar fim aos pecados, iluminar e resgatar a sua igreja.

Não há roteiristas nem cenógrafos hábeis a ponto de reproduzir fielmente o epílogo do mundo. A nossa história é um segredo dos Céus, e o seu desfecho inimaginável, mesmo com as informações bíblicas.

Pintores e artistas, geniais e renomados, a exemplo de John Martin[241], artista inglês, e Hieronymus Bosh, pintor holandês, até ousaram retratar o fim do mundo e a vinda do Senhor Jesus. No entanto, a tentativa de reproduzi-los é mera especulação e uma imagem distorcida da realidade, que só o Dia da ira de Deus revelará.

Na parábola, os sinais da primavera declaram a chegada do verão. Ele não se furtará a luzir e virá com muito brilho e toda força. No Reino dos Céus, uma série de acontecimentos anunciarão a volta de Cristo. Esses acontecimentos foram relacionados logo antes da parábola e referem-se a predições dos servos de Deus no Antigo Testamento (Isaías 13:9-10; Daniel 9:27; 12:1,11).

A parábola da figueira e das árvores está inserida no sermão profético de Jesus, como complemento e advertência sobre o seu iminente retorno. Não será um momento fácil e tranquilo para a igreja de Jesus. Contudo, a percepção dos tempos e a certeza da proximidade da redenção sustentarão os salvos. As profecias bíblicas já cumpridas alimentarão a sua fé e darão segurança de que toda profecia será executada. Nenhuma palavra que saiu da boca dos profetas deixará de ser cumprida.

A parábola ora dita por Jesus serve de alerta para que o crente se prepare espiritualmente diante das adversidades preanunciadas. As lutas virão, as dificuldades surgirão, mas a esperança brotará e o renovo da fé sustentará o crente. O consolo será a sua força a fim de que as tribulações momentâneas não ofusquem a esperança e alegria do crente. Mas, ao contrário, que seja inundado de paz pelo sentimento da volta iminente e gloriosa de Cristo.

4. *Os sinais da volta iminente de Jesus são "todas estas coisas". Lendo Mateus 24:15-30, os sinais que anunciarão a segunda vinda de Jesus são: a abominação da desolação no lugar santo, que será a maior aflição da história da humanidade, os falsos cristos, os falsos profetas, o escurecimento do Sol, o escurecimento da Lua, o escurecimento das estrelas e os poderes do céu que serão abalados.*

Essas são "todas as coisas" que antecederão a segunda vinda do nosso Senhor Jesus Cristo. A análise do sermão profético e escatológico de Jesus é bastante interessante e desperta muita curiosidade. Ele exige um espaço próprio e um quadro comparativo entre os três primeiros Evangelhos, como anteriormente demonstrado. Os três escritores

---

241. Autor de *O Juízo Final*, baseado nas revelações do Apocalipse, é, na realidade, um tríptico a óleo, compreendendo três pinturas em separado.

narraram o sermão de Jesus com algumas e significantes diferenças. Certos detalhes que escapam à visão de muitos leitores serão determinantes para uma boa compreensão e interpretação da profecia de Daniel.

Quando se compara Mateus, Marcos e Lucas, verifica-se uma diferença relevante em parte do sermão registrado por Lucas, precisamente no meio da narrativa. Em Lucas 21:12, é introduzida uma preposição[242] que desloca alguns versículos[243] para o início da era cristã, o que não acontece com as narrativas de Mateus e Marcos. Não há dúvidas de que a interpretação de Lucas predisse a destruição de Jerusalém no ano 70 d.C. (Lucas 21:20-24). Isso foi a resposta dos romanos à revolta dos judeus que se instalou no outono do ano 66 d.C. contra o seu governo[244].

A interpretação de Mateus e Marcos segue uma cronologia sem interrupções ou deslocamentos, situando a grande tribulação no fim dos tempos. Entre a grande tribulação e o abalo das potências do céu não haverá interrupção (Mateus 24:28-29; Marcos 13:23-24). Imediatamente[245] depois da grande tribulação, os astros não mais darão a sua luz e Cristo será visto entre as nuvens. A aflição que se abaterá sobre a face da terra será incomparável em toda a história da humanidade.

Na estrutura das narrativas, o cerco de Jerusalém e a sua destruição, conforme dito por Lucas, coincide com a abominação da desolação de que falou o profeta Daniel (Daniel 9:27; 11:31), que é referida pelos primeiros evangelistas. São fatos paralelos e irmãos gêmeos univitelinos, com diferenças quase imperceptíveis. Mas as dores são desiguais, e eles vêm à luz em pontos extremos da era cristã.

Não há dúvidas de que a profecia de Daniel deve ser interpretada como a última batalha, a qual é também referida em outras partes da Bíblia (Apocalipse 16:14-16). Então, pergunta-se de novo se o sermão de Jesus seria dúbio, se os ouvintes dividiram-se na sua interpretação ou se cada autor omitiu parte dele. Considerando a similaridade das narrativas, é provável que o discurso de Jesus permitiu a dupla interpretação. Não é à toa que há quatro Evangelhos canônicos, cada

---

242. Preposição grega *pro*, que significa antes de, mais cedo do que. PRO, GREEK. **Bible Hub**: search, read, study the Bible in many languages, [on-line, s.d.]. Disponível em: <https://biblehub.com/greek/4253.htm>. Acesso em: 05 fev. 2022.
243. Lucas 21:12-24 deve ser deslocado para o início do sermão, conforme registrado no quadro anterior.
244. FIRST Jewish Revolt. **Britannica Encyclopedia**, [on-line, s.d.]. Disponível em: <https://www.britannica.com/event/First-Jewish-Revolt>. Acesso em: 05 fev. 2022.
245. Advérbio grego *eutheós*, que significa imediatamente.

qual trazendo relevantes e úteis detalhes que se somam. A assimilação dos informantes de Lucas foi fundamental para estabelecer a correta interpretação da profecia de Daniel.

5. Jesus escolheu notadamente a primavera e o verão para representar os últimos acontecimentos e a volta de Cristo porque o verão é a estação de muita luz. A única passagem que não contribui para essa ideia é Salmos 148:3, pois a referência é aos luminares da Terra em seu sentido denotativo, sem usá-los como representação da pessoa de Jesus: "Louvai-o, sol e lua; louvai-o, todas as estrelas luzentes".

Nesse versículo, o Senhor Jesus não é apresentado como a luz do mundo, ou o Sol, ou uma estrela, e não há uma sugestão apontando-o como a verdadeira luz. As outras passagens dividem entre si a pessoa de Jesus como a luz perfeita e plena que ilumina e afasta as trevas. Jesus Cristo, o Messias e o Cordeiro, todos, então, são representados como a luz, pois detêm a verdade, a ciência e a justiça. Essas passagens referem-se a Jesus como luz e sol, adequando-se à estação do verão, quando o sol exibe pleno poder, maior luminosidade e os dias são mais longos.

Por trás da criação da parábola está a genialidade de Jesus, que não deixa escapar o mínimo dos mínimos detalhes. Nada fica desapercebido. Ele é o criador da razão e a própria razão. Como entender que fez a opção pela primavera e verão de forma aleatória? O outono anuncia o inverno, e o inverno declara a primavera. Por que foram desprezados, se existe a mesma relação entre si de continuidade, como acontece entre a primavera e o verão? Não há dúvidas de que houve resolução prévia: a volta majestosa do Rei Jesus compartilha mais semelhanças com o verão. O Sol é o rei dos astros luminosos que ilumina a Terra e a humanidade e pode muito bem ser comparado a Jesus. Na nova Jerusalém, os dias serão de eterno solstício de verão, alongados e sem noite, como nos pontos extremos do planeta, pois o Cordeiro e Rei Jesus será a sua lâmpada, que jamais se apagará (Apocalipse 21:23; 22:5).

O foco da grande tribulação está na Judeia e na população judaica. Isso é indiscutível. A história dos judeus é particularmente usada para determinar os tempos da humanidade. Assim, as estações do ano poderão representar os quatro períodos dos judeus na história, à semelhança das setenta semanas de Daniel, que foi dividida em quatro partes: sete, sessenta e duas, meia semana e outra metade de uma semana. As semanas de Daniel não são proporcionais às medidas reais de tempo, a exemplo da última semana que representa o período completo da era cristã.

A partir da ordem para restaurar e edificar Jerusalém, a qual fora destruída pelos caldeus, a história dos judeus e da humanidade foi dividida em setenta semanas. Deus estabeleceu os tempos e os acontecimentos a fim de eliminar os pecados, expiar a iniquidade, implantar a justiça, selar e cumprir toda profecia e ungir o Rei dos Reis, o Senhor e Rei Jesus Cristo (Daniel 9:24). Ele virá com todo poder e glória, com máxima luz, para iluminar os santos de Deus.

Logo, as estações do ano representarão a história dos judeus e da humanidade, a qual será dividida em quatro partes. As estações históricas e proféticas não terão uma equivalência e proporção como acontece aos meses do ano. E, portanto, não será uma divisão em tempos ou partes iguais. Os equinócios e solstícios[246] serão representados pelos eventos que marcaram as grandes transformações na vida desse povo. Não há como determinar se a mente brilhante de Jesus estabeleceu uma divisão didática conforme será demonstrada. De qualquer forma, as características desses períodos serão muito bem apreciadas e representadas.

A exuberância de Israel aconteceu no reino unido. Estendeu a sua copa e foi admirado pelos povos ao seu derredor, descendo as escadas do declínio até a invasão romana. O definhamento de Israel desde o exílio babilônico até a destruição da cidade santa pelos romanos seria muito bem representado pelo outono, que é caracterizado pela perda progressiva da frondosidade e beleza das árvores. O equinócio de outono, portanto, seria o retorno do exílio babilônico quando os judeus foram obrigados a viver na terra dos caldeus, inclusive o próprio profeta Daniel. É nesse período que foi desnudado gradativamente de suas folhas até o desaparecimento completo do Estado de Israel. O encanto de sua frondosidade empalideceu, secou e passou.

A segunda estação seria o inverno. É o longo período da dispersão judaica e das violentas perseguições. Não restou pedra sobre pedra que não fosse derribada nem folha que não fosse arrancada. É realmente um período de aparente fraqueza de Israel e de dormência. A árvore foi despida completamente de sua beleza, mas suas células continuaram vivas, e a energia estava sendo acumulada. Foi um momento difícil, de inverno rigoroso. Então, a destruição de Jerusalém pelo exército romano seria o solstício de inverno.

Somente na invasão romana do primeiro século, é estimado que um milhão de judeus tenham sido mortos. O historiador Flávio Josefo relatou como judeus abraçavam e beijavam suas esposas e filhos e, com

---

246. São fenômenos astronômicos que marcam o início das estações do ano.

os olhos cheios de lágrimas, tiravam as suas próprias vidas para não serem mortos pelas mãos romanas. As décadas seguintes também foram de rebeliões. O historiador Cássio Dio registrou que a última revolta ocorrida no ano 136 d.C. deixou cerca de 580 mil judeus mortos pelas forças romanas[247]. A Judeia ficou totalmente desolada. Mas os massacres apenas estavam começando. A história de sangue se alastrou pela idade média até a era contemporânea e em muitas partes do mundo, em acordo com o texto profético: "e até o fim haverá guerra; estão determinadas assolações" (Daniel 9:26b).

A pretexto de zelo pelo nome de Jesus, milhares de judeus foram massacrados pelos cristãos durante centenas de anos, como aconteceu nas Cruzadas. "Com duas asas de águias, esse povo voou para o deserto" (Apocalipse 12:14-16), onde foi sustentado e sobreviveu diante de seu clima hostil e de suas bestas peçonhentas. A partir de 70 d.C., muitos judeus foram forçados a ir para países da Ásia Menor, do norte da África e Europa. Alcançaram a Rússia e chegaram ao continente americano por ocasião da colonização europeia. Esse povo enfrentou o ambiente adverso do deserto, foi picado e provou do veneno do antissemitismo. Comunidades inteiras caíram ali. Mas nada igualou-se ao holocausto, o qual dizimou seis milhões de judeus no século passado. Povos, como os assírios, foram varridos do mapa, mas os judeus resistiram ao inverno inóspito das perseguições e aos dilúvios de exércitos inimigos.

A terceira estação do ano judaico é a primavera. Os ramos reverdeceram e as folhas continuaram despontando. Com o sionismo[248], aflorou o sentimento de reerguer o Estado de Israel cujo sonho foi oficialmente concretizado em 14 de maio de 1948[249]. Nessa época, a administração do território era britânica, e com maioria árabe, dentre os 806.000 residentes. O equinócio de primavera seria a criação do Estado de Israel na antiga Palestina. É um período de renascimento, prosperidade e grandes realizações.

---

247. JARUS, Owen. Ancient Israel: A Brief History. **Live Science**, [on-line], 16 ago. 2016. Disponível em: <https://www.livescience.com/55774-ancient-israel.html>. Acesso em: 05 fev. 2022.
248. Movimento político, idealizado pelo escritor austro-húngaro Theodor Heerzl, que defendia o direito dos judeus de organizarem o Estado de Israel, exatamente onde Deus estabelecera no passado, na Palestina.
249. COMO foi a fundação de Israel? **Superinteressante**, [on-line], 13 maio 2019. Disponível em: <https://www.livescience.com/55774-ancient-israel.html>. Acesso em: 05 fev. 2022.

Os judeus que estavam dispersos no mundo começaram a repovoar suas terras. Atualmente, já somam 6.744.000[250]. Pela segunda vez, uma pesquisa internacional colocou Israel entre as oito maiores potências do mundo[251], a despeito de representar apenas 0,2% da população mundial[252].

A primavera estaria também relacionada ao renascimento espiritual dos judeus. De acordo com os profetas veterotestamentários, e lembrado muito bem pelo apóstolo Paulo, os judeus serão salvos e reimplantados na igreja de Deus nos últimos tempos (Romanos 11:25-26). Até o momento, os olhos da maioria dos judeus continuam fechados para o Evangelho. Mas já há algum progresso. Organizações cristãs se empenham na evangelização do povo judeu. Há uma estimativa de um milhão de judeus convertidos, quase 7% de sua população atual, mas ainda é uma estatística sem muita expressão para que a profecia seja cumprida.

Na última estação do ano judaico, será declarado o solstício de verão, com a segunda vinda de Jesus. Alguns acontecimentos, como a última e maior guerra em terras hebraicas, apontarão o retorno do Sol com toda força e majestade. A estação de luz máxima é a metáfora da volta de Jesus. A batalha predita por Daniel não será a causa de destruição do povo de Deus. Ao contrário, o Israel de Deus será elevado às maiores alturas. Ele será iluminado para sempre com o brilho e fulgor do Cordeiro. Os dias serão longos e eternos, à semelhança do solstício de verão nos polos geográficos da Terra (Apocalipse 22:4-5). E a igreja de Cristo verdadeira será como uma árvore frondosa, de cores fortes, exuberante, cheia de frutos e flores, iluminada pelo Sol que é o próprio Cordeiro no Reino dos Céus.

---

250. VITAL Statistics: Latest Population Statistics for Israel. **Jewish Virtual Library**, [on-line, s.d]. Disponível em: <https://www.livescience.com/55774-ancient-israel.html>. Acesso em: 05 fev. 2022.
251. BACHNER, Michael. Israel ranked 8th most powerful country in the world. **The Times of Israel**, [on-line], 08 jul. 2018. Disponível em: <https://www.timesofisrael.com/israel-ranked-8th-most-powerful-country-in-the-world-survey/>. Acesso em: 05 fev. 2022.
252. WERDIGER, David. The other important Jewish population statistic. **The Times of Israel**, [on-line], 06 set. 2019. Disponível em: <https://blogs.timesofisrael.com/the-other-important-jewish-population-statistic/>. Acesso em: 05 fev. 2022.

20.
INTRODUÇÃO ÀS PARÁBOLAS DOS TALENTOS E DAS MINAS
(Mateus 25:14-19, ACF / Lucas 19:12-15, ACF)

Mateus 25:14-19	Lucas 19:12-15
14 Porque isto é também como um homem que, partindo para fora da terra, chamou os seus servos, e entregou-lhes os seus bens. 15 E a um deu cinco talentos, e a outro dois, e a outro um, a cada um segundo a sua capacidade, e ausentou-se logo para longe. 16 E, tendo ele partido, o que recebera cinco talentos negociou com eles, e granjeou outros cinco talentos. 17 Da mesma sorte, o que recebera dois, granjeou também outros dois. 18 Mas o que recebera um, foi e cavou na terra e escondeu o dinheiro do seu senhor. 19 E muito tempo depois veio o senhor daqueles servos, e fez contas com eles.	12 Disse pois: Certo homem nobre partiu para uma terra remota, a fim de tomar para si um reino e voltar depois. 13 E, chamando dez servos seus, deu-lhes dez minas, e disse-lhes: Negociai até que eu venha. 14 Mas os seus concidadãos odiavam-no, e mandaram após ele embaixadores, dizendo: Não queremos que este reine sobre nós. 15 E aconteceu que, voltando ele, depois de ter tomado o reino, disse que lhe chamassem aqueles servos, a quem tinha dado o dinheiro, para saber o que cada um tinha ganhado, negociando.

CURIOSIDADES

A cidade de Roma, na península itálica do continente europeu, era a capital do império romano. Ela dominava grande parte do mundo antigo na época de Jesus, inclusive a região de Israel. A distância entre Roma e Jerusalém era em torno de quatro mil quilômetros por terra. A viagem em uma caravana de camelos duraria 130 dias e custaria cinco mil denários.

Se fosse por terra e mar, levaria 40 dias para uma distância de três mil quilômetros. O custo seria mil e quatrocentos denários. São simulações[253] para trajetos mais rápidos e condições gerais mais favoráveis. Os reis das províncias romanas, como Judeia, Galileia e Pereia, locais frequentados por Jesus, precisavam viajar até Roma para serem coroados. Após a coroação, retornavam às suas regiões para exercerem os seus governos. Assim aconteceu com o rei Herodes, o Grande, aquele que ordenou matar todos os meninos abaixo de dois anos que habitavam em Belém e em todos os seus contornos (Mateus 2:16-18).

1. Observe as dicas, as figuras e suas respectivas denominações: talento, siclo de prata e mina. Então, preencha os itens *a*, *b* e *c*.

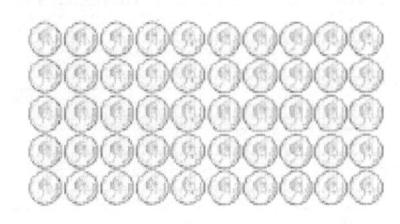

TALENTO   SICLO DE PRATA   MINA

a) Moeda hebraica de prata de valor igual ao pagamento de três dias de um trabalhador braçal: _____
b) Unidade monetária equivalente aproximadamente a 150 dias de trabalho: _____
c) Uma grande soma de dinheiro equivalente a 3.000 vezes o siclo de prata, ou a 9.000 dias de trabalho, ou a 24 anos de trabalho: _____

2. Você fez uma expedição às terras bíblicas e encontrou um grande tesouro de talentos e minas. Qual das expressões a seguir você escolheria para designar o tesouro encontrado:

a) A Paz de Cristo   b) O Reino de Deus   c) A Palavra de Deus
d) A vida eterna

---

253. MAPPING ORBIS. **The Standard Geospatial Network Model of the Roman World**. [on-line, s.d]. Disponível em: <https://orbis.stanford.edu/orbis2012/#mapping>. Acesso em: 05 fev. 2022.

3. Além dos textos reproduzidos no início deste capítulo, leia também Mateus 8:12, Mateus 25:23,26 e Lucas 19:17,22. Somando-se os personagens das duas parábolas, eles são: o homem, os servos bons, os servos maus e os concidadãos. Quem são os filhos do Reino?
a) homem
b) servos bons e servos maus
c) concidadãos
d) servos maus e concidadãos
e) servos bons, servos maus e concidadãos
f) servos bons

4. Leia agora as passagens bíblicas João 10:28, João14:27, João 17:14 e Efésios 4:8. O que foi dado aos filhos do Reino e pertence a Jesus?

a) _____
b) _____
c) _____
d) _____

5. Quem desceu é porque estava em cima. E quem subiu é porque estava em baixo. Leia Efésios 4:7-12 e responda:

a) Qual o protagonista do texto?
b) Quais os seus itinerários ou percursos?
c) O que fez na sua viagem de retorno?

INTRODUÇÃO ÀS PARÁBOLAS DOS TALENTOS E DAS MINAS
(Mateus 25:14-19, ACF / Lucas 19:12-15, ACF)

1. O siclo de prata (sheqel) era uma moeda hebraica de valor igual ao pagamento de três dias de um trabalhador braçal. A mina e o talento eram unidades de peso[254], usadas em transações comerciais. A mina era equivalente a cento e cinquenta dias ou cinco meses de trabalho. O talento era uma grande soma de dinheiro, e equivalia a três mil vezes o siclo de prata, ou a nove mil dias, ou a vinte e quatro anos de trabalho manual.

A moeda é um meio de troca. Ela é um instrumento básico para se fazer operações no mercado. Quem inventou a moeda, ainda é um mistério. De acordo com o historiador grego Heródoto, foram os lídios, um povo que habitava o lado ocidental da Ásia Menor, hoje Turquia. Imagina-se que surgiu por volta do ano 600 a.C[255]. A primeira moeda de fato citada na Bíblia encontra-se em Esdras 2:69. Mais tarde, os romanos também introduziram a moeda (326 a.C.). Quanto aos judeus, só há referência histórica de uma moeda[256] (siclo de prata) a partir de 140 a.C., através do livro apócrifo 1 Macabeus 15:6[257].

O peso e o valor das unidades monetárias dependiam do país e variavam ao longo do tempo. Além do que não são muitos os dados ao longo da história bíblica. Algumas informações serão relacionadas para fornecer apenas uma ideia da relação e proporção entre as unidades monetárias hebraicas, aprimorando a compreensão das parábolas dos talentos e das minas.

---

254. Tecnicamente, unidade de massa, que é a quantidade de matéria que um objeto contém, cujo padrão é o quilograma (kg). O peso, na realidade, é uma força proporcional à aceleração da gravidade cuja unidade padrão é o Newton (N). A nomenclatura "peso" será usada por questão de clareza e uso cotidiano.
255. COINAGE. **Ancient History Encyclopedia**, [on-line, s.d]. Disponível em: <https://www.ancient.eu/coinage/>. Acesso em: 05 fev. 2022.
256. MONEY in Fausset's Bible Dictionary. **Bible History**, [on-line, s.d]. Disponível em: <https://www.ancient.eu/coinage/>. Acesso em: 05 fev. 2022.
257. 1 MACABEUS 15. **Bible.com**, [on-line, s.d]. Disponível em: <https://www.bible.com/pt-PT/bible/228/1MA.15.BPT09DC>. Acesso em: 05 fev. 2022.

O siclo de prata era uma pequena moeda equivalente a três dias de trabalho[258], por isso corresponde à figura do enunciado de uma única moeda. Mina e talento não eram exatamente uma moeda, mas determinadas quantidades de peso usadas como base para a prática do comércio e do câmbio[259]. Não está claro qual foi a referência de Jesus, se talento e mina gregos[260] ou hebraicos[261]. Aqui, a preferência será dada às unidades hebraicas, até para unificar as parábolas dos talentos e das minas com a parábola do credor incompassivo.

Os hebreus derivavam o seu sistema de peso e moedas dos babilônios e o dividiam em siclos de prata, mina e talento. Cada talento equivalia a 60 minas – ou 3.000 siclos de prata[262] –, e cada mina equivalia a 50 siclos de prata[263], essas eram as proporções geralmente admitidas.

Você observou que a mina está representada no enunciado por 50 moedas? Cento e cinquenta dias de trabalho, que era o valor equivalente de uma mina, eram pagos com 50 moedas ou siclos de prata. No período dos Macabeus[264], por exemplo, os siclos de prata variavam de 14,50 a 14,65 g. Já a mina era equivalente a 725,5 g. E o talento, a 43,659 kg[265]. Com esses dados, fica mais fácil entender a quantidade de prata e ouro separados para o Templo de Jerusalém pelo rei Davi. A narrativa de 1 Crônicas 22:14 registrou que Davi reuniu 100.000 talentos de ouro e 1.000.000 talentos

---

258. Conforme Mateus 20:10, 1 denário romano corresponde a um dia de trabalho. A proporção entre o denário e o siclo de prata é de três para um. CONVERT Denarius (Biblical Roman) to Drachma (Biblical Greek). **Unit Converters**, [on-line, s.d.]. Disponível em: <https://www.unitconverters.net/weight-and-mass/denarius-biblical-roman-to-drachma-biblical-greek.htm>. Acesso em: 05 fev. 2022.
259. TALANTAN, GREEK. **Bible Hub:** search, read, study the Bible in many languages, [on-line, s.d.]. Disponível em: <https://biblehub.com/greek/5007.htm>. Acesso em: 05 fev. 2022.
260. 1 talento (grego) = 0,6 talento (hebraico). WEIGHT AND MASS CONVERTER. **Unit Converters**, [on-line, s.d.]. Disponível em: <https://www.unitconverters.net/weight-and-mass-converter.html>. Acesso em: 04 fev. 2022.
261. TALENT (Biblical Hebrew), unit of measure. **Unit Converters**, [on-line, s.d.]. Disponível em: <http://www.unitconversion.org/weight/talent-biblical-hebrew-conversion.html>. Acesso em: 04 fev. 2022.
262. Na época dos reis de Israel, o siclo de prata era uma unidade de peso. CONVERT SHEKEL (Biblical Hebrew) to Talent (Biblical Hebrew). **Unit Converters**, [on-line, s.d.]. Disponível em: <http://www.unitconversion.org/weight/talent-biblical-hebrew-conversion.html>. Acesso em: 04 fev. 2022.
263. CONVERT SHEKEL (Biblical Hebrew) to Mina (Biblical Hebrew). **Unit Converters**, [on-line, s.d.]. Disponível em: <https://www.unitconverters.net/weight-and-mass/shekel-biblical-hebrew-to-mina-biblical-hebrew.htm>. Acesso em: 04 fev. 2022.
264. Os Macabeus governaram partes da terra de Israel de 164 a 63 a.C.
265. SHEKEL. **Jewish Encyclopedia**, [on-line, s.d.]. Disponível em: <http://www.jewishencyclopedia.com/articles/13536-shekel>. Acesso em: 05 fev. 2022.

de prata. Quando convertidos, eles somam 4.365,9 toneladas de ouro e 43.659 toneladas de prata[266], tudo isso para ser aplicado na construção do Templo. Essas informações dão uma ideia da grandiosidade do Templo de Salomão. Parece inacreditável, mas é a pura verdade.

O valor de cada unidade monetária e as suas proporções entre si é melhor visualizado através dos preços de um cavalo, de um carro e de um monte. Na mesma época de Salomão, um cavalo valia 150 siclos de prata (2Crônicas 1:17), um carro valia 600 siclos de prata e um monte inteiro de Samaria foi vendido por 2 talentos de prata – ou 6.000 siclos de prata. Nesse monte em Samaria, região central da Palestina, depois foi construída uma cidade (1Reis 16:24). Veja, então, a grande quantidade de dinheiro entregue na parábola dos talentos[267], cinco, dois e um talento, cujo somatório é equivalente ao preço de 4 montes de Samaria ou 160 cavalos.

Já na parábola das minas, a quantidade de dinheiro entregue é bem inferior à da parábola dos talentos, já que a mina é 60 vezes menor. As dez minas entregues equivaleram a apenas 3 cavalos. Outra diferença entre as parábolas é que a quantidade de talentos dada foi diferente. Já a quantidade de minas, uma para cada um dos dez servos.

Mateus registrou a parábola dos talentos dentro do sermão profético, já em Jerusalém (Mateus 24:1; 25:14). Enquanto Lucas, quando Jesus transitava de Jericó para Jerusalém, antes do sermão profético (Lucas 19:1,11). Apesar das diferenças, se as narrativas das parábolas não têm a mesma origem, de qualquer forma os ensinos e a estrutura são muito similares e devem ser comparados. Veja o quadro resumo para melhor fixar a relação entre as unidades monetárias:

	Dias de trabalho	Equivalência		Peso[268]	Cavalo	Carro	Monte
Siclo de prata	3			14g	150 siclos de prata	600 siclos de prata	6.000 siclos de prata
Mina	150	50 siclos de prata		725g	3 minas	12 minas	120 minas
Talento	9.000	3.000 siclos de prata	60 minas	43.659g	0,025 talento	0,1 talento	2 talentos de prata

266. Se usado um valor de referência, o talento cairia para 34,2 kg. TALENTS (Biblical Hebrew) to Kilograms Conversion Calculator. **Unit Converters**, [on-line, s.d.]. Disponível em: <http://www.unitconversion.org/weight/talents-biblical-hebrew-to-kilograms-conversion.html>. Acesso em: 04 fev. 2022.
267. Considerando que Jesus citou mina e talento como unidades monetárias hebraicas, já que os gregos também adotavam nomenclaturas similares.
268. Para melhor visualização, as decimais foram subtraídas.

2. Você fez uma expedição às terras bíblicas, cavou e encontrou um grande tesouro, talentos e minas. O Reino de Deus é a melhor expressão para designar o tesouro de talentos e minas encontrados.

Os judeus receberam o Reino de Deus, foram então avaliados, julgados e achados em falta, condenados, sendo-lhes tomado o Reino e repassado a outro povo, a igreja de Cristo (Mateus 21:33-43). O Reino de Deus é um tesouro que foi dado aos hebreus e repassado à igreja de Jesus. Ele é semelhante aos oito talentos e às dez minas.

O Reino de Deus congrega a paz de Cristo, a Palavra de Deus, os dons espirituais e a vida eterna. As expressões a paz de Cristo, a Palavra de Deus e a vida eterna são bens do Reino de Deus. As várias aparências do Reino de Deus poderão deixar o intérprete meio confuso. Até porque as mesmas expressões são usadas para os Reinos da terra e do Céu. O contexto é que fará a diferença. Basicamente, o Reino de Deus divide-se entre o Reino do Céu e o Reino da terra. Analise o fluxograma[269] no final desta questão e veja as muitas faces e aspectos do Reino de Deus.

O Reino de Deus lá do Céu é a paz, a Palavra, a vida, a perfeição, o Espírito, as bênçãos, o amor e muito mais (João 3:5; Atos 14:22). "O Reino de Deus não é comida nem bebida, mas justiça e paz, e alegria no Espírito Santo" (Romanos 14:17, ARC). A expressão Reino de Deus é virtude e poder. Ele não consiste de meras palavras, não é simplesmente uma teoria, mas essencialmente a realidade e a prática. A paz, a bondade e o amor só no papel são um Reino de Deus só de aparência. O Reino de Deus de verdade só existe quando a justiça, a paz e a misericórdia ganham alma e vivem (1 Coríntios 4:20). Portanto, a expressão Reino de Deus é a representação de uma pluralidade de valores, dons e bens espirituais.

Não é a aparência física que identifica o cidadão do Reino dos Céus. A conta bancária e a condição social não importam para Deus. A Nicodemos, Jesus disse que é necessário nascer de novo para entrar no Reino dos Céus.

Antes de ser crucificado e morrer, Jesus disse que o seu Reino não era deste mundo (João 18:36). Os reinos do mundo correm atrás de uma economia forte e um padrão de vida elevado. A vida que perseguem é um corpo perfeito, uma boa casa, um bom emprego, uma grande empresa,

---

269. Informações extraídas dos textos bíblicos: Efésios 5:5; Hebreus 12:23; Gálatas 3:7,26;6:16; Mateus 13:38; Êxodo 16:31; 1 Crônicas 17:22; 2 Samuel 14:13; Êxodo 10:3;11:7; Neemias 5:8; Salmos 105:6; Malaquias 3:6; Mateus 8:12; 1Timóteo 3:15; 1 Coríntios 1:2; 1 Pedro 2:10; Atos 1:15;11:26; 2 Coríntios 11:26.

objetos de marca e muita diversão. Eles equipam os seus exércitos para defender os seus interesses. São mesquinhos e pensam só em si. E qualquer coisa diferente é só aparência.

Os reinos terrenos acumulam toneladas de ouro nos seus cofres. Por exemplo, Estados Unidos, Alemanha, Itália e França estão na lista das maiores reservas de ouro, que somadas alcançam o patamar de 16.386 toneladas[270]. Não é isso que interessa ao Reino de Cristo. Apesar de ser uma fortuna e um tesouro extraordinário, os talentos e as minas do Reino de Deus são constituídos de bens infinitamente mais valiosos. Quando colocados lado a lado, o ouro dos reinos do mundo e a riqueza do Reino de Deus são incomparáveis. A diferença está na qualidade e durabilidade. Os bens do Reino dos Céus jamais hão de perecer. São, portanto, eternos, abundantes e disponíveis para todo aquele que crê.

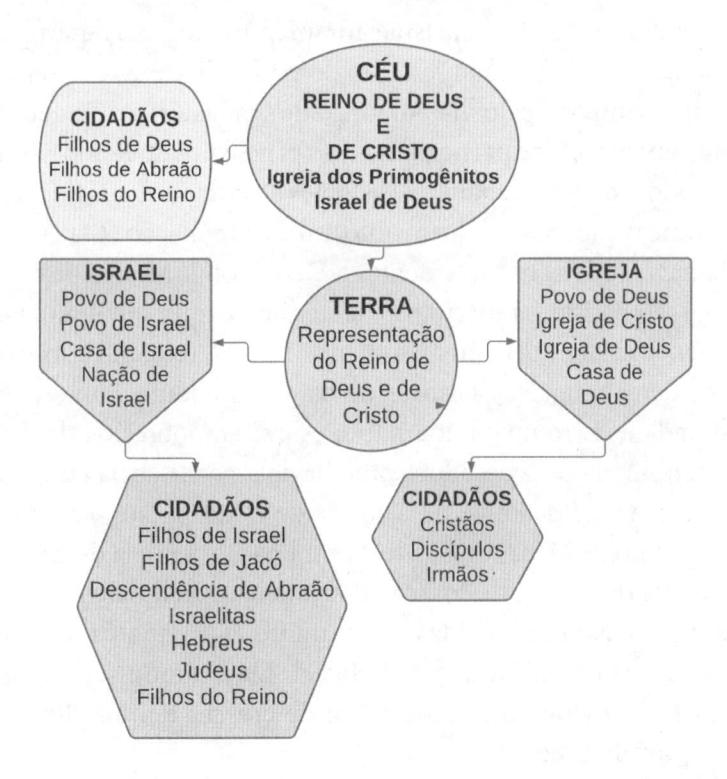

```
                    CÉU
                REINO DE DEUS
    CIDADÃOS          E
    Filhos de Deus  DE CRISTO
    Filhos de Abraão  Igreja dos Primogênitos
    Filhos do Reino   Israel de Deus

    ISRAEL                          IGREJA
    Povo de Deus      TERRA         Povo de Deus
    Povo de Israel  Representação   Igreja de Cristo
    Casa de Israel  do Reino de     Igreja de Deus
    Nação de        Deus e de       Casa de
    Israel          Cristo          Deus

         CIDADÃOS        CIDADÃOS
       Filhos de Israel   Cristãos
       Filhos de Jacó    Discípulos
    Descendência de Abraão  Irmãos
         Israelitas
         Hebreus
         Judeus
       Filhos do Reino
```

3. Unindo as parábolas dos talentos e das minas, os personagens são o homem, os servos bons, os servos maus e os concidadãos. Então, os filhos do

---

270. Referência de junho de 2020. GOLD reserves. **Trading Economics**, [on-line, s.d.]. Disponível em: <https://pt.tradingeconomics.com/country-list/gold-reserves>. Acesso em: 30 jan. 2022.

Reino são os servos bons e os servos maus. A conclusão vem dos textos de Mateus e Lucas, que estão reproduzidos no início deste capítulo, e também de Mateus 8:12, Mateus 25:23,26 e Lucas 19:17,22.

O Reino de Deus foi dado ao povo de Israel lá no deserto do Sinai (Êxodo 19:6). Na explicação da parábola dos lavradores maus, está claro que o Reino de Deus pertencia aos descendentes de Abraão (Mateus 21:43). Deus fez um pacto com os hebreus e entregou-lhes o seu Reino. Assim, tantos bons como maus faziam parte do Reino de Deus. Eles recebiam igualmente as suas bênçãos e provaram das suas obras (Hebreus 3:9).

Na passagem pelo Mar Vermelho, todos os hebreus foram protegidos, sem exceção. Diante da carência no deserto, todos eles comeram do maná que vinha do céu. Nenhum hebreu ficou de fora, e todos receberam o Evangelho e a Lei de Deus (Hebreus 4:2).

Os privilégios da nação de Israel foram inúmeros. No deserto, ela viu constantemente a glória e a manifestação do poder de Deus, como a coluna de fogo à noite e a nuvem pelo dia. Ao longo de sua história, os judeus foram imensamente abençoados e participantes dos privilégios do Reino (Romanos 10:21). Contudo, por serem maus e resistentes à verdade, Deus prometera, e cumpriu, arrancar-lhes o Reino para outorgar a outra nação (Mateus 21:43).

Mas havia judeus bons, tementes a Deus, como Moisés, Josué, Davi, José e Maria, João Batista, os apóstolos, e tantos outros que, ouvindo a Palavra, se arrependiam e criam no Senhor (Romanos 11:4-5). Ao contrário, existiam também os líderes religiosos falsos e de corações endurecidos. A religião estava arruinada e corrompida. E a nação estava empobrecida de caráter e justiça e contaminada pelo pecado. Como havia a persistência em pecar, e a desobediência já vinha de longe, a paciência de Deus esgotou-se, e logo deu a sentença: o Reino de Deus seria dado a outra nação, a igreja de Cristo[271].

Por conta da dureza de coração dos judeus, o Reino de Deus passou à igreja de Cristo. Não há dúvidas e está muito claro que Cristo chamou a sua igreja para substituir a nação de Israel. Ele chamou seus apóstolos, preparou-os e os enviou ao mundo a fim de crescer e multiplicar, assim como fez ao povo hebreu.

A nação de Israel nasceu de Isaque lá no passado. Como oferta de holocausto, Abraão levou o seu filho único, Isaque, ao altar. Como não

---

271. De acordo com a parábola do trigo e do joio, os filhos do Reino são o corpo de Cristo, que está espalhado em todo o mundo.

morreu de fato, mas só na intenção, ele gerou a nação de Israel. Abraão obedeceu e não resistiu à vontade de Deus. Ainda que amasse seu filho, ofereceu-o a Deus com toda devoção.

A igreja universal nasceu de Cristo, Aquele que ressuscitou (Hebreus 12:22-23). O Pai enviou o seu único Filho ao mundo, oferecendo-o em sacrifício como oferta agradável. Igualmente a Isaque, subiu o monte, mas não teve substituto e, de fato, morreu. Mas graças a Deus, Jesus ressuscitou e, antes de subir aos Céus, organizou a sua igreja.

A igreja de Jesus é como a nação de Israel. Uns são obedientes, amam a verdade e fazem a vontade de Deus. Porém, outros são rebeldes, insubmissos, resistentes à verdade e iníquos. A história do povo hebreu e da nação de Israel é uma lição e aviso para a igreja de Cristo.

O apóstolo fala um segredo, que é a salvação de todo o Israel no fim dos tempos (Romanos 11:25-26). Seria uma nova troca e substituição, um indício da apostasia da igreja de Cristo? Todo cuidado é ainda pouco, maus exemplos já foram dados e devidamente castigados. É bom a igreja de Cristo acordar, levantar-se e comparar a sua história com as memórias de Israel. Se insistir nos mesmos erros, será arrancada e cortada da boa oliveira em que foi enxertada (Romanos 11:21).

O Reino de Deus passou à igreja de Cristo. Então, quem faz parte da igreja de Cristo é filho do Reino. A igreja terrena de Cristo é composta de todos aqueles que foram chamados e aceitaram o convite. Como exemplo, e muito útil, é só olhar para os discípulos e apóstolos de Jesus. Os apóstolos eram doze, mas um era infiel, ladrão e traidor. Judas foi convocado e aceitou a missão. Entretanto, no meio do caminho, mostrou quem era, alguém mesquinho, avarento, interesseiro e dissimulado. Ele vivia ao lado de Jesus, via todos os seus milagres e até pôs a mão no seu prato e comeu do mesmo pão.

Na igreja de Cristo, há muitos assim, são resistentes à verdade, falsos, indisciplinados e amam o mundo. O pão de Deus está sempre no seu prato, as bênçãos que recebem e os privilégios do Reino são incontáveis. Ainda assim, isso não adianta, estão cegos e não ouvem, estão perdidos e não sabem. Os filhos do Reino são bons e são maus, mas só os bons alcançarão a paz de Cristo, a vida eterna e os dons espirituais.

4. Jesus deu aos filhos do Reino, e são Dele, a paz, a vida eterna, a Palavra e os dons espirituais, a partir da leitura das passagens bíblicas de João 10:28, João14:27, João 17:14 e Efésios 4:8.

A paz de Cristo, a vida eterna, os dons espirituais e a Palavra foram dados aos filhos do Reino dos Céus. Jesus falou que as suas ovelhas ouvem a sua voz e a elas seria dada a vida eterna. Nas instruções aos seus discípulos, o amigo Jesus disse que dava-lhes a sua paz. Quando orou por eles, afirmou que deu-lhes a Palavra de Deus. Ela, na realidade, foi dada tanto a crentes como a incrédulos, tanto aos filhos do Reino dos Céus como aos filhos do Reino da terra.

A Palavra, a Lei e o Evangelho são termos que aparecem na Bíblia como sinônimos. Logicamente, a Lei de Moisés era a Palavra de Deus, ainda que tivesse características peculiares e tenha sido revogada (Hebreus 7:18). Ela veio diretamente de Deus. O autor aos Hebreus também a chamou de Evangelho (Hebreus 4:2). A Lei era de Israel, pois fora outorgada por Deus ao povo através de Moisés. As tábuas da Lei estavam dentro da arca de ouro e bem guardadas no Santo dos Santos em Jerusalém (Êxodo 24:7; Romanos 9:4). Então, a Lei pertencia ao povo judeu. Todos os israelitas faziam parte do Reino de Deus e tinham acesso à sua Palavra. Mas nem todos creram, por isso não receberam a paz de Cristo, não foram salvos e não ganharam a vida eterna, já que eram, na realidade, apenas filhos do Reino da terra.

Quanto aos dons espirituais, no seu retorno aos Céus, Jesus concedeu-os somente aos filhos de Deus, que são aqueles que nasceram da água e do Espírito (João 3:5). Quem nasce da água e do Espírito é filho do Reino e também filho de Deus. Mas há quem seja apenas filho do Reino e não é filho de Deus, é filho do Reino da terra e nunca dos Céus[272]. É o caso de quem é membro de uma igreja cristã, assiste aos cultos, ora, canta e até ensina na Escola Dominical. Porém, no Reino de Deus lá dos Céus, a igreja é santa, pura, verdadeira e imaculada. Nele, só entra quem estiver com as vestes lavadas com o sangue precioso do Cordeiro de Deus (Efésios 5:25-27; Apocalipse 19:7.8).

---

272. No fluxograma que está na segunda questão, fica claro que há dois tipos de filho do Reino, aquele que é somente filho do Reino da terra, que pode ser Israel ou a igreja terrena, ou que é filho de ambos os Reinos, da terra e também dos Céus.

5. *O protagonista do texto de Efésios 4:7-12 é Jesus. Foi Ele quem desceu do Céu às partes mais baixas da terra e, após a ressurreição, subiu acima de todos os céus, de onde veio. Os percursos de Jesus foram dos Céus para a terra e da terra para os Céus. Na sua viagem de retorno, a fim de ser coroado, quando voltou aos Céus, deu dons aos homens.*

Se você deseja aventurar-se na caçada de pepitas de ouro, uma boa dica é saber que elas estão distribuídas em quase toda a face do planeta Terra. Entretanto, há minas e jazidas, que são os lugares com maior concentração da pedra preciosa.

O Antigo Testamento, cuja área se estende de Gênesis a Malaquias, é como o planeta Terra, e alguns livros são como verdadeiros aluviões, com preciosidades teológicas. A água da chuva lavra o solo, transporta e acumula os sedimentos ao longo do leito e nas margens dos rios, lagos e lagoas. Diante disso, os aluviões são os lugares preferidos dos garimpeiros onde se espera a concentração de muitas gemas. Livros como Salmos e Isaías são os maiores aluviões que escondem profecias messiânicas à semelhança do ouro da Serra Pelada, no Sul do Estado do Pará. Nesses livros, encontra-se depositado e acumulado um tesouro incalculável, como a revelação da história de Jesus, seu nascimento, ministério, morte, ressurreição e ascensão.

Há também esmeraldas e rubis, pedras valiosas e sonhadas pelos teólogos garimpeiros. Mas não é nada fácil a atividade do garimpo. Encontrar ouro ou diamante, ainda sem estarem lapidados e aparentemente sem brilho, é tarefa de especialistas. Antigamente, o trabalho era artesanal, usavam-se peneiras e bateias. Hoje, o trabalho já é mecanizado. As profecias que falam de Jesus, sua vida, ressurreição, morte e sua ascensão estão espalhadas no Antigo Testamento, encravadas na lei mosaica, nos Salmos e em muitos Profetas (Lucas 24:27,44). Atualmente, o ofício é mais simples, tendo em vista a tecnologia e os recursos mais avançados. Além do mais, Jesus e os autores do Novo Testamento já deram uma grande ajuda, compartilhando as suas dicas e métodos. Com um olhar mais técnico e a ajuda do Espírito Santo, muitas profecias têm sido encontradas e lapidadas.

Qualquer brilho mais estranho ou alguma cor diferente é sempre motivo para desconfiar e pensar que há um tesouro camuflado. Quem sabe por trás de simples palavras haveria um grande tesouro? A experiência aconselha parar, analisar com cuidado e verificar se a pedra se mistura ou não com as demais, ou se o texto parece fugir do contexto. Olhos bem treinados veem que há versículos que não se encaixam no contexto e só podem ser cumpridos em Jesus Cristo.

Um exemplo muito bom e prático é a profecia sobre a ressurreição de Cristo (Salmos 16:10; Atos 2:27). O apóstolo Pedro explicou que o texto não falava do profeta Davi, já que havia morrido e fora sepultado, estando entre eles até aquela data a sua sepultura (Atos 2:29). Assim, o versículo não se ajusta ao contexto, pois fala de outra pessoa e não do próprio profeta. Era, então, uma referência a Jesus, o Filho do Homem, conhecido também como o Messias.

Outro caso é Efésios 4:8, que está no enunciado da questão. Quem venceu o pecado, a morte e o poder do império das trevas? Quem libertou os pecadores arrependidos das prisões eternas? E quem deu dons aos homens no seu retorno aos lugares que estão acima dos céus? Iluminado pelo Espírito de Deus, inconsciente, o profeta Davi falou novamente do Salvador e Senhor Jesus (Mateus 22:43). A citação de Paulo aos Efésios é a repetição de uma profecia do salmista. Ela é uma declaração que não se amolda ao seu contexto, com brilho e cor diferentes. Ao louvar e agradecer ao Deus onipotente pelas suas maravilhas e realizações, o profeta inseriu uma referência inconsciente à pessoa de Jesus.

Em Salmos 68:18, passagem citada por Paulo em Efésios 4:8, Davi profetizou não só a ascensão de Jesus, mas também a sua morte e o seu sepultamento. Quem subiu é porque desceu, quando se trata do Filho de Deus (Efésios 4:9-10). Ele se fez carne, habitou entre os homens, para descer às partes mais baixas da terra. E quando desceu ao mundo e viveu como homem comum, não requereu o direito de ser igual a Deus, mas esvaziou-se de si mesmo, humilhando-se até a morte de cruz (Filipenses 2:5-8). Perfeito, igual a Deus, Criador de todas as coisas, dono dos céus e do mundo, nasceu como um de nós. Veio ao mundo como toda criança e andou como qualquer hebreu, mas ninguém morreu por amor como Ele padeceu. Foi Ele quem desceu até a sepultura, subiu bem alto e ultrapassou todos os limites dos céus. Cristo ressuscitou ao terceiro dia e aniquilou todo o império e toda potestade e força do mal, destruiu a morte e o poder do inferno (1 Coríntios 15:24,55).

À semelhança dos reis do império romano, que eram coroados em Roma, Jesus viajaria até a Casa do Pai onde seria ali coroado. A viagem da Palestina até Roma era demorada. A distância era muito longa e não havia transportes rápidos. Como os reis romanos demoravam a chegar, Jesus logo avisou que não voltaria em breve. Esperassem com calma porque seguramente Ele retornaria. Contudo, é para estar sempre com as malas preparadas, cheias de amor, paz, bondade, compaixão e fé, porque Ele não avisará e virá e levará repentinamente todo aquele que o espera.

No retorno aos Céus, rumo à Casa do Pai, Jesus distribuiu dons aos homens. Em Coríntios 12:7-11, é o Espírito Santo que reparte os dons. Contudo, em Efésios 4:11, é o próprio Jesus. Ao subir às maiores alturas, o Filho do Homem entregou dons aos homens, exatamente como Jesus descreveu. Ele deu uns para apóstolos e outros para profetas, evangelistas, pastores e doutores. Há mesmo diversidades de dons, de ministérios e operações. A uns, Jesus deu a palavra de sabedoria. E a outros, Ele deu a palavra da ciência, bem como o dom da fé, de curar, de operar maravilhas, de discernir os espíritos, a variedade de línguas e a interpretação das línguas.

Na verdade, Jesus e a doutrina apostólica ensinam que o Pai, o Filho e Espírito são um só. Não só o Pai, mas Jesus também criou o mundo. Assim como o Espírito Santo, o Filho de Deus outorgou dons aos homens. Eles três são um só. Jesus repartiu dons espirituais como quis e planejou, com o propósito de ser útil para a sua igreja. Nos reinos do mundo, particularmente aqueles mais pobres, não é incomum ao servidor do reino financiar material de expediente a fim de ter condições de trabalho. No Reino de Deus é diferente, além do Evangelho, Jesus deu os dons espirituais aos seus discípulos a fim de levar a sua Palavra ao mundo com toda força e poder.

Os dons espirituais têm a finalidade de aperfeiçoar os santos. O objetivo é prepará-los para anunciar o Evangelho, aumentar o corpo de Cristo, que é a igreja, até que cheguem ao padrão que Ele mesmo estabeleceu (1 Coríntios 12:4-11; Efésios 4:11-13). Jesus, o Filho do Homem, é o exemplo, o alvo a ser seguido. O servo deve andar como ele andou, seguir os seus passos, viver e morrer, como Ele morreu e viveu (João 12:26; 1 Pedro 2:21).

E você, como está? Ocupado com as distrações do mundo, e de férias prolongadas? Não poupe e acumule os bens espirituais, gaste-os. Tudo tem data de validade. O tempo corre e voa, se não usá-los ainda hoje, amanhã pode ser tarde. Mas não é para ser pródigo, use-os com inteligência, maturidade e consciência. Na matemática de Cristo, quanto mais se gasta mais se ganha. Louvado seja Deus, que você é obediente! Ele está às portas, com a palavra na ponta da língua: "Vinde, benditos de meu Pai, possuí por herança o reino que vos está preparado desde a fundação do mundo" (Mateus 25:34b, ACF).

21.
A PARÁBOLA DOS TALENTOS
(Mateus 25:14-30, ACF)

14 Porque isto é também como um homem que, partindo para fora da terra, chamou os seus **servos**, e **entregou-lhes os seus bens**. 15 E a um deu cinco talentos, e a outro dois, e a outro um, a cada um segundo a sua capacidade, e ausentou-se logo para longe. 16 E, tendo ele partido, o que recebera cinco talentos negociou com eles, e granjeou outros cinco talentos. 17 Da mesma sorte, o que recebera dois, granjeou também outros dois. 18 Mas o que recebera um, foi e cavou na terra e escondeu o dinheiro do seu senhor. 19 E **muito tempo depois** veio o senhor daqueles servos, e **fez contas** com eles. 20 Então aproximou-se o que recebera cinco talentos, e trouxe-lhe outros cinco talentos, dizendo: Senhor, entregaste-me cinco talentos; eis aqui outros cinco talentos que granjeei com eles. 21 E o seu senhor lhe disse: Bem está, servo bom e fiel. Sobre o pouco foste fiel, sobre muito te colocarei; entra no gozo do teu senhor. 22 E, chegando também o que tinha recebido dois talentos, disse: Senhor, entregaste-me dois talentos; eis que com eles granjeei outros dois talentos. 23 Disse-lhe o seu senhor: Bem está, servo bom e fiel. Sobre o pouco foste fiel, sobre muito te colocarei; entra no gozo do teu senhor. 24 Mas, chegando também o que recebera um talento, disse: Senhor, eu conhecia-te, que és um homem duro, que ceifas onde não semeaste e ajuntas onde não espalhaste; 25 E, atemorizado, escondi na terra o teu talento; aqui tens o que é teu. 26 Respondendo, porém, o seu senhor, disse-lhe: Mau e negligente servo; sabias que ceifo onde não semeei e ajunto onde não espalhei? 27 Devias então ter dado o meu dinheiro aos banqueiros e, quando eu viesse, receberia o meu com os juros. 28 Tirai-lhe pois o talento, e dai-o ao que tem os dez talentos. 29 Porque a qualquer que tiver será dado, e terá em abundância; mas ao que não tiver até o que tem ser-lhe-á tirado. 30 Lançai, pois, o servo inútil nas trevas exteriores; ali haverá pranto e ranger de dentes.

CURIOSIDADES

A atividade bancária é mencionada por Jesus nas parábolas das minas e dos talentos. Era algo simples. A palavra grega traduzida por banco é *trapeza*, que significa literalmente "mesa", tanto para transações[273] como refeições[274]. Era a mesa de negócios, onde se lançavam as moedas. Emprestava-se o dinheiro a juros. Foram os fenícios que inventaram o sistema bancário, uma prática comum nas províncias romanas no tempo de Jesus. Outra atividade era a prática do câmbio. Especialmente no tempo das festas, multidões de outras nações aglomeravam-se em Jerusalém. A fim de pagar tributos e comprar animais para os sacrifícios, era necessário trocar as moedas estrangeiras pela moeda local. De acordo com o Talmude[275], era aplicado doze por cento de juros a cada transação[276].

1. Um homem distribuiu um total de oito talentos a três de seus servos, cinco a um, dois a outro e um talento ao último, segundo a capacidade de cada um. Sabendo-se que os oito talentos são uma metáfora, represente o seu significado através de uma única figura abaixo:

2. Um dos servos que recebera um talento não o multiplicou. Então, o homem tomou o seu talento e ainda tudo aquilo que ele possuía. Qual foi o talento que o servo perdeu?

a) Vida   b) Dons naturais   c) Palavra de Deus   d) Dons espirituais

---

273. MATTHEW 21:12. **Bible Hub**: search, read, study the Bible in many languages, [on-line, s.d.]. Disponível em: <https://biblehub.com/lexicon/matthew/21-12.htm>. Acesso em: 05 fev. 2022.
274. MARCOS 7:28. **Bible Hub**: search, read, study the Bible in many languages, [on-line, s.d.]. Disponível em: <https://biblehub.com/lexicon/mark/7-28.htm>. Acesso em: 05 fev. 2022.
275. Um dos livros dos judaísmo, contendo a lei oral, regras e suas explicações, costumes e tradições.
276. MANNER and Customs of Bible Lands. **Baptist Bible Believers**, [on-line, s.d.]. Disponível em: <http://www.baptistbiblebelievers.com/LinkClick.aspx?fileticket=Nv8pk%2bhEZ6M%3d&tabid=232&mid=762>. Acesso em: 05 fev. 2022.

3. Adiante estão algumas conclusões extraídas das parábolas. Ao digitá-las, faltou a palavra NÃO duas vezes em algum lugar. Para que as proposições fiquem verdadeiras e corretas, INDIQUE onde se deve colocar a palavra NÃO.

a) Colocar no banco para correr juros significa fazer o mínimo dos esforços. Se o servo queria trabalhar a fim de multiplicar o dinheiro, a exemplo de usá-lo na agricultura ou comércio, deveria tê-lo dado a banqueiros. Assim, o banqueiro usaria o dinheiro, rendendo-lhe algum lucro. Se a pessoa quer fazer o mínimo esforço para a glória de Deus, sua vida nada produz, então será condenada pela sua negligência (Mateus 25:27). (2X)

b) Jesus voltará como juiz e o seu julgamento será rigoroso. Quem for lavado, perdoado e purificado pelo sangue do Cordeiro, será condenado. Um só pecado perdoado tornará a pessoa condenável diante de Deus (Mateus 25:26). (2X)

c) Alguns são religiosos, mas obedecem a Deus. Outros são pagãos, incrédulos e inimigos de Deus. O religioso que vive a Palavra de Deus será tratado da mesma forma que o incrédulo e inimigo de Deus. Ambos serão mortos e lançados nas trevas eternas (Mateus 25:30). (2X)

4. A parábola é uma alegoria[277]. Através de suas histórias, Jesus ensinou muitas doutrinas bíblicas, as quais estão espalhadas por toda a Bíblia. Leia as parábolas dos dez talentos e os textos bíblicos indicados. Agora relacione cada item da coluna da esquerda com o seu respectivo versículo da direita, de acordo com a afinidade entre eles:

MATEUS 25:14-19	Textos bíblicos diversos
a) Entregou talentos	2Pedro 3:4
b) Muito tempo depois	Efésios 4:8
c) Servos	Mateus 25:32
d) Fez contas	Apocalipse 1:4

---

277. É "uma figura de linguagem caracterizada como sendo um conjunto simbólico criado para transmitir um segundo sentido além do sentido literal das palavras [...] formada por diversas metáforas interligadas entre si". ALEGORIA. **Normal Culta**, [on-line, s.d.]. Disponível em: <https://www.normaculta.com.br/alegoria/>. Acesso em: 05 fev. 2022.

A PARÁBOLA DOS TALENTOS (Mateus 25:14-30, ACF)

1. Um homem distribuiu oito talentos a três de seus servos, cinco, dois e um talento. Os oito talentos são o Reino de Deus, e cada talento, bens do Reino de Deus, os quais foram distribuídos diferentemente aos servos, segundo a capacidade de cada um. O Reino de Deus pode ser representado por uma coroa.

Os oito talentos são o Reino de Deus. Um talento foi dado ao servo mau. E 7 talentos[278], aos servos bons. A expressão Reino de Deus é a única que harmoniza as parábolas dos talentos e das minas[279]. Outra vantagem é igualar-se à parábola dos lavradores maus. A dinâmica e a estrutura das três parábolas – lavradores maus, talentos e minas – são similares. Na parábola dos lavradores maus, a vinha é o Reino de Deus, de acordo com a própria explicação de Jesus.

O Reino de Deus pode ser dividido entre os servos bons e maus, como aconteceu aos talentos. A prova está no Reino de Deus que foi dividido entre os hebreus (Êxodo 19:3-6). O Reino de Deus é justiça, paz, alegria e todos os dons do Espírito Santo, o Evangelho, bênçãos e privilégios, a missão e muito mais (Romanos 14:17). Alguns desses bens foram dados aos hebreus maus, como o Evangelho, bênçãos e privilégios. Os oito talentos são, desse modo, o Reino de Deus. Os dons do Espírito Santo[280] são representados por 7 talentos que foram dados aos servos bons.

Apesar de tudo vir de Deus, os dons naturais não devem ser incluídos no Reino. Eles não foram arrancados dos judeus. Na parábola dos lavradores maus, que é muito similar à dos talentos e das minas, os judeus receberam e perderam o Reino de Deus. Eles perderam muitas bênçãos, privilégios, a Palavra de Deus – os profetas eram judeus – e a missão de anunciar o Evangelho. Entretanto, não perderam a vida e os outros bens naturais (Mateus 8:12; 21:43).

É ordem e mandamento fazer crescer o Reino de Deus, e isso será exigido ao longo da vida. No último dia, aquele que negociou, e fê-lo crescer por dentro e fora, será galardoado com a vida eterna. Mas ninguém deve trabalhar com força e vigor só por conta do prêmio. É preciso entender

---

278. A equação é $5 + 2 = 7$. O candelabro do Judaísmo tem sete lâmpadas (Êxodo 25:37), e as 7 lâmpadas são o Espírito de Deus, conforme Apocalipse 4:5. Jesus é a razão, foi Ele quem criou o simbolismo do numeral 7. Apenas 2 servos, os quais receberam 7 talentos, têm o Espírito de Deus.
279. Na parábola das minas, 10 minas são igualmente o Reino de Deus.
280. Os dons do Espírito Santo não podem ser dados aos servos maus. Eles não têm o Espírito de Deus.

que o Senhor, Rei e Juiz ordenou. E o que é mandado dever ser feito, pois quem tem juízo obedece, quem não tem padece. Caso contrário, alienado ficará e deixará de se importar com tudo, e o Reino não crescerá nas suas mãos porque não se interessa em trabalhar. É negligente e rebelde, por isso o Reino ser-lhe-á arrancado, e tudo que tem e o que não tem será igualmente tomado. Será colocado na prisão eterna e morará com os rebeldes por descumprimento da Lei.

2. Os oito talentos são o Reino de Deus. E o Reino de Deus, uma reunião de bens espirituais. Um dos servos que recebera apenas um talento não o multiplicou. Então, o homem tomou o seu talento e ainda tudo aquilo que possuía. A Palavra de Deus é o talento do servo mau.

Duas parábolas têm tudo a ver com a dos talentos. Elas se cruzam e se ajudam na interpretação. Na parábola do semeador, a semente, que é a Palavra, foi lançada em corações maus e bons (Marcos 4:14). Já na dos lavradores maus, os judeus perderam o Reino de Deus, bênçãos e privilégios e, principalmente, o Evangelho.

Através de Moisés, os hebreus receberam o Reino. Ao longo da história, foram incrédulos e rebeldes. Por isso, Jesus os avisou que seriam espoliados e o Reino de Deus, tomado (Mateus 21:43). O principal bem do Reino que perderam foi o Evangelho, a Palavra de Deus que lhes era revelada, os orientava e dava-lhes esperança e vida eterna. Hoje, eles estão com os olhos fechados (João 12:37-40). A revelação divina e a missão de anunciá-la foram transferidas para a Igreja de Jesus. Sim, o talento do servo mau é a Palavra de Deus, mas tudo perdeu e lhe foi arrancado por conta de impiedade, injustiça e resistência à verdade.

Infelizmente, muitos estão em igrejas e pensam que são crentes de verdade, mas não são. E foram batizados, e comem do pão e do vinho, e levam a Bíblia debaixo do braço, mas não a colocam no coração. Como não leem ou não entendem a Palavra, enganam-se e não sabem que serão condenados. O Reino de Deus, então, lhes será tomado, e tudo, e muito mais que não é seu. Pois, na realidade, tudo é de Deus. No dia final, ficarão surpresos quando forem espoliados. Eles verão o Reino de Deus sendo-lhes arrebatado, a Palavra de Deus, as bênçãos dos Céus, os privilégios do Reino e o que recebeu quando nasceu, como é o caso dos dons naturais.

A pessoa já nasce com os dons naturais, o dom da vida, o corpo, a inteligência, as habilidades pessoais e tudo que ela tem e é, mas não é seu, é de Deus. Entrará na eternidade despida e nua de tudo. Desesperada, verá a misericórdia esvaecendo, a longanimidade se apagando e a justiça assombrando. A chuva que caía sobre todos e não fazia distinção cessará. O sol já não se levantará como fazia (Mateus 5:45). Assim, entrará em trevas medonhas e jamais se livrará do horror. Se houvesse lembrado do Criador, que Ele é Deus e Senhor, andaria por outro caminho.

As parábolas foram ditas para você abrir os olhos. Se você é como um deles, crente só de nome, ainda é tempo de arrependimento. Não espere o dia da ira, pois não haverá aviso e chegará de surpresa. A hora é hoje e agora, não perca tempo e nasça de novo, que as bênçãos serão sem medida.

3. Colocar no banco para correr juros significa fazer o mínimo dos esforços. Se o servo NÃO queria trabalhar a fim de multiplicar o dinheiro, a exemplo de usá-lo na agricultura ou comércio, deveria tê-lo dado a banqueiros. Assim, o banqueiro usaria o dinheiro, rendendo-lhe algum lucro. Se a pessoa NÃO quer fazer o mínimo esforço para a glória de Deus, sua vida nada produz, então será condenado pela sua negligência (Mateus 25:27). Jesus voltará como juiz e o seu julgamento será rigoroso. Quem NÃO for lavado, perdoado, purificado pelo sangue do Cordeiro, (NÃO)[281] será condenado. Um só pecado NÃO perdoado tornará a pessoa condenável diante de Deus (Mateus 25:26). Alguns são religiosos, mas NÃO obedecem a Deus. Outros são pagãos, incrédulos e inimigos de Deus. O religioso que NÃO vive a Palavra de Deus será tratado da mesma forma que o incrédulo e inimigo de Deus. Ambos serão mortos e lançados nas trevas eternas (Mateus 25:30).

A palavra grega traduzida por banqueiros é *trapezités*, que significa também "aquele que faz troca". Essa atividade foi inventada pelos fenícios e consistia na recepção de depósitos em dinheiro com a contrapartida de juros. O dinheiro era emprestado a maiores percentagens ou empregado em negócios[282].

---

281. Para esta sentença, há uma segunda opção: "Quem for lavado, perdoado, purificado pelo sangue do Cordeiro, NÃO será condenado".
282. MATTHEW 25:14, COMMENTARIES. **Bible Hub**: search, read, study the Bible in many languages, [on-line, s.d.]. Disponível em: <https://biblehub.com/commentaries/matthew/25-14.htm>. Acesso em: 05 fev. 2022.

O pensamento de Jesus era receber os talentos com lucro, ainda que fosse pequeno. Com os banqueiros, o dinheiro estaria seguro e o lucro garantido. É o mínimo dos mínimos que poderia ser feito, evitando-se esforços físicos e mentais. O servo que recebeu o seu encargo não poderia deixar de fazer, pelo menos, o mínimo. Essa exigência é similar ao sermão profético, com relação à vida e ao castigo eternos. Apenas um copo d'água fará a diferença no dia do juízo. Se nem o mínimo quis fazer, e vem com mil desculpas, enterra o talento e espera aceitação, o juiz será rigoroso e cobrará até os centavos.

Geralmente, pessoas assim cobram de Deus as mínimas coisas. Se chove, Deus é o culpado, e se faz sol, quem é o culpado é Deus. Não entende a doença, se acontece algo errado, o trabalho não vai bem, é sempre Deus o acusado. Quer saber o porquê de tudo, não aceita e não entende a vida, vive tão preocupado que não sobra tempo para a adoração a Deus e o cumprimento da missão.

Outra interpretação possível é a terceirização. Hoje é o assunto da moda, ninguém fala de outra coisa. Se você dá o seu dízimo e a sua oferta, e é de coração, eles serão bem aplicados e alguém fará o seu trabalho. Mas talento é dinheiro ou é uma metáfora de um dom espiritual? Engana-se quem pensa que o seu salário é seu, ou a sua a renda é sua. É Deus quem dá tudo, é bênção e privilégio, por isso é dom ou dádiva de Deus. Agora, se você dá por obrigação ou exibição, então não vale nada, e o que for realizado, se o missionário é alimentado e prega o Evangelho, nada será contabilizado na sua conta.

Outra forma de ter crédito em conta é ser generoso, dar um pão a alguém, nem que seja um copo d'água, mas fazer com piedade, a partir de um coração de fé e obediente a Deus. A Bíblia é enfática em dizer que Deus ama a misericórdia, a compaixão e o amor ao próximo. Se no seu orçamento não cabe o seu próximo, algo está errado e você ainda não compreendeu o que é ser cristão. Não é dar uma roupa usada, um calçado surrado e o que lhe sobra, é preciso muito mais que isso. E não é algo esporádico, como no dia de Natal. É para doar-se sempre, abrir o bolso sem resistência, tristeza e avareza.

Quem é pai e mãe sabe o que é ter um filho, o quanto gasta e o que é perder noites de sono. Na verdade, o próximo é como um filho, quando chega perto e fala com carinho, você já sabe do que se trata. A vida é assim mesmo, é só organizar-se, agir com cautela e justiça, pois os filhos são bênçãos e não maldição. Vida cristã sem generosidade e compaixão pelo próximo é ilusão, falsidade e tentativa de suborno.

Mas Deus não é tolo, desonesto e injusto, quem não tiver dinheiro em conta, em vez de crédito, será debitado e ficará no vermelho. Portanto, quando der, dê com amor e carinho, pensando no crescimento do Reino de Deus, porque esse é o objetivo da sua vida: louvar, adorar e glorificar o Rei Jesus e Deus.

4. *A parábola é uma alegoria. Através de suas histórias, Jesus ensinou muitas doutrinas bíblicas, as quais estão espalhadas por toda a Bíblia. Por exemplo, a entrega de sete talentos é uma referência aos dons entregues por Jesus: "Por isso diz: Subindo ao alto, (Jesus) levou cativo o cativeiro, e deu dons aos homens" (Efésios 4:8, ACF); muito tempo depois é referência ao retorno de Cristo, mas não em breve: "Onde está a promessa da sua vinda? Porque desde que os pais dormiram, todas as coisas permanecem como desde o princípio da criação" (2Pedro 3:4, ACF); servos é uma referência aos membros da igreja de Cristo, bons ou maus: "João, às sete igrejas que estão na Ásia: Graça e paz seja convosco da parte daquele que é, e que era, e que há de vir, e da dos sete espíritos que estão diante do seu trono" (Apocalipse 1:4, ACF); e fez conta, isso refere-se ao juízo final: "E todas as nações serão reunidas diante dele, e apartará uns dos outros, como o pastor aparta dos bodes as ovelhas" (Mateus 25:32, ACF).*

Aquele que é o Alfa e o Ômega, o Princípio e o Fim, o Primeiro e o Último, ao final de sua revelação ao profeta João, conclamou a todos os seus irmãos a dizer: "Ora, vem, Senhor Jesus!" (Apocalipse 22:13,20, ACF). É preciso amar a volta de Jesus. Será um dia em que a luz do Céu será Cristo, descendo da Casa do Pai com poder e grande glória. Com antecedência, as malas deverão estar arrumadas e a vida pronta, com todos os débitos pagos, porque na volta de Cristo a web da fé não acessará mais o Cordeiro. A humanidade toda, mortos e vivos, estará face a face perante o Juiz. A conta será cobrada pessoalmente, e quem não quitou seus débitos haverá de pagá-los nas cadeias da eternidade.

Algumas palavras de Jesus confundiram os primeiros cristãos. Declarações, a exemplo de "vereis em breve o Filho do homem assentado à direita do Todo-poderoso e vindo sobre as nuvens do céu" (Mateus 26:64, ARC), embaraçaram as mentes de muitos, levando-os a pensar que Jesus voltaria logo. A empolgação foi tamanha que vendiam as suas propriedades e fazendas e repartiam com todos, de acordo com as suas necessidades (Atos 2:45). Certamente, a ressurreição de Cristo também os influenciou, tendo em vista a manifestação de poder e glória do Filho de Deus.

Os discípulos provaram de experiências excepcionais, surpreendentes e inesquecíveis. A alegria e a esperança depositadas em seus corações movia-os para uma devoção intensa. Ainda que a parábola dos talentos tenha afirmado que Jesus demoraria, muitos não gravaram essa particularidade. Mas Jesus havia sido explícito quando disse "depois de muito tempo, veio o senhor daqueles servos e ajustou contas com eles" (Mateus 25:19). Está evidente que Jesus não voltaria logo, mas os homens não podem esquecer que suas vidas são como um vapor e se vão embora. Uns choram e logo morrem, outros compram e vendem, então não desfrutam o que tem. Não se esqueça, a vida é como uma flor exótica apelidada de dama-da-noite[283], que não dura mais do que uma madrugada. Se você quiser entrar no Reino de Deus, haverá de ser nova criatura agora. O dia de amanhã a ninguém pertence, a não ser ao próprio relógio de Deus.

Quantos dias o homem caminhará sobre a face da terra, ninguém sabe, pois existem algumas lacunas na Bíblia, as quais impedem que se faça uma contagem exata. De Adão até hoje, há 5.780 anos, através do calendário hebraico[284]. Os cristãos ocidentais fazem uma média e contabilizam pouco mais de 6.000 anos. Quem está certo, e se ninguém está certo, é impossível saber. Deus não preencheu completamente o calendário, portanto não há uma precisão.

Não se sabe se é coincidência, mas dividindo-se em milênios, será que já seria o sétimo milênio? Não há necessidade de tanta exatidão, o importante é sugerir a brevidade da volta de Cristo. É mistério e segredo, sim. Contudo, é certeza que está bem próximo de um número simbólico. Por outro lado, há muita coisa acontecendo, profecias se cumprindo, o sol aquecendo, a ciência se multiplicando e Israel em aparente segurança. A sensação de que Cristo está voltando é estimulada pela insustentabilidade da vida humana, tanto física como moral e espiritual.

---

283. Também conhecida por flor-da-lua, rainha-da-noite e jasmim-da-noite. Sua origem é a América Central, possui um aroma intenso e chega a ter 10 centímetros de diâmetro. FLOR DAMA DA NOITE: conheça todos os seus encantos. **NSC Total**, [on-line, s.d.]. Disponível em: <https://biblehub.com/commentaries/matthew/25-14.htm>. Acesso em: 05 fev. 2022.
284. No calendário Gregoriano, 09.05.2020. CONVERTER. **Hebcal**. [on-line, s.d.]. Disponível em: <https://www.hebcal.com/converter/?gd=9&gm=5&gy=2020&g2h=1>. Acesso em: 05 fev. 2022.

A servidão do povo de Deus pode ser dividida em 7 milênios. Alguns numerais têm uma representação singular nas Escrituras, mas nenhum é tão significativo como o numeral 7 e alguns dos seus múltiplos: 7 dias ou períodos, 7 festas (Levítico 23-25), 7 semanas, 7 meses[285], 7 anos, 7 semanas de anos e 70 semanas. Além de perfeição, o numeral 7 está diretamente relacionado à primeira e segunda vindas de Jesus, ao Espírito Santo e a temas escatológicos, tais como: a morte, o corpo e a ressurreição de Jesus, a descida do Espírito Santo, o dia da expiação dos pecados, da redenção do corpo, da colheita final, da libertação da escravidão do pecado e do descanso eterno.

Atualmente, há um sentimento comum de que os sinais do tempo do fim estão se formando. Não é mera coincidência que tudo isso esteja acontecendo dentro ou próximo do sétimo milênio da humanidade. De acordo com a cronologia bíblica, a humanidade estaria nos arredores do sétimo milênio. Através dos registros das narrativas bíblicas, consegue-se um valor aproximado de 4.000 anos de Adão até Jesus. As lacunas existentes no texto sagrado e nos calendários juliano e gregoriano não diminuem a realidade de que Cristo está voltando. As divergências entre a tradição hebraica e os ocidentais também não a excluem. Nem mesmo a ciência inviabiliza a convenção dos 4.000 anos de história entre Adão e Jesus, e as omissões do texto profético[286] não são tão significativas a ponto de prejudicá-la (Gênesis 11:26,32). A soma do simbolismo do número 7 aos sinais dos tempos da presente era reforça a ideia de que o povo de Deus está próximo de sua libertação, e que a cronologia tradicional cristã é bem razoável. Certamente, a imprecisão é de propósito a fim de que os homens não estabeleçam datas, mas sintam a proximidade da volta do Filho do Homem.

De acordo com Jesus, os tempos ou as estações estabelecidas pelo poder do Pai não nos pertencem (Atos 1:7). Entretanto, é prudente conhecer os sinais dos tempos. O próprio Jesus criticou os religiosos de sua época por não identificarem o seu dia (Mateus 16:3). Os tempos e sinais estabelecidos por Deus e apontados pelos profetas não são de enfeite. Eles existem para análise e alerta.

---

285. O ano religioso inicia-se com a Páscoa (Êxodo 12:2). As festas do outono iniciam no sétimo mês com a Expiação (Levítico 23:27). Sete são os meses entre o sacrifício de Jesus e a redenção do pecador.
286. Por exemplo, a precisão da cronologia bíblica é interrompida pela omissão da idade de Tera quando gerou Abrão.

Quanto às festas anuais[287] mencionadas em Levítico, elas são 7 (Levítico 23-25). Elas celebram fatos históricos dos hebreus e foram incorporadas à sua cultura religiosa. Porém, na ótica cristã, elas falam de Cristo e da redenção do crente. As cinco primeiras, por ocasião da primavera, são: o Sábado, a Páscoa, os Asmos, ou pães sem fermento, as Primícias e o Pentecostes. As de outono, o dia da Expiação e a festa dos Tabernáculos.

Como metáfora de fatos ligados a Cristo, a análise das quatro primeiras festas é algo singular. Observe se não é interessante: no ano do sacrifício de Jesus, a Páscoa[288] caiu na sexta-feira, os Asmos no Sábado e as Primícias no domingo. Além do próprio Sábado, que era também uma festa. Não foi mera coincidência, Deus é quem planejou tudo, ano, mês, dia e hora. São três dias subsequentes com quatro festas que celebravam a morte e a ressurreição de Jesus.

O sacrifício de Jesus ocorreu no dia da Páscoa, sexta-feira à tarde, exatamente no dia da festa que celebrava a sua morte. O seu corpo permaneceu morto e em estado de repouso durante todo o dia do sábado, exatamente no dia da festa que lembrava o descanso, o Sábado e os Asmos. A festa dos Asmos também anunciava a morte e o descanso do corpo de Jesus. Como o pão sem fermento não cresce, o corpo de Jesus também não aumentaria de volume. Com o inchaço do corpo, inicia-se a decomposição. Os Asmos eram uma indicação de que o corpo de Jesus não veria a decomposição. A ressurreição de Jesus ocorreu no domingo, exatamente no dia da festa em que se celebrava a sua ressurreição, as Primícias. Essas coincidências estavam no calendário de Deus: sacrificado na Páscoa, em estado de inatividade no Sábado e nos Asmos e vivo nas Primícias.

Sobre a ressurreição de Jesus, ela deve ter acontecido logo após o dia do sábado. Essa ideia é sugerida e confirmada pela análise dos Evangelhos e fortalece o significado cristão das festas hebraicas. A primeira sugestão vem do sepultamento urgente e célere de Jesus. O seu corpo foi sepultado apressadamente no fim do dia sexto (Marcos 15:42 e João 19:31,42), porque já beirava o sábado quando não era permitido cavar sepulcros ou mesmo

---

287. Moed é a transliteração do termo hebraico traduzido por festa ou solenidade e significa tempo estabelecido ou designado.
288. A Páscoa hebraica era celebrada no 14º dia do primeiro mês do calendário religioso, e seguida pela festa dos Asmos, celebrada no 15º dia do mesmo mês. Portanto, não eram dias fixos da semana de sete dias. A coincidência delas com o dia sexto e o sábado no ano do sacrifício de Jesus era essencial por causa do que representavam e fora planejada por Deus antes da fundação do mundo (Levítico 23:2-3, 5-6).

sepultar. A morte e o sepultamento momentos antes do sábado insinuou uma ressurreição logo depois do sábado. Era necessário enquadrar o estado de inatividade do corpo de Jesus ao dia do sábado e ao dia dos Asmos.

A grande pergunta é: a que horas Jesus ressuscitou? Sem levar em conta a controvérsia[289] da narrativa de Marcos, o evangelista Mateus[290] parece indicar que a ressurreição ocorreu imediatamente após o pôr do sol do sábado, e não ao nascer do sol do primeiro dia[291] (Mateus 28:1,6). A última palavra deve ser da unidade teológica, adequando-se as narrativas à interpretação do próprio Sábado[292] e dos Asmos.

Quanto aos Asmos, o fermento leveda e incha toda a massa. Na perspectiva cristã, o pão sem fermento seria o corpo morto e estático de Jesus, sem sinais de decomposição. A partir de vinte e quatro horas, as enzimas começam a se alimentar das células do próprio corpo de dentro para fora, produzindo muitos gases. O inchaço generalizado, que acontece após o terceiro dia, e assemelha-se à fermentação do pão, sinaliza a decomposição do corpo. O corpo humano pode até dobrar o seu tamanho[293]. Da maneira como o pão é deitado até que intumesça, o corpo de Jesus foi estendido no túmulo. As palavras do profeta Davi, de que o corpo de Jesus não veria a corrupção (Atos 2:27), exigiam um curto espaço de tempo entre a sua morte e a ressurreição. Os seus órgãos não entraram em decomposição porque logo ressuscitou. O sétimo dia, que representara o descanso de Deus, também celebrou o repouso de Jesus (Hebreus 4:10).

---

289. A partir de Marcos 16:9, a narrativa é omitida em alguns manuscritos, fato observado por Jerônimo e Eusébio. Independentemente das conjecturas, é muito improvável que Jesus tenha dito a hora de sua ressurreição. Não há também referência pelos seus discípulos diretos. É mais provável que se trate de uma dedução e reflita a hora em que as mulheres se dirigiram ao túmulo e constataram a ressurreição. Elicott's Comentary for English Readres. MARK 16:9 **Bible Hub**: search, read, study the Bible in many languages, [on-line, s.d.]. Disponível em: <https://biblehub.com/commentaries/mark/16-9.htm>. Acesso em: 05 fev. 2022.
290. O apóstolo Mateus esteve bem próximo dos eventos da morte e ressurreição de Jesus. Há verdadeiras evidências internas e externas de que o apóstolo Mateus seja o autor do Evangelho que leva o seu nome, conforme relatos dos pais apostólicos. DAVIS, John D. Dicionário da Bíblia. 14ª ed. Rio de Janeiro, JUERP, 1987.
291. Os dias hebraicos eram contados de uma tarde até a outra do dia seguinte.
292. A versão inglesa mais conceituada, King James Bible, ressalta o fim do sábado, conectando-o ao início do primeiro dia. A tradução portuguesa por João Ferreira, Revista e Atualizada, seguiu o mesmo padrão. Assim, deve prevalecer a ideia teológica extraída do sábado, de que Jesus ressuscitou no início do primeiro dia.
293. THE STAGES of human decomposition. **Aftermath**, [on-line, s.d.]. Disponível em: <https://www.aftermath.com/content/human-decomposition/>. Acesso em: 05 fev. 2022.

O sábado e os Asmos comemoravam a situação de inatividade do corpo de Jesus. Jesus de carne e osso morreu e passou. Agora os cristãos celebram o corpo vivo e glorificado de Jesus, outrora anunciado pela festa das Primícias.

Os primeiros frutos deveriam ser apresentados a Deus, como reconhecimento de que a Ele tudo pertence. As ofertas obedeciam a certos rituais, como fazer movimentos de baixo para cima e vice-versa, antes de serem queimadas no altar (Levítico 23:11). Esses movimentos realizados pelo sacerdote representavam a ressurreição de Jesus. Tudo isso está de acordo com a profecia bíblica que fala de Jesus como as Primícias dos que dormem. Ele é o Primogênito de Deus e é o primeiro daqueles que haverão de ressuscitar (Colossenses 1:15, 18; Romanos 8:29).

Cristo morreu, ressuscitou e voltará. Graças a Deus você o aguarda e crê nas Escrituras Sagradas. É preciso estar alerta, santificando-se com a Palavra de Deus. É Ela quem nos limpa, purifica e apresenta diante de Deus.

Servos fiéis e filhos amados, é assim que Deus nos trata. Ele é Deus Altíssimo, é todo-poderoso e onipotente. É eterno, o Criador, a Providência, Senhor e Juiz. Entretanto, ele prefere ser chamado de Pai. Era assim que Jesus o chamava e ensinou aos seus discípulos (Mateus 6:9). No Antigo Testamento, o Senhor falou: "Pai me chamarás e de mim não desviarás" (Jeremias 3:19, ARC).

Deus ama os seus filhos e nos dá a liberdade de chamá-lo de Pai. Que Cristo venha e toda glória seja manifestada. Assim estaremos eternamente na Casa do nosso Pai. "Aquele que testifica estas coisas diz: Certamente, cedo venho. Amém! Ora, vem, Senhor Jesus! A graça de nosso Senhor Jesus Cristo seja com todos vós. Amém!" (Apocalipse 22:21).

22.
A PARÁBOLA DAS MINAS (Lucas 19.12-27, ACF)

12 Disse pois: Certo homem nobre partiu para uma terra remota, a fim de tomar para si um reino e voltar depois. 13 E, chamando dez servos seus, deu-lhes dez minas, e disse-lhes: Negociai até que eu venha. 14 Mas os seus concidadãos odiavam-no, e mandaram após ele embaixadores, dizendo: Não queremos que este reine sobre nós. 15 E aconteceu que, voltando ele, depois de ter tomado o reino, disse que lhe chamassem aqueles servos, a quem tinha dado o dinheiro, para saber o que cada um tinha ganhado, negociando. 16 E veio o primeiro, dizendo: Senhor, a tua mina rendeu dez minas. 17 E ele lhe disse: Bem está, servo bom, porque no mínimo foste fiel, sobre dez cidades terás autoridade. 18 E veio o segundo, dizendo: Senhor, a tua mina rendeu cinco minas. 19 E a este disse também: Sê tu também sobre cinco cidades. 20 E veio outro, dizendo: Senhor, aqui está a tua mina, que guardei num lenço; 21 Porque tive medo de ti, que és homem rigoroso, que tomas o que não puseste, e segas o que não semeaste. 22 Porém, ele lhe disse: Mau servo, pela tua boca te julgarei. Sabias que eu sou homem rigoroso, que tomo o que não pus, e sego o que não semeei; 23 Por que não puseste, pois, o meu dinheiro no banco, para que eu, vindo, o exigisse com os juros? 24 E disse aos que estavam com ele: Tirai-lhe a mina, e dai-a ao que tem dez minas. 25 (E disseram-lhe eles: Senhor, ele tem dez minas.) 26 Pois eu vos digo que a qualquer que tiver ser-lhe-á dado, mas ao que não tiver, até o que tem lhe será tirado. 27 E quanto àqueles meus inimigos que não quiseram que eu reinasse sobre eles, trazei-os aqui, e matai-os diante de mim.

CURIOSIDADES

Era comum entre os príncipes herodianos, após sua coroação e retorno à região de origem, a distribuição de cidades para alguns de seus seguidores. É o caso do rei da Judeia, Herodes Arquelau[294], que substituiu o seu pai, Herodes, o Grande, após a sua morte, conforme registrado no

---

294. LUKE 19:17, COMMENTARIES. **Bible Hub**: search, read, study the Bible in many languages, [on-line, s.d.]. Disponível em: <https://biblehub.com/commentaries/mark/16-9.htm>. Acesso em: 05 fev. 2022.

Evangelho de Mateus 2:19-23. Então, os reis e seus amigos que provaram ser fiéis governavam juntos.

1. A mina é uma unidade de peso[295] usada como base para a prática do comércio e do câmbio. Ao interpretar a parábola, qual o significado que você daria à mina? Por quê? Escolha dentre as opções a seguir:

2. Nos itens adiante, alguma palavra foi colocada indevidamente, mudando o sentido da sentença. Para que cada item adiante fique correto, qual a palavra que deve ser substituída por seu antônimo?

Exemplo: Dez servos receberam um total de dez minas. Isso sugere que cada servo recebeu apenas uma mina. Cada mina representa a Palavra de Deus que foi dada *diferentemente* a cada servo. À semelhança da parábola do semeador, uns dão muitos frutos, outros não frutificam. Uns a 1000%, outros a 500% e outros 0%.
Resposta: *igualmente*.

a) Aquele que recebeu uma mina e a escondeu assemelha-se à pessoa que recebeu de Deus a Palavra do Reino, mas não nasceu de novo para frutificar. Apesar de ser pagão e reconhecê-lo como Deus exigente, desprezou os seus mandamentos (Lucas 19:13,20-23).
Resposta:_____

b) Nenhum crente receberá cidades para governar no Reino dos Céus. Jesus apenas usou a cultura local, a prática dos reis herodianos de premiar seus seguidores infiéis com cidades, para dizer que todo o que for fiel a Deus, cumprindo os seus mandamentos, será igual e abundantemente premiado. O prêmio do incrédulo é a vida eterna (Lucas 19:17).

---

295. Tecnicamente, unidade de massa, que é a quantidade de matéria que um objeto contém, cujo padrão é o quilograma (kg). O peso, na realidade, é uma força proporcional à aceleração da gravidade, cuja unidade padrão é o Newton (N). A nomenclatura "peso" será usada por questão de clareza e uso cotidiano.

Resposta:_____ /_____

c) Quem for justificado diante de Jesus, todo o bem que tiver, toda graça divina, todo dom divino, como paz, alegria e felicidade, toda a sua vida lhe será dada e viverá em eterna escuridão (Lucas 19:24-27).
Resposta:_____ /_____

3. Leia as passagens indicadas da coluna A e relacione-as a um dos versículos da parábola das minas, tendo em vista as semelhanças de suas ideias. Logo em seguida, coloque-os na coluna B e informe a ideia comum na coluna do meio. Siga o exemplo dado:

Versículos da parábola das minas: Lucas 19:13 – Lucas 19:14,27 – Lucas 19:15 – Lucas 19:26
Ideia comum: MISSÃO DO FILHO DO REINO; MATEMÁTICA DIVINA; PRESTAÇÃO DE CONTAS; A DESTRUIÇÃO DOS ÍMPIOS.

COLUNA A Leituras diversas	Qual é a informação comum que une os textos bíblicos das colunas A e B?	COLUNA B Parábola das minas
Mateus 16:27		
Salmos 34:21	A destruição dos ímpios	Lucas 19:14,27
Lucas 9:60		
1 Pedro 2:9		
Mateus 16:25		

4. Observe as equações matemáticas abaixo. Cada grupo de equações representa um versículo da questão anterior. Quais são esses versículos? Explique a sua resposta.

$+1 +2 = +3$
$-1 -2 = -3$
Grupo 1

$+1 -2 = -1$
$-1 +2 = +1$
Grupo 2

A PARÁBOLA DAS MINAS (Lucas 19.12-27, ACF)

1. A mina é uma unidade de peso usada como base para a prática do comércio e do câmbio. A expressão "Palavra de Deus" é a melhor interpretação para a metáfora "mina". Ela pode ser representada através do pão, o alimento espiritual.

As dez minas são o Reino de Deus, da mesma maneira que os oito talentos são o Reino de Deus. Além de conciliar as duas parábolas, talentos e minas, outra vantagem é assemelhar-se à parábola dos lavradores maus. A dinâmica e a estrutura das três parábolas – lavradores maus, talentos e minas – são similares. Na parábola dos lavradores maus, a vinha é o Reino de Deus. Essa interpretação foi dada pelo próprio criador da parábola, o mestre Jesus. A vinha foi arrendada aos hebreus para ser arada, plantada e dar frutos.

Quanto às minas, separadamente, cada uma delas deve representar a Palavra de Deus. As minas foram dadas semelhantemente a bons e maus servos. Na parábola do semeador, a Palavra de Deus foi lançada nos corações de servos bons e maus. Cada semente era a Palavra de Deus, assim como cada mina é o Evangelho. Mina é, então, a Palavra de Deus, ou o Evangelho, que é dada a todos igualmente.

A Palavra de Deus é acima de tudo o verbo Amar. De certeza, Amar deve assentar-se no trono do coração. Entretanto, outros verbos devem igualmente morar no coração das pessoas. Alguns são: Trabalhar, Cultivar, Crescer, Cuidar, Adubar, Semear, Multiplicar, Frutificar e Negociar. É ordem de Deus guardar esses verbos no coração. Você foi alistado para unir-se ao seu exército. É obrigação, não é opção[296]. A vida eterna é uma consequência.

O que você tem feito com o Evangelho? Guardado em um lenço? Acha que é um tesouro extraordinário e deve ser escondido? Você é crente, mas ninguém o sabe? Você não se identifica e nunca fala um versículo bíblico? Se vê a maldade e a mentira ao seu lado, fica bem calado como se concordasse com tudo? Não quer incomodar e ser incomodado? Não diz que o Céu existe, muito menos o inferno, onde as labaredas de fogo não se

---

[296]. Segundo o apóstolo Paulo, ele estava debaixo da Lei de Cristo. E lei é ordem, se não for cumprida, terá a devida punição, à semelhança do que ocorreu no Éden, inclusive com relação ao livre-arbítrio. 1 Coríntios 9:21.

apagam? Na realidade, você acha que é uma verdade dura e a esconde dos amigos, prefere que eles sigam o caminho da perdição, caiam no abismo e não voltem jamais. Contudo, quem está na igreja de Deus é filho e servo do Reino e deve pregar o Evangelho de Cristo a fim de que ele cresça e apareça, e você diminua (João 3:30).

2. *Aquele que recebeu uma mina e a escondeu assemelha-se à pessoa que recebeu de Deus a Palavra do Reino, mas não nasceu de novo para frutificar. Apesar de ser cristão, ou religioso, e reconhecê-lo como Deus exigente, desprezou os seus mandamentos (Lucas 19:13,20-23).* Nenhum crente receberá cidades para governar no Reino dos Céus. Jesus apenas usou a cultura local, a prática dos reis herodianos de premiar seus seguidores fiéis com cidades, para dizer que todo o que for fiel a Deus, cumprindo os seus mandamentos, será igual e abundantemente premiado. O prêmio do crente é a vida eterna (Lucas 19:17). Quem for condenado diante de Jesus, todo o bem que tiver, toda graça divina, todo dom divino, como paz, alegria e felicidade, toda a sua vida lhe será tomada e viverá em eterna escuridão (Lucas 19:24-27).

  A igreja de Cristo assemelha-se ao povo de Deus no Antigo Testamento, a nação de Israel. É a igreja da terra e não do Céu. A partir de Isaque, Deus fez um pacto no Sinai com toda a descendência de Abraão. A semente de Abraão era o povo de Deus, mas nem todos eram servos fiéis e obedientes. Como eram desobedientes, caíram ao longo de toda a história dos hebreus. Na verdade, eram bons religiosos e cumpriam todos os rituais do templo. Porém, eram descendentes apenas física e biologicamente de Abraão. Outros já eram diferentes e descendiam do pai Abraão através da fé. Quem manifestava uma fé sincera em Deus e permanecia firme era, então, chamado de filho na fé de Abraão (Gálatas 3:7).

  Com relação à igreja de Cristo, não há diferença. Assim como os hebreus foram batizados na nuvem e no mar, muitos são batizados nas águas de Cristo (1 Coríntios 10:2). Porém, não morrem e também não ressuscitam. Não há transformação e continuam dominados pelos desejos da carne. São apenas bons religiosos. Até participam do corpo e do sangue de Cristo, mas só fisicamente. Felizmente, outros morrem e ressuscitam com Cristo. Há uma transformação genuína e não vivem para si mesmos. Os verdadeiros cristãos vivem para o Senhor Deus (Gálatas

2:20), participam da ceia do Senhor, do seu corpo e do seu sangue, física e espiritualmente. O sangue e a vida de Cristo, que são o seu Espírito, estão no crente. Quando alguém de fato morre com Cristo, transforma-se na Casa de Deus, o Espírito Santo habita nele e é chamado de filho de Deus (1Coríntios 6:19-20).

Na parábola das minas houve servos bons e maus. Não só os bons ganharam mina, mas também os maus. No retorno do homem, os bons foram elogiados e entraram no gozo dos Céus. Os maus, rejeitados e lançados nas trevas exteriores onde há pranto e ranger de dentes.

Aquele que é mau não recebe o Espírito de Deus, pois Deus exige arrependimento e mudança de mente. Ele não tem o Espírito de Deus, mas faz parte da igreja terrena de Cristo (Romanos 8:14; 2Coríntios 11:13). É intruso, bisbilhoteiro e, às vezes, até espião. Como os judeus, que foram chamados de filhos do Reino, assim é o cristão que não é de fato filho de Deus (Mateus 8:12). O servo mau até se apresenta e se alista para o exército de Deus. Sabe até que ganhou a vida e tem muitas habilidades naturais. Admite que tudo é de primeira qualidade. Contudo, não sabe usá-las como ordena o compêndio do Criador. Ele deveria usá-las para a honra e glória de Deus. Mas, ao contrário, dissipa tudo o que tem e recebeu com o prazer deste mundo. Não larga a rede dos deleites da vida e são embalados pelo pecado. Não é assim que Deus anela, Ele ordena e espera que todos entendam que tudo o que possuem e têm é de Deus. Se o investimento não é seu e é de Deus, então deve devolver tudo com juros e correção monetária (1Crônicas 29:14). Infelizmente, poucos compreendem que a vida não lhes pertence.

Algumas mulheres lutam a favor do aborto. Alegam que os corpos são seus, então podem fazer deles o que quiserem. Mas como assim? Quem os faz crescer? E quando adoecem, quem lhes dá saúde? Seria o sol o despertador de suas vidas? De certeza, não! É delírio fechar os olhos e fazer de conta. Nada é nosso, tudo é de Deus. E se o que tem não é seu, é de mais alguém, não é sem dono, deve ser muito bem cuidado, valorizado e multiplicado.

Já pensou se tudo fosse guardado debaixo do colchão? A economia ficaria estagnada, o mundo não cresceria e empregos não haveria. Dinheiro escondido não rende. Se os homens fossem excessivamente diligentes e vendessem todos os seus bens, colocando-os debaixo do colchão, a sentença era uma só e igual para todos. Como resultado, não haveria emprego, e os homens morreriam de fome, epidemia e sede. A Palavra de Deus não seria plantada e cultivada, o mal se alastraria e os homens definhariam até morrer. As casas nos Céus ficariam vazias (João 14:2). Muitos servos agem assim, são exageradamente zelosos e guardam tudo que têm, a vida com todas as suas capacidades. Dizem que é timidez ou falta de tempo e até negam o investimento de Deus em suas vidas. Acham que estão fazendo bem, mas terão uma grande surpresa. O Senhor da vida retornará e condenará todo excesso de diligência. Na realidade, não é zelo, mas desculpa de quem não quer trabalhar e acumular nos Céus. A missão fora estabelecida, é ordem e mandamento, não é opção ou preferência.

Outros ainda são muito piores. Não se alistam e se opõem ao exército de Deus (2Timóteo 3:8). São traidores, receberam tudo, a vida, dons e talentos naturais. Entretanto, oferecem-se ao exército inimigo. Lutam contra Deus, o Espírito e Jesus Cristo, achando que poderão vencê-los. Mas o dia virá quando a bandeira de Cristo será alçada no monte Moriá e todo inimigo colocado debaixo dos pés de Cristo (1Coríntios 15:24-25). A trombeta proclamará a vitória, os justos serão elevados aos Céus e os ímpios lançados no fogo do inferno.

Veja este caso, se alguma coisa parece com a sua história ou não:

"Um certo homem rondando pela terra, desocupado, mas não aposentado, assentou-se na sua poltrona, uma imitação de tronos reais. Então pensou: 'A vida está enfadonha, eu preciso agitá-la'. Chamou um dos seus servos e disse:

– Encontre-me um jovem, de preferência pobre, mas ambicioso, bravo e destemido, que tenha planos grandiosos e deseje a viajem dos sonhos.

O servo pensou e achou melhor ir à Chapada Diamantina. Lá chegando, andou e rodeou a região. Olhou e viu uma casa muito pobre, uma choupana. Chamou, logo foi atendido, sentou-se ao lado do jovem e perguntou:

– Você é jovem tão belo, parece inteligente e cheio de desejos. Você aceitaria fazer uma viagem dos sonhos? Prometo que será a maior aventura e realização de sua vida.

Surpreso, o jovem pensou e fez algumas perguntas. No final, deu tudo certo, e o jovem aceitou a proposta.

No dia certo e combinado, o homem e o jovem encontraram-se.

– Agora, vamos às regras – disse o homem –. Colocarei uma venda nos seus olhos, e você não poderá ver até o próximo mandamento. Alegre-se que você terá uma grande emoção.

Aconteceu tudo como planejado. A venda foi colocada. E como naquela brincadeira de quebra-pote[297], o jovem rodeou a terra e ficou perdido sem saber para onde ia. Mas guiado pelo homem, chegou ao destino. Então o homem falou:

– Tire a venda agora! – e aguardou a sua reação.

Quando os seus olhos se abriram, e viu que estava no meio de um palácio mais belo do que o de Versalhes, na França, algo imenso, com objetos de ouro e pedras preciosas, caiu no espanto. 'Que paraíso!', pensou o jovem. Era uma cena deslumbrante. Lustres de cristais translúcidos, lençóis de seda Charmeuse, cobertores de lã vulcana, vasos de ouro amarelo, uma suntuosidade de deixar boquiaberto. Um verdadeiro salão de artes, com obras de renomados pintores e escultores. Eram cinco mil janelas, duzentas portas, tudo ornado com vitrais coloridos. Então, saiu um pouco fora e deslumbrou-se com os jardins. Era um mar de rosas, lírios, margaridas, íris e girassóis. Havia também cravos, tulipas e orquídeas. Sem voz e sem palavras, absorto nos próprios pensamentos, não sabia se vivia ou se estava em um paraíso. Como era diferente da choupana lá na Bahia! Então, o homem interrompeu os seus pensamentos e perguntou:

– Gostou do que viu? Tudo isso será seu, a distância entre o palácio e você é apenas a sua decisão. Qual é mesmo o seu desejo e intenção? A única condição é a venda nos seus olhos, que não será jamais tirada.

O jovem, ainda assustado, anestesiado e confuso, apalpou o seu corpo e apertou as suas mãos, como abraçando-se a si mesmo. Ofegante, depois de muito pensar, deu um suspiro e falou:

– O que adianta tanta beleza e glória se não poderei ver o brilho do ouro e o reflexo dos cristais? Se aqui permanecer, acaso poderei contemplar as cores dos vitrais e dos jardins encantados? Tudo será desprezível, sem cor e sem brilho. Prefiro a minha choupana lá da Bahia. Sei que é pequena, de barro e de palha, não tenho móveis de carvalho, ébano e castanheiro. Entretanto, quando abro a minha única janela, vejo ao longe um horizonte

---

297. Brincadeira comum no Nordeste do Brasil, a qual consiste em vendar e girar um dos participantes para que perca a noção de direção, colocando um porrete em suas mãos, até que alguém consiga quebrar o pote de barro pendurado, cheio de guloseimas e brinquedos.

lindo, um céu azul-claro, um verde de vida, um tapete colorido, um sol brilhante e uma paz indizível. Não posso trocar a beleza da minha terra por um palácio de trevas – e voltou para a sua modesta casa."

Sua casa realmente é de barro, mas foi Deus quem fez você. Ele fez com muito carinho e amor, tudo muito perfeito. A tentação mudou alguma coisa, é verdade, enganou e matou (Gênesis 1:31; 3:4,19). Contudo, você não deixou de ser amado por Aquele que o criou. Além da vida que lhe deu, Ele deu ricos tesouros, talentos e minas para que você fosse belo, especial e parecido com Ele. Não estrague a obra-prima, cuide muito bem do seu corpo, da alma e de seu espírito.

O amor de Deus é tão imenso que enviou o seu Filho ao mundo para ajudá-lo a encontrar o caminho da Casa do Pai (Romanos 5:8; 1João 4:9). Veja que a glória do mundo não vale a pena, é passageira e enganosa. O seu brilho é uma armadilha para o egoísta e ganancioso. Quem é capturado e fica aprisionado no encanto aparente, quando desiste e quer livrar-se, encontra muitas barreiras e dificuldades. Contudo, há remédio eficaz contra toda falsidade, mentira e maldade. Se depositar a fé em Cristo, não será enganado. Aquele que desceu dos Céus e contou tudo o que sabia e viu resolverá todo embaraço e qualquer obstáculo.

Alguns esquecem que Jesus veio do Céu e relatou tudo o que conhece. O que Ele sabe e já revelou é muito bem descrito no Apocalipse. A cidade do Céu é de ouro puro, cujo muro tem doze fundamentos de pedras preciosas: jaspe, safira, calcedônia, esmeralda, sardônica, sárdio, crisólito, berilo, topázio, crisópraso, jacinto e ametista. Como o cristal resplandecente, a glória de Deus brilha e nunca se apagará (Apocalipse 21:11,19-23). Há também um rio caudaloso e puro, fonte da água da vida (Apocalipse 22:1). Aquele que aceitar o convite de Jesus verá com clareza e perfeição toda a beleza, graça e encanto da Casa do Pai.

De acordo com a parábola das minas, Jesus falou que voltaria à Casa do Pai (Lucas 19:12). E que era um lugar remoto e muito distante. A distância é imensa porque é fora da terra e do universo onde o homem natural não consegue entrar. Como lá reina abundantemente o amor, a paz, a misericórdia, a santidade e a justiça, fica muito longe da terra, que está cheia de ódio, engano e injustiça. Na Casa do Pai, Ele seria recebido com toda honra e coroado Rei. Não seria como na terra, que recebeu uma coroa de espinhos (João 19:2). A coroa dos Céus foi preparada com muito amor, ouro puríssimo e pedras preciosas de bondade e justiça. Assim, como acontecia aos reis das províncias romanas que viajavam até Roma a fim de serem coroados, Jesus foi aclamado o Rei dos Reis e Salvador nos Céus.

3. Os Textos bíblicos que se referem à PRESTAÇÃO DE CONTAS são: "Porque o Filho do Homem virá na glória de seu Pai, com os seus anjos; e, então, dará a cada um segundo as suas obras" *(Mateus 16:27 ARC) e* "E aconteceu que, voltando ele, depois de ter tomado o reino, disse que lhe chamassem aqueles servos a quem tinha dado o dinheiro, para saber o que cada um tinha ganhado, negociando" *(Lucas 19:15 ARC). Os que se referem à MISSÃO DO FILHO DO REINO são:* "Mas Jesus lhe observou: Deixa aos mortos o enterrar os seus mortos; porém tu, vai e anuncia o Reino de Deus" *(Lucas 9:60 ARC) e* "Mas vós sois a geração eleita, o sacerdócio real, a nação santa, o povo adquirido, para que anuncieis as virtudes daquele que vos chamou das trevas para a sua maravilhosa luz" *(1 Pedro 2:9 ARC) e* "E, chamando dez servos seus, deu-lhes dez minas e disse-lhes: Negociai até que eu venha" *(Lucas 19:13 ARC). E os que se referem à MATEMÁTICA DIVINA são:* "porque aquele que quiser salvar a sua vida perdê-la-á, e quem perder a sua vida por amor de mim achá-la-á" *(Mateus 16:25 ARC) e* "Pois eu vos digo que a qualquer que tiver ser-lhe-á dado, mas ao que não tiver até o que tem lhe será tirado" *(Lucas 19:26 ARC).*

Antes de voltar à Casa do Pai, Jesus deixou uma missão para sua igreja. Ela não deve frustrá-lo. Os hebreus falharam, pois não usaram o instrumento da fé. E sem fé é impossível agradar a Deus (Hebreus 11:6). Durante o seu ministério, foi logo dizendo que a missão era urgente. Deixasse os mortos enterrarem os seus próprios mortos, pois os vivos não esperam (Lucas 9:60). Depois da morte, não há mais jeito, é Céu ou inferno.

Quem não trabalha certo é demitido, e outro toma o seu lugar. Foi o que aconteceu com o povo de Deus, a nação de Israel. A igreja foi chamada e assumiu o seu lugar. O perigo é ficar vaidoso, orgulhoso e achar-se muito importante. Se Deus não poupou os descendentes de Abraão, a quem as promessas foram feitas, quanto mais a igreja. Se fizer tolices e não cumprir a sua missão, será igualmente demitida (Romanos 11:20-22). A missão é pregar o Evangelho, multiplicar a semente, os talentos e as minas. É fazer o Reino de Deus crescer por dentro e por fora. Por isso, aos seus servos, deu-lhes dez minas e ordenou que as negociasse até a sua volta (Lucas 19:13).

Antes de ascender aos Céus, reuniu os seus discípulos e disse que todo poder Ele tinha nos Céus e na terra. Alguns ainda não acreditaram que Jesus havia ressuscitado (Mateus 28:17-18). Era Ele de carne e osso, porém glorificado. Jesus fitou olho no olho e falou como quem sabe quem é que manda. É ordem e mandamento, não percam tempo e anunciem o Evangelho a toda criatura, em Jerusalém, Samaria e até a Europa, a América, a África, a Ásia, a Oceania e a Antártida. Ensinem tudo que eu ensinei. E batizem em nome do Pai, e do Filho, e do Espírito Santo. Eu estarei com vocês até a consumação dos séculos (Mateus 28:19-20).

A missão foi dada e as condições também. Ele providenciou tudo, apostilas, cursos, até suplementos para aumentar a imunidade e aumentar a capacidade cognitiva. O Escultor criou-nos e soprou a vida a fim de sermos fortes e saudáveis (João 20:22). A obra é imensa e demanda muita dedicação, força e determinação.

Mas não devemos nos preocupar, pois o Espírito Santo é nosso auxiliar e hóspede. Achou que não? Deus pagou adiantado e emprestou a fim de morar com o crente e ajudá-lo em tudo. A sua casa é emprestada e será reformada, mas deve demorar até que isso aconteça. Jesus voltará e o tempo será abreviado. Mas é certo que só virá no dia determinado pelo Pai. Tudo mudará, o corpo será transformado, o mundo acabará, e uns irão para a Casa de Deus e outros para a prisão eterna. Enquanto isso, o Espírito Santo convencerá do pecado, do juízo de Deus e da justiça (João 16:8). Quem for resistente a uma voz tão competente, que sabe todas as coisas e nada lhe é furtado, será condenado, espoliado e aprisionado eternamente.

Muita gente faz as malas de sonhos e fantasias. Gira a chave na ignição e parte. Não se importa com a tempestade, se há crateras ou desmoronamentos. Às vezes a enxurrada vem, rola a encosta abaixo e leva tudo que tem pela frente. Não é prudente sair pela noite de escuridão, com trovões e relâmpagos. A luz que brilha é insuficiente. Muitas vezes é melhor desistir dos sonhos e utopias, estacionar e aguardar um pouco a trovoada passar. Avaliar a vida, descobrir os seus mistérios, só então seguir em frente com fé, garantia e certezas. Se você é daqueles que acham que não entende a Bíblia e, portanto, não nasceu para ser cristão ou evangélico, essa história é toda sua.

A mensagem da Bíblia essencial é muito clara: arrependa-se dos seus pecados e creia em Jesus como Senhor e Salvador de sua vida! Isso tem que ser de coração, pois Deus não vê como homem, Ele vê tudo, o mais íntimo de todo ser. Não adianta enganar-se, porque isso não resolve, só complica. O que muda a vida de alguém é o reconhecimento de que é pecador. Depois, deve arrepender-se. Você já se arrependeu dos seus pecados? Todos precisam se humilhar diante de Deus. Há necessidade de ser claro e nomear os pecados. Falar com Deus e dizer: Senhor eu fiz isso e aquilo, sei que foi errado, estou arrependido, não tenho mais prazer no pecado e não quero fazê-lo mais.

Outra coisa, aceitar Jesus como Senhor é vê-lo como seu dono. Quem manda agora é Ele, e a pessoa, então, faz tudo e muito mais para obedecê-lo. Reconhece que a sua voz e as suas ordens estão registradas na Bíblia. Por isso, procura pessoas mais experientes para traduzi-la e, assim, poder cumpri-la. Assume, também, o compromisso de estudá-la, para cometer menos erros e cumprir a missão.

Todo ser humano foi criado para louvar e glorificar a Deus. E isso só acontece quando se é obediente, santifica-se e cumpre a missão de pregar o Evangelho. A ordem foi para todo aquele que crê no Céu e no inferno, em Deus, no Espírito Santo e em Jesus. Talvez você diga que seu ministério é orar. Sim, orar é ótimo e necessário, mas é muito pouco se você pode fazer muito mais. Acreditar em Deus só é mesmo verdade quando isso é evidenciado na prática.

Quando a pessoa tem fé em Deus, arrepende-se dos seus pecados e crê em Jesus como Senhor e Salvador, a primeira pergunta que faz é: o que devo fazer (Atos 2:37)? Você tem braços, pernas e boca que não podem ficar subutilizados. Eles foram dados para semear o Evangelho. Então, muitos poderão ser salvos do perigo iminente. Caso contrário, cairão nas profundezas do inferno. A voz não pode calar-se e esconder o perigo. Creia com muita fé, garantia e certezas, que Jesus é Senhor, Salvador e Rei, não simplesmente no Céu, mas da sua vida.

Jesus foi claro a Pilatos e respondeu que havia nascido para ser Rei. Porém, o seu Reino não era deste mundo. Se fosse deste mundo, os seus servos, com mais força e poder do que os homens, livrá-lo-iam da morte de cruz (João 18:36-67). Aqui neste mundo, o seu trono foi, na realidade, uma cruz.

Jesus veio como servo sofredor, homem de dores, oprimido e ferido pelos nossos pecados. Deixou a Casa do Pai para fazer o bem aqui na terra. Curou as enfermidades do corpo, da alma e do espírito e até fez coisas simples, mas importantes, como lavar os pés dos seus discípulos. Ele foi servo fiel e obediente, agradou ao Pai em tudo e foi oferecido como sacrifício pelos nossos pecados. Mas quando retornar para buscar seus irmãos, virá como Rei e justo Juiz dos Céus e do universo, com toda honra e glória que merece. Não mais será infamado, maltratado e humilhado. Sua voz será como uma labareda de fogo, consumindo a palha e o restolho. Desculpas não serão aceitas, pois a sentença já descerá pronta dos Céus.

Quem guardou as minas, ou não as usou para a glória de Deus, haverá de devolver tudo, até a roupa do corpo. Desnudo da vida e de todo bem que ainda restou, será lançado vivo no lago que arde com fogo, e um fogo que não se apaga. Será um triste final. No entanto, mais triste ainda é saber que muitos não acreditam no Dia da grande ira de Deus. Pensam que é fantasia e ilusão, coisas inventadas pela imaginação. Até dizem que Cristo demora, e isso seria prova de que não vem, que dois mil anos é muito tempo. Mas será que isso é mesmo real? Esquecem ou não sabem que, conforme suas palavras, a viagem era longa da terra à Casa do Pai (Lucas 19:12).

O Rei voltará, sim, e não adianta fazer de conta que Ele não vem. Ele voltará e não haverá mais solução para quem é incrédulo. Para quem não crê e é inimigo de Deus, o destino é horrível e sem volta, com muito choro, ranger de dentes e desespero. Então, não haverá mais jeito, eles viverão longe de Deus para sempre e eternamente. Porém, você é diferente, é fiel e obediente ao Senhor onisciente que tudo vê e recompensa. Graças ao Senhor de toda honra, os seus olhos estão abertos para ver a imensa glória e o poder do grandioso Deus.

Quem é inimigo e concidadão não aceita a Palavra de Deus (Lucas 19:14). Ele odeia o Senhor e tudo aquilo que fala de Deus. Não quer ser reinado por Cristo, pois Ele é exigente e impõe fidelidade, santidade e amor à justiça. O inimigo pensa logo que, se aceitar a Palavra, perderá a liberdade. A sua língua será cortada, e as palavras de baixo calão condenadas. Não poderá mais amaldiçoar, enganar e guardar a mentira e a malícia debaixo da língua (Salmos 10:7). Nos negócios, não poderá mais trapacear. Certamente, a dificuldade é ter um Rei, um Senhor e um Juiz, e ser mandado e observado a todo momento com tudo anotado.

Será que é liberdade ser livre para praticar o mal? Engana-se quem pensa que uma língua cheia de peçonha mortal não envenena a si mesmo. O praticante do mal é envenenado pela sua própria saliva. E quando está sofrendo com dor no corpo e delírios mentais, não procura a pessoa certa. Se cresse no médico dos médicos, seria tratado e ficaria são, robusto, resistente e inabalável. Mas como não crê, não haverá mais jeito, morrerá diante do Rei e viverá longe de Deus para sempre e eternamente (Lucas 19:27).

Agora, o seu caso é diferente, você é leal e sincero, submisso ao Senhor onipotente que tudo faz e recompensa. Toda honra e glória ao Altíssimo, a sua vida é totalmente dedicada à missão de pregar o Evangelho às gentes, cumprindo a ordem de Cristo, espalhando o amor de Deus e a esperança de uma nova vida, abundante e eterna.

4. Lucas 19:26 e Mateus 16:25 podem ser representados por expressões matemáticas, como a seguir:

"*Pois eu vos digo que a qualquer que tiver ser-lhe-á dado, mas ao que não tiver até o que tem lhe será tirado*" (Lucas 19:26 ARC)

$$+1 \ (+1 + 1) = +3$$
$$-1 \ (-1 \ -1) = -3$$

"*porque aquele que quiser salvar a sua vida perdê-la-á, e quem perder a sua vida por amor de mim achá-la-á*" (Mateus 16:25 ARC)

$$+1 \ (-1 \ -1) = -1$$
$$-1 \ (+1 +1) = +1$$

Essa é a matemática divina. Em Lucas 19:26, é dito que se você usar o que Deus lhe deu para o crescimento do Reino e apresentar lucro (+1), receberá ainda mais (+1) e ganhará a vida eterna (+1). O saldo será muito positivo, muito mais do que você já tinha (+3).

Se você é sincero, e trabalha, e semeia, e negocia o que recebeu do Senhor Deus, o Reino certamente crescerá. O amor de Deus que você fala e vive é como uma semente que o vento espalha. E a leva para algum lugar que você nem imagina. Ela, então, aguarda a chuva e brota na época certa. Não se preocupe com a quantidade de almas que você ganhou para Cristo. Com certeza, o lucro é muito mais que isso. Preocupe-se em espalhar o amor, a misericórdia e a justiça de Deus, o Evangelho de salvação. O Espírito Santo não desperdiçará o seu trabalho. Entretanto, se você sabe que levou pessoas a Cristo, isso provará a você mesmo que de fato está multiplicando aquilo que recebeu das mãos de Deus.

A matemática de Lucas 19:26 também tem a operação contrária. Se você não usar o que Deus lhe deu para o crescimento do Reino e não apresentar lucro (-1), você perderá o que tem (-1) e ainda mais a vida eterna (-1). O saldo será muito negativo, até menos do que aquilo que você não tinha (-3). Todo e qualquer bem, o que for bom e benigno, que o cerca e envolve, será retirado e ainda perderá a vida eterna.

Na matemática de Mateus 16:25, é dito que se você acumula tudo para si mesmo, só pensa em você, no seu bem-estar e prazer (+1), perderá tudo que ganhou e tem (-1), e ainda mais a vida eterna (-1). O ser humano não foi criado para a glória de si mesmo. Se agir assim, será espoliado de tudo que tem e ganhou, e a perda será muito além do que imagina. O seu saldo será negativo: choro e ranger de dentes, e isso eternamente (-1).

Ninguém investe acumulando dentro de casa. Concentrar riquezas em casa, guarda-roupas abarrotados, sapateiras imensas, cofre cheio de joias, dólares e euros, automóveis na garagem e dezenas de álbuns de fotos de uma vida cheia de ostentação, nada disso é lucro. São ações de empresa falida.

Entretanto, Mateus 16:25 também tem a operação contrária. Se você abandonar o mundo, os prazeres da vida, e gastar o que tem com o Reino, e sofrer perseguição, até morrer pelo Evangelho (-1), você ganhará o que perdeu (+1) e muito mais a vida eterna (+1). O saldo será positivo e você viverá em eterna paz e sossego (+1). Você será chamado de filho de Deus, herdeiro de Deus e coerdeiro de Cristo. Então, tudo o que é do Pai será seu (Lucas 15:31).

Você precisa entender que o propósito de sua vida é o Reino de Deus. Você nasceu para uma missão e não pode recusá-la. Se a recusar, a sua existência não terá sentido. Então, perderá a missão, a vida e coisas que nem imagina. Por isso, não desperdice o que lhe foi dado, mas não é seu. Devolva, portanto, tudo Àquele que tem o poder em suas mãos: os dons, a vida e o tempo e, ainda, multiplicado, com juros e atualização monetária. E faça isso logo.

A vida é como um motorista na estrada. Quando o sono vem, acha que é forte e resistente e que não dormitará. E quando menos espera, os olhos fecham, o que não queria acontece e a vida passa. Contudo, você sabe que é um cidadão do Reino de Deus, conhece as regras, a missão, é um mordomo fiel e está preparado para honrar e glorificar o Senhor, Rei e Salvador Jesus Cristo. Ele voltará e dará a você a devida recompensa. "Ora vem, Senhor Jesus. A graça de nosso Senhor Jesus Cristo seja com todos vocês" (Apocalipse 22:20b-21).

grupo novo século

Compartilhando propósitos e conectando pessoas
Visite nosso site e fique por dentro dos nossos lançamentos:
www.gruponovoseculo.com.br

Ágape

Editora Ágape
@agape_editora
@editoraagape
editoraagape

Edição: 1ª
Fonte: Minion Pro

agape.com.br